Der Entwurf eines Verbandsstrafgesetzbuches: Rechtspolitische Illusion oder zukünftige Rechtswirklichkeit?

Europäische Hochschulschriften

European University Studies

Publications Universitaires Européennes

Reihe II **Rechtswissenschaft**

Series II Law

Série II Droit

Band/Volume **5829**

Anna Schnitzer

Der Entwurf eines Verbandsstrafgesetzbuches: Rechtspolitische Illusion oder zukünftige Rechtswirklichkeit?

Eine Untersuchung der materiell-rechtlichen Vorschriften des Entwurfs

PL ACADEMIC RESEARCH

Bibliografische Information der Deutschen Nationalbibliothek
Die Deutsche Nationalbibliothek verzeichnet diese Publikation in der Deutschen Nationalbibliografie; detaillierte bibliografische Daten sind im Internet über http://dnb.d-nb.de abrufbar.

Zugl.: Passau, Univ., Diss., 2015

D 739
ISSN 0531-7312
ISBN 978-3-631-67043-9 (Print)
E-ISBN 978-3-653-06555-8 (E-Book)
DOI 10.3726/978-3-653-06555-8

PL Academic Research ist ein Imprint der Peter Lang GmbH.
Peter Lang – Frankfurt am Main · Bern · Bruxelles · New York · Oxford · Warszawa · Wien

Diese Publikation wurde begutachtet.

www.peterlang.com

Vorwort

Die vorliegende Arbeit wurde im Sommersemester 2015 von der Juristischen Fakultät der Universität Passau als Dissertation angenommen. Literatur und Rechtsprechung wurden bis Mai 2015 berücksichtigt.

Mein besonderer Dank gilt meinem Doktorvater Prof. Dr. Werner Beulke für die ausgezeichnete Betreuung meines Promotionsvorhabens und insbesondere für seine konstruktiven Anmerkungen und Hinweise. Bedanken möchte ich mich auch bei Herrn Prof. Dr. Martin Asholt für die zügige Erstellung des Zweitgutachtens.

Ebenfalls möchte ich mich bei all meinen Freunden bedanken, die mich während der Promotionszeit begleitet und mit mir viele Mittags- und Kaffeepausen verbracht haben. Ganz besonderer Dank gilt meinem Freund Marcel Lee Mayr für das sorgfältige Korrekturlesen der Arbeit und das Vorbringen von Argumenten aus der Perspektive eines „Nichtjuristen".

Mein herzlichster Dank gilt meinen Eltern, die mich während der gesamten Ausbildung mit allen Kräften unterstützt haben. Insbesondere danke ich meiner Mutter, Petra-Elisabeth Schnitzer, für das unermüdliche sorgfältige Korrekturlesen dieser Arbeit. Ihnen ist diese Arbeit gewidmet.

Hamburg, Februar 2016 Anna Schnitzer

Inhaltsverzeichnis

Einleitung

Die Vorstellung des Gesetzesentwurfs für ein Verbandsstrafgesetzbuch[1] durch den Justizminister des Landes Nordrhein-Westfalen, *Thomas Kutschaty*, auf der Justizministerkonferenz im November 2013 hat die Debatte um die Einführung der strafrechtlichen Verantwortlichkeit von Unternehmen in eine neue Runde geführt. Im Mittelpunkt der Diskussion steht nicht mehr allein die – bereits in zahlreichen wissenschaftlichen Abhandlungen problematisierte – Schuldfähigkeit und die damit verbundene grundsätzliche Frage der Strafbarkeit von Verbänden, sondern auch die konkrete Ausgestaltung der vorgeschlagenen materiell- und prozessrechtlichen Vorschriften und die damit einhergehenden Folgen in der Praxis. Das Handelsblatt titelte im Juli 2014 „Alptraum Zerschlagung“[2] und verbildlicht dadurch eine der größten Ängste der Unternehmen in der Praxis. Die Einführung scheint für viele als Erstes mit dem Gedanken einer sog. „Todesstrafe“ für Unternehmen verbunden zu sein. Praktiker verbinden mit der Einführung der strafrechtlichen Verantwortlichkeit der Verbände auch die Besorgnis, dass sich „am Ende niemand mehr persönlich verantwortlich fühlt, wenn man statt der Vorstände die Firmen bestraft“.[3] Die mit der Einführung eines Verbandsstrafrechts verbundene Überreglementierung fürchten auch einige Vertreter der Literatur, was plakativ durch folgende Überschriften verdeutlicht werden kann: „Die aktuelle Forderung eines Verbandsstrafrechts – ein kriminalpolitischer Zombie“[4] oder „Deutschland braucht kein (solches) Unternehmensstrafrecht“[5]. Verteidigende Haltung hierzu nimmt der Justizminister Nordrhein-Westfalens ein, indem er die Auflösung von Verbänden zwar als ultima ratio bezeichnet, dennoch nach seiner Ansicht „manche Unternehmen einfach weg müssen“[6]. Eine Existenzberechtigung solcher Unternehmen, die z.B. ihr Geld mit Autoschiebereien verdienen, gibt es nach seiner Auffassung nicht. Diese zwei Gegenpositionen werden durch Vertreter, die für eine konstruktive Diskussion offen sind, ergänzt. Zum Ausdruck bringt dies *Wessing*, indem er betont, dass „Totgesagte länger leben“[7] oder sich die Frage stellt „Braucht Deutschland ein Unternehmensstrafrecht?“[8]. Auch in der politischen Diskussion gibt es Gegner

1 Siehe Anhang.
2 Handelsblatt vom 22.7.2014, S. 13.
3 Hans Richter, Handelsblatt vom 22.7.2014, S. 13.
4 *Schünemann*, ZIS 2014, 1.
5 *Rübenstahl*, ZRFC 2014, 26.
6 Der Titel des Interviews mit Thomas Kutschaty, Juve 06/2014, 74 lautet „Manche Unternehmen müssen einfach weg“.
7 *Wessing*, Gastbeitrag Management-Blog, abrufbar unter http://blog.wiwo.de/management/2014/01/25/das-unternehmensstrafrecht-soll-tot-sein-was-fur-ein-irrtum-gastbeitrag/ (zuletzt abgerufen am 11.2.2015).
8 *Wessing*, ZWH 2012, 301.

des Vorhabens, die strafrechtliche Verantwortlichkeit von Verbänden einzuführen. *Thomas Strobl*, der Unionsfraktionsvize, beruft sich hierbei auf ein Zitat von *Montesquieu*, in dem sich seine Meinung deutlich widerspiegelt: „Wenn es nicht notwendig ist, ein Gesetz zu machen, dann ist es notwendig, kein Gesetz zu machen"[9]. Verbildlicht gesprochen: Der Gesetzgeber könnte auch den Bananenanbau am Nordpol regeln, wenn er wollte, tut dies aber nicht.[10] Die Einführung einer strafrechtlichen Verantwortlichkeit von Unternehmen wird schlichtweg für unnötig gehalten. Das im Dezember 2014 veranstaltete Symposium zur Verbandsverantwortlichkeit illustriert die Wichtigkeit der Offenheit zur Diskussion über den Gesetzesentwurf. Dies bekräftigt Bundesminister der Justiz und für Verbraucherschutz, *Heiko Maas*, in seiner Eröffnungsrede und weist zudem darauf hin, dass „der Ehrliche am Ende nicht der Dumme sein dürfe"[11]. Dem ist zu entnehmen, dass es auch in der Politik ein Anliegen ist, nicht durch den Erlass eines Verbandsstrafgesetzbuches „überzogene" Sanktionen einzuführen, sondern das Ziel ist, wirksame Sanktionen als Reaktion des Staates auf Verstöße von Verbänden hin verhängen zu können. *Maas* deutet hiermit auch an, dass Unternehmen, die sich um die Aufklärung der Straftaten, die aus dem Unternehmen heraus begangen worden sind, durch Mitwirkung bei den Ermittlungen durch die Strafverfolgungsbehörden bemühen, nicht „doppelt bestraft" werden dürfen. Ziel soll es also sein, dieses Verhalten auf irgendeine Weise bei der Bestrafung positiv berücksichtigen zu können. Auch ein vorgelagertes Verhalten der Unternehmen durch das Ergreifen von Vorkehrungen, um Straftaten innerhalb des Unternehmens zu vermeiden, kann bei der Bestrafung positiv berücksichtigt werden. Dem Thema der Compliance und seiner gesetzlichen Ausgestaltung kommt bei der Debatte deshalb ebenfalls eine entscheidende Rolle zu.

Die durch den Gesetzesentwurf verursachte aktuelle Diskussion berührt vor allem auch neue Aspekte, die mit der konkreten Ausgestaltung eines möglichen Verbandsstrafgesetzbuches zusammenhängen, die bei dieser Darstellung schwerpunktmäßig behandelt werden sollen. Ziel ist es, die einzelnen Vorschriften auf ihre Vereinbarkeit mit strafrechtsdogmatischen und verfassungsrechtlichen Grundsätzen zu überprüfen. Sofern es von Bedeutung ist, wird auch die Notwendigkeit der Regelungen beleuchtet. Der Fokus bei der Betrachtung liegt darauf die „Schwachstellen" der jeweiligen Norm ausfindig zu machen und Verbesserungsvorschläge zu präsentieren. Die Untersuchung gestaltet sich im Einzelnen wie nachfolgend beschrieben. Zunächst widmet sich diese Arbeit der historischen Entwicklung des Verbandsstrafrechts in Deutschland und Europa sowie den existierenden

---

9 Die Welt vom 26.11.2014, Union wehrt sich gegen härtere Strafen für Firmen, abrufbar unter: http://www.welt.de/wirtschaft/article134761662/Union-wehrt-sich-gegen-haertere-Strafen-fuer-Firmen.html (zuletzt abgerufen am 11.2.2015).

10 *Schmitt-Leonardy*, ZIS 2015, 11.

11 *Maas*, Rede zur Eröffnung des Symposiums zur Verbandsverantwortlichkeit am 1.12.2014 in Berlin, abrufbar unter: http://www.bmjv.de/SharedDocs/Reden/DE/2014/20141201_Verbandsverantwortlichkeit.html?nn=1468636 (zuletzt abgerufen am: 11.2.2015).

Regelungen in an Deutschland angrenzenden Ländern, um dessen Bedeutung in einen Gesamtkontext zu stellen und zu verdeutlichen, welche Rolle die strafrechtliche Verantwortung von Verbänden im europäischen Kontext zugeschrieben wird. Des Weiteren wird auf die in der Literatur zentral vorgetragenen Argumente gegen die Einführung eines Verbandsstrafrechts eingegangen, mit der Absicht diese weitestgehend zu entkräften. Im Anschluss erfolgt eine Untersuchung der konkreten Regelungen des materiell-rechtlichen Teils des Gesetzesentwurfs zu einem Verbandsstrafrecht. In diesem Rahmen werden die einzelnen Normen hinsichtlich ihrer strafrechtsdogmatischen und verfassungsrechtlichen Wirksamkeit analysiert. Vergleichsmaßstab hierfür bildet zum einen das Individualstrafrecht, insbesondere die Einhaltung des in Art. 3 GG verankerten Gleichbehandlungsgrundsatzes ist hierbei von besonderer Bedeutung. Zum anderen werden bei der Auslegung von unbestimmten Begriffen die zu den Vorschriften der Geldbuße nach §§ 30, 130 OWiG entwickelte Rechtsprechung und das dem Gesetzesentwurf als Vorbild dienende österreichische Verbandsverantwortlichkeitsgesetz zur genaueren Interpretation herangezogen.

Kapitel 1: Historische Entwicklung in Deutschland und Europa

Um die in Deutschland abneigende Haltung gegen die Einführung der strafrechtlichen Verantwortlichkeit von Verbänden in einen Gesamtkontext stellen zu können, sind zunächst die historische Entwicklung der Verbandsstrafe und die dazu geführte wissenschaftliche Diskussion aufzuzeigen. Die fehlende Überwindung des deutschen Gesetzgebers ein Gesetz einzuführen, welches die Strafbarkeit von Unternehmen in Deutschland regelt, wird vor allem auf die strafrechtsdogmatischen Bedenken zurückgeführt.[12] Ein Blick in die deutsche Historie zeigt hingegen, dass der Gedanke der Strafbarkeit von Personenverbänden jedenfalls nicht gänzlich fremd ist und „dogmatische Grundsätze nicht in Stein gemeißelt sind".[13]

A. Die Entwicklung vom Mittelalter bis in das Zeitalter der Industrialisierung

Wieweit Ansätze hinsichtlich der strafrechtlichen Verantwortlichkeit von Personenverbänden tatsächlich zurückreichen, lässt sich nach den in der Literatur zu findenden Darstellungen nicht eindeutig ermitteln. So kann nach dem heutigen Erkenntnisstand nicht entschieden werden, ob bereits das Römische Recht eine strafrechtliche Verantwortlichkeit von Personenverbänden vorsah oder ob zu dieser Zeit der Grundsatz „societas delinquere non potest" galt.[14] Feststeht jedoch, dass sich seit dem Mittelalter, als die Strafe den Charakter der privaten Genugtuung verlor, Entwicklungen nachvollziehen lassen, bei denen Verbände, etwa Markgenossenschaften, Bauernschaften, Land- und Stadtgemeinden, Gilden, Zünfte oder sonstige Berufsgenossenschaften, bei Rechtsstreitigkeiten bestraft wurden.[15] Als Rechtsgrundlage hierfür dienten z.B. der Sachsenspiegel, die Stadtrechte und ab dem 15. Jahrhundert die deutschen Territorialgesetze.[16] Geahndet wurden die Personenverbände mit Strafen in Form von Geldstrafen, der Konfiskation des Vermögens,

---

12 *Hetzer*, Kriminalistik 2008, 284, 285; *Hirsch*, ZStW 1995, 285, 288; *Kindler*, Das Unternehmen als haftender Täter, S. 20; *Leipold*, ZRP 2013, 34, 35; *Trüg*, StraFo 2011, 471, 472; *Vogel*, StV 2012, 427; *Wessing*, ZWH 2012, 301, 305.

13 *Wessing*, ZWH 2012, 301, 305.

14 *Heinitz*, Empfiehlt sich die Strafbarkeit der juristischen Person gesetzlich vorzusehen?, Gutachten für den 40. Deutschen Juristentag, in: Verhandlungen des 40. Deutschen Juristentages, S. 67.

15 *Ackermann*, Die Strafbarkeit juristischer Personen im deutschen Recht und ausländischen Rechtsordnungen, S. 24; *Busch*, Grundfragen der strafrechtlichen Verantwortlichkeit der Verbände, S. 35 f.; *Eidam*, Straftäter Unternehmen, S. 23.

16 *Busch*, a.a.O., S. 38; *Eidam*, a.a.O., S. 23; *Kindler*, a.aO., S. 21.

der Entziehung von Privilegien, der Aberkennung der Korporationsrechte, der Auflösung des Verbandes oder sogar der Zerstörung der Stadt.[17] Das Erfordernis der Bestrafung der Verbände im Mittelalter ist allein den Bedürfnissen der Durchsetzung der Reichsgewalt und später landesherrlicher Gewalt gegenüber dem zunächst monarchisch organisierten Burgverband und den städtischen Gemeinden sowie anderen untergeordneten Körperschaften geschuldet.[18] Als Anknüpfungspunkt für das Vorliegen einer kollektiven Straftat verlangte man zu dieser Zeit ein Handeln in korporativen Formen wie beispielsweise eine Mitgliederversammlung, also eine gemeinsam begangene strafbare Handlung der Gesamtheit.[19] Ausnahmsweise kam auch eine Zurechnung des Verhaltens Einzelner, wie z.B. im Fall des Stadtrats, für die Begründung der Strafbarkeit des Verbandes in Betracht.[20] Erst die Kanonisten übernahmen im 12. Jahrhundert den Gedanken der Trennung der Rechtsfähigkeit des Verbandes („universitas") von der seiner Mitglieder und zerstörten somit die Identifikation der Körperschaft mit ihren Mitgliedern.[21] Durch diese vorgenommene Trennung des Verbandes von der Summe seiner Mitglieder befürchtete man die Bestrafung Unschuldiger, welche man versuchte zu vermeiden, indem man z. B. Kindern, Abwesenden oder Schuldunfähigen Privilegien einräumte, wenn sie der Straftat widersprochen hatten.[22] Im Laufe des Mittelalters, in etwa von 1314 bis 1357, setzte sich jedoch die Lehre von der strafrechtlichen Verantwortlichkeit der Verbände des *Bartolus de Sassoferato* durch, die in Deutschland bis zum 18. Jahrhundert Grundlage für Rechtslehre, Gesetzgebung und Rechtsprechung blieb.[23] Sein Ansatz ging dahin, zwischen zwei Gruppen von Körperschaftsdelikten zu differenzieren. Die erste Gruppe der sog. eigentlichen Körperschaftsdelikte, die nur die *universitas proprie* begehen kann, und die sog. uneigentlichen Körperschaftsdelikte, die nur der Mensch begehen kann.[24] Wird ein Delikt der ersten Gruppe begangen, so ist die *universitas* Täter und sein Mitglied Mittäter oder Anstifter, beim uneigentlichen Körperschaftsdelikt hingegen ist das Mitglied Täter und die universitas Mittäter oder Anstifter.[25]

Die politische Bedeutung der Verbände schwand jedoch mit der Zeit des Absolutismus und der Aufklärung, in welcher der Gedanke um das Individuum in der Gesellschaft vorherrschte.[26] Zugleich trat hiermit das staatspolitische Bedürfnis die Verbände zu bestrafen immer mehr zurück bis hin zur Aufgabe der Notwendigkeit

---

17 *Busch*, a.a.aO., S. 42; *Kindler*, a.a.O, S. 21.
18 *Busch*, a.a.O., S. 43; *Eidam*, a.a.O., S. 23.
19 *Schmitt*, Strafrechtliche Maßnahmen gegen Verbände, S. 19.
20 *Schmitt*, a.a.O., S. 20.
21 *Busch*, a.a.O., S. 42; *Eidam*, a.a.O., S. 23 f.; *Kindler*, a.a.O., S. 22; *Schmitt*, a.a.O., S. 20.
22 *Ackermann*, a.a.O., S. 24; *Busch*, a.a.O., S. 42; *Schmitt*, a.a.O., S. 21.
23 *Ackermann*, a.a.O., S. 24; *Eidam*, a.a.O., S. 24; *Heinitz*, a.a.O., S. 69.
24 *Busch*, a.a.O., S. 42; *Eidam*, a.a.O., S. 24.
25 *Ackermann*, a.a.O., S. 24; *Busch*, a.a.O., S. 43; *Eidam*, a.a.O., S. 24; *Heinitz*, a.a.O. S. 69.
26 *Ackermann*, a.a.O., S. 25; *Eidam*, a.a.O., S. 25; *Hetzer*, wistra 1999, 361, 364; *Kindler*, a.a.O., S. 23.

der Verbände als notwendiges Strafrechtssubjekt.[27] In der Literatur gab jedenfalls den äußeren Anlass für diesen Wandel eine im Jahr 1793 veröffentlichte Abhandlung des Erlanger Professors *Julius Friedrich von Malblanc*, der in dieser die Strafempfänglichkeit der Verbände bestritt und die Bestrafung Unschuldiger kritisierte.[28] Auch wenn dieser Gedanke von *Julius Firedrich von Malblanc* keineswegs neue Erkenntnisse brachte, so entfachte er jedoch bei Strafrechtswissenschaftlern der liberalistisch-individualistischen Zeit wie *Paul Johann Anselm von Feuerbach*[29] den Entschluss, die mittelalterliche Lehre von der Deliktsfähigkeit von Verbänden aufzugeben.[30] Durch die Fiktionstheorie des Romanisten *Friedrich Carl von Savigny*, nach der der juristischen Person ein Wille nur durch die dahinterstehenden Personen zugerechnet werden kann, was für die Begründung einer Strafbarkeit aufgrund der Wesensfremdheit der Vertretung im Strafrecht nicht ausreiche, wurde diese Auffassung untermauert.[31] Dies hatte zur Folge, dass sich dem Gedanken auch die Gesetzgebung anschloss, weshalb sich weder im bayerischen Strafgesetzbuch von 1813 noch dem hannoverschen Strafgesetzbuch von 1840 oder dem hessischen Strafgesetzbuch von 1841 eine Möglichkeit der Bestrafung von Verbänden finden lässt, vielmehr noch schließen diese eine solche sogar aus.[32] Dennoch lassen sich auch zu dieser Zeit Stimmen finden, die eine Bestrafung des Verbandes befürworteten wie z.B. *Otto von Gierke* mit seiner „Theorie der realen Verbandspersönlichkeit"[33]. Nach dieser sind juristische Personen keine Fiktionen, sondern „natürliche Gebilde", unabhängig von den Individuen, aus denen sie sich zusammensetzen, weswegen es für *von Gierke* keine Zweifel an der Straffähigkeit juristischer Personen gab.[34] Von *von Gierke* ließ sich auch *Franz von Liszt* inspirieren, der sich seit der ersten Auflage seines Strafrechtslehrbuchs (1881) stets für die Wiedereinführung der Verbandsstrafe einsetzte.[35] Dieser Einsatz für die Verbandsstrafe ist insbesondere auf die Entwicklung der Wirtschaft zurückzuführen, in der die Verbände während des Zeitalters der Industrialisierung eine Renaissance erfuhren.[36] Von den zuvor genannten Strafrechtswissenschaftlern sah

---

27 *Busch*, a.a.O., S. 44 f.; *Hetzer*, wistra 1999, 361, 364; *Kindler*, a.a.O., S. 23.

28 *Busch*, a.a.O., S. 46; *Kindler*, a.a.O., S. 23; *Schmitt*, a.a.O., S. 27.

29 *Feuerbach*, Lehrbuch des peinlichen Rechts, 1. Aufl. § 36, S. 29 und 14. Aufl. § 28, S. 52.

30 *Busch*, a.a.O., S. 47; *Ehrhardt*, Unternehmensdelinquenz und Unternehmensstrafe, S. 28; *Kindler*, a.a.O., S. 24;*Schmitt*, a.a.O., S. 28.

31 *Ackermann*, a.a.O., S. 25; *Busch*, a.a.O., S. 47 f.; *Ehrhardt*, a.a.O., S. 28; *Eidam*, a.a.O., S. 25; *Kindler*, a.a.O., S. 24.

32 *Busch*, a.a.O., S. 46; *Kindler*, a.a.O., S. 25; *Schmitt*, a.a.O., S. 28.

33 *Gierke*, Genossenschaftstheorie, S. 22 ff. und S. 743 ff.

34 *Ackermann*, a.a.O., S. 25; *Busch*, a.a.O., S. 57; *Ehrhardt*, a.a.O., S. 29;

35 *Ackermann*, a.a.O., S. 26; *Kindler*, a.a.O., S. 26 f.; *Schmitt*, a.a.O., S. 112.

36 *Eidam*, a.a.O., S. 26; *Kindler*, a.a.O., S. 27.

sich auch *Max Ernst Mayer*[37] beeinflusst und sprach sich für eine Verbandsstrafbarkeit aus, ohne jedoch die in Rechtsprechung und Lehre gefestigte ablehnende Haltung wirklich zu ändern.[38]

Trotz allem ließen sich im Nebenstrafrecht Bemühungen um eine Verbandsstrafe finden: So sah § 357 (später § 393) Reichsabgabenordnung die Verhängung einer Geldstrafe gegen juristische Personen und Personenvereinigungen vor, wenn Steuervergehen begangen wurden, bei denen ein individuelles Verschulden gerade nicht festgestellt werden musste.[39] Ob durch diese Regelung allerdings die traditionelle Doktrin zur Verbandsbestrafung durchbrochen werden sollte, wird von der Gesetzesbegründung unbeantwortet gelassen.[40] Allerdings kam der Vorschrift nur eine geringe Bedeutung zu, was an dem geringen Anwendungsbereich der Vorschrift selbst lag und der Rechtsprechung des Reichsgerichts zu verdanken ist, nach welcher die Bestrafung des Organs die Sanktionierung der juristischen Person ausschlösse.[41] Letztlich wurde der Vorschrift mit der Abschaffung der Vermutungstatbestände und der Einführung eines Schulderfordernisses auch für die Bestrafung wegen Steuerordnungswidrigkeiten durch das Gesetz zur Änderung der Reichsabgabenordnung vom 4. Juli 1939 vollständig die Grundlage entzogen.[42] Es ermöglichten jedoch auch andere Vorschriften des Nebenstrafrechts in den ersten Jahrzehnten des 20. Jahrhundert die Verhängung von sog. Ordnungsstrafen gegen juristische Personen, die ähnlich der heute geltenden Geldbuße ausgestaltet waren.[43] Hier sind insbesondere die Bereiche des Devisenstrafrechts und das Institut der Subsidiärhaftung[44] von Verbänden vor Inkrafttreten der Reichsabgabenordnung von 1919 zu nennen.[45]

---

37 *Mayer*, Der Allgemeine Teil des deutschen Strafrechts, Lehrbuch, S. 95–97; *Ernst Hafter* revidierte seine zunächst ausgesprochene Befürwortung für die Strafbarkeit von Verbänden, vgl. *Hafter*, Lehrbuch des schweizerischen Strafrechts, AT, S. 72.

38 *Kindler*, a.a.O., S. 27.

39 *Brender*, Die Neuregelung der Verbandstäterschaft im Ordnungswidrigkeitenrecht, S. 30 ff.; *Ehrhardt*, a.a.O., S. 30; *Kindler*, a.a.O., S. 27 f.; *Schmitt*, a.a.O., S. 51.

40 *Brender*, a.a.O., S. 32 ff.; *Heinitz*, a.a.O., S. 74.

41 RGSt 61, 92, 95. Auch *Schmitt*, a.a.O., S. 51 ff., sieht diese Entscheidung des Reichsgerichts als nicht eindeutig an.

42 *Brender*, a.a.O., S. 39; *Ehrhardt*, a.a.O., S. 30; *Kindler*, a.a.O., S. 29; *Schmitt*, a.a.O., S. 52.

43 *Schmitt*, a.a.O., S. 57 ff.; *Tiedemann*, NJW 1988, 1169, 1170.

44 Bei der handelte es sich um keine Strafe im eigentlichen Sinne, vielmehr war dies eine der Bürgschaft ähnliche Verbindlichkeit für die von einem anderen verwirkte Geldstrafe. Eine solche Haftung sahen §§ 381, 382 (später §§ 416, 417) RAO vor. *Schmitt*, a.a.O., S. 50 f.; *Tiedemann*, NJW 1999, 1169, 1170.

45 *Eidam*, a.a.O., S. 27; *Kindler*, a.a.O., S. 30.

B. Entwicklung nach 1945

Auch wenn sich *Richard Busch*[46] Anfang der 30er Jahre in seiner Monographie umfassend mit dem Thema der Strafbarkeit von Verbänden befasst und für diese plädiert hat, so bestand zu der Zeit, in der das nationalsozialistische Gedankengut vorherrschte, so gut wie kein praktisches Bedürfnis an der Bestrafung von Verbänden, da diesen im Machtapparat die Selbstständigkeit nahezu abgesprochen wurde.[47] Jedoch entflammte der Rechtsstreit um die Strafbarkeit von Verbänden nach dem Zweiten Weltkrieg aufgrund der besatzungsrechtlichen Vorschriften des Devisen- und Kartellrechts erneut.[48] Damit einhergehend war die Streitfrage zu entscheiden, ob die deutschen Gerichte an die Vorschriften der Alliierten gebunden waren und aufgrund dessen auch Kriminalstrafen gegen juristische Personen verhängen dürften oder sogar müssten.[49] Der BGH sprach sich zu diesem Streit in seiner Grundsatzentscheidung des „Berliner Stahlprozesses“[50] für die Verantwortlichkeit von Verbänden aus. Seine Entscheidung begründete der BGH unter Verweis auf § 31 BGB und nahm Bezug auf das Bedürfnis der juristischen Person oder der Personenvereinigung den Gewinn zu entziehen, der ihr durch eine strafbare Handlung ihres Vertreters zuteil geworden sei. In der Literatur wurde dieser Auffassung des BGH nicht gefolgt, sondern eine Strafbarkeit von Verbänden mit dem Argument verneint, dass persönliche Qualitäten für die strafrechtliche Verantwortlichkeit, insbesondere die Schuldfähigkeit, vermisst würden, was sich insbesondere auf dem 40. Deutschen Juristentag 1953 zeigte.[51] Auf diesem befürwortete man vielmehr den Vorschlag, unmittelbar gegen juristische Personen im Rahmen eines Maßregelrechts vorzugehen, auch wenn man ein praktisches Bedürfnis nach der Verhängung von wirksamen Sanktionen gegenüber juristischen Personen noch weitgehend anerkannte.[52] Die zahlreichen Sondervorschriften über die Verhängung von Geldbußen gegen juristische Personen wurden im Jahr 1968 durch die Einführung des § 26 OWiG (ab 1975: § 30 OWiG) aufgehoben.[53] Damit schuf man einen Ausgleich dafür, dass die juristische Person bei Rechtsverstößen selbst keine Sanktionen zu erwarten hatte, jedoch von den Rechtsverstößen der natürlichen Personen andererseits auch profitiert.[54] Indem man die Vorschrift als „Nebenfolge“ betitelte, vermied man den Sanktionscharakter überhandnehmen zu lassen. Um alle Bedenken gegen die Missachtung des

46 *Busch*, a.a.O.

47 *Ackermann*, a.a.O., S. 26; *Eidam*, a.a.O., S. 27; *Kindler*, a.a.O., S. 31.

48 *Ackermann*, a.a.O., S. 26; *Ehrhardt*, a.a.O., S. 30; *Eidam*, a.a.O., S. 27 f.; *Kindler*, a.a.O., S. 31; *Schmitt*, a.a.O., S. 51.

49 *Ehrhardt*, a.a.O., S. 30.

50 BGHSt 5, 28 ff.

51 *Heinitz*, a.a.O., 65, 89.

52 *Eidam*, a.a.O., S. 28; *Kindler*, a.a.O., S. 35.

53 *Eidam*, a.a.O., S. 29; *Kindler*, a.a.O., S. 38.

54 *Dannecker* in: FS Böttcher, Die Ahndbarkeit von juristischen Personen im Wandel, 465, 469; *Eidam*, a.a.O., S. 29.

Grundsatzes „ne bis in idem“ nach Art. 103 Abs. 2 GG auszuräumen, behandelte man die juristische Person wie einen Einziehungsbeteiligten nach § 88 Abs. 3 OWiG.[55] Nach Verabschiedung des 2. Gesetzes zur Bekämpfung der Wirtschaftskriminalität ist die Verhängung der Verbandsgeldbuße gem. § 30 Abs. 4 OWiG selbstständig gegen die juristische Person möglich und nicht mehr bloße Nebenfolge, wenn ein Verfahren gegen die natürliche Person nicht eingeleitet oder eingestellt worden ist. Damit galt die Problematik der Verantwortlichkeit der Verbände zunächst als abgeschlossen und wurde nur noch vereinzelt von Autoren behandelt.[56]

C. Die Entwicklung und Reformbestrebungen seit 1990

Erst mit Beginn der 90er Jahre gewann die Debatte um die Strafbarkeit von Verbänden wieder an Bedeutung, als im Rahmen der Umwelt- und Wirtschaftskriminalität das Störungspotential der Verbände erneut verstärkt zu Tage trat und weltweit Gesetze erlassen wurden, in denen eine Verbandsstrafbarkeit geregelt wurde.[57] So wurden in den Niederlanden bereits 1976, in Schweden im Jahr 1986, in Norwegen 1991, in Frankreich 1994, in Finnland 1995, in Dänemark 1996, in der Schweiz 2002 und in Österreich 2006 entsprechende Regelungen zur Bestrafung von Verbänden eingeführt.[58] Und auch im angloamerikanischen Rechtskreis, so in England, USA, Kanada und Australien, ist die Strafbarkeit seit langem anerkannt.[59] In Deutschland bildete man 1993 einen „Arbeitskreis Strafrecht-Deutsche Wiedervereinigung“, welcher im März 1993 den Entwurf eines „Gesetzes zur Bekämpfung der Unternehmenskriminalität“[60] vorlegte. In diesem Entwurf sah man unter anderem die Unternehmenskuratel als Maßnahme gegen Unternehmen im Falle der Begehung einer Straftat durch einen Unternehmensangehörigen, der dem Leitungsbereich des Unternehmens angehörte, vor.[61] Im August 1997 legte das Land Hessen auf der 68. Justizministerkonferenz einen Diskussionsentwurf[62] vor, welcher die

55 *Eidam*, a.a.O., S. 29.

56 So von *Schmitt* im Jahr 1958 mit seiner Monographie „Strafrechtliche Maßnahmen gegen Verbände“, und *Rotberg* „ Für Strafe gegen Verbände! Einige Grundsatzfragen“ in: FS zum 100jährigen Bestehen des DJT, Band II, 1960, S. 193 ff., und Seiler mit seinem Werk „Strafrechtliche Maßnahmen als Unrechtsfolgen gegen Personenverbände im Jahr 1967, und *Huss* mit „ Die Strafbarkeit der juristischen Person“, ZStW 1978, 237 ff., und *Schünemann* in seinem Werk „Unternehmenskriminalität und Strafrecht“ im Jahr 1979.

57 *Kindler*, a.a.O., S. 38 f.

58 *Dannecker*, GA 2001, 577, 578.

59 *Engelhart*, Sanktionierung von Unternehmen und Compliance, S. 35; *Kindler*, a.a.O. S. 39.

60 Abgedruckt in: *Schünemann*, Deutsche Wiedervereinigung, Arbeitskreis Strafrecht, Band III, Unternehmenskriminalität, S. 145 ff.

61 *Schünemann*, Deutsche Wiedervereinigung, a.a.O, S. 147.

62 Abgedruckt bei: *Wegner*, ZRP 1999, 186, 187 f.

Einführung eines achten Titels im StGB (§§ 76 b ff.) beabsichtigte, in dem juristische Personen und Personenvereinigungen ausdrücklich unter das Kriminalstrafrecht gestellt werden sollten. Bereits bei diesem Vorhaben sah man als Sanktionsmöglichkeiten die Verbandsgeldstrafe und die Verbandsauflösung vor. Daraufhin stellte die SPD im Januar 1998 eine große Anfrage, woraufhin sich letztlich im November 1999 eine vom Bundesjustizministerium eingesetzte Kommission zur Reform des strafrechtlichen Sanktionensystems mit diesem Thema befasste.[63] Im Abschlussbericht entschied sich die Kommission jedoch gegen die Einführung einer Verbandsstrafe und führte zur Begründung an, dass die Sanktionierung der Unternehmen durch die Geldbuße nach § 30 OWiG als ausreichendes Instrumentarium angesehen, das Strafrecht ohnehin schon überlastet sei und Bedenken hinsichtlich des Schuldprinzips und der Bestrafung Unschuldiger bestünden.[64] Trotz der ablehnenden Haltung aus der Politik verstummten die Stimmen in der Wissenschaft diesmal nicht, sodass ein ständiger Diskurs um die Verantwortlichkeit von Verbänden existierte. Dieser bekam neuen Aufwind, als im November 2006 in einer renommierten Tageszeitung die Titelseite „200 Millionen Schwarzgeld bei Siemens" lautete.[65] Mit dem Skandal der Schmiergeldzahlungen von Siemens, von denen nach den Angaben in der Presse[66] auch die Konzernspitze informiert war, wurde erneut deutlich, dass es sich bei Schmiergeldzahlungen immer noch um sog. Kavaliersdelikte handelte und gerade große Konzerne diese oft auch als notwendiges Übel hinnehmen.[67] Um solchen Schmiergeldzahlungen wirksam zu entgegnen, fehlte es also offensichtlich an einer entsprechenden Sanktionierung. Auch die Erweiterung der Vorschrift des § 30 OWiG im Jahr 2002 durch das Gesetz zur Ausführung des Zweiten Protokolls vom 19. Juni 1997 zum Übereinkommen über den Schutz der finanziellen Interessen der Europäischen Gemeinschaften vom 22. August 2002 und die damit einhergehende Ausweitung der Anwendbarkeit auf rechtsfähige Personengesellschaften und die Anhebung der Höchstgrenzen der Geldbuße schienen nicht ausreichende Warnung für Unternehmen zu sein.[68] Die Debatte um die Strafbarkeit von Unternehmen wurde in der Wissenschaft weiterhin diskutiert[69], fand jedoch erst ihren Eingang in der Politik wieder im November 2013 auf der Herbstkonferenz, als der Justizminister

63 Ausführlich hierzu: *Hettinger* , Reform des Sanktionenrechts, Band 3; Hetzer, wistra 1999, 361.

64 Abschlussbericht der Kommission: Einführung einer Verbandsstrafe, in: *Hettinger*, Reform des Santkionenrechts, Band 3, Verbandsstrafe, S. 351 ff., im speziellen S. 354.

65 Süddeutsche Zeitung Nr. 270 vom 23.November 2006, S. 1.

66 Süddeutsche Zeitung Nr. 272 vom 25./26. November 2006, S. 1.

67 *Hetzer*, Kriminalistik 2008, 284, 285; ders., EuZW 2007, 75, 76.

68 *Rogall* in: KK, OWiG, § 30 Rn. 29.

69 So entwickelte auch *Haeusermann* einen entsprechenden Vorschlag für die Verantwortlichkeit von Verbänden, vgl. *Haeusermann*, Der Verband als Straftäter und Strafprozeßsubjekt, Freiburg im Breisgau 2003.

von Nordrheinwestfalen, *Thomas Kutschaty*, seinen Gesetzesentwurf vorstellte.[70] Auf dieser fand die Einführung eines Strafgesetzes über die Verantwortlichkeit von Unternehmen weitgehend Zustimmung[71], nur an dem konkreten Vorschlag des Gesetzes, der in den Bundesrat eingebracht werden soll, wird noch weiter gearbeitet.[72] Durch diese erneute Initiative der Länder gerät nahezu in Vergessenheit, dass die Vorschrift des § 30 OWiG durch die *8.GWB-Novelle*[73], zum 30. Juni 2013 in Kraft getreten, erst kürzlich geändert worden ist, um einer OECD-Empfehlung zu entsprechen.[74] Durch diese Reform wurde es ermöglicht, dass Geldbußen von bis zu 10 Millionen verhängt werden können und diese nach § 30 Abs. 2 a OWiG[75] ebenfalls den Rechtsnachfolger treffen können. Eine Aussage, ob diese Änderungen die gewünschte Effektivität mit sich bringt, kann zu dem heutigen Zeitpunkt aufgrund der Kürze der Existenz der Regelung noch nicht getroffen werden. Der Bundesregierung liegen hierzu auch noch keine aktuellen Erkenntnisse vor, was sich der Antwort der Bundesregierung vom 22. Juni 2014[76] auf eine Kleine Anfrage der Bündnis 90/Die Grünen-Fraktion[77] zur wirksamen Sanktionierung von Rechtsverstößen in

---

70 Der Entwurf stimmt im Wesentlichen mit den Forderungen des Vorstandsbeschlusses vom 20.4.2013 von Transparency International Deutschland überein. Darin wird gefordert im Strafgesetzbuch eigene Sanktionsmöglichkeiten für Unternehmen vorzusehen. Hierbei werden folgende Sanktionen vorgeschlagen: Wettbewerbsnachteile, Widerruf bestimmter dem Unternehmen erteilter Vergünstigungen, Sperren für öffentliche Vergabeverfahren und Einführung eines bundesweiten Korruptionsregisters, Tätigkeitsverbote für Verantwortliche und Erhöhung der Prangerwirkung von Urteilen. Abrufbar unter: http://www.transparency.de/13-04-20_Positionspapier_Trans.2290.0.html (zuletzt abgerufen am 21.3.2015).

71 Anders äußerte sich Baden-Württembergs Finanz- und Wirtschaftsminister *Schmid*: https://www.tagblatt.de/Home/nachrichten/nachrichten-newsticker_artikel,-Finanzminister-Schmid-gegen-moegliches-Unternehmensstrafrecht-_arid,245904.html (zuletzt abgerufen am 23.07.2014).

72 http://www.lto.de/recht/nachrichten/n/justizminister-unternehmen-strafrecht/ (zuletzt abgerufen am 23.07.2014).

73 BT-Drs. 17/9852.

74 *Bosch*, Die 8.GWB-Novelle – Konvergenz und eigene wettbewerbspolitische Akzente, NJW 2013, 2225, 2228.

75 Darstellung der Rechtsprechung vor Einführung des § 30 Abs. 2 a OWiG, vgl. *Achenbach*, wistra 2012, 413 ff.

76 Antwort der Bundesregierung auf die Kleine Anfrage der Abgeordneten *Katja Keul, Nicole Maisch, Luise Amtsberg*, weiterer Abgeordneter und der Fraktion Bündenis 90/Die Grünen, Drucksache 18/2187, S. 4, (abrufbar unter: http://dip21.bundestag.de/dip21/btd/18/021/1802187.pdf; zuletzt abgerufen am 19.11.2014), mit der Ankündigung dies unter Beteiligung der Länder zu prüfen.

77 Kleine Anfrage der Abgeordneten *Katja Keul, Nicole Maisch, Luise Amtsberg, Volker Beck* (Köln), *Renate Künast, Monika Lazar, Irene Mihalic, Özcan Mutlu, Dr. Konstantin von Notz, Hans-Christian Ströbele* und der Fraktion Bündnis 90/Die Grünen, Drucksache 18/2056 (abrufbar unter: http://dip21.bundestag.de/dip21/btd/18/020/1802056.pdf; zuletzt abgerufen am 19.11.2014).

Unternehmen, entnehmen lässt. Im Koalitionsvertrag der 18. Legislaturperiode[78] wird die Prüfung einer Unternehmensstrafbarkeit für multinationale Konzerne angedacht.[79] Zuletzt nahm die Bundesregierung in der zuvor genannten Antwort auf eine Kleine Anfrage der Bündnis 90/Die Grünen-Fraktion zur wirksamen Sanktionierung Stellung. Im Ergebnis lässt sich dieser Beantwortung entnehmen, dass die gestellten Fragen im Zusammenhang mit dem von Justizminister Nordrhein-Westfalens, *Thomas Kutschaty*, vorgelegten Gesetzesentwurfs eines Verbandsstrafgesetzbuches von der Bundesregierung geprüft werden sollen. Insbesondere sollen tatsächliche Erkenntnisse über die Wirksamkeit der Sanktionierung im Rahmen des Ordnungswidrigkeitenrechts erhoben sowie die Einführung des Legalitätsprinzips (auch im Ordnungswidrigkeitenrecht) und das Schulderfordernis im Strafrecht geprüft werden.

D. Europäische und internationale Einflüsse

Nicht zu vernachlässigen ist, dass die Entwicklung in Europa sowohl in politischer als auch in rechtlicher Hinsicht einen enormen Einfluss auf Deutschland hat. Inzwischen hat auch Österreich ein Verbandsverantwortlichkeitsgesetz im Jahr 2006 erlassen, welches die Strafbarkeit von Verbänden regelt. Jüngst hat die Tschechische Republik zum 1. Januar 2012 ein gesondertes Gesetz zur Strafbarkeit juristischer Personen erlassen. Somit können alle an Deutschland angrenzenden Länder Strafen gegen Verbände verhängen.[80] Ebenso hat Deutschland als Mitgliedstaat der EU die vom Europäischen Rat erlassenen Rechtsakte in nationales Recht umzusetzen bzw. dessen Anforderungen aufzunehmen. Im Jahr 1988 forderte der Europarat noch, die umfassende Verantwortlichkeit von Unternehmen für Straftaten, die in Ausübung ihrer Tätigkeit begangen werden, sicherzustellen.[81] Hingegen enthielt das *Zweite Protokoll zum Übereinkommen über den Schutz der finanziellen Interessen der Europäischen Gemeinschaft vom 19. Juni 1997*[82] eine konkrete Verpflichtung für die Mitgliedstaaten, einen gewissen Mindeststandard bei Unternehmenssanktionen einzuhalten.[83] Regelungsgegenstand nach Art. 3 des Zweiten Protokolls ist, dass die Mitgliedstaaten erforderliche Maßnahmen treffen, um Verbände für bestimmte Straftaten, die zu ihren Gunsten begangen worden sind, ausreichend sanktionieren zu können. Darunter sind vor allem solche Straftaten wie Bestechung eines Beamten der Europäischen Gemeinschaften, die eine Gefährdung der finanziellen Interessen der EU zur Folge hat, sowie Betrug und Subventionsbetrug zum Nachteil eines von

78 Koalitionsvertrag, S. 145; abrufbar unter: http://www.bundesregierung.de/Content/DE/_Anlagen/2013/2013-12-17-koalitionsvertrag.pdf?__blob=publicationFile&v=2 (zuletzt abgerufen am 19.3.2015).

79 *Löffelmann*, JR 2014, 185, 186.

80 Siehe hierzu bereits Kapitel 1, C.

81 *Kindler*, a.a.O., S. 40; *Krekeler*, FS für Harnack, 639, 640.

82 ABl. EG 1997 Nr. C 221/12.

83 *Wegner*, ZRP 1999, 186, 188 f.

den Europäischen Gemeinschaften oder in ihrem Auftrag verwalteten Haushalts erfasst.[84] Die hierfür notwendige Anknüpfungstat kann hierbei von jeder Person begangen werden, die aufgrund einer Vertretungs-, Entscheidungs-, oder Kontrollbefugnis eine Führungsposition innehat. Eine bestimmte Sanktion und zwar in Form der Geldstrafe, die wirksam, angemessen und abschreckend sein muss, schreibt das Protokoll in Art. 4 Abs. 1 in den vorgenannten Fällen vor. Des Weiteren werden im Protokoll Regelungen zum Ausschluss öffentlicher Zuwendungen, das Verbot der Handelstätigkeit, richterliche Aufsicht und richterlich angeordnete Auflösung vorgeschlagen. In der *Gemeinsamen Maßnahme zur Bekämpfung der Bestechung im privaten Sektor vom 22. Dezember 1998*[85] wurden die Regelungen des Zweiten Protokolls übernommen. Das Gleiche gilt für eine Reihe von Rahmenbeschlüssen des Rates[86], wie z.B. für den *Rahmenbeschluss des Rates vom 29. Mai 2000 über die Verstärkung des mit strafrechtlichen und anderen Sanktionen bewehrten Schutzes gegen Geldfälschung im Hinblick auf die Einführung des Euro*[87]. All die vom Rat erlassenen Rahmenbeschlüsse verpflichten die Mitgliedstaaten zur Einführung wirksamer und abschreckender Sanktionen, eine Forderung, dies mit strafrechtlichen Vorschriften durchzusetzen, enthalten die Beschlüsse hingegen nicht. Den Mitgliedstaaten bleibt es vielmehr, so auch nach der Rechtsprechung des EuGH[88], selbst überlassen, ob sie Sanktionen strafrechtlicher Art wählen oder nicht. Jedoch zeigt der Entwurf einer Expertengruppe von Strafrechtswissenschaftlern zu einem *Corpus Juris der strafrechtlichen Regelungen zum Schutz der finanziellen Interessen der Europäischen Union der Europäischen Kommission*, beauftragt von der Europäischen Kommission, dass eine Strafbarkeit von Verbänden gerade auch in Bezug auf die Harmonisierung der Strafrechtsordnungen in der EU eine nicht zu vernachlässigende Rolle spielt.[89] Dieser Entwurf, der in Art. 14[90] eine strafrechtliche Verantwortlichkeit von Verbänden vorsieht, wurde von einer Gruppe von Strafrechtslehrern angezweifelt, die deshalb einen Alternativentwurf[91] zum Corpus Juris vorlegten. In diesem Alternativentwurf sind Sanktionen gegen Unternehmen als Maßnahmen eigener Art konzipiert, welche allerdings dem Sanktionenkatalog des Corpus Juris entsprechen.[92]

---

84 *Kirch-Heim*, Sanktionen gegen Unternehmen, S. 107 Fn. 4.

85 ABl. EG 1998 Nr. L 358/2.

86 Ausführliche Aufzählung bei: *Kirch-Heim*, a.a.O, S. 108 f.; *Hetzer*, Kriminalistik 2008, 284, 289.

87 ABl. EG 2000 Nr. L 140/1.

88 EuGH Urteil vom. 2.10.1991 C-7/90.

89 *Bahnmüller*, Strafrechtliche Unternehmensverantwortlichkeit im europäischen Gemeinschafts- und Unionsrecht, S. 194; *Braum*, JZ 2000, 493 ff.; *Rogall* in KK, OWiG, § 30 Rn. 284.

90 Deutsche Übersetzung in der letzten Fassung abgedruckt in: *Tiedemann*, Wirtschaftsstrafrecht AT, S. 179; englische Version bei: *Bahnmüller*, a.a.O., S. 213.

91 *Schünemann* (Hrsg.), Alternativentwurf europäische Strafverfolgung, S. 26 ff.

92 *Schünemann* (Hrsg.), Alternativentwurf europäische Strafverfolgung, S. 27; *Rogall* in : KK, OWiG, § 30, Rn. 285.

Auch auf internationaler Ebene wird der Thematik der Strafbarkeit von Verbänden nachgegangen. So verpflichten sich die Vertragsparteien auf Ebene der OECD nach Art. 2 des *Übereinkommens vom 17. Dezember 1997 über die Bekämpfung der Bestechung im internationalen Geschäftsverkehr*[93] in Übereinstimmung mit ihren nationalen Rechtsgrundsätzen, eine Verantwortlichkeit juristischer Personen einzuführen. Nach diesem sind zwingend wirksame, angemessene und abschreckende Geldsanktionen für die Verantwortlichkeit von Verbänden vorzusehen. Ebenfalls für eine strafrechtliche Verbandshaftung sprechen sich die Konvention der Vereinten Nationen gegen Korruption (Art. 26) und das UN-Übereinkommen gegen transnationale organisierte Kriminalität (Art. 10) aus. Diese sind von Deutschland zwar im Jahre 2003 und 2005 unterzeichnet, bislang jedoch noch nicht ratifiziert worden. Auch in anderen Themenbereichen finden sich Forderungen nach der strafrechtlichen Haftung von Verbänden, so z.B. in der *Richtlinie der EU zur Bekämpfung des sexuellen Missbrauchs und der sexuellen Ausbeutung von Kindern vom 15. November 2011.*[94] In einem Entwurf einer *Richtlinie über strafrechtliche Sanktionen für Insider-Geschäfte und Marktmanipulationen vom 20.10.2011* wird die Forderung nach einer strafrechtlichen Verantwortlichkeit von Unternehmen erneut durch Art. 7 und 8 der Richtlinie verdeutlicht.[95] In diesen wird ebenfalls gefordert, dass die Mitgliedstaaten die erforderlichen Maßnahmen zu treffen haben, um sicherzustellen, dass juristische Personen für die geregelten Straftaten zur Verantwortung gezogen werden und dabei „wirksame, angemessene und abschreckende" Sanktionen verhängt werden können.[96]

E. Regelungen in an Deutschland angrenzenden Ländern

In nahezu allen europäischen Ländern finden sich Regelungen über die Verantwortlichkeit von Verbänden.[97] In England ist die Verantwortlichkeit von Unternehmen nach der sog. verbreiteten Identifikationstheorie, nach der ein Unternehmen dann bestraft werden kann, wenn eine Straftat durch ein Organ des Unternehmens in Ausübung seiner Tätigkeit begangen wird, bereits lange anerkannt.[98] Deutschland gehört zu den wenigen Ländern weltweit, die noch keine strafrechtlichen Vorschriften erlassen haben, zuletzt haben sogar Liechtenstein, im Jahr 2011 durch die Einführung der §§ 74 a-g in das Liechtensteinische StGB und die Tschechische Republik zum 1. Januar 2012 durch den Erlass eines gesonderten Gesetzes, die Möglichkeit geschaffen strafrechtliche Sanktionen gegen juristische Personen zu verhängen.[99]

---

93 AS 2003 4243; BBl 1999 4721.
94 Richtlinie 2011/92/EU, welche den Rahmenbeschluss 2004/68/JI des Rates ersetzt.
95 KOM (2011) 654 endgültig.
96 *Böse*, ZStW 2014, 132, 140 lässt dabei offen, ob es sich um strafrechtliche Regelungen handeln sollte.
97 Siehe hierzu bereits Kapitel 1, C.
98 *Kremnitzer/Ghanayim*, ZStW 2001, 539, 541.
99 *Bohata*, NZWiSt 2012, 161; *Wessing*, ZHW 2012, 301.

Die Regelungen der an Deutschland angrenzenden Länder werden im Folgenden überblicksartig dargestellt.

In den Niederlanden, den Vorreitern der Regelungen über die Verantwortlichkeit von Unternehmen, wurde, neben den im niederländischen Strafgesetzbuch enthaltenen Vorschriften, bereits 1951 das Gesetz über Wirtschaftsstraftaten (Wet Economischen Delicten) erlassen, welches spezielle Delikte (sog. Wirtschaftsstraftaten) unter Bezugnahme auf weitere Gesetze unter Strafe stellt.[100] Diese dort in Art. 15 normierte Strafbarkeit wurde aufgrund der im Jahre 1966 zusammengekommenen niederländischen Juristenvereinigung, die sich für die „Einführung von Bestimmungen über die Verantwortlichkeit von anderen als natürlichen Personen in das StGB“ aussprach, 1976 in das niederländische Strafgesetzbuch übernommen.[101] Die Strafbarkeit von sog. „Rechtspersonen“[102] wird nach dem niederländischen Gesetzbuch durch zurechenbares Handeln begründet, wobei auch Vorsatz und Schuld einer natürlichen Person als zurechenbar angesehen werden.[103] Ausreichend hierfür ist, dass das Unternehmen auf die unmittelbar handelnde Person die Möglichkeit hat einzuwirken. Nicht erforderlich ist hingegen, dass ein Unternehmensorgan gehandelt hat.[104] Darüber hinaus muss die juristische Person Kenntnis von der Straftat gehabt haben, wobei es ausreicht, dass es bereits zu Vorfällen in der Vergangenheit kam, die vom Unternehmen geduldet wurden.[105] Als Sanktionen kommen die Geldstrafe, die öffentliche Bekanntmachung der Verurteilung, der Verfall von illegal erzielten Gewinnen, die Beschlagnahme bestimmter Gegenstände und die Wiedergutmachung des angerichteten Schadens in Betracht.

Im Nachbarland Frankreich existiert seit dem 1. März 1994, mit Inkrafttreten des sog. *Nouveau Code Pénal* (NCP), eine Regelung über die Verantwortlichkeit von juristischen Personen für strafbare Handlungen.[106] Ausgenommen von der Bestrafung sind der Staat selbst sowie die regionalen Gebietskörperschaften hinsichtlich Taten, die bei der Erfüllung nicht übertragbarer Verwaltungsaufgaben begangen worden sind.[107] Den Mittelpunkt bildet hierbei die Vorschrift des Art. 121–2 NCP,

---

100 *Kappers* in: DACH, Unternehmensstrafrecht, Das Unternehmensstrafrecht in den Niederlanden, S. 116.

101 *Athanassiou*, Die Strafbarkeit der juristischen Person Beispiel des Umweltstrafrechts, S. 111; *Schaffmeister*, ZStW 1973, 782.

102 Hierunter fallen die Aktiengesellschaft, die GmbH, die Stiftung, ein notariell gegründeter Verein, die VOF (vergleichbar mit der OHG), die Kommanditgesellschaft und die Maatschap (vergleichbar einer GbR); vgl. *Kappers* in: DACH, a.a.O., S. 117.

103 *Kappers* in: DACH, a.a.O., S. 118 f.

104 *Eidam*, Unternehmen und Strafe, S. 288; *Hettinger*, Reform des Sanktionenrechts, Band 3, S. 295.

105 *Eidam*, Unternehmen und Strafe, S. 288; *Hettinger*, Reform des Sanktionenrechts, Band 3, S. 295.

106 *Koch*, ZStW 1995, 405, 406.

107 *Eidam*, Unternehmen und Strafe, S. 284.

wonach gegen diese Geldstrafen verhängt werden können, wenn deren Organe oder Vertreter strafbare Handlungen zu deren Gunsten begehen („*pour leur compte*“). Hierbei ist nach der höchstrichterlichen Rechtsprechung notwendig, dass ein subjektives Element (sog. l'élément intentionnel) bei der natürlichen Person, nicht hingegen bei der juristischen Person, gegeben ist.[108] Darüber hinaus sind als Sanktionen die Auflösung der Gesellschaft, ein umfassendes oder partielles Berufsverbot oder die Schließung von Betriebsstätten vorgesehen. Auch kann die natürliche Person gem. Art. 121–2 NCP neben dem Unternehmen als Mittäter bestraft werden.

Das Rechtssystem Dänemarks kennt ebenfalls schon seit längerer Zeit die Möglichkeit strafrechtlich gegen juristische Personen vorzugehen. Nachdem dieses Gebiet zunächst nicht im Kernstrafrecht geregelt worden ist, sammelten sich ca. 200 verbandsstrafrechtliche Sondervorschriften an.[109] Im Jahr 1996 reformierte der dänische Gesetzgeber diese Sondervorschriften und nahm die Regelungen über die Verantwortlichkeit von Verbänden in das dänische Strafgesetzbuch in Form der Vorschriften §§ 25 bis 27 DänStGB auf. Nach § 26 DänStGB können alle juristischen Personen, auch die des öffentlichen Rechts, mit einer Geldstrafe – als einzig mögliche Form der Strafe – belegt werden. Selbst die Ein-Mann-Gesellschaft ist nach § 26 Abs. 2 DänStGB straffähig, wenn sie nach ihrer Größe und Organisation den juristischen Personen wie den Handelsgesellschaften, Genossenschaften, Vereinen und Fonds vergleichbar ist. Eine Bestrafung des Verbandes kommt sowohl für eigene Gesetzesverstöße des Verbandes, wie für Organisationsfehler, die Straftaten zur Folge haben, als auch für das strafbare Handeln von Angestellten, das sich der Verband zurechnen lassen muss, in Betracht.[110] Eines Nachweises, welche der natürlichen Personen des Verbandes die strafbare Handlung ausgeführt hat, bedarf es nicht. Eine parallele Bestrafung des Verbandes und des Individualstraftäters ist nach dänischem Recht nicht ausgeschlossen.

Auch Belgien führte im Jahr 1999, nach vorheriger ablehnender Haltung gegenüber der Verantwortlichkeit von juristischen Personen, durch Erlass der Art. 5 bis 7 in das Belgische Strafgesetzbuch die Strafbarkeit derselben ein.[111] Nach Art. 5 Abs. 1 BelStGB haften juristische Personen oder ihr gleichgestellte Organisationen für alle Gesetzesverstöße, die mit der Verwirklichung des Unternehmenszwecks oder mit dem Schutz ihrer Interessen untrennbar verbunden sind und für Zuwiderhandlungen, bei denen tatsächliche Anhaltspunkte bestehen, dass sie auf deren Rechnung begangen worden sind.[112] Eine Haftung von Unternehmensangehörigen ist ausgeschlossen. Ausnahme hierzu bildet der Unternehmensleiter, der nach belgischem Recht die Schuld trägt, die daran zu messen ist, ob der Unternehmensleiter

108 *Hartan*, Unternehmensstrafrecht in Deutschland und Frankreich, S. 164.
109 *Eidam*, a.a.O., S. 44.
110 *Rogall* in: KK, OWiG, § 30 Rn. 265.
111 *Rogall* in: KK, OWiG, § 30 Rn. 264.
112 *Eidam*, Unternehmen und Strafe, S. 289.

ausreichend geprüft hat, ob die ihm obliegenden Pflichten von den Mitarbeitern erfüllt wurden.[113]

Das an Deutschland angrenzende Polen revolutionierte das polnische Rechtssystem, in dem es im Jahre 2003 das Gesetz über die Verantwortlichkeit von Kollektivsubjekten für die unter Strafe verbotenen Taten (JurPerG), welches am 28. November 2003 in Kraft trat, erließ.[114] Eine Besonderheit in den polnischen Regelungen besteht darin, dass die juristische Person erst dann bestraft werden kann, wenn die Strafbarkeit der handelnden natürlichen Person durch Urteil, Strafbefehl, rechtskräftige gerichtliche Entscheidung über die freiwillige Unterwerfung des Täters unter eine Strafe oder durch rechtskräftige gerichtliche Entscheidung über die bedingte Verfahrenseinstellung festgestellt ist.[115] Auch können juristische Personen in Polen nicht für alle Taten bestraft werden, da sich ein Deliktskatalog in Art. 16 JurPerG findet. Nach dieser Vorschrift sind vor allem Wirtschaftsstraftaten sowohl aus dem PolStGB als auch den Nebenstrafgesetzen, Umweltstraftaten, Steuerstraftaten und Wettbewerbsstraftaten erfasst.[116] Als Ahndung kommt eine dynamische Geldbuße in Betracht, die sich an den Vorsteuergewinnen und Aufwendungen der juristischen Personen orientiert.[117] Nebenstrafen sind das Verbot der Inanspruchnahme von Zuschüssen oder Subventionen, der Ausschluss von öffentlichen Ausschreibungen und das Verbot der Ausübung einer bestimmten Geschäftstätigkeit.

In der Schweiz können Unternehmen seit dem 1. Oktober 2003 unter bestimmten Voraussetzungen strafrechtlich belangt werden, sofern eine unternehmenszugehörige Person eine Straftat begeht. Unternehmen sind nach Art. 102 Abs. 4 Schweizerisches StGB juristische Personen des Privatrechts und öffentlichen Rechts (mit Ausnahme der Gebietskörperschaften), Gesellschaften und Einzelfirmen. Nach schweizerischem Recht ist zwischen zwei Formen der Strafbarkeit zu differenzieren: Nach der subsidiären Unternehmensstrafbarkeit kann ein Unternehmen gem. Art. 102 Abs. 1 Schweizerisches StGB strafrechtlich verurteilt werden, wenn es trotz aller Anstrengung nicht gelingt, die fehlbare natürliche Person zu ermitteln. Zwar stellt diese Strafbarkeit den Grundtatbestand dar, hat jedoch in der Praxis bisher wenig Relevanz entfaltet.[118] Wesentlich wichtiger ist die konkurrierende strafrechtliche Verantwortlichkeit des Unternehmens nach Art. 102 Abs. 2 Schweizerisches StGB, wonach ein Unternehmen für einen abschließenden Katalog von Anlasstaten natürlicher Personen im Unternehmen unabhängig davon bestraft werden kann,

---

113 *Eidam*, Unternehmen und Strafe, S. 289; *Huff*, Die Freizeichnung von strafrechtlicher Verantwortlichkeit durch Pflichtendelegation im Unternehmen – ein deutsch-französischer Vergleich, S. 211 ff.

114 *Rogall* in: KK, OWiG, § 30 Rn. 277.

115 *Weigend/Namyslowska-Gabrysiak*, ZStW 2004, 541, 547.

116 *Weigend/Namyslowska-Gabrysiak*, ZStW 2004, 541, 548.

117 *Rogall* in: KK, OWiG, § 30 Rn. 272.

118 *Livschitz* in: DACH, Unternehmensstrafrecht, Das Unternehmensstrafrecht in der Schweiz, S. 2.

ob ein Einzeltäter ermittelt und bestraf wird oder nicht. Diese Strafbarkeit von Unternehmen basiert auf einem Mechanismus der Zurechnung, da das Verhalten einer natürlichen Person dem Unternehmen zugerechnet wird.[119] Sanktion ist eine Buße bis zu einer Höhe von 5 Millionen Franken.

Österreich führte nach langwieriger Diskussion in Wissenschaft und Politik[120] im Jahre 2006 das Verbandsverantwortlichkeitsgesetz ein, welches die strafrechtliche Verantwortlichkeit von Verbänden zum Gegenstand hat. Nach § 3 Abs. 1 VbVG ist ein Verband für eine Straftat dann verantwortlich, wenn die Tat zu seinen Gunsten begangen worden ist oder durch die Tat Pflichten verletzt worden sind, die den Verband treffen. Dann wird für die Strafbarkeit des Verbandes als Zusatzvoraussetzung in § 3 Abs. 2 VbVG festgelegt, dass ein Entscheidungsträger die Tat schuldhaft begangen haben muss. Des Weiteren regelt die Vorschrift § 3 Abs. 3 VbVG, dass ein Verband strafrechtlich verantwortlich ist, wenn ein Mitarbeiter den objektiven Tatbestand eines Delikts erfüllt und dabei rechtswidrig gehandelt hat, was dadurch ermöglicht oder erleichtert worden ist, dass ein Entscheidungsträger die nach den Umständen gebotene und zumutbare Sorgfalt außer Acht gelassen hat. Das österreichische Verbandsverantwortlichkeitsgesetz basiert daher auf dem Zurechnungsmodell[121], bezeichnet die zu verhängende Strafe in § 4 VbVG als Verbandsgeldbuße, die nach dem Tagessatzsystem bemessen wird.

Im Jahr 2011 führte Liechtenstein mit dem Erlass der 74 a-g Liechtensteinisches StGB die Verantwortlichkeit von juristischen Personen ein. Die Vorschriften basieren ebenfalls auf dem Zurechnungsmodell, erachten für die Strafbarkeit juristischer Personen eine tatbestandsmäßige, rechtswidrige und schuldhaft begangene Anlasstat einer Leitungsperson als ausreichend. Wird die Anlasstat von einem Mitarbeiter tatbestandsmäßig und rechtswidrig, jedoch nicht schuldhaft, begangen, so ist die juristische Person nach § 74 a Abs. 4 Liechtensteiner StGB nur dann verantwortlich, wenn die Begehung der Tat dadurch ermöglicht oder wesentlich erweitert worden ist, dass Leitungspersonen es unterlassen haben, die erforderlichen und zumutbaren Maßnahmen zur Verhinderung solcher Anlasstaten zu ergreifen. Bei diesen getroffenen Regelungen wird von der originären Verbandsverantwortlichkeit[122] ausgegangen.[123]

Zuletzt führte Tschechien mit dem Gesetz über die strafrechtliche Verantwortung von juristischen Personen (GSJP), seit dem 1. Januar 2012 in Kraft, Regelungen über die Strafbarkeit von juristischen Personen in Form eines Nebenstrafgesetzes,

---

119 Dies ist in der schweizerischen Literatur umstritten. Teils wird vertreten, dass in der Anlasstat eine objektive Bedingung der Strafbarkeit zu sehen ist. Vgl. hierzu Darstellung des Meinungsstandes bei *Hilf*, ZStW 2014, 73, 97 ff.

120 Ausführliche Darstellung in: *Stärker*, VbVG, § 1 S. 36 ff.

121 Siehe Darstellung in Kapitel 3, B.3.3; Für das Vorliegen einer Zurechnungsnorm spricht sich auch *Hilf*, ZStW 2014, 73, 97 aus.

122 Ausführungen hierzu in Kapitel 3, B.3.3.

123 *Hilf*, ZStrR 2011, 258, 263.

welches eng mit dem tschechischen StGB und der tschechischen StPO verbunden ist, ein.[124] Als Straftatbestände kommen u.a. Korruptions-, Umwelt-, IT- und Betrugsdelikte in Betracht, welche in § 7 GSJP enumerativ und abschließend aufgezählt sind.[125] Bemerkenswert ist, dass sich im GSJP weder eine Differenzierung zwischen Handlung und Unterlassen noch das Erfordernis von der Verletzung oder Nichterfüllung von allgemeinen und speziellen Rechtspflichten findet. Der Gesetzgeber setzt deshalb voraus, dass Unternehmen grundsätzlich spezielle Pflichten obliegen, welche bei Nichterfüllung und zusätzlicher Verwirklichung von Tatbestandsmerkmalen eines Straftatbestandes zur Täterschaft der juristischen Person führen.[126] Als Ahndung kommen nach dem GSJP sowohl Strafen als auch Schutzmaßnahmen in Betracht, wobei die Auflösung der juristischen Person als schwerwiegendste Strafe anzusehen ist.[127] Des Weiteren ist die Verhängung einer nach Tagessätzen bemessenen Geldstrafe nach § 18 GSJP möglich.

Den Regelungen der verschiedenen Länder ist allen – unabhängig von der konkreten Bezeichnung der jeweiligen Sanktion – gemein, dass gegen das Unternehmen selbst eine Geldstrafe verhängt werden kann. Vermehrt sind auch weitergehende Sanktionen in den Vorschriften vorgesehen, die sich im Wesentlichen auf die Auflösung des Unternehmens, die Verhängung von Tätigkeitsbeschränkungen, insbesondere im Rahmen öffentlicher Aufträge, und den Ausschluss von öffentlichen Subventionen begrenzen. Unterschiedlich ausgestaltet sind in den an Deutschland angrenzenden Ländern aber vor allem die konkreten Straftatbestände. Teilweise wird eine subsidiäre, teilweise eine parallele Verantwortlichkeit des Individualstraftäters und des Unternehmens statuiert. Ebenfalls variieren die Anforderungen an die jeweilige Anknüpfungstat. Letztlich zeigen diese unterschiedlichen Regelungen, worauf es bei dem Erlass von Vorschriften zur strafrechtlichen Verantwortlichkeit von Verbänden maßgeblich ankommt. Zentrale Fragen sollten daher sein: Ist die Strafbarkeit von Unternehmen auf einer Zurechnung des Verhaltens der Mitarbeiter zu konstruieren? Welche Anforderungen sind an die Anknüpfungstat zu stellen? Kann der Individualstraftäter neben dem Verband bestraft werden? Welche Strafen kommen als Sanktionen in Betracht? Jedenfalls wird durch den Überblick der Reglungen in den an Deutschland angrenzenden Ländern deutlich, welche Bedeutung der Thematik der Strafbarkeit von Verbänden in diesen europäischen Ländern zukommt. Auch ist herauszustellen, dass sich diese Länder, sofern sie Mitglied der Europäischen Union sind, für eine Implementierung der europarechtlichen Vorgaben in strafrechtlichen Vorschriften entschieden haben. Ob dieser Trend im Ergebnis zur Folge hat, dass auch in Deutschland ein Verbandsstrafrecht eingeführt wird, ist eine rechtspolitische Entscheidung und bleibt in letzter Instanz dem Gesetzgeber überlassen.[128]

---

124 *Eidam*, Unternehmen und Strafe, S. 300.
125 *Bohata*, NZWiSt 2012, 161, 163.
126 *Bohata*, NZWiSt 2012, 161, 162.
127 *Bohata*, NZWiSt 2012, 161, 165.
128 Zu kritischen Stimmen hinsichtlich dieses Trends siehe Ausführungen in Kapitel 2.

F. Rechtsprechung zum Verbandsstrafrecht

Auch die Rechtsprechung beschäftigte sich bereits in verschiedenen Urteilen mit der Verantwortlichkeit von juristischen Personen. Dies zeigt ebenfalls die immer wiederkehrende Brisanz der Problematik.

1. Entscheidung des BGH

Bereits im Jahr 1953 lag dem BGH im „Berliner Stahlprozess“[129] die Problematik der strafrechtlichen Verantwortlichkeit juristischer Personen zur Entscheidung vor. Der Entscheidung liegen nicht genehmigte Interzonenhandelsgeschäfte zugrunde. In diesem bereits oben erwähnten[130] Fall kam der BGH zu dem Ergebnis, dass die Bestrafung juristischer Personen nach dem Besatzungsrecht zulässig ist. Zur Begründung führte der BGH aus, dass sich eine Strafbarkeit der juristischen Personen aus Art. 8 Ziff. 1 der Berliner Devisenverordnung ergebe, wonach bestraft wird, „wer“ gegen dieselbe verstoße.[131] Allein die Tatsache, dass sich die Berliner Devisenverordnung auch an juristische Personen richte, begründet nicht deren Strafbarkeit bei Verstößen. Allerdings ist aus dem englischen und französischen Besatzungsrecht, in dem eine solche Strafbarkeit explizit festgelegt ist, in Verbindung mit der vom deutschen Besatzungsgesetzgeber gewählten Übersetzung zu folgern. Nach der Ziffer 4 des Art. 8 der Berliner Devisenverordnung unterliegt eine juristische Person bei Verurteilung wegen einer strafbaren Handlung den für diese strafbare Handlung angedrohten Geldstrafen und Einziehungen.[132] Der BGH folgert aus dieser Vorschrift folgerichtig, dass der deutsche Besatzungsgesetzgeber nicht irrtümlich vorausgesetzt hat, dass juristische Personen bereits nach deutschem Recht strafbare Handlungen begehen können, sondern es kam ihm darauf an, ihnen diese Fähigkeit beizulegen.[133] Des Weiteren führt der BGH zur Begründung der Strafbarkeit juristischer Personen aus, dass diese nur durch die Zurechnung des Handelns von natürlichen Personen, welches zuvor festgestellt worden ist, begründet werden kann, da juristische Personen nur durch natürliche Personen handeln können. Entscheidend hierbei sei, dass die natürliche Person die strafbare Handlung nicht für sich als Privatperson, sondern z.B. als Geschäftsführer oder Angestellter in dieser Eigenschaft für die juristische Person begangen hat. Vorliegend hatte der BGH es nicht zu entscheiden, ob der juristischen Person das strafbare Verhalten aller ihrer Angestellten zugerechnet werden kann oder nur solches von vertretungsberechtigten Personen. Der Begründung können jedoch Tendenzen dahingehend entnommen werden, dass

---

129 BGH NJW 1953, 1838; im sog. “Altzink-Urteil” vom gleichen Tag behandelte der BGH die gleichlaufende Problematik: BGH, DDevR 1954, 10 (zitiert nach Hausermann, a.a.O., S. 28).

130 Siehe Kapitel 1, B.

131 BGH NJW 1953, 1838.

132 BGH NJW 1953, 1838.

133 BGH NJW 1953, 1838, 1839.

allein das strafbare Verhalten vertretungsberechtigter Mitglieder der juristischen Person zugerechnet werden können soll.[134] Den Bedenken der Vorinstanz, dass die Strafbarkeit juristischer Personen mit dem im deutschen Strafrecht entwickelten sozialethischen Schuld- und Strafbegriff nicht in Einklang zu bringen ist, entgegnet der BGH, dass die besatzungsrechtlichen Bestimmungen Verbindlichkeit beanspruchen und nicht gegen den inländischen „ordre public" oder gegen Art. 43 Haager Landkriegsordnung verstoßen. Dies untermauert der BGH mit den Argumenten, dass auch der deutschen Rechtsordnung Sanktionen gegen juristische Personen, in Form der Einziehung und der Geldbuße, grundsätzlich nicht fremd sind und eine Bestrafung der juristischen Personen nach dem Besatzungsrecht dann in Betracht kommt, wenn die existierenden Instrumente nicht als ausreichend anzusehen sind. Beispielhaft führt der BGH an, dass häufig Vermögenswerte nicht eingezogen werden können, da sie nicht mehr vorhanden sind und mit einer Ersatzeinziehung nach dem damals geltenden § 20 OWiG nicht die juristische Person, sondern nur der Täter oder Teilnehmer getroffen werden könne.[135]

2. Entscheidung des BVerfG

Im „Bertelsmann-Lesering-Beschluss"[136] setzte sich das BVerfG im Jahr 1966 mit der strafrechtlichen Verantwortlichkeit von juristischen Personen unter Berücksichtigung des Grundsatzes „nulla poena sine culpa" auseinander. Der Entscheidung lag folgender Sachverhalt zugrunde: Die Firma B beauftragte sog. Betreuungsunternehmen damit, für ihren Lesering Mitglieder zu werben. Die Beschwerdeführerin warb Straßenpassanten durch das Verteilen von Glückslosen, die diese wiederum veranlassten das Werbelokal aufzusuchen, in welchem versucht wurde, sie als Mitglieder für den Lesering zu gewinnen. Daraufhin wurde gegen die Beschwerdeführerin eine einstweilige Verfügung erlassen, diese Werbemethode zu unterlassen. Wegen Zuwiderhandlungen gegen die einstweilige Verfügung sind in einigen Verfahren gegen die Beschwerdeführerin Geldstrafen nach § 890 ZPO verhängt worden. Die hiergegen gerichtete Beschwerde zum OLG hatte keinen Erfolg, weshalb die Beschwerdeführerin vor dem BVerfG die Verletzung des Art. 103 GG rügte. Das BVerfG bestätigte in seiner Entscheidung, dass der Grundsatz „nulla poena sine culpa" auch für juristische Personen gilt.[137] Zur Begründung führt das BVerfG insbesondere an, dass auch die Ordnungsstrafe nach § 890 ZPO[138], die dem Täter einen Rechtsverstoß zum Vorwurf macht, strafrechtliche Schuld voraussetzt.[139] Mangels der fehlenden Handlungsfähigkeit von juristischen Personen könne bei

134 BGH NJW 1953, 1838, 1839.
135 BGH NJW 1953, 1838, 1839.
136 BVerfGE, 20, 323.
137 BVerfGE 20, 323, 335.
138 Diese Einordnung ist seit langer Zeit umstritten. Siehe hierzu näher: *Gruber* in: MüKo, ZPO, § 890 Rn. 2.
139 BVerfGE 20, 323, 331.

ihrer Inanspruchnahme für schuldhafte Handlungen im strafrechtlichen Sinne nur die Schuld der für sie verantwortlich handelnden Personen maßgeblich sein.[140] Einer Entscheidung, ob sich der Kreis dieser Personen nur auf die Organe beschränke oder auch auf weitere Personen innerhalb der juristischen Person, wie z.B. Prokuristen, Handlungsbevollmächtigte oder leitende Angestellte, erstreckt werden kann, ließ das BVerfG ausdrücklich offen. Einer Entscheidung bedurfte es gerade nicht, da das Betreuungsunternehmen ein selbstständiger Vertragspartner war und somit außerhalb dem möglichen Zurechnungsbereich lag. Ihre Handlungen konnten ihrer Auftraggeberin gerade nicht zugerechnet werden.[141] Dem Grundsatz nach lässt das BVerfG also eine Schuldzurechnung zur juristischen Person zu, erkennt aber nicht eindeutig an, dass eine Strafbarkeit von Verbänden in Deutschland möglich ist.[142]

3. Entscheidung des BVerwG

Im Jahr 1988 befasste sich das BVerwG im Rahmen der „Hell's Angels"-Entscheidung durch den Bundesminister des Inneren mit der Straffähigkeit von Verbänden.[143] Das BVerwG hatte sich in dem vorliegenden Fall hauptsächlich mit den Voraussetzungen eines Vereinsverbots nach § 3 VereinsG i.V.m. Art. 9 Abs. 2 GG auseinanderzusetzen. Hierbei kam es insbesondere auf die Frage der „Strafgesetzwidrigkeit" einer Vereinigung an. Nach den Ausführungen des BVerwG kommt es dafür auf die Absichten und Verhaltensweisen der Mitglieder des Vereins an, da eine Vereinigung selbst nicht straffähig sei. Da eine Strafbarkeit jedoch Schuldzurechnungsfähigkeit voraussetze, und diese nur natürliche Personen aufweisen, können auch nur diese straffähig sein.[144] Allerdings ist es nach Auffassung des BVerwG durchaus möglich, eine Strafgesetzwidrigkeit eines Vereins zu begründen. Dies folgt vor allem daraus, dass die diesen repräsentierenden Organe einen von den Mitgliedern losgelösten Gruppenwillen bilden und insofern selbstständig handeln können.[145] Letztlich ist dem Verein das Verhalten der Mitglieder zuzurechnen.[146] Eine echte Straffähigkeit lehnte das BVerwG in der vorliegenden Entscheidung zwar ab, jedoch begründete es eine Strafgesetzwidrigkeit eines Vereins unter Zuhilfenahme der Zurechnungslösung, was sich schließlich als kleiner Ausschnitt des sog. Verbandstäterschaftsmodells darstellt.[147]

140 BVerfGE 20, 323, 336.
141 BVerfGE 20, 323, 336.
142 *Haeusermann*, a.a.O., S. 32.
143 Vgl. BVerwGE 80, 299.
144 BVerwGE 80, 299, 306.
145 BVerwGE 80, 299, 306.
146 BVerwGE 80, 299, 306 f.
147 *Haeusermann*, a.a.O., S. 33.

G. Zusammenfassung

Die aufgezeigte Historie in Deutschland in Literatur und Rechtsprechung als auch die Einflüsse des Europarechts zeigen, dass es sich bei der Verantwortlichkeit von Verbänden um eine Problematik handelt, die zu verschiedenen Zeitpunkten immer wieder von Brisanz gewesen und es aktuell auch noch ist. Darüber hinaus ist nach den aufgezeigten Ursprüngen die Möglichkeit einer Bestrafung von Verbänden in Deutschland nicht so unbekannt wie es in der Literatur zumeist dargestellt wird. Daran vermag auch die Tatsache, dass zu der damaligen Zeit nicht die gleiche wirtschaftliche Organisation vorherrschte, nichts zu ändern, da es allein um den Grundgedanken der Bestrafung von Kollektiven geht, wobei die Einfachheit der Struktur der damals vorherrschenden Organisationen keinen ausschlaggebenden Einfluss auf den Gedanken der Bestrafung eines Kollektivs als solches hat .[148] Der Grundsatz „societas delinquere non potest“ setzte sich erst im 19. Jahrhundert durch und wurde ab diesem Zeitpunkt als ein in Stein gemeißelter Grundsatz erachtet. Die oben erörterte höchstrichterliche Rechtsprechung, die sich mit dem Thema der Verantwortlichkeit von Verbänden teilweise auseinandersetzt, lässt erkennen, dass eine Strafbarkeit von Verbänden nicht als ausgeschlossen erscheint, auch wenn eine dogmatische Auseinandersetzung mit dem Thema nicht in der notwendigen Tiefe erfolgt. Dem Ansatz nach wird eine Strafbarkeit von juristischen Personen hingegen anerkannt, was insbesondere in der „Hell‘s-Angels Entscheidung“ des BVerwG und dem „Bertelsmann-Lesering-Beschluss“ des BVerfG[149] zu entnehmen ist. Gerade die Tatsache, dass es in anderen Rechtsordnungen, die der Deutschen teilweise ähnlich sind, zeigt, dass es auch in Deutschland mit dem geltenden Recht vereinbar sein kann, Regelungen über die Verantwortlichkeit von Verbänden einzuführen. In den europäischen Nachbarländern hat sich dieser Trend[150] bereits durchgesetzt. Deshalb wird sich auch Deutschland diesem aufgrund des steigenden Drucks durch die Europäische Union auf Dauer wohl nur schwerlich widersetzen können.

148 Anders wohl: *Mittelsdorf*, Unternehmensstrafrecht im Kontext, S. 71.

149 *Heuking/von Coelln*, BB 2014, 3015, 3022 verweisen hier zudem auf die Verhängung von Geldbußen gegen Unternehmen, welche ebenfalls auf dem Schuldprinzip basiere. Anders wohl *Süße/Püschel*, Newsdienst Compliance 2014, 11002.

150 *Heuking/von Coelln*, BB 2014, 3015, 3021 führen diese Situation auf einen generellen Hang zur Kommerzialisierung zurück und stellen die Vermutung auf, dass die Einführung strafrechtlicher Sanktionen vor allem auf wirtschaftlichen Gesichtspunkten beruht.

Kapitel 2: Zentrale Kritikpunkte an der Einführung eines Unternehmensstrafrechts

Trotz der aktuellen Diskussion zur Einführung eines Unternehmensstrafrechts in Deutschland durch den Erlass eines Verbandsstrafgesetzbuches existieren in der Literatur schon seit langem erhebliche dogmatische Bedenken, die auch im neueren Schrifttum wieder aufgegriffen werden.[151] So werden hier vor allem die fehlende Straffähigkeit, die fehlende Schuldfähigkeit und die damit verbundene fehlende Handlungsfähigkeit von juristischen Personen sowie die Bestrafung Unschuldiger unter dem Aspekt der Gerechtigkeit, der Verstoß gegen das Doppelbestrafungsverbot, ein ausreichendes Instrumentarium der bestehenden Verbandssanktionen in den §§ 30, 130 OWiG, ein mangelndes Bedürfnis für eine Übertragung von Sanktionierungsmöglichkeiten in das Strafrecht, ein exzeptioneller Charakter von Zurechnungs- und Beweisproblemen hinsichtlich des Individualtäters, Zweifel in Bezug auf den verfassungsrechtlich verankerten Verhältnismäßigkeitsgrundsatz und fehlende kriminalpolitische Notwendigkeit als Argumente gegen die Einführung einer strafrechtlichen Verantwortlichkeit von Verbänden angeführt.[152] Im Folgenden werden die wichtigsten Kritikpunkte identifiziert und näher erörtert.[153]

A. Fehlende Straffähigkeit

Häufig wird in der Literatur einer möglichen Einführung einer Strafbarkeit von Verbänden das Argument entgegengehalten, dass diese nicht straffähig seien, bei ihr also die mit der Strafe bezweckte Wirkung nicht eintreten könne. Dies wird damit begründet, dass sich die Strafe nur auf die sittliche Persönlichkeit des Menschen beziehen könne und eine solche bei Verbänden aufgrund der fehlenden sittlichen Persönlichkeit ausscheide, da diese nur natürliche Personen aufweisen.[154] Diese These („*no soul to be damned, and no body to be kicked*“) wurde bereits im 18. Jahrhundert von *Chancellor Edward, First Baron Thurlow*, aufgestellt und wird somit

151 *Frisch* in: FS Wolter, 349 ff.; *Grützner*, CCZ 2015, 56, 59 ff.; *Haubner*, DB 2014, 1358, 1362 ff.; *Hetzer*, Kriminalistik 2008, 284, 288 f.; *Kudlich* in: Kuhlen, Compliance und Strafrecht, 209 ff.; *Leipold*, ZRP 2013, 34, 35 f., *ders.*, NJW-Spezial 2013, 696, *ders.* in: FS Gauweiler, 375 ff.; *Löffelmann*, JR 2014, 185, 188 ff.; *Mitsch*, NZWiSt 2014, 1, 1 f.; *Schmitz* in: Kempf, Unternehmensstrafrecht, 311 ff.; *Schefold*, ZRFC 2014, 276 ff.; *Schünemann*, ZIS 2014, 1 ff., *ders.* in: Stiftung Familienunternehmen, Verfassungswidrigkeit Unternehmensstrafrecht, S. 7 ff.; *von Freier*, GA 2009, 98 ff.; *Zieschang*, GA 2014, 91, 92 ff.; prägnanter Überblick bei: *Jahn/Pietsch*, ZIS 2015, 1, 2 f.

152 *Hetzer*, Kriminalistik 2008, 284, 288; *Diez*, ZStW 2007, 290 f.

153 Auf andere Kritikpunkte wird im Laufe der Untersuchung des Gesetzesentwurfs näher eingegangen. Vgl. Kapitel 3, B.2 und B.3.

154 *Kirch-Heim*, a.a.O., S. 171; *Peglau*, ZRP 2001, 406, 408.

unter dem Aspekt der zeitlichen Betrachtung bereits lange in der internationalen, vor allem angloamerikanischen, Literatur diskutiert.[155] Stellt man für die Strafe allein auf das Erfordernis ab, dass der Bestrafte selbst leidensfähig ist, so scheidet eine Straffähigkeit von Verbänden von vornherein aus.[156] Wenn hingegen die Charakterisierung des Empfindens eines Übels nicht zwingendermaßen ein Leiden voraussetzt, sondern vielmehr eine Motivierung des Verbandes sein Verhalten bzw. das seiner Mitarbeiter zu ändern ausreichen lässt, so kann die Straffähigkeit von Verbänden bejaht werden.[157] Deshalb kommt es für die Beantwortung der Frage nach der Straffähigkeit von Verbänden entscheidend darauf an, welche Strafzwecke mit der Verhängung einer Strafe in Deutschland überhaupt beabsichtigt sind und ob diese auch bei der Verhängung von Strafen gegen Verbände erreicht werden können. Ob man hierbei den absoluten oder relativen Strafzwecktheorien[158] zustimmt, bedarf vorliegend keiner Entscheidung, sondern es ist vielmehr auf alle mit diesen Theorien verbundenen Zwecke der Strafe einzugehen, um so eine vereinfachte Darstellung erzielen zu können. Deshalb ist es entscheidend, ob die Zwecke der Abschreckung, Resozialisierung, Aufrechterhaltung des Normvertrauens und/oder Vergeltung bei einer Bestrafung von Verbänden erwirkt werden können.[159]

1. Abschreckung und Resozialisierung durch die Bestrafung von Verbänden

Die Bestrafung des Täters soll zum einen diesen selbst abschrecken erneut Straftaten zu begehen (sog. negative Spezialprävention) und zum anderen eine Abschreckungswirkung auf die Allgemeinheit erzielen (sog. negative Generalprävention).[160] Die zuletzt erwähnte Theorie der negativen Generalprävention, entwickelt von *Paul Johann Anselm v. Feuerbach,* hat zum Inhalt, dass dem Verbrechen primär mit

---

155 *Ehrhardt,* a.a.O., S. 96; *Engelhart,* a.a.O., S. 71 m.w.N.; *Peglau,* ZRP 2001, 406, 408; *Volk,* Zur Bestrafung von Unternehmen, JZ 1993, 429, 431; *Wohlers* in: Kempf, Unternehmensstrafrecht, S. 233.

156 So auch *Engisch,* Referat zum 40. Deutschen Juristentag, Band II, 1954, E 15 f. zitiert nach *Wohlers* in: Kempf, Unternehmensstrafrecht, S. 234.

157 *Bertossa,* Unternehmensstrafrecht – Strafprozess und Sanktionen, S. 66 ff.; *Lütolf,* S. 170 f; In der Stellungnahme der Bundesrechtsanwaltskammer Nr. 5/2014, S. 8 wird ein solcher Abschreckungseffekt verneint, indem angezweifelt wird, dass sich Mitarbeiter und Organe von Verbänden, die sich durch die Drohung eigener Strafbarkeit nicht von verbandsbezogenen Zuwiderhandlungen gegen Strafgesetze abschrecken lassen, sich anders entscheiden würden, wenn zusätzlich der Verband mit Strafe bedroht ist. Abrufbar unter: http://www.brak.de/zur-rechtspolitik/stellungnahmen-pdf/stellungnahmen-deutschland/2014/april/stellungnahme-der-brak-2014-15.pdf (zuletzt abgerufen am 20.3.2015).

158 Meinungsstand in der Literatur bei: *Hörnle* in: Strafe – Warum?, *Hirsch,* S. 11 ff.; *Roxin,* Strafrecht AT, I, § 3.

159 *Wohlers* in: Kempf, Unternehmensstrafrecht, S. 241.

160 *Roxin,* Strafrecht AT, § 3, I, Rn. 12 u 22.

Strafnormen vorgebeugt werden soll, also sozusagen eine Theorie der Strafdrohung, welche in ihrer zwingenden Folge auch die Verhängung der Strafe enthält, sozusagen eine Theorie der Verhängung und des Vollzugs der Strafe.[161] Nach *Paul Johann Anselm v. Feuerbach* besteht der „Zweck der Zufügung der Strafe in der Begründung der Wirksamkeit der gesetzlichen Drohung, inwiefern ohne sie diese Drohung leer (unwirksam) sein würde. Da das Gesetz alle Bürger abschrecken und dessen Vollstreckung Wirkung entfalten soll, ist der mittelbare Zweck (Endzweck) der Zufügung ebenfalls bloße Abschreckung der Bürger durch das Gesetz."[162] Der Gedanke der Theorie der negativen Spezialprävention, durch *Franz von Liszt*[163] begründet, lässt sich auch auf Verbände übertragen.[164] Der Gedanke, dass sich die hinter dem Verband stehenden Personen bemühen werden, damit gegen den Verband künftig keine Strafen mehr verhängt werden, scheint sich aufzudrängen. Diese abschreckende Wirkung kann auch mit U.S.-amerikanischen Studien belegt werden, indem die Verbände die betriebsinternen Kontrollen verschärfen, Verhaltenslinien einführen und für ein Klima im Unternehmen sorgen, welches keinen Anlass für die Begehung von Straftaten liefert.[165] Eine in Österreich zum Verbandsverantwortlichkeitsgesetz im Jahre 2011 durchgeführte Studie vermag diese Ergebnisse, zumindest in Österreich, nicht belegen.[166] Dies kann zum einen mit der mangelnden Erfassung der verurteilten Verbände im österreichischen Strafregister, zum anderen einer fehlenden Verknüpfung zu verurteilten Individualstraftätern für eine begangene Straftat für den Verband zusammenhängen. Deshalb ist es nicht möglich etwaige Wiederverurteilungen von Verbänden technisch aufzudecken. Grundsätzlich erscheint es jedoch nicht unmöglich, dass eine abschreckende Wirkung auf den Verband selbst[167] von der Verhängung und Vollstreckung der Strafe ausgeht. Dies ist auch daraus

161 *Roxin*, Strafrecht AT, I, § 3 Rn. 23.

162 *Feuerbach*, a.a.O, § 16, S. 39.

163 *Liszt*, ZStW 1883, 1, 33 ff.

164 *Ackermann*, a.a.O., S. 197 ff.; *Bertossa*, a.a.O., S. 64; *Dannecker*, GA 2001, 101, 114; *Ehrhardt*, a.a.O., S. 205; *Eidam*, a.a.O., S. 121; *Haeusermann*, a.a.O., S. 155 ff.; *Hirsch*, ZStW 1995, 285, 295; *Kindler*, a.a.O., S. 289; *Kirch-Heim*, a.a.O., S. 172; *Lütolf*, a.a.O., S. 173 f.

165 *Erhardt*, a.a.O., S. 205 m. w. N.

166 Generalpräventive Wirksamkeit, Praxis und Anwendungsprobleme des Verbandsverantwortlichkeitsgesetzes (VbVG), Eine Evaluierungsstudie von *Walter Fuchs, Reinhard Kreissl*, Arno *Pilgram, Wolfgang Stangl*, S. 24, abrufbar unter: http://www.irks.at/assets/irks/Publikationen/Forschungsbericht/irks_vbvg_bericht.pdf (zuletzt abgerufen am 12.2.2015). Anders: *Hetzer*, ZRFC 2014, 18, 20 ohne hierzu näher Stellung zu beziehen.

167 Anders *Schünemann*, der einen Präventionseffekt aufgrund von letztlich im Durchschnitt zwei Verurteilungen im Jahr als abwegig ablehnt; in: Stiftung Familienunternehmen, Verfassungswidrigkeit Unternehmensstrafrecht, S. 23; abrufbar unter: http://www.familienunternehmen.de/media/public/pdf/studien/Studie_Stiftung_Familienunternehmen_Unternehmensstrafrecht.pdf (zuletzt abgerufen am 12.2.2105).

zu folgern, dass es bei der Begehung von Straftaten bis zu einer Auflösung des Verbandes kommen kann, wodurch die Sicherungsfunktion der Strafe erfüllt ist.[168] Auch kann es auf den Verband selbst eine „Prangerwirkung" entfalten, wenn die Verhängung der Strafe gegen den Verband die Veröffentlichung oder einen mit der Verurteilung einhergehenden Ausschluss von öffentlichen Aufträgen zur Folge hat, wohingegen der Höhe des zu verhängenden Strafmaßes eine geringere Abschreckungsfunktion zuteilwird.[169] Fraglich ist, ob die Bestrafung von Unternehmen auch die Allgemeinheit, also auch andere Verbände und natürliche Personen, von der Begehung weiterer Straftaten abhält. So scheint der abschreckenden Wirkung der Verhängung einer Strafe gegen einen Verband, auch gegenüber anderen Verbänden, zunächst nichts im Wege zu stehen, da auch diese vergleichbar sind mit der Wirkung einer gegen eine Individualperson verhängten Geldstrafe auf die Allgemeinheit.[170] Dieser Effekt wird vor allem durch die Publizitätswirkung eines öffentlichen Strafverfahrens hervorgerufen, welches unweigerlich Auswirkungen auf die Reputation des Verbandes zur Folge hat, sei es als negativer Faktor in der Bilanz oder durch das Bekanntwerden einer Verurteilung.[171] Allerdings sind diese aufgestellten Thesen der abschreckenden Wirkung auf andere Verbände empirisch nur schwer bzw. kaum belegbar.[172] Dies zeigt auch die in Österreich erhobene Evaluierungsstudie über das Verbandsverantwortlichkeitsgesetz, in der unter anderem versucht wurde, durch Befragung von Staatsanwälten zu ermitteln, ob durch die Verurteilung von Verbänden eine generalpräventive Wirkung auf andere Verbände tatsächlich eintritt. Bei dieser Befragung zeigte sich, dass die befragten Staatsanwaltschaften dazu tendieren, der Verhängung von Strafen gegen Verbände keine generalpräventive Wirkung zuzusprechen, was sie darauf zurückführen, dass eine Verurteilung aufgrund der Regelungen über die Absehens- und Einstellungsmöglichkeiten viel zu selten erfolgt.[173] Trotz der fehlenden Nachweisbarkeit der abschreckenden Wirkung auf andere Verbände scheint eine solche nach den obigen Ausführungen durchaus denkbar, gerade im Hinblick darauf, dass Verbände aufgrund des immer währenden Wettbewerbs besonders an einer guten Reputation interessiert sind.[174] Darüber hinaus ist zu hinterfragen, ob durch die Bestrafung von Verbänden auch

---

168 *Ackermann*, a.a.O., S. 199; *Bertossa*, a.a.O., S. 65 f.; *Ehrhardt*, a.a.O., S. 205; *Kirch-Heim*, a.a.O., S. 173; *Lütolf*, a.a.O., S. 174 f.

169 *Modlinger*, Brauchen wir zur Korruptionsbekämpfung ein Unternehmensstrafrecht?, S. 79; *Wohlers* in: Unternehmensstrafrecht, Kempf, S. 243.

170 *Dannecker*, GA 2001, 101, 114; *Hirsch*, Die Frage der Straffähigkeit von Personenverbänden, S. 17; *Modlinger*, a.a.O., S. 78 f; *von Rosen* in: Kempf, Unternehmensstrafrecht, S. 265.

171 *Erhardt*, a.a.O., S. 204; *Schulz* in: Bay/Hastenrath, CMS, S. 221; *Wohlers* in: Unternehmensstrafrecht, Kempf, S. 243.

172 *Ackermann*, a.a.O., S. 196; *Kindler*, a.a.O., S. 293; *Wohlers* in: Unternehmensstrafrecht, Kempf, S. 242.

173 Studie VbVG, siehe Fn. 142, S. 124 f.

174 *Ehrhardt*, a.a.O., S. 204: *Wohlers* in: Unternehmensstrafrecht, Kempf, S. 242.

eine generalpräventive Wirkung auf natürliche Personen, wie z.B. die Mitarbeiter eines Unternehmens, ausgeht. Dies kann wohl nur dann zu bejahen sein, wenn die Mitarbeiter im Falle der Begehung einer Straftat selbst oder aber durch das Unternehmen sanktioniert werden.[175] Unabhängig davon, wie weit das Ausmaß der von einem Unternehmen aufgestellten Bestrafungen geht, ist jedoch offensichtlich, dass die Mitarbeiter die Verhängung einer Sanktion gegen das Unternehmen nicht nur als Kostenfaktor begreifen, sondern z.B., wie es bei Mitgliedern in der Geschäftsführung der Fall ist, mit einer Abberufung rechnen müssen.[176]

2. Aufrechterhaltung des Normvertrauens durch die Bestrafung von Verbänden

In der straftheoretischen Debatte um die Strafzwecke vertreten einige Stimmen die sog. positive Generalprävention.[177] Gemein ist den unter diesem Oberbegriff gesammelten Ansätzen, dass eine straftatenverhindernde Wirkung durch Norminternalisierung und Normakzeptanz eintreten soll.[178] Der Strafe soll in diesem Sinne die Funktion zukommen, das Verhalten der Bürger dahingehend zu beeinflussen, dass diese in ihrer Rechtstreue gestärkt werden, um so die Unversehrtheit der Rechtsordnung vor der Rechtsgemeinschaft zu erweisen.[179] Vor diesem Hintergrund erscheint es jedenfalls nicht ausgeschlossen, dass bei der Verhängung einer Strafe gegen einen Verband die gleichen Norminternailisierungsprozesse wie bei der Verhängung von Strafen gegen natürliche Personen zu erwarten sind. Jedoch sind solche Effekte empirisch nicht bewiesen und werden wohl auch in Zukunft nicht belegt werden können.[180] Der Übertragung der Aufrechterhaltung des Normvertrauens bei Verhängung von Strafen gegen Verbände scheinen zunächst – abgesehen von den bereits zuvor erwähnten Schwierigkeiten der empirischen Belegbarkeit – keine Bedenken entgegenzustehen. Lässt man es bereits ausreichen, dass durch die Verhängung von Sanktionen das Festhalten an der Verbindlichkeit der durch die Tat missachteten Norm demonstriert werden soll, so erscheint dies auch bei Verbänden ein erreichbares Ziel zu sein.[181] Hingegen gestaltet es sich schwieriger, wenn man verlangt, dass die Sanktionierung das Normvertrauen aufrechterhält oder stärkt. Eine solche Stärkung des Rechtsbewusstseins ist nur dann möglich, wenn die Sanktionierung

175 *Bertossa*, a.a.O., S. 62, 224 f.; *Dannecker*, GA 2001, 101, 104; *Wohlers* in: Unternehmensstrafrecht, Kempf, S. 243.
176 *Wohlers* in: Kempf, Unternehmensstrafrecht, S. 243.
177 *Hörnle* in: Strafe – Warum?, *Hirsch*, S. 21 m.w.N.
178 *Hörnle* in: Strafe – Warum?, *Hirsch*, S. 21; *Wohlers* in: Kempf, Unternehmensstrafrecht, S. 245.
179 *Radtke* in: MüKo, StGB, Vorb. §§ 38 ff. Rn. 35.
180 Grundlegend hierzu: *Radtke* in: MüKo, StGB, Vorb. §§ 38 ff. Rn. 37; zustimmend: *Wohlers* in: Unternehmensstrafrecht, Kempf, S. 245; zuversichtlicher bzgl. der Nachweisbarkeit: *Hörnle* in: Strafe – Warum?, *Hirsch*, S. 21.
181 *Kindler*, a.a.O., S. 291 f.; *Wohlers* in: Kempf, Unternehmensstrafrecht, S. 245.

von der Gesellschaft als „gerecht“ empfunden wird. Übertragen auf Verbände würde das bedeuten, dass eine Bestrafung derselben dem Gerechtigkeitsempfinden der Gesellschaft nur dann entsprechen kann, wenn die Handlungs- und Schuldfähigkeit der Verbände bejaht werden kann[182], da es in der Gesellschaft nach allgemeinen Erfahrungssätzen wohl auch als ungerecht empfunden wird, eine natürliche Person, die handlungsunfähig und/oder schuldunfähig ist, zu bestrafen.[183]

3. Vergeltung durch die Bestrafung von Verbänden

Des Weiteren soll die Strafe der Vergeltung dienen, also dem Täter ein Übel zufügen, um einen gerechten Ausgleich für das begangene Unrecht zu schaffen.[184] Dabei hat sich die Strafe an der Verantwortlichkeit des Täters zu orientieren, muss sich daher auf die konkrete Tat beziehen und schuldangemessen sein.[185] Voraussetzung hierfür ist dann in der Folge, dass es etwas zu vergelten gibt, also mit anderen Worten, dass es überhaupt ein begangenes Unrecht gibt, welches es zu bestrafen gilt.[186] Daher kann Vergeltung mit einer Strafe nur erreicht werden, wenn der Normadressat schuldhaft gehandelt hat, da nach dem BVerfG „jede Strafe – nicht nur die Strafe für kriminelles Unrecht, sondern auch die strafähnliche Sanktion für sonstiges Unrecht – Schuld voraussetzt“.[187] Fazit ist, dass eine Bestrafung von Verbänden unter dem Aspekt der Vergeltung nur dann als sinnvoll erachtet werden kann, wenn die Schuldfähigkeit der Verbände anerkannt wird.[188] Bei dieser Thematik handelt es sich um den größten in der Literatur diskutierten Kritikpunkt bei der Einführung einer strafrechtlichen Verantwortlichkeit von Verbänden.[189] Wird die Schuldfähigkeit von Verbänden hingegen bejaht, so bedarf die Straffähigkeit eines Verbandes keiner weitergehenden Erörterung. Zu der Schuldfähigkeit von Verbänden wird im Rahmen der konkreten Untersuchung des Gesetzesentwurfs zum Verbandsstrafgesetzbuch näher eingegangen.[190] An dieser Stelle ist bereits darauf hinzuweisen, dass nach dem laut Begründung der Entwurfsverfasser dem Gesetzgebungsentwurf zugrunde

---

182 Siehe hierzu Ausführungen in Kapitel 3 B.2 und 3.

183 *Ehrhardt*, a.a.O., S. 201; *Modlinger*, a.a.O., S. 78; *Wohlers* in: Kempf, Unternehmensstrafrecht, S. 246.

184 BVerfGE 21, 391, 404.

185 *Stree/Kinzig* in: Schönke/Schröder, StGB, Vorb. §§ 38 ff., Rn. 18 m.w.N.

186 BVerfGE 21, 391, 404; 22, 125, 132; *Wohlers* in: Kempf, Unternehmensstrafrecht, S. 246.

187 BVerfGE 20, 323, 331.

188 So auch *Ehrhardt*, a.a.O., S. 206; *Kindler*, a.a.O., S. 288; *Kirch-Heim*, a.a.O., S. 171; *Modlinger*, a.a.O., S. 60, 71; *Wohlers* in: Kempf, Unternehmensstrafrecht, S. 246.

189 Aus der neueren Literatur: *Hoven*, ZIS 2014, 19; *Hoven/Wimmer/Schwarz/Schumann*, NZWiSt 2014, 161; *Leipold* in: FS Gauweiler, 375, 382 f.; *Löffelmann*, JR 2014, 185, 189 f.; *Rübenstahl*, ZRFC 2014, 26, 27; *Schünemann*, ZIS 2014, 1, 4 ff; *ders.* in: Stiftung Familienunternehmen, Verfassungswidrigkeit Unternehmensstrafrecht, S. 16; *Zieschang*, GA 2014, 91, 94 ff.

190 Vgl. Kapitel 3, B.3.

liegenden Modell der originären Verbandsschuld ein solches erforderliches Übel auch vom Verband selbst empfunden werden kann, seine Schuldfähigkeit in der Folge zu bejahen ist und auch dieser Strafzweck erreicht werden kann.[191]

B. Verstoß gegen das Verbot der Doppelbestrafung

Häufig wird der Einführung einer Unternehmensstrafe entgegengehalten[192], dass diese gegen den in Art. 103 Abs. 3 GG verankerten „ne bis in idem"-Grundsatz verstoße.[193] Nach diesem Grundsatz darf niemand wegen derselben Tat mehrmals bestraft werden. Zum einen wird der für das Unternehmen handelnde Individualstraftäter, zum anderen das Unternehmen wegen derselben Tat bestraft. Der Verstoß gegen das Doppelbestrafungsverbot folge daraus, dass die natürliche Person selbst bestraft wird und durch die Bestrafung des Unternehmens zugleich wegen der mitzutragenden wirtschaftlichen Folgen mitbestraft werden würde.[194] Dieser in der Literatur vorgebrachte Einwand kann jedoch mit strafrechtlichen Grundsätzen entkräftet werden. Hierfür bietet sich ein Vergleich mit der Bestrafung von Mittätern an, die einer Familie angehören wie z.B. Ehegatten. Werden beide für eine mittäterschaftlich begangene Straftat mit einer Geldstrafe bestraft, so hat der jeweils andere Ehegatte diese Strafe wirtschaftlich ebenfalls mitzutragen. Die hierbei mittelbare Wirkung ist schlechthin hinzunehmen, da es sich rechtlich ebenfalls wie beim Unternehmen und seinen Mitarbeitern um rechtlich selbstständige Subjekte handelt.[195] Fraglich ist, ob ein Verstoß gegen das Doppelbestrafungsverbot im Falle einer Ein-Mann- GmbH oder eines Einzelkaufmanns vorliegen könnte. Bei einer Ein-Mann-GmbH kann nichts anderes gelten als für den zuvor geschilderten Fall, wobei jedoch auf Ebene der Strafzumessung die zweifache Betroffenheit berücksichtigt werden kann.[196] Etwas anderes gilt in der Folge beim Einzelkaufmann, wenn dieser selbst eine Straftat begeht, da dann eine Identität des Täters mit dem

---

191 Kritische Auseinandersetzung mit dieser Problematik im Einzelnen in Kapitel 3, B.3.5.

192 *Engisch*, Verhandlungen des 40.Deutschen Juristentages, Band II, S. E 38; *Hirsch*, ZStW 1995, 285, 298;

193 Dieser Kritik kann nur entgegenhalten, wer eine Bestrafung des Individualtäters neben dem Unternehmen anerkennt. Ablehnend bzgl. einer nebeneinander bestehenden Bestrafung *Kindler*, a.a.O., S. 281, 306.

194 *Modlinger*, a.a.O., S. 84; *Engisch*, Verhandlungen des 40. Deutschen Juristentages, Band II, S. E 36 ff.

195 *Kirch-Heim*, a.a.O., S. 179; *Löffelmann*, JR 2014, 185, 193; *Kudlich/Oglakcioglu*, Wirtschaftsstrafrecht, Rn. 90; *Modlinger*, a.a.O., S. 85 f.; *Haeusermann*, a.a.O., S. 160 lässt sogar allein die Mittäterschaft zur Begründung ausreichen; anders *von Freier*, Kritik der Verbandsstrafe,S. 260.

196 *Ehrhardt*, a.a.O., S. 56 f.; *Kirch-Heim*, a.a.O., S. 179.

Unternehmen gegeben ist.[197] Weiter geht jedoch *Schünemann*, der gerade an dem vorliegenden Entwurf eines Verbandsstrafgesetzbuches kritisiert, dass sich durch diesen eine Tendenz zu einer Doppelbestrafung im materiellen Sinne ziehe.[198] Er begründet dies damit, dass bei einer Familiengesellschaft die obersten Entscheidungsträger des Unternehmens zugleich dessen Inhaber seien und deshalb diese beiden Funktionen nicht etwa wie bei einer Publikums-Aktiengesellschaft auseinanderfallen. Auch könne es keinen Unterschied machen, ob ein Handwerker als Einzelkaufmann tätig sei oder sich als GmbH organisiere, wenn sich die Strukturen im Wesentlichen nicht geändert haben.[199]

C. Bestrafung Unschuldiger

In der Literatur wird darüber hinaus kritisiert, dass bei der Verhängung von Strafen gegen Unternehmen Unschuldige mitbestraft werden.[200] Hierbei wird der Aspekt zur Begründung herangezogen, dass Anteilseigner oder Mitglieder des Verbandes, die nicht selbst für die Straftat des Unternehmens verantwortlich sind und auch keinen Einfluss darauf haben[201], von einer gegen den Verband verhängten Strafe ebenfalls mittelbar mit betroffen[202] sind. Dem wird vor allem in der älteren Literatur[203] entgegengehalten, dass sich eine solche Mitbetroffenheit aus der Schicksalsgemeinschaft der Verbandsmitglieder ergebe. Eine strafrechtliche Haftung ergebe sich insbesondere daraus, dass sich der Einzelne mit anderen zu einem Kollektiv zusammengefunden habe, um ein bestimmtes Ziel zu verfolgen, woraus auch seine Haftung aus dem gemeinsamen Schicksal folge. Auch sei eine solche Mitbetroffenheit dem

197 *Kirch-Heim*, a.a.O., S. 179; *Vogel*, StV 2012, 427, 430, der die Herausnahme des Einzelkaufmanns aus einer möglichen Bestrafung im Rahmen eines Unternehmensstrafrechts damit begründet, dass er eine natürliche Person sei und eine andere Behandlung gegenüber anderen natürlichen Personen willkürlich erscheine; anders *Ransiek* in: Kempf, Unternehmensstrafrecht, 285, 298, der auch eine Verhängung einer Sanktion gegen den Einzelkaufmann unter Verweis auf den Gleichbehandlungsgrundsatz und der Aussage, dass es eben um die Zurechnung des Handelns für das Unternehmen geht, für gerechtfertigt ansieht, ohne hierbei auf die damit verbundene Doppelbestrafung einzugehen; *ders.*, NZWiSt 2012, 45, 48.

198 *Schünemann* in: Stiftung Familienunternehmen, Verfassungswidrigkeit Unternehmensstrafrecht, S. 32.

199 *Schünemann* in: Stiftung Familienunternehmen, Verfassungswidrigkeit Unternehmensstrafrecht, S. 9.

200 *Engisch*, Verhandlungen zum 40.Deutschen Juristentag, Band 2, S. E 26, 35; *Heinitz*, a.a.O., 89; *Schünemann* in: Stiftung Familienunternehmen, Verfassungswidrigkeit Unternehmensstrafrecht, S. 16; *Seiler*, a.a.O., S. 92 ff.; *von Freier*, GA 2009, 98, 114 ff.

201 So wird unter anderem kritisiert, dass auch erst nach dem Schadenseintritt eingetretene Mitglieder mithaften. Vgl. *von Freier*, GA 2009, 98, 115.

202 *Von Freier*, a.a.O., S. 243 f. zweifelt diese Mitbetroffenheit vor allem in den Fällen der Auflösung oder Zwangsverwaltung an.

203 *Busch*, a.a.O., S. 188.

Individualstrafrecht nicht fremd. Dies lasse sich verdeutlichen, wenn man sich vor Augen führt, dass bei der Bestrafung eines allein verdienenden Familienvaters auch die restlichen Familienmitglieder mittelbar von der Strafe betroffen sind.[204] In der neueren Literatur wird ein ähnlicher Ansatz zur Rechtfertigung der mittelbaren Betroffenheit herangezogen, und zwar der der Risikogemeinschaft.[205] Durch seine Mitgliedschaft erhöht jedes einzelne Mitglied des Verbandes die eigene Wirkungskraft, steigert dabei aber zugleich auch die Gefahr eines entsprechenden Missbrauchs. Wenn sich dann diese Gefahr in einem strafrechtlichen Delikt verwirklicht, wird es als gerecht empfunden, jeden Angehörigen des Verbandes an den Folgen auch mittelbar teilhaben zu lassen, da er dieses Haftungsrisiko durch seinen Beitritt bewusst eingegangen ist.[206] Darüber hinaus wird als Begründung der mittelbaren Betroffenheit die zivilrechtliche Mithaftung im Falle von nachteiligen wirtschaftlichen Geschäften verwendet.[207] Andere Stimmen in der Literatur erachten eine solche Argumentation als nicht tragfähig, da die strafrechtliche Haftung nicht mit der zivilrechtlichen Haftung verglichen werden könne.[208] Die fehlende Vergleichbarkeit sei darauf zurückzuführen, dass die zivilrechtliche Haftung primär auf Verteilung eines bereits eingetretenen bzw. von irgendjemand zu tragenden Schaden nach dem Prinzip der Korrelation von Vorteilen und Folgen/Risiken ausgerichtet ist. Die strafrechtliche Haftung ziele vielmehr auf Verhaltenslenkung ab.[209] Dem ist wiederum zu entgegnen, dass sich die Mitbetroffenheit gerade nicht nach dem Verschulden eines jeden Verbandsmitgliedes richtet, sondern es vielmehr auf die Einbußen ankommt, unabhängig davon, worauf diese beruhen.[210] Auch bei der Verhängung einer Geldbuße nach § 30 OWiG gegen einen Verband, ist der Eintritt eines solchen Schadens denkbar, was ebenfalls nicht als ungerecht empfunden werden würde.

D. Ausreichendes Regelungssystem im Ordnungswidrigkeitenrecht

Ein weiterer Aspekt, der in der Literatur vielfach vorgebracht wird, ist die Existenz von §§ 30, 130 OWiG, wonach gegen Verbände Geldbußen unter bestimmten Voraussetzungen verhängt werden können und die Möglichkeit der Anordnung

---

204 *Ackermann*, a.a.O., S. 204; *Ehrhardt*, a.a.O., S. 209; *von Freier*, a.a.O., S. 232, 243 f. der das Argument als entkräftet ansieht, da der Familienvater nicht bestraft wird, um seine Familie durch die von ihr zu tragenden Nebenfolgen dazu zu motivieren, ihn von Straftaten abzuhalten.

205 *Scholz*, ZRP 2000, 435, 438.

206 *Böse* in: FS Jakobs, 15, 24; *Scholz*, ZRP 2000, 435, 438.

207 *Böse* in: FS Jakobs, 15, 24; *Haeusermann*, a.a.O., S. 159; *Quante*, Sanktionsmöglichkeiten gegen juristische Personen und Personenvereinigungen, S. 170.

208 *Von Freier*, GA 2009, 98, 115; so wohl auch *Schünemann* in: Stiftung Familienunternehmen, Verfassungswidrigkeit Unternehmensstrafrecht, S. 17.

209 *Von Freier*, GA 2009, 98, 115.

210 *Quante*, a.a.O., S. 170.

von Verfall (§ 73 StGB) und Einziehung (§ 74 StGB), womit ein ausreichendes Sanktionsinstrumentarium zur Verfügung stehe.[211] Dieser Auffassung liegt vor allem das Argument zugrunde, dass Verbände mit der möglichen Geldbuße oder der Anordnung des Verfalls in wirtschaftlicher Hinsicht oftmals viel härter getroffen werden können als dies bei der Bestrafung mittels Geldstrafe der Fall wäre. Zumal der Rahmen der Geldbuße erst durch das „Achte Gesetz zur Änderung des Gesetzes der Wettbewerbsbeschränkungen vom 26. Juni 2013" auf 10.000.000 € für vorsätzliche und auf 5.000.000 € für fahrlässige Verstöße erhöht worden ist, um so eine „unrechtsadäquate" Sanktion für Verbände zu schaffen und eine Aussage über die Wirkung dieser Änderung nach so kurzer Zeit noch nicht getroffen werden kann.[212] Es kann daher auch keine zuverlässige Aussage darüber getroffen werden, ob die vorhandenen Regelungen im Ordnungswidrigkeitenrecht tatsächlich ausreichend sind, um Unternehmen zu sanktionieren. *Pieth* sieht trotz der vorgenommenen Änderungen das Manko der §§ 30, 130 OWiG vielmehr darin, dass die individuelle Schuld zu sehr als Grundlage für die Unternehmenshaftung in den Mittelpunkt gestellt werde und es an einer Ausnahmeregelung fehle, Compliance-Bestrebungen des Unternehmens ausreichend berücksichtigen zu können.[213]

In Anknüpfung an den zweiten von *Pieth* vorgetragenen Kritikpunkt haben Vertreter der Ansicht, dass Regelungen im Ordnungswidrigkeitenrecht grundsätzlich dem Sanktionsbedürfnis genügen, durch einen sog. „Gegenvorschlag" zum

---

211 *Eidam*, Unternehmen und Strafe, S. 262; *Dörr* in: Kempf, Unternehmensstrafrecht, S. 34; *Grützner*, CCZ 2015, 56, 59; *Haubner*, DB 2014, 1358, 1363; *Kindler*, a.a.O., S. 208 ff., die im Ergebnis die Rechtslage de lege lata nicht als ausreichend erachtet ; *Leipold*, NJW-Spezial 2013, 696; *ders.*, ZRP 2013, 54 f.; *Rönnau/Wegner*, ZRP 2014, 158; *Rübenstahl*, ZRFC 2014, 26; *Schefold*, ZRFC 2014, 276, 277; *Trüg*, ZWH 2011, 6, 10; Stellungnahme zum Entwurf eines Gesetzes zur Einführung der strafrechtlichen Verantwortlichkeit von Unternehmen und sonstigen Verbänden vom 31.Januar 2014, BDI und BDA, S. 2 f.; abrufbar unter: http://www.bdi.eu/download_content/RechtUndOeffentlichesAuftragswesen/BDI-BDA-Stellungnahme__Gesetzesentwurf_Unternehmensstrafrecht.pdf (zuletzt abgerufen am 20.3.2015); im Ergebnis wohl auch: *Walter*, JA 2011, 481, 486; die Bundesrechtsanwaltskammer sieht die Regelungen im internationalen Vergleich angesichts der extremen Abschöpfungsmöglichkeiten als besonders streng und scharf an, Stellungnahme Nr. 9/2013, S. 7, abrufbar unter: http://www.brak.de/zur-rechtspolitik/stellungnahmen-pdf/stellungnahmen-deutschland/2013/mai/stellungnahme-der-brak-2013-09.pdf (zuletzt abgerufen am 20.3.2015); Bundesrechtsanwaltskammer, Stellungnahme Nr. 5/2014, S. 5 f.

212 So auch in der Stellungnahme des DAV zum Entwurf eines Gesetzes zur Einführung der strafrechtlichen Verantwortlichkeit von Unternehmen und sonstigen Verbänden des Landes Nordrhein-Westfalen, S. 12, abrufbar unter: http://anwaltverein.de/downloads/DAV-SN54-13.pdf; *Heuking/von Coelln*, BB 2014, 3015, 3020; *Rübenstahl*, ZRFC 2014, 26.

213 *Pieth*, KJ 2014, 276, 278.

Verbandstrafgesetzbuch einen Vorschlag für die Änderung der §§ 30, 130 OWiG entworfen.[214] Mit diesem soll vor allem das Ziel verfolgt werden, die im bisherigen Ordnungswidrigkeitenrecht bestehenden Lücken zu schließen, um so eine hinreichende Ahndung von Wirtschaftskriminalität auf Unternehmensebene in Deutschland erreichen zu können. Dabei setzt der Vorschlag seinen Schwerpunkt auf die Berücksichtigung von bestehenden Compliance-Management-Systemen in Unternehmen bei der Verhängung von Geldbußen, sieht sogar eine zwingende Milderung der Geldbuße in § 30 Abs. 7 OWiG n.F. vor.[215] Durch diese Regelung soll der uneinheitlichen Behördenpraxis mit dem Umgang der Berücksichtigung von Compliance-Bemühungen der Unternehmen bei einer möglichen Bußgeldminderung bzw. eines Sanktionsverzichts im Rahmen des § 30 OWiG entgegengewirkt und damit für Rechtssicherheit gesorgt werden.[216] Darüber hinaus soll nach dem Vorschlag nach § 30 Abs. 8 OWiG n.F. in Zukunft für Unternehmen die Möglichkeit bestehen, in Form der „Selbstanzeige" eine Festsetzung der Geldbuße zu verhindern. Nach Begründung der Verfasser soll diese Neuregelung Unternehmen einen starken Anreiz geben, Zuwiderhandlungen durch interne Ermittlungen selbst aufzudecken und diese zu offenbaren sowie wirksame Maßnahmen zur Verhinderung weiterer Zuwiderhandlungen aus gleichem Grund zu ergreifen.[217] Um eine solche effektiv zu gestalten, macht der vorliegende Gesetzesentwurf die Straffreiheit entgegen der Regelung des § 371 Abs. 2 Nr. 2 AO im Steuerrecht nicht davon abhängig, ob die Tat zum Zeitpunkt der Selbstanzeige bereits entdeckt worden war und der Täter dies wusste bzw. bei verständiger Würdigung wissen musste, sondern in Anlehnung an § 378 Abs. 4 AO von dem Zeitpunkt der Mitteilung der Behörde gegenüber dem Unternehmen, dass wegen der in Rede stehenden Zuwiderhandlung Ermittlungen eingeleitet worden sind.[218] In der vorgeschlagenen Neufassung des § 130 OWiG findet sich ein nicht abschließender Katalog von geeigneten Maßnahmen, um Zuwiderhandlungen gegen den Verband treffende straf- oder bußgeldbewehrte Pflichten zu verhindern. Hierzu zählen neben der sorgfältigen Auswahl und Instruktion sowie Überwachung und Kontrolle von Mitarbeitern und Aufsichtspersonen auch die regelmäßige Ermittlung und Bewertung der vom Betrieb oder Unternehmen ausgehenden Gefahren der Begehung von Straftaten und Ordnungswidrigkeiten ebenso wie die Möglichkeit, Mitarbeiter in Compliance-Themen zu schulen und ihnen ein vertrauliches Verfahren zur Verfügung zu stellen, in dem es möglich ist, Hinweise bzgl. möglicher Straftaten oder Ordnungswidrigkeiten an die richtige Stelle weiterzugeben und schließlich die

---

214 Gesetzgebungsvorschlag für eine Änderung der §§ 30, 130 des Ordnungswidrigkeitengesetzes (OWiG), Bundesverband der Unternehmensjuristen (BUJ) abrufbar unter: http://www.buj.net/resources/Server/BUJ-Stellungnahmen/BUJ_Gesetzgebungsvorschlag_OWiG.pdf (zuletzt abgerufen am 20.3.2015).

215 Gesetzgebungsvorschlag §§ 30, 130 OWiG, S. 11.

216 *Beulke/Moosmayer*, CCZ 2014, 146, 149.

217 Gesetzgebungsvorschlag §§ 30, 130 OWiG, S. 21.

218 *Beulke/Moosmayer*, CCZ 2014, 146, 150.

Aufklärung von Verdachtsmomenten, welche auf Straftaten oder Ordnungswidrigkeiten im Zusammenhang mit dem Geschäftsbetrieb hindeuten sowie die Ahndung entsprechenden Fehlverhaltens. Mit diesem Gesetzgebungsvorschlag soll nach den Entwurfsverfassern keineswegs das Ziel verfolgt werden, schematischen und kommerziellen Zertifizierungen von Compliance-Management-Systemen den Weg zu bereiten.[219] Es wird vielmehr beabsichtigt, dass die von den Unternehmen konkret getroffenen Maßnahmen durch die zuständigen Behörden und Gerichte durch Darlegung und Glaubhaftmachung seitens der Unternehmen bewertet werden.[220] Ein weiterer Vorschlag wurde vom „Deutschen Institut für Compliance – DICO e.V." vorgelegt. Nach diesem Compliance-Anreiz-Gesetz (CompAG)[221] sollen die bereits bestehenden gesetzlichen Regelungen im Ordnungswidrigkeitenrecht systemkonform geändert werden. Dieser Gesetzesentwurf ist in der Ausgestaltung nicht so detailliert[222] wie der des Bundesverbandes der Unternehmensjuristen, ist aber ebenfalls darauf ausgerichtet die Regelungen der §§ 30, 130 OWiG dergestalt zu ändern, dass Anreize für Präventionsmaßnahmen in Unternehmen geschaffen werden. Dem CompAG liegt dabei ein abgestuftes Sanktionensystem zugrunde: Unternehmen haften danach voll, wenn sie vorsätzlich oder fahrlässig erforderliche betriebsbezogene Aufsichtsmaßnahmen im Fall von Zuwiderhandlungen unterlassen haben. Keine Haftung soll dagegen eintreten, wenn im Zeitpunkt der Zuwiderhandlung geeignete und erforderliche Maßnahmen vorhanden waren. Waren hingegen zum Zeitpunkt der Zuwiderhandlung keine ausreichenden Maßnahmen vorhanden, so soll bei ernsthaftem und nachhaltigem Bemühen um ausreichende Compliance-Maßnahmen die Geldbuße gemindert oder von ihr abgesehen werden.[223] Zudem sollen nach diesem Vorschlag in § 130 Abs. 1 S. 2 OWiG beispielhaft Compliance-Maßnahmen aufgeführt werden, um eine flexible Gestaltung von Compliance-Management-Systemen zu ermöglichen.[224]

219 *Beulke/Moosmayer*, CCZ 2014, 146, 147.

220 Kritisch sieht *Schefold*, ZRFC 2014, 276, 280 insbesondere das Whistleblower-System in der praktischen Ausgestaltung für kleinere und mittlere Unternehmen. Dieser Kritik ist zu entgegnen, dass es Verbänden durch die offene Formulierung des § 130 Abs.1 S. 3 Nr. 4 OWiG n.F. ermöglicht wird, dieses System nach der Unternehmensgröße und den damit einhergehenden Ressourcen auszugestalten.

221 *DICO*, Entwurf Compliance-Anreiz-Gesetz, abrufbar unter: https://dico-ev.de/fileadmin/PDF/PDF_Intranet_2013/Unternehmensstrafrecht/CompAG_21_07_2014.pdf (zuletzt abgerufen am 30.10.2014).

222 Dies wird von *Schefold*, ZRFC 2014, 276, 281 im Hinblick auf die vielen möglichen Einzelfallgestaltungen und die damit einhergehende Flexibilität positiv bewertet.

223 *DICO*, a.a.O., S. 3, 8.

224 *DICO*, a.a.O., S. 7.

E. Keine Erforderlichkeit wegen rückläufiger Wirtschaftskriminalität

Vor allem wird gegen den aktuell vorgelegten Gesetzesentwurf als weiterer Kritikpunkt hervorgebracht, dass eine Einführung einer strafrechtlichen Verantwortlichkeit auch entgegenstehe, dass es aufgrund der rückläufigen Wirtschaftskriminalität kein Bedürfnis dafür gebe.[225] Begründet wird dies mit der These, dass keine aktuellen empirischen Studien existieren, die einen Anstieg der Wirtschafts- oder Verbandskriminalität belegen können. Die Bundesrechtsanwaltskammer[226] nimmt hierbei in ihrer Stellungnahme auf den Bundeslagebericht Wirtschaftskriminalität der Jahre 2010 bis 2012 Bezug. Diese Bezugnahme scheint unter zwei Aspekten nicht tragfähig. Zum einen lässt die Stellungnahme völlig außer Acht, dass es in Deutschland keine Legaldefinition des Begriffes der Wirtschaftskriminalität[227] gibt. Zum anderen werden in der Stellungnahme lediglich die Zahlen in Bezug auf die Wirtschaftskriminalität vorgebracht, die die Argumentationslinie der Bundesrechtsanwaltskammer zu tragen scheinen. Um der gegebenen Begründung im Hinblick auf die Rückläufigkeit der gesamten Wirtschaftskriminalität eine Aussagekraft zusprechen zu können, bedarf es der Berücksichtigung aller erfassten Daten.

An der näheren Bestimmung des Begriffs der Wirtschaftskriminalität haben sich bereits verschiedene Autoren in der Strafrechtswissenschaft versucht, so bereits *Sutherland* im Jahr 1939 mit seinem Begriff des „white collar crime (Weißer-Kragen-Kriminalität)“, bei dem an die Person des Täters als auch an den sozial hohen Status sowie an den Berufsstand, zur Definition angeknüpft wird.[228] Um nicht nur statushohe Täter zu erfassen, finden sich andere Ansätze, um den Begriff der Wirtschaftskriminalität näher einzugrenzen, wie auf die Sozialschädlichkeit des Verhaltens des Täters für die Allgemeinheit, den Rechtsgüterschutz (Individualgüter wie das Vermögen und Kollektivgüter wie das Kreditwesen und die Chancengleichheit) oder die Instrumente des Wirtschaftsverkehrs als Schutzobjekte (z.B. Buchführung und Bilanz) abzustellen.[229]

Bei der statistischen Erfassung der Wirtschaftsdelikte wird aufgrund eines nicht klar definierten Begriffs der Wirtschaftskriminalität auf den in § 74 c Abs. 1 Nr. 1 bis 6b GVG gewählten Katalog, der die Zuständigkeit der Wirtschaftsstrafkammer festlegt, zurückgegriffen (sog. strafprozessual-kriminaltaktische Begriffsbestimmung).[230]

---

225 *Bundesrechtsanwaltskammer*, Stellungnahme Nr. 9/2013, a.a.O., S. 4 f. und Nr. 5/2014, S. 5.

226 *Bundesrechtsanwaltskammer*, Stellungnahme Nr. 5/2014, a.a.O., S. 5.

227 Ebenfalls *Rotsch* in: FS Samson, 141, 145, der auf die verschiedenen Versuche der Bestimmung auch in der Rechtsprechung Bezug nimmt.

228 *Dannecker* in: Wabnitz/Janovsky, § 74 c GVG Rn. 6.

229 Ausführliche Darstellung bei *Kudlich/Oglakcioglu*, Wirtschaftsstrafrecht, Rn. 6 ff m.w.N.

230 Bundeslagebericht Wirtschaftskriminalität 2012, S. 3; abrufbar unter: http://www.bka.de/nn_193360/DE/Publikationen/JahresberichteUndLagebilder/Wirtschaftsk

Durch die Aufzählung der bestimmten Straftatbestände wird jedoch keine Definition gegeben, was Wirtschaftsstrafrecht oder Wirtschaftskriminalität bedeutet, sondern deren Existenz wird vielmehr vorausgesetzt, denn diese lässt erkennen, dass nicht nur das Vermögen im Rahmen einer rechtgutsorientierten Bestimmung von Bedeutung ist, da in § 74 c Abs. 1 Nr. 4 GVG ebenfalls die Vorschriften des Wein- und Lebensmittelgesetzes genannt sind.[231] Darüber hinaus wird von dem Katalog auch nicht die spezifische Sozialschädlichkeit der Wirtschaftskriminalität erfasst.[232] Im Umkehrschluss hat dies zur Folge, dass der Katalog nicht abschließender Natur ist und nicht alle der Wirtschaftskriminalität unterfallende Delikte in diesem enthalten sind.[233] Eine verallgemeinernde Aussage über die Rückläufigkeit der Wirtschaftskriminalität kann daher nicht getroffen werden, wenn von der heranzuziehenden Statistik nicht alle in Betracht kommenden Delikte erfasst sind. Sollte man eine solche Aussage dennoch treffen, so erscheint es allerdings zwingend, nicht nur die positiven Aspekte der Statistik für eine befürwortete Argumentationslinie heranzuziehen, sondern auch die aus der Statistik gegenläufigen Entwicklungen in die Betrachtung mit einzustellen. Bei der Stellungnahme der Bundesrechtsanwaltskammer wird nicht erwähnt, dass der Anteil der erfassten Fälle im Bereich der Wirtschaftskriminalität im Jahr 2012 im Vergleich zum Vorjahr um 0,1 % auf 1,4 % gestiegen ist.[234] Zwar liegen die erfassten Fälle nach Angabe des Bundeskriminalamtes unter dem Mittelwert der letzten fünf Jahre, ein leichter Anstieg kann jedoch nicht geleugnet werden. Diesen verzeichneten Anstieg sowie die Tatsache, dass im Bereich der Wirtschaftskriminalität aufgrund der Interessenlage der Opfer in einigen Teilbereichen eine geringe Anzeigebereitschaft herrscht, was ein großes Dunkelfeld vermuten lässt[235], wird in der Begründung der Bundesrechtsanwaltskammer nicht betrachtet. Des Weiteren lässt sich aus der Abnahme von materiellen Schäden um knapp 9 % im Jahr 2012 im Vergleich zum Vorjahr nicht allein auf die Rückläufigkeit der Wirtschaftskriminalität schließen, da nach Angaben des Bundeskriminalamtes[236] die Statistiken den entstandenen immateriellen Schaden

---

riminalitaet/wirtschaftskriminalitaet_node.html?_nnn=true (zuletzt abgerufen am 4.2.2015).

231 *Kudlich/ Oglakcioglu*, Wirtschaftsstrafrecht, Rn. 8.

232 *Dannecker* in: Wabnitz/Janovsky, § 74 c GVG Rn. 8.

233 So auch *Trüg*, wistra 2010, 241, 244, der sich darauf bezieht, dass es kein Datenmaterial gibt, welches zuverlässige rechtstatsächliche Kenntnisse zur Struktur von Unternehmenskriminalität liefert. Auf diese Aussage bezieht sich die Bundesrechtsanwaltskammer auch in ihrer Stellungnahme Nr. 9/2013, S. 4, wozu die Ausführungen zur Auswertung des Bundeslageberichts in der Stellungnahme Nr. 5/2014, S. 5 in Widerspruch stehen.

234 Bundeslagebericht Wirtschaftskriminalität 2012, S. 3.

235 Bundeslagebericht Wirtschaftskriminalität 2012,S. 3; Gesetzesentwurf, S. 21; *Rödiger*, Strafverfolgung von Unternehmen, Internal Investigations und strafrechtliche Verwertbarkeit von „Mitarbeitergeständnissen“, S. 10.

236 Bundeslagebericht Wirtschaftskriminalität 2012, S. 4.

(z.B. Wettbewerbsverzerrungen durch Wettbewerbsvorsprünge des mit unlauteren Mitteln arbeitenden Wirtschaftsstraftäters; Reputationsverluste einzelner Unternehmen oder ganzer Wirtschaftszweige; Vertrauensverluste in die Funktionsfähigkeit der bestehenden Wirtschaftsordnung) nicht widerspiegeln und sich somit keine tragfähige Aussage über den durch die Wirtschaftskriminalität entstandenen Gesamtschaden treffen lässt. Ebenfalls lässt die Bundesrechtsanwaltskammer außer Betracht, dass es im Bereich der Finanzierungsdelikte (Kreditbetrug, Kreditvermittlungsbetrug) im Jahr 2012 einen deutlichen Anstieg im Vergleich zum Vorjahr zu verzeichnen gibt[237], von einer Rückläufigkeit hier also nicht gesprochen werden kann. Darüber hinaus ist im Bereich des Gesundheitswesens in Bezug auf die Vornahme des Abrechnungsbetruges zur Erlangung von Geldleistungen von Selbstzahlern, Krankenkassen, Krankenversicherungen und Beihilfestellen sogar ein Anstieg um 52 % im Vergleich zum Jahr 2011 zu verzeichnen.[238] Im Rahmen der Gesamtbetrachtung wird der Rückgang der durch das Internet begangenen Wirtschaftsdelikte erwähnt und zugleich darauf verwiesen, dass zur Begehung eher wieder auf die üblichen Begehungsweisen zurückgegriffen wird, weshalb eine Trendwende aus dieser Statistik nicht abgelesen werden kann.[239] Die Tragfähigkeit dieser Kritik ist daher angesichts der fehlenden Berücksichtigung aller Umstände und der Unmöglichkeit der Existenz empirischer Daten aufgrund eines unscharfen Begriffs der Wirtschaftskriminalität abzulehnen.[240] Es lässt sich jedoch nicht von der Hand weisen, dass es an einer zuverlässigen Datenerhebung und damit an rechtstatsächlichen Erkenntnissen fehlt. Denn soweit sich die Entwurfsverfasser in der Gesetzesbegründung auf eine Umfrage der 19 Staatsanwaltschaften in Nordrhein-Westfalen beruft, bei der das Ergebnis war, dass in den Jahren 2006 bis 2010 trotz „erhöhten Fallaufkommens" nur 27 Verfahren gab, in denen eine Geldbuße verhängt worden ist[241], so sind hierbei weder die von Gerichten verhängten Verfallsordnungen noch das Verhältnis der gegen natürliche Personen geführte Strafverfahren und der Ordnungswidrigkeitenverfahren gegen Unternehmen[242], berücksichtigt. Zwar zeigt

---

237 Bundeslagebericht Wirtschaftskriminalität 2012, S. 6.

238 Bundeslagebericht Wirtschaftskriminalität 2012, S. 8.

239 Bundeslagebericht Wirtschaftskriminalität 2012, S. 9, wobei in Aussicht gestellt wird, dass aufgrund der sich ständig weiter entwickelnden technischen Rahmenbedingungen und der dadurch entstehenden Tatgelegenheiten, insbesondere bei den Betrugsdelikten, mit weiterhin hohen Fallzahlen zu rechnen ist.

240 Anders *Löffelmann*, JR 2014, 185, 197, der eine Entkräftung des Befundes der rückläufigen Wirtschaftskriminalität aufgrund der Undifferenziertheit der polizeilichen Kriminalstatistik Wirtschaftskriminalität ablehnt, da dies auch auf andere Deliktsbereiche zutreffe und dies allein auf den unscharfen Begriff der Wirtschaftskriminalität zurückführt. *Schmitt-Leonardy*, jM 2014, 257, 262 hält die Berufung auf steigende Zahlen an Wirtschaftskriminalität, hohe Schadenssummen oder ein großes Dunkelfeld ohnehin nicht für tragfähig.

241 Gesetzesentwurf, S. 23.

242 Im Ergebnis ebenso *Trüg*, StraFo 2011, 471, 475.

der Bundeslagebericht 2013, dass die Tendenz der Wirtschaftskriminalität insgesamt sinkt, die Schadenssumme aber bei weniger Straftaten deutlich höher ist als im Jahr 2012.[243] Dadurch kommt ebenfalls zum Ausdruck, dass die Wirtschaftskriminalität erhebliche Auswirkungen hat. Das hierdurch auch von den Entwurfsverfassern betonte[244] Phänomen der qualitativen Intensität[245] ist dem Bereich der Wirtschaftskriminalität nicht fremd und häufig auf die Deliktsstruktur zurückzuführen. Letztlich kann diese Ursächlichkeit daher nicht auf die Situation bei Verbänden übertragen werden, da es hierzu keine empirischen Erkenntnisse gibt.[246] Allein die Tatsache, dass es populäre Beispielsfälle, wie Siemens und MAN gibt, vermag die Annahme einer Verallgemeinerung auf alle Verbände nicht zu rechtfertigen.[247] Letztlich kann sich in Bezug auf das Fehlen rechtstatsächlicher Erkenntnisse keiner Auffassung angeschlossen werden, da beide Positionen, wie oben aufgezeigt, ihre Schwachstellen haben, welche nicht ausgeräumt werden können.

F. Stellungnahme

Schließlich zeigen die ausgewählten und in der Literatur immer wieder diskutierten Kritikpunkte eindeutig, dass die Einführung einer Verbandsstrafe nicht bedenkenlos erfolgen kann. Zwar ist Deutschland aufgrund der europarechtlichen Vorgaben nicht dazu verpflichtet[248] eine Unternehmensstrafe einzuführen, da der europarechtlichen Verpflichtung durch die Regelungen im Ordnungswidrigkeitenrecht nachgekommen ist.[249] Allerdings scheint es in Hinblick auf die Häufigkeit

---

243 Bundeslagebericht Wirtschaftskriminalität 2013, S. 6, abrufbar unter: http://www.bka.de/nn_193360/DE/Publikationen/JahresberichteUndLagebilder/Wirtschaftskriminalitaet/wirtschaftskriminalitaet__node.html?__nnn=true (zuletzt abgerufen am 4.2.2015).

244 Gesetzesentwurf, S. 1.

245 *Schmitt-Leonardy*, ZIS 2015, 11, 12.

246 *Schmitt-Leonardy*, ZIS 2015, 11, 12 m.w.N.

247 *Schmitt-Leonardy*, ZIS 2015, 11, 12.

248 Der Wortlaut der europäischen Richtlinien verlangt nur, dass die Mitgliedsstaaten die erforderlichen Maßnahmen zu treffen haben, um sicherzustellen, dass eine juristische Person verantwortlich gemacht werden kann. Vgl. *Bock*, Criminal Compliance, S. 375 f.; *Fromm*, ZIS 2007, 279; Stellungnahme, BDI/BDA, a.a.O., S. 2, 5.

249 So auch *Schünemann*, der durch diese Regelungen die europarechtliche Verpflichtung Deutschlands als vollständig erfüllt ansieht; in Stiftung Familienunternehmen: Verfassungswidrigkeit Unternehmensstrafrecht, S. 18; *ders.*, ZIS 2014, 1, 12; ebenso *Löffelmann*, JR 2014, 185, 198; *Kudlich* in: Kempf, Unternehmensstrafrecht, S. 221; In der Stellungnahme der Bundesrechtsanwaltskammer Nr. 5/2014, S. 7 wird auf eine offizielle Mitteilung der Europäischen Kommission vom 20.9.2011 (KOM 2011, 573) Bezug genommen, nach der es den Mitgliedsstaaten freigestellt wird, ob sie eine strafrechtliche Haftung von Unternehmen einführen wollen oder nicht, weshalb ein Konvergenzdruck aus Europa abgelehnt wird. Allerdings kann dem unter der Betrachtung der Forderung der Kommission im Entwurf der Richtlinie

von strafrechtlichen Modellen angemessen, sich einer solchen auch in Deutschland nicht völlig zu verschließen.[250] Das von *Schünemann*[251] vorgebrachte Argument, dass es sich auch bei den in Österreich und der Schweiz vorhandenen Regelungen um dem deutschen Ordnungswidrigkeitenrecht vergleichbare Vorschriften handelt, kann so nicht bestätigt werden. Allein durch die Verwendung anderer Begrifflichkeiten, wie in Österreich „Verbandsgeldbuße" oder in der Schweiz „ Buße", kann der dahinterstehende gewollte Strafcharakter nicht geleugnet werden. Entscheidend ist hierfür allein die rechtliche Ausgestaltung im Übrigen, die vor allem im Verbandsverantwortlichkeitsgesetz in Österreich darauf schließen lässt, dass es sich vom Charakter her um eine Strafe handelt, dies vor allem deshalb, weil für die Berechnung das Tagessatzsystem maßgeblich ist. Dies spricht aber gerade für eine Strafe im eigentlichen Sinne.[252] Zu stützen ist dies e contrario darauf, dass

---

über strafrechtliche Sanktionen für Insidergeschäfte und Marktmanipulation, in der eine eindeutige Befürwortung einer strafrechtlichen Verantwortlichkeit ausgesprochen wird, so nicht zugestimmt werden (s.o. B.4.).

250 So auch *Römermann*, GmbHR 2014, 1, 11, der in den Regelungen eines VerbStrG eine lukrative Möglichkeit für die Länder sieht und für die öffentliche Argumentation die These verwendet, dass ein solches Gesetz die Welt verbessert, da auch international gegen Bestechung vorgegangen wird. Gleichzeitig rät er dabei zu Behutsamkeit mit der Einführung einer solchen strafrechtlichen Verantwortlichkeit von Unternehmen und fordert, dass Richter eine fachliche Spezialisierung benötigen. Ebenso *Frisch* in: FS Wolter, 349, 351, der den internationalen Entwicklungen eine gewisse Aussagekraft zuspricht. *Heuking/von Coelln*, BB 2014, 3015 ff. scheinen sich im Ergebnis der Einführung einer strafrechtlichen Verantwortlichkeit nicht zu verschließen, präferieren aber die Implementierung in das Strafgesetzbuch. Anders hingegen *Schünemann* in: Stiftung Familienunternehmen: Verfassungswidrigkeit Unternehmensstrafrecht, S. 19, der von einer Irreführung der „Schlusslichtthese" ausgeht und von einer Übernahme der fehlerhaften Gesetze anderer Länder abrät; *ders.* ZIS 2014, 1, 12; *Kelker* in: FS, Krey, 221, 245 f., sieht die Wahrscheinlichkeit der Einführung einer strafrechtlichen Verantwortlichkeit von Unternehmen aufgrund der strafrechtlichen Regelungen unter dem Gesichtspunkt der Harmonisierung als signifikant erhöht, warnt jedoch zugleich aufgrund der enormen Bedeutung des Schuldgrundsatzes vor einer oberflächlichen und äußerlichen Angleichung.

251 *Schünemann* in: Stiftung Familienunternehmen, Verfassungswidrigkeit Unternehmensstrafrecht, S. 18 f.; *ders.*, ZIS 2014, 1, 12; ebenso: *Bundesrechtsanwaltskammer*, Stellungnahme Nr. 5/2014, S. 7 f.

252 Im Ergebnis ebenso *Schmoller* in: FS Otto, 453, 459, der darauf abstellt, dass mit der „Verbandsgeldbuße" dem Verband gezielt ein Übel zugefügt werden soll, um gegenüber den Angehörigen des Verbands und der Gesellschaft zu verdeutlichen, dass bestimmte im Rahmen des Verbands gesetzte Verhaltensweisen einen Unwert verkörpern; *Kelker* in: FS Krey, 221, 239, mit Verweis auf § 12 Abs. 1 VbVG, wonach im Übrigen die allgemeinen Strafgesetze auch für Verbände gelten und auf § 14 Abs. 1 VbVG, wonach die allgemeinen Vorschriften über das Strafverfahren Anwendung finden.

eine Bezeichnung einer Sanktion als Strafe diese nicht zu einer solchen machen kann.[253] Auch im schweizerischen Strafgesetzbuch ist die Vorschrift des Art. 102, als einzige Vorschrift im siebten Abschnitt des Strafgesetzbuches, mit der Überschrift „Strafbarkeit" versehen, wodurch verdeutlicht wird, dass es sich gerade nicht um eine der Geldbuße vergleichbare, im achten Abschnitt geregelte Übertretung nach dem schweizerischen Strafrecht handelt.[254]

Die in der Literatur vorgebrachten Bedenken gegen das Doppelbestrafungsverbot können ohne Weiteres beseitigt werden, da der vorliegende Gesetzesentwurf von einer Erfassung des Einzelkaufmanns unter dem Begriff des Verbandes (§ 1 Abs. 1 VerbStrG-E) absieht. Auch die von *Schünemann* angeführten Bedenken vermögen in letzter Konsequenz nicht zu überzeugen, da bei Familiengesellschaften auch folgende Konstellation denkbar ist: Es begeht einer von mehreren Inhabern eine Straftat und handelt dabei als Organ für das Unternehmen. Bestraft werden letztlich er selbst und das Unternehmen, für das er gehandelt hat. In diesem Fall handelt es sich also nicht um eine Identität des Individualstraftäters mit dem Verband, da das Familienunternehmen von mehreren Inhabern gehalten wird. Es wird daher in dem vorliegenden Entwurf konsequent von der Differenzierung der Identität von Individualstraftäter und dem Verband ausgegangen.[255] Selbst wenn eine Bestrafung des Individualstraftäters neben dem Verband möglich ist – der vorliegende Gesetzesentwurf äußert sich dazu nicht unmittelbar – ist jedenfalls ein Verstoß gegen das Doppelbestrafungsverbot auch dann nicht gegeben, da lediglich eine Mitbetroffenheit des Individualstraftäters durch die Bestrafung des Verbandes vorliegt, welche aus strafrechtlicher Sicht hinzunehmen ist. Eine solche Mitbetroffenheit kann von jeder Strafe, die gegen eine natürliche Person verhängt wird, ebenfalls ausgehen, z.B. dann, wenn ein Familienvater bestraft wird, so sind die Familienmitglieder ebenfalls mit betroffen, sei es finanziell oder immateriell.[256] Das Gleiche gilt in Bezug auf das Argument der Bestrafung Unschuldiger.[257] Ob eine Doppelbestrafung im Hinblick auf andere Regelungsaspekte durch den vorliegenden Entwurf des Verbandsstrafgesetzbuches in Betracht kommen mag, wird im Rahmen der konkreten Untersuchung des Gesetzesentwurfs näher erörtert.[258]

In Anbetracht des bereits bestehenden Sanktionsinstrumentariums nach den §§ 30, 130 OWiG und den §§ 73, 74 StGB ist anzumerken, dass es zweifelhaft

---

253 *Sachs* in: Kempf, Unternehmensstrafrecht, S. 199; Tendenziell sieht *Hilf*, ZStW 2014, 73, 84 das genauso, da sich nach ihrer Meinung die im VbVG geregelte Verbandsgeldbuße zumindest terminologisch von der Strafe unterscheiden will.

254 *Eidam*, Unternehmen und Strafe, S. 266.

255 Ebenfalls ist die Erfassung der Ein-Mann-GmbH durch den Gesetzesentwurf folgerichtig, da auch bei ihr zwischen dem Individualstraftäter und dem Verband selbst, als zwei verschiedene Rechtssubjekte, zu differenzieren ist. Siehe hierzu bereits Kaiptel 2, C.

256 *Löffelmann*, JR 2014, 185, 190; *Quante*, a.a.O., S. 170.

257 Siehe hierzu bereits Kapitel 2, C.

258 Siehe Darstellung in Kapitel 3, B.11.

erscheint, dass dieses die gleiche Wirkung entfalten kann wie eine Verbandsgeldstrafe. Es handelt sich nämlich hierbei um ein „reines Verwaltungsstrafrecht", welches nicht der gleichen Kontrolle des Staates unterliegt und nicht dieselben Möglichkeiten in der Gestaltung der Sanktionen bietet. In der Literatur wird von Kritikern insbesondere hervorgehoben, dass es sich im Ordnungswidrigkeitenrecht um „weitgehend unkontrollierte Sanktionen" handelt.[259] Hingegen können bei der Einführung eines Verbandsstrafrechts, wie in dem Gesetzesentwurf beabsichtigt, die Maßregeln als sog. Verbandsmaßregeln als zweite Spur zur Erreichung der Strafzwecke eingesetzt werden. Ob diese im vorliegenden Entwurf in der Praxis letztlich überzeugen, bleibt der Untersuchung des Gesetzesentwurfs im Folgenden überlassen. Darüber hinaus wird das Ordnungswidrigkeitenrecht in der Literatur auch als „Etikettenschwindel"[260] oder „Mogelpackung"[261] bezeichnet, da das Verfahren zwar unter Beteiligung der Strafgerichte geführt, aber der Rechtsschutz eines Strafverfahrens nicht gewährleistet wird.[262] Folge der Einführung einer strafrechtlichen Verantwortlichkeit von Verbänden ist, dass dieser Kritik die Grundlage entzogen werden würde.

Im Hinblick auf die fehlende Straffähigkeit ist anzumerken, dass es hierfür auf die Schuldfähigkeit von Verbänden ankommen wird[263], wozu im weiteren Verlauf der Auseinandersetzung mit dem Gesetzesentwurf Stellung genommen wird.[264] Vorweggegriffen sei an dieser Stelle bereits gesagt, dass eine Schuld von Unternehmen nur über die Zurechnung des vorwerfbaren Verhaltens natürlicher Personen möglich ist und, um eine doppelte Verwertung bei einer parallelen Bestrafung von Verband und Individuum zu vermeiden, zwei Anknüpfungspunkte für die Bestrafung des Verbandes notwendig sind.[265]

259 *Krems*, ZIS 2015, 5, 6; *Schmitt-Leonardy*, ZIS 2015, 11, 18 f.; *Wessing*, ZHW 2012, 301, 305.
260 *Bock*, Criminal Compliance, S. 401; *Fromm*, ZIS 2007, 279, 287; *Hetzer*, EuZW 2007, 75, 78; *ders.*, ZRFC 2014, 18, 22; *von Freier*, GA 2009, 98, 116.
261 *Ransiek*, NZWiSt 2012, 45, 46.
262 *Leitner*, StraFo 2010, 323, 328.
263 *Schünemann* in: Stiftung Familienunternehmen: Verfassungswidrigkeit Unternehmensstrafrecht, S. 13.
264 Siehe Darstellung in Kapitel 3, B.3.5.
265 Siehe Darstellung in Kapitel 3, B.3.5.

Kapitel 3: Untersuchung des materiell-rechtlichen Teils des Gesetzesentwurfs zum Verbandsstrafgesetzbuch

Im Folgenden wird der Gesetzesentwurf zur Einführung der strafrechtlichen Verantwortlichkeit von Verbänden in Form eines Verbandsstrafgesetzbuches im Hinblick auf die Vorschriften §§ 1–12 unter Einbeziehung der Gesetzesbegründung untersucht. Hierbei wird insbesondere der Frage nachgegangen, welche Schwierigkeiten die Anwendung dieses Entwurfs eines Verbandsstrafgesetzbuches auch in der Praxis mit sich bringen wird. Des Weiteren werden nach einer kritischen Würdigung der einzelnen Regelungen Anregungen gegeben, um den Gesetzesentwurf zu verbessern. Der Entwurf ist in zwei Teile, einen materiell-rechtlichen und einen verfahrensrechtlichen Teil, gegliedert. Im materiell-rechtlichen Teil finden sich allgemeine Vorschriften zum Verbandsstrafrecht, ein Generalverweis auf den Allgemeinen Teil des Strafgesetzbuches und Regelungen zu den einzelnen Sanktionen und Maßregeln. Der verfahrensrechtliche Teil des Verbandsstrafgesetzbuches umfasst Regelungen zur Anwendung der Strafprozessordnung auf das Verfahren gegen Verbände (Generalverweis in § 13 Abs. 1 VerbStrG-E) und einige spezielle Normen, wie z.B. § 18 VerbStrG-E, der vom Verbot der Mehrfachverteidigung abweicht und § 19 VerbStrG-E, der eine Regelung zum vertretungslosen Zustand enthält. Aufgrund des Umfangs des Gesetzesentwurfs, findet vorliegend lediglich eine Untersuchung des materiell-rechtlichen Teils statt.[266]

A. Persönlicher und sachlicher Anwendungsbereich nach § 1 VerbStrG-E

In § 1 VebrStrG-E wird der persönliche und sachliche Anwendungsbereich des Gesetzes bestimmt. Danach gilt das Gesetz nur für Verbände Anwendung. Welche Gesellschaftsformen von dem Begriff des Verbandes erfasst sind, legt § 1 Abs. 1 VerbStrG-E mit seiner Legaldefinition fest.

266 Auseinandersetzungen mit den prozessualen Problemen des Gesetzesentwurfs finden sich bei: *Fink*, wistra 2014, 457 ff.; *Fischer/Hoven*, ZIS 2015, 32 ff.; *Görtz*; WiJ 2014, 8, 9 ff.; *Hoven/Wimmer/Schwarz/Schumann*, NZWiSt 2014, 201 ff.; *Löffelmann*, JR 2014, 185, 196 f.; *Römermann*, GmbHR 2014, 1, 10 f.; *Rübenstahl*, ZRFC 2014, 26, 33; *Rübenstahl/Tsambikakis*, ZHW 2014, 11 f.; *Schünemann*, ZIS 2014, 1, 16 f.; *ders.* in: Stiftung Familienunternehmen: Verfassungswidrigkeit Unternehmensstrafrecht, S. 27 f.; *Witte/Wagner*, BB 2014, 643, 647 f.; *Zieschang*, GA 2014, 91, 105 f.; allgemeine Darstellung prozessualer Probleme: *Drope*, a.a.O., 3. Teil.

1. Legaldefinition des § 1 Abs. 1 VerbStrG-E

Von der Legaldefinition des Verbandes sind juristische Personen, nicht rechtsfähige Vereine und rechtsfähige Personengesellschaften des privaten und öffentlichen Rechts erfasst. Diese sehr weit gefasste Definition berücksichtigt nahezu alle Gesellschaftsformen, lediglich der Einzelkaufmann ist aus dem Anwendungsbereich der Vorschriften ausgeklammert. Dies erscheint aufgrund der Möglichkeit eines Verstoßes gegen das Doppelbestrafungsverbot, wenn der Einzelkaufmann eine Straftat für sein eigenes Unternehmen begeht, konsequent.[267] Zunächst stellt sich die Frage, ob durch Festlegung des Anwendungsbereichs überhaupt dem Anspruch auf die Einführung eines „Unternehmensstrafrechts“ genüge getan werden kann. Hieran bestehen deshalb Zweifel, da in § 1 Abs. 1 VerbStrG-E der Verband durch die Unternehmensträger definiert wird. Für den Begriff des Unternehmens gibt es keine einheitliche Definition im derzeit geltenden Recht.[268] Vielmehr ist der Unternehmensbegriff in den unterschiedlichen Rechtsgebieten anders geprägt, so werden im Konzernrecht die Rechtsprobleme der Unternehmensgruppe sowie die Autonomie und Abhängigkeit verbundener Unternehmensträger behandelt, im Kartellrecht hingegen wird im Rahmen des Unternehmensrecht die Offenhaltung der Märkte und der Wettbewerb unternehmerischer Marktakteure in den Mittelpunkt gestellt.[269] Im Handelsrecht wird der Unternehmensbegriff seit jeher diskutiert[270], letztlich ist das Unternehmen als organisatorischer und sozialer Verband, der zur Teilnahme am Markt fähig ist und eine Entscheidungs- und Leistungsträgerschaft aufweist, zu verstehen.[271] Da dem Unternehmen nur durch seine Rechtsträger, also z.B. juristische Personen, die Qualität eines Rechtssubjekts zuzuschreiben ist, kann auch nur der Rechtsträger als Zuordnungssubjekt aller Rechte und Pflichten angesehen werden.[272] Die Entwurfsverfasser legen dem Verbandsstrafgesetzbuch dem Verständnis nach den in Art. 13 Corpus Juris 2000 verwendeten Begriff des Unternehmens zugrunde, auch wenn dies aus dem Gesetzesentwurf selbst nicht hervorgeht, da die Begriffe Unternehmen, Verband, juristische Person und Personenvereinigung nebeneinander verwendet werden.[273] Lediglich in der Gesetzesbegründung führen die Entwurfsverfasser an, dass sie dem Art. 13 des Corpus Juris 2000 zugrunde liegenden Begriff des Unternehmens dem im Verbandsstrafgesetzbuch verwendeten Begriff gleichsetzen. Nach diesem sind unter einem Unternehmen alle juristischen Personen oder Personenvereinigungen zu verstehen, die nach dem Gesetz Rechtssubjekt und Inhaber von Vermögenswerten sein können und dabei einen unternehmerischen Zweck

---

267 Vgl. bereits oben Kapitel 2, B.
268 *Schmidt*, Gesellschaftsrecht, S. 936; *ders.*, Handelsrecht, S. 73
269 *Schmidt*, Handelsrecht, S. 74.
270 *Schmidt*, Handelsrecht, S. 76 f.
271 *Schmidt*, Handelsrecht, S. 75 f.
272 *Schmidt*, Handelsrecht, S. 93, 95; *Uhlig* in: Behringer, Compliance KMU, 27, 36.
273 *Schmitt-Leonardy*, jM 2014, 257,260.

verfolgen.[274] Die von *Schünemann*[275] erhobene Kritik, dass es sich bei dem vorliegenden Entwurf nicht um ein „Unternehmensstrafrecht im eigentlichen Sinne" handelt, kann insoweit gestützt werden, als dass die Unternehmensträger in den Mittelpunkt der strafrechtlichen Verantwortlichkeit gestellt werden. Nur teilweise zuzustimmen ist hingegen der These *Schünemanns*[276], dass durch die Verwendung der Begrifflichkeit der strafrechtlichen Verantwortlichkeit von Unternehmen bereits in der Überschrift eine Verletzung des Gleichheitsgrundsatzes und ein innerer Widerspruch in das gesamte Entwurfskonzept hineingetragen werden. Es kann ein Unternehmensstrafrecht im eigentlichen Sinne nur geben, wenn es für das strafrechtlich relevante Handeln Zuordnungssubjekte gibt, die als Anknüpfung dienen.[277] Eine Differenzierung, ob eine Bestrafung des Unternehmens oder lediglich seiner Träger verfolgt wird, ist notwendig, um Rechtssicherheit zu schaffen. Allerdings handelt es sich bei der Verwendung der Begrifflichkeit, dass der Entwurf die Verantwortlichkeit von Unternehmen enthält, um eine missglückte Formulierung, die auf einer sprachlichen Ungenauigkeit basiert. Denn auch im allgemeinen Sprachgebrauch wird das Unternehmen häufig juristisch nicht korrekt mit dem Begriff der Gesellschaft oder dem Betrieb als Synonym verwendet[278], obwohl es sich hierbei um dem Wesen nach verschiedene Gebilde handelt. Um den vorliegenden Entwurf als Gesetz verabschieden zu können, bedarf es allerdings einer Klarstellung, ob das Unternehmen oder die Rechtsträger in das Zentrum der strafrechtlichen Verantwortlichkeit gestellt werden sollen. Wenn ersteres, wie die Gesetzesbegründung den Anschein erweckt[279], das Ziel sein soll, so müsste dies in den Vorschriften ebenfalls zum Ausdruck gebracht werden. Befürworter eines solchen Unternehmensbegriffs verweisen vor allem auf die vorzugswürdige

---

274 Gesetzesentwurf, S. 41 m.w.N.

275 *Schünemann* in: Stiftung Familienunternehmen, Verfassungswidrigkeit Unternehmensstrafrecht, S. 7; *ders.* ZIS 2014, 1, 9.

276 *Schünemann* in: Stiftung Familienunternehmen, Verfassungswidrigkeit Unternehmensstrafrecht, S. 7.

277 Zustimmend: *Uhlig* in: Behringer, Compliance KMU, 27, 36, der feststellt, dass es sich bei der Frage der „Haftung" des Unternehmens eigentlich um die Frage der Haftung des Unternehmensträgers handelt. Anders: *Schmitz* in: Kempf, Unternehmensstrafrecht, S. 311, 314 f., 319 bezweifelt hingegen die Möglichkeit eines Unternehmensstrafrechts, da nach seiner Auffassung immer nur die Unternehmensträger in Anspruch genommen werden können; *Ransiek* in: Kempf, Unternehmensstrafrecht, S. 285 weist darauf hin, dass es unter dem Gesichtspunkt des europäischen Wettbewerbsrechts möglich ist, auch das Unternehmen und nicht nur den Träger mit einer Sanktion zu belegen, spricht sich aber aufgrund einer größeren Klarheit in Bezug auf die Verantwortung für die Inanspruchnahme der Unternehmensträger aus.

278 http://www.duden.de/rechtschreibung/Unternehmen (zuletzt abgerufen am 20.3.2015).

279 Gesetzesentwurf, S. 1, 20 („systemische Risiken"), S. 30 („sinnkonstituiertes Gebilde").

wirtschaftliche Betrachtungsweise.[280] So könne vermieden werden, dass Verbände riskante Tätigkeiten ins Ausland verlagern. Der derzeit lautende § 1 Abs. 1 VerbStrG-E könnte dann wie folgt lauten:

> Unternehmen im Sinne dieses Gesetzes sind selbstständige Einheiten, die nach dem Gesetz Rechtssubjekte und Inhaber eigener Vermögenswerte sein können, wobei sie einen wirtschaftlichen Zweck verfolgen[281], insbesondere juristische Personen des privaten oder öffentlichen Rechts und rechtsfähige Personengesellschaften.[282]

Kritisiert werden könnte an einer solchen Regelung, dass durch das Auseinanderfallen des Normadressaten, das Unternehmen, und des Sanktionsadressaten, die juristische Person, ein Verstoß im Hinblick auf den Grundsatz der persönlichen Verantwortlichkeit vorliegen könnte.[283] Darüber hinaus entschied sich der Gesetzgeber auch bei der Verhängung der Geldbuße nach § 30 OWiG gegen den Normadressat Unternehmen. Gestützt wird dies vor allem auf den Aspekt der Rechtsunsicherheit und darauf, dass Adressat von Rechtspflichten nur der Rechtsträger selbst sein kann.[284] Dies ist zu befürworten, da bei der Einführung eines eigenständigen Strafgesetzbuches für Verbände nicht zusätzliche Unsicherheiten für den Rechtsanwender entstehen sollten. Auch kann nur so der Grundsatz der persönlichen Verantwortlichkeit gewahrt werden. Wäre das Unternehmen als wirtschaftliche Einheit Adressat der Straftatbestände, so würden Identität von Täter und Sanktionsadressaten jedenfalls teilweise voneinander abweichen, wenn z.B. für die Straftat einer Tochtergesellschaft das gesamte Unternehmen bestraft werden würde. Aus strafrechtsdogmatischer Sicht ist die Verantwortlichkeit des jeweiligen Unternehmensträgers daher zu bevorzugen.[285] Des Weiteren ist diskussionsbedürftig, ob aufgrund der weiten Reichweite der Vorschrift auch solche Gesellschaften vom Regelungsgehalt erfasst sein sollen, die sich in der Gründung oder Liquidationsphase befinden.

---

280 *Mansdörfer*, ZIS 2015, 23, 31.

281 Definition des Unternehmens orientiert sich, wie Gesetzesbegründung an Art. 13 Abs. 1 des Corpus Juris der strafrechtlichen Regelungen zum Schutz der finanziellen Interessen der Europäischen Union.

282 Beispielhafte Aufzählung erfolgt in Anlehnung an Vorschlag von *Engelhart*, a.a.O., S. 721.

283 *Böse*, ZStW 2014, 132, 150 m.w.N.

284 Entwurf eines Zweiten Gesetzes zur Bekämpfung der Wirtschaftskriminalität, BT Drucks. 10/318, S. 39 f. (abrufbar unter: http://dip21.bundestag.de/dip21/btd/10/003/1000318.pdf; zuletzt abgerufen am 28.11.2014).

285 Zum Konzerndurchgriff siehe Ausführungen unter Kapitel 3, B.8.

1.1 *Vorgesellschaften, fehlerhafte Gesellschaften und Gesellschaften in Liquidationsphase*

Bei sog. Vorgesellschaften, die sich zumeist rechtlich gesehen als eine GbR darstellen[286], da sie sich zum Zwecke der Gründung einer GmbH zusammenschließen und im Rechtsverkehr nach außen hin tätig werden und somit rechtlich in Erscheinung treten, stehen der Anwendbarkeit nach § 1 Abs.1 keine Bedenken entgegen. Die Frage nach der Haftung der nachfolgenden Gesellschaft für die Vorgängerin stellt sich deshalb zunächst nicht, da in § 2 Abs. 4 VerbStrG-E eine Regelung für die Rechtsnachfolge vorgesehen ist, auf deren Ausgestaltung an späterer Stelle eingegangen wird.[287] Auch bei einer sog. fehlerhaften Gesellschaft[288] kann für den Anwendungsbereich des Verbandsstrafgesetzbuches nichts anderes gelten, da diese nach außen hin wirksam als eine Gesellschaft auftritt.[289] Eine fehlerhafte Gesellschaft liegt immer dann vor, wenn der Gründungsvertrag der Gesellschaft, z.B. aufgrund einer fehlenden Willenserklärung eines Gesellschafters, unwirksam ist, der geschäftliche Betrieb bereits willentlich begonnen worden ist und keine sonstigen schutzwürdigen Interessen vorrangig erscheinen. Würde man sie aus dem Anwendungsbereich des Verbandsstrafgesetzbuches ausklammern, so könnte die fehlerhafte Vertragsgrundlage von den Beteiligten bewusst herbeigeführt werden, um sich so der strafrechtlichen Verfolgung zu entziehen.[290] Fraglich ist jedoch, wie sich dies darstellt, wenn der Verband sich bereits in der Liquidationsphase befindet. Ist ein Verband bereits liquidiert, so scheidet eine weitere Strafverfolgung aus, da er, vergleichbar dem Tod einer natürlichen Person, nicht mehr existiert und eine Bestrafung deshalb nicht mehr möglich ist.[291] Ungewiss ist, wie sich die Situation darstellt, wenn z.B. eine GmbH sich in der Auseinandersetzung befindet. In diesem Fall bleibt eine GmbH nach § 69 Abs. 2 GmbHG weiterhin rechts- und parteifähige juristische Person für Gesellschaftsverbindlichkeiten und kann daher auch in einem Zivilprozess weiterhin Partei sein.[292] Ob dieser Gedanke auch auf das Strafrecht übertragbar ist, scheint zweifelhaft. Unter dem Aspekt der Gleichbehandlung nach

---

286 So auch zu § 30 OWiG, von dessen Anwendungsbereich dieselben Gesellschaftsformen erfasst sind: *Rogall* in: KK, OWiG, § 30 Rn. 44.

287 In der Literatur wird eine Verantwortlichkeit der Rechtsnachfolgerin ohne Weiteres für möglich erachtet, wenn zwischen alter und neuer Gesellschaft Identität besteht, was vor allem die wirtschaftliche Fortsetzung der Tätigkeit in der neuen Gesellschaft erfordert, vgl. *Engelhart*, a.a.O., S. 289 m.w.N.

288 Zur Herkunft und Entwicklung dieser Rechtsfigur: Ulmer/Schäfer in: MüKo, BGB, § 705 Rn. 323 ff.

289 *Ehrhardt*, a.a.O., S. 219 f.

290 *Ehrhardt*, a.a.O., S. 219; auch *Rogall* in: KK, OWiG, § 30 Rn. 45.

291 Dieser Ansicht sind auch die Entwurfsverfasser zum VerbStrG gefolgt, da in § 20 VerbStrG-E verfahrenssichernde Maßnahmen geregelt werden, um so eine Auflösung des Verbandes zu verhindern.

292 *Haas* in: Baumbach/Hueck, GmbHG, § 69 Rn. 3.

Art. 3 GG ist zu hinterfragen, wie sich die Situation im Individualstrafrecht darstellt. Im Individualstrafrecht können Strafen gegen natürliche Personen grundsätzlich auch bis zu dem Todeszeitpunkt, vollstreckt werden. Es besteht allerdings die Besonderheit, dass bei einer Freiheitsstrafe die Vollstreckung aufgeschoben werden kann, wenn von der Vollstreckung eine nahe Lebensgefahr für den Verurteilten zu besorgen ist (§ 455 Abs. 2 StPO) oder sich der Verurteilte in einem körperlichen Zustand befindet, bei dem eine sofortige Vollstreckung mit der Einrichtung der Strafanstalt unverträglich ist (§ 455 Abs. 3 StPO). Im Rahmen des § 455 Abs. 2 StPO kommt es jedoch maßgeblich darauf an, ob sich die Krankheit durch den Vollzug verschlechtern würde. Bestehen die Gefahren der Krankheit in gleicher Weise außerhalb des Vollzugs, findet dieses Vollstreckungshindernis keine Anwendung.[293] § 455 Abs. 3 StPO ist nur einschlägig, wenn die notwendige Gesundheitsfürsorge oder Pflege des Verurteilten im Strafvollzug nicht möglich ist und auch durch Abweichung vom Vollstreckungsplan nicht gewährleistet werden kann.[294] Diese Ausnahmen des Vollstreckungsausschubs verdeutlichen, dass dem Grundsatz, dass die Strafe bis zum Tode, also auch in der Phase des Sterbens, vollstreckt werden kann, eine hohe Bedeutung zukommt. Es soll nur in Grenzfällen von diesem Grundsatz abgewichen werden. Aufgrund der Besonderheit der Struktur der Verbände ist der Gedanke ist auch auf juristische Personen übertragbar. Der Zweck der Geldstrafe kann in der Phase der Auseinandersetzung ebenfalls noch erreicht werden, da mit der Auflösung der Verlust des Vermögens einhergeht, welches bei der Auseinandersetzung aufgeteilt wird. Das aufzuteilende Vermögen wird in der Folge um die Höhe der Geldstrafe geschmälert, sodass bei vorausgesetzter Schuldfähigkeit ebenfalls ein empfindliches Übel bei der noch bestehenden Gesellschaft erreicht werden kann. Dafür ist allerdings zwingend notwendig, dass die Liquidation noch nicht abgeschlossen ist, da nur dann ein Fortbestand für das strafrechtliche Verfahren fingiert und die Strafzwecke erreicht werden können.

1.2 Nicht rechtsfähige Vereine

Nach der Legaldefinition sind auch nicht rechtsfähige Vereine vom Anwendungsbereich des Verbandstrafgesetzbuches erfasst, was in Hinblick auf den Verhältnismäßigkeitsgrundsatz im Rahmen eines Eingriffs in die Vereinigungsfreiheit nach Art. 9 GG Bedenken aufwirft. Denn ein solcher Eingriff in die grundrechtlich geschützte Position muss gerechtfertigt, daher verhältnismäßig sein. Im Rahmen der Verhältnismäßigkeit scheint es insbesondere im Rahmen der Erforderlichkeit zweifelhaft, ob eine Aufnahme der nicht rechtsfähigen Vereine in ein mögliches Verbandsstrafgesetzbuch erfolgen sollte. Das Merkmal der Erforderlichkeit ist dann gegeben, wenn die Einführung eines Verbandsstrafgesetzbuches geeignet ist, die behauptete Präventionswirkung zu entfalten und es kein milderes gleich effektives

293 OLG Düsseldorf, NJW 1991, 765.
294 BGHSt 19, 148, 150.

Mittel gibt, um dieses Ziel zu erreichen. Dies erscheint gerade bei nicht rechtsfähigen Vereinen fraglich, da diese zumeist immer noch rein ehrenamtlich organisiert sind.[295] Zwar sind solche Vereine grundsätzlich unabhängig vom Mitgliederbestand, jedoch basiert ihre Struktur zumeist auf freiwilligem und unbezahltem Engagement. Würde man nicht rechtsfähige Vereine in den Anwendungsbereich mit einbeziehen, so bestünden für diese in der Folge hohe finanzielle Belastungen, z.B. durch die Einführung eines Compliance-Management-Systems[296]. Ein solches erscheint aus kriminalpolitischer Sicht gerade bei ehrenamtlich organisierten Vereinen überhaupt nicht erforderlich, da diese gerade aufgrund anderer Struktur nicht den gleichen Nährboden für eine kriminelle Verbandsattitüde[297] bieten wie große Wirtschaftsunternehmen.[298] Auch würde dadurch in das spontane Miteinander der organisierten Zivilgesellschaft so stark eingegriffen werden, dass dies zu tiefgreifenden Veränderungen führen würde.[299] Dem könnte man jedoch entgegenhalten, dass gegen nicht rechtsfähige Vereine ebenfalls Geldbußen nach § 30 Abs. 1 Nr. 2 OWiG verhängt werden können und somit eine vergleichbare Interessenlage bestehen könnte. Die Möglichkeit der Verhängung einer Geldbuße gegen einen nicht rechtsfähigen Verein wird damit gerechtfertigt, dass diese ebenfalls über ein zweckgebundenes Vermögen verfügen, an welchem die Vorstandsmitglieder des Vereins zumeist nur geringfügig beteiligt sind und eine Inanspruchnahme des Vereins daher bei rechtswidrigem Handeln des Vorstandes angemessen erscheint.[300] Dieser Gedanke kann für die Verhängung einer Geldstrafe ebenfalls herangezogen werden. Allerdings erscheint es im Hinblick auf die anderen Strafen und die im Entwurf des Verbandsstrafgesetzbuches vorgeschlagenen Maßnahmen zu weit den nicht rechtsfähigen Verein ebenfalls in den Anwendungsbereich mit einzubeziehen. Diesbezüglich erfasst die Regelung des § 30 OWiG das im Rahmen eines nicht rechtsfähigen Vereins möglicherweise durch Vorstandsmitglieder begangene Unrecht ausreichend. Eine den Personengesellschaften vergleichbare Verbandsattitüde besteht nicht, weshalb ein etwaiges Verbandsstrafgesetzbuch die nicht rechtsfähigen Vereine aus dem Anwendungsbereich

295 *Krimmer/Priemer*, ZIVIZ-Survey 2012, S. 27.

296 Zum Begriff von Compliance-Maßnahmen: *Engelhart*, a.a.O., S. 40 ff.; *Petermann*, Die Bedeutung von Compliance-Maßnahmen für die Sanktionsbegründung und -be-messung im Vertragskonzern, Kapitel 3 A.II; zum Begriff der Compliance: *Krause*, StraFo 2011, 437 ff. m.w.N.

297 Kritisch zum Begriff der kriminellen Verbandsattitüde: *Schmitt-Leonardy*, ZIS 2015, 11, 13 f.; die Existenz dieses Phänomens bejahend: *Kölbel*, ZIS 2014, 552, 554 ff.

298 *Schmitt-Leornady*, jM 2014, 257, 262, die eine Einbeziehung der nicht rechtsfähigen Vereine unter dem Aspekt, dass der Gesetzesentwurf auf die Bekämpfung der Unternehmenskriminalität ausgerichtet ist, als nicht einleuchtend erachtet.

299 *Schünemann* in: Stiftung Familienunternehmen, Verfassungswidrigkeit Unternehmensstrafrecht, S. 10.

300 *Quante*, a.a.O., S. 69.

ausklammern sollte.[301] Darüber hinaus wären die ideellen Vereine in der Praxis mit der Errichtung eines wirksamen Compliance-Management-Systems allem Anschein nach überfordert, da damit eine Fehlleitung der Vereinsmittel verbunden wäre, welche in der Regel nur für den vom Verein verfolgten Zweck eingesetzt werden dürfen.[302] Anders sieht dies hingegen *Krems* aufgrund der von ihm als notwendig erachteten parallelen Struktur des Ordnungswidrigkeitenrechts mit einem etwaigen Verbandsstrafrecht.[303] Dies kann gerade jedoch aufgrund der vorherigen Ausführungen nicht überzeugen, da ein völliger Gleichlauf wegen des zweispurigen Sanktionensystems des Strafrechts nicht möglich ist.[304] Die Gesetzesbegründung zum Entwurf des Verbandsstrafgesetzbuches geht auf diese Problematik nicht ein, woraus zu schließen ist, dass entweder eine Auseinandersetzung dazu nicht stattgefunden hat oder diese Thematik als unproblematisch erachtet wird. Aufgrund der obigen Ausführungen wäre jedenfalls eine Begründung notwendig, warum eine Einbeziehung der nicht rechtsfähigen Vereine in den Anwendungsbereich des Verbandsstrafgesetzbuches erwogen worden ist.

1.3 Stellungnahme zur juristischen Person des öffentlichen Rechts

Des Weiteren soll das Verbandsstrafgesetzbuch auch auf juristische Personen des öffentlichen Rechts anwendbar sein, soweit sie nicht in Ausübung hoheitlicher Befugnisse handeln. Diese in § 1 Abs. 2 VerbStrG-E geregelte Ausnahme erscheint unter dem Aspekt konsequent, als dass sich auch öffentliche Träger, wie Gemeinden, für die Erfüllung ihrer Aufgaben juristischen Personen bedienen dürfen. Handeln diese im privat fiskalischen Sinne, so ist eine Differenzierung zu juristischen Personen des Privatrechts nicht gerechtfertigt.[305] Handeln sie hingegen in Ausübung hoheitlicher

---

301 Stellungnahme DAV, a.a.O., S. 22; irreführend sind dahingehend die Ausführungen von *Rönnau/Wegner*, ZRP 2014, 158, 159, die sich auf die Kritik von Schünemann beziehen, ihn jedoch dahingehend verstehen, dass er auch rechtsfähige Vereine vom Anwendungsbereich des VerbStrG-E ausgenommen haben möchte, indem sie von der Herausnahme „nicht-wirtschaftlicher Verbände“ sprechen. Diese Ausführungen setzen sich letztlich aber nicht mit der Thematik auseinander warum der „nicht rechtsfähige Verein“ ebenfalls vom Anwendungsbereich des VerbStrG-E erfasst sein soll.

302 *Rübenstahl*, ZRFC 2014, 26, 28; *Willems*, ZIS 2015, 40, 42.

303 *Krems*, ZIS 2015, 4, 8.

304 Die von *Krems*, ZIS 2015, 4, 8 in den Vordergrund gestellte Ungleichbehandlung ist deshalb in der Folge hinzunehmen.

305 Anders *Hirsch*, der eine Sanktionsfähigkeit juristischer Personen des öffentlichen Rechts in Bezug auf § 30 OWiG mit der Kontrollausübung durch die Parlamente und Verwaltungs- und Verfassungsgerichte ablehnt und damit seine Tendenz in Bezug auf die Übertragung zur Kriminalstrafe erkennen lässt. ZStW 1995, 285, 308; *Vogel*, StV 2012, 427, 430, stellt pauschal fest, dass auch juristische Personen des öffentlichen Rechts bestraft werden müssen, sofern sie unternehmerisch tätig werden, ohne hierzu eine nähere Begründung zu geben.

Befugnisse, so könne der Staat sich nach dem geltenden Gewaltenteilungsgrundsatz nicht selbst bestrafen. Diese Regelung dient vor allem der Einhaltung des in Art. 3 GG verankerten Gleichbehandlungsgrundsatzes.[306] Durch die Anwendung eines möglichen Verbandsstrafgesetzbuches auf juristische Personen des öffentlichen Rechts wird der zum Ordnungswidrigkeitenrecht existente Streit nach Angaben der Entwurfsverfasser in der Gesetzesbegründung somit gelöst.[307] Dies wird vom DAV hingegen angezweifelt, der sich hierbei eines konkreten Beispiels bedient, in dem er sich die am Ende offen gelassene Frage stellt, ob die Freie und Hansestadt Hamburg im Fall des Baus der Elbphilharmonie Adressat einer etwaigen Verbandsgeldstrafe sein könnte.[308] In dieser Konstellation hätte eine etwaige Geldstrafe die Elbphilharmonie Hamburg Bau GmbH & Co. KG zu tragen, deren Hauptgeldgeberin wiederum die Freie und Hansestadt Hamburg als Kommanditistin ist. In der letzten Konsequenz kann es aufgrund des Gleichbehandlungsgrundsatzes jedoch keinen Unterschied machen, ob Geldgeber einer juristischen Person zum Handeln auf privatrechtlicher Ebene ein öffentlicher Träger ist. Auch das Argument, dass der Staat sich in diesem Fall selbst bestrafen würde[309], überzeugt nicht, da sonst die Vorbildfunktion des Staates untergraben werden würde.[310] Fraglich ist, ob nicht der Anwendungsbereich des Verbandsstrafgesetzbuches auf juristische Personen des öffentlichen Rechts auch für hoheitliches Handeln erstreckt werden sollte. Unter hoheitlichen Aufgaben sind nur solche zu verstehen, die unmittelbar an das Gewaltmonopol des Staates anknüpfen wie z.B. die Trinkwasserversorgung im Rahmen der Daseinsvorsorge.[311] Die Bedenken hinsichtlich der Selbstbestrafung sind im Hinblick auf den Gleichbehandlungsgrundsatz ebenfalls nicht tragfähig. Darüber hinaus erscheint es fragwürdig, dass juristische Personen des öffentlichen Rechts im Bereich des hoheitlichen Handelns besser gestellt sein sollen als individuelle Hoheitsträger, denen eine Strafbarkeit nach §§ 331 ff StGB droht.[312] Auch wenn durch eine Erfassung des Anwendungsbereichs für hoheitliches Handeln durch juristische Personen des öffentlichen Rechts eine vergleichbare Lage zum Individualstrafrecht geschaffen werden könnte, vermag diese Auffassung nicht mit dem Gewaltenteilungsgrundsatz in Einklang zu bringen sein. Auch Vertreter, die eine Zugrundelegung des in der Amtshaftung nach Art. 34 GG i.V.m. § 839 BGB

---

306 Zu § 30 OWiG ebenso *Eidam*, wistra 2003, 447, 450.

307 Gesetzesentwurf S. 39; Darstellung des Meinungsstreits bei *Rogall* in: KK, OWiG, § 30 Rn. 35 ff.

308 Stellungnahme DAV, a.a.O., S. 22.

309 *Schmitt*, a.a.O., S. 211, der dieser Situation abzuhelfen versucht, indem man dem Staat die Zahlung der Strafe an eine von ihm unabhängige Wohlfahrtsorganisation abhelfen müsste.

310 *Eidam*, Wistra 2003, 447, 450.

311 *Engelhart*, a.a.O., S. 682.

312 *Löffelmann*, JR 2014, 185, 196; allgemein zu den Amtsdelikten: Stellungnahme BDI/BDA, a.a.O., S. 7.

verankerten Gedankens fordern[313], können die Bedenken gegen die Einhaltung des Gewaltenteilungsgrundsatzes nicht ausräumen. Im Rahmen der Amtshaftung wird der Staat durch spezifisches vom Beamten begangenes Unrecht, welches Dritten gegenüber einen Schaden verursacht hat, in Anspruch genommen. Die Verhängung einer Strafe gegen den Staat kann hiermit allerdings nicht verglichen werden, da er zwar auch Dritten Schaden zufügen kann, es bei der Strafe in letzter Konsequenz um eine Selbstbestrafung ginge, bei welcher der Gewaltenteilungsgrundsatz unterlaufen werden würde. Es fehlt schlichtweg an einer vergleichbaren Situation zu dem privatrechtlichen Handeln juristischer Personen des öffentlichen Rechts. Durch die Erstreckung des Anwendungsbereichs auf juristische Personen des öffentlichen Rechts im Falle privatrechtlichen Handelns soll gewährleistet werden, dass der Staat in dem Umfang, in dem er durch wirtschaftliche Betätigung aufgrund der freien Wahlmöglichkeit seiner Rechtsform Wettbewerbsvorteile erlangt, auch zur Verantwortung gezogen werden kann. Bei der Wahrnehmung hoheitlicher Aufgaben kann es zu einer solchen Situation gerade nicht kommen, weshalb auch eine Bestrafung ausscheiden muss. Ebenfalls sind auf internationaler Ebene „Staaten oder sonstige Körperschaften des öffentlichen Rechts in der Ausübung ihrer hoheitlichen Rechte“ und öffentlich-rechtliche internationale Organisationen von einer Verantwortlichkeit für den Fall des hoheitlichen Handelns ausgenommen[314], weshalb die von den Verfassern des Verbandsstrafgesetzbuches beabsichtigte Erstreckung des Gesetzes auch auf juristische Personen des öffentlichen Rechts, mit Ausnahme von hoheitlichem Handeln, konform zu den internationalen Vorgaben ist[315]. Den Anwendungsbereich eines Verbandsstrafgesetzbuchs auf juristische Personen des öffentlichen Rechts zu erstrecken, sofern diese nicht hoheitlich tätig sind, ist im Ergebnis zu befürworten.

1.4 Einschränkung des Anwendungsbereichs?

Teilweise wird in der Praxis gefordert, dass kleinere oder mittelständische Unternehmen aus dem Anwendungsbereich eines Verbandsstrafgesetzbuches ausgenommen werden sollten. Die Handwerksorganisationen aus Nordrhein-Westfalen schlagen deshalb vor, dass der Anwendungsbereich auf Verbände mit mehr als 250

313 Stellungnahme Clearingstelle Mittelstand NRW, a.a.O., S. 15.

314 *Hettinger*, Reform des Sanktionenrechts, Band 3, S. 165 unter Bezugnahme auf den Rechtsakt des Rates vom 19. Juni 1997 (EGABl. Nr. C 221/11). Allerdings wird dieser in seiner Anwendbarkeit nicht als eindeutig im Hinblick auf den Ausschluss der Verantwortlichkeit von Staaten angesehen.

315 Selbst wenn nicht alle internationalen Regelungen solche Ausschlussklauseln enthalten, so kann dies kein Versehen darstellen, da diese nach dem Erlass des Zweiten Protokolls zur PIF-Konvention eingeführt worden sind, in dem eine solche in Art. 1 vorgesehen ist. *Rönnau/Wegner*, ZRP 2014, 158, 159 sehen hierin deshalb ein universelles Problem, und sprechen sich grundsätzlich für die Pflicht des deutschen Gesetzgebers aus, die Regelung wie vorgeschlagen zu erlassen.

Arbeitnehmer eingeschränkt werden sollte.[316] Aus unternehmerischer Sicht wird damit das Ziel verfolgt, kleinere und mittelständische Unternehmen mit der Einrichtung kostenintensiver Compliance-Management-Systeme zu verschonen. Eine solche Betrachtungsweise erscheint zwar unter dem Aspekt des zusätzlichen Kostenaufwandes nachvollziehbar, kann jedoch aus verschiedenen Gesichtspunkten nicht überzeugen. Zunächst ist unverständlich, wie die Grenze von 250 Arbeitnehmern zustande gekommen ist. Es fehlt an jeglicher Begründung, warum gerade Verbände mit 251 Arbeitnehmern noch vom Anwendungsbereich erfasst sein sollen, Verbände hingegen mit zwei Arbeitnehmern weniger der Ausschluss zugutekommen soll. Dieses Ergebnis ist unbillig, da in der Organisationsstruktur zweier solcher Verbände nur marginale Unterschiede bestehen dürften. Die Grenze von 250 Arbeitnehmern müsste also mit empirischen Daten belegt werden können, die die Annahme einer Herausnahme genau dieser Verbände aus dem Anwendungsbereich rechtfertigen würden. Eine Befragung, die eine solche Grenze von einer bestimmten Anzahl von Arbeitnehmern abhängig macht, existiert nicht.

Darüber hinaus bedürfte die Besserstellung von Verbänden mit weniger Arbeitnehmern eines sachlichen Grundes, welcher allein in kostenintensiven Maßnahmen nicht gesehen werden kann, weshalb die Ungleichbehandlung nicht gerechtfertigt ist. Auch kann bei kleineren Unternehmen nicht der gleiche Aspekt wie bei nicht rechtsfähigen Vereinen herangezogen werden, dass es zu einer kriminellen Verbandsattitüde aufgrund der anderen Struktur nicht kommen kann. Auch kleinere bzw. mittelständische Unternehmen sind auf Gewinnerzielung und –maximierung ausgerichtet und in ihnen herrschen aufgrund derselben Zielrichtung im Vergleich zu größeren Unternehmen ebenfalls die gleichen Gegebenheiten, die es Arbeitnehmern ermöglichen Straftaten zu begehen, nur in kleinerem Rahmen. Konsequenterweise sind daher auch kleinere bzw. mittelständische Unternehmen in den Anwendungsbereich des Verbandsstrafgesetzbuches mit einzubeziehen.

2. Bestimmung der verbandsbezogenen Zuwiderhandlung

In § 1 Abs. 2 VerbStrG-E findet sich eine Definition, welche die Anforderungen an eine verbandsbezogene Zuwiderhandlung festlegt.

2.1 Definition

Nach § 1 Abs. 2 S. 1 VerbStrG-E sind Zuwiderhandlungen solche gegen ein Strafgesetz. Verbandsbezogen sind sie dann, wenn durch sie Pflichten verletzt worden sind, die den Verband treffen, oder wenn durch sie der Verband bereichert worden ist oder bereichert werden sollte. So eindeutig diese Regelung auch zu sein scheint, so bedarf es jedoch weiterer Auseinandersetzung mit den in § 1 Abs. 2 VerbStrG-E verwendeten Begrifflichkeiten.

316 Stellungnahme Clearingstelle Mittelstand NRW, a.a.O., S. 20.

2.2 *Anforderungen an die Zuwiderhandlung nach § 130 OWiG*

Der im Gesetzesentwurf verwendete Begriff der Zuwiderhandlung ist dem Strafrecht bisher als solcher fremd.[317] Welche Anforderungen an eine Zuwiderhandlung gegen ein Strafgesetz zu stellen sind, wird im Folgenden näher zu erörtern sein. Da es sich um einen Gesetzesentwurf handelt, der Regelungen im Nebenstrafrecht treffen soll, ist aus systematischen Gründen auf das in der Strafrechtsdogmatik verbreitete Erfordernis der Erfüllung des Tatbestandes einer Strafnorm und dessen rechtswidrige und schuldhafte Begehung abzustellen. Ob dies tatsächlich mit der in § 1 Abs. 2 VerbStrG-E gewählten Formulierung beabsichtigt ist, lässt sich dem Wortlaut der Vorschrift nicht eindeutig entnehmen.[318] Nach der Gesetzesbegründung soll jedoch für den Begriff der Zuwiderhandlung auf den in § 130 OWiG bewährten Begriff der Zuwiderhandlung zurückgegriffen werden.[319] Auch Im Ordnungswidrigkeitenrecht ist der Begriff nicht exakt definiert, wird jedoch von der herrschenden Meinung als eine objektive Bedingung der Ahndung angesehen, die allein den äußeren Geschehensablauf einer Straftat oder Ordnungswidrigkeit voraussetzt[320], um so etwaige Strafbarkeitslücken zu schließen, da die Voraussetzungen der §§ 14 StGB, 9 OWiG gerade nicht vorliegen müssen.[321] Bei einer objektiven Bedingung der Ahndung ist es nicht erforderlich, dass der Täter vorsätzlich oder fahrlässig bezüglich der Tatbestandsmerkmale gehandelt hat. Hingegen ist es notwendig, dass die Tat rechtswidrig begangen worden ist.[322] Im Strafrecht existieren Tatbestände, wie z.B. § 231 StGB, bei denen eine bestimmte Folge der Tat eine objektive Bedingung der Strafbarkeit darstellt.[323] Bei dieser in der Literatur umstrittenen Figur[324], die unrechts- und schuldgelöst ist, bedarf es weder eines Vorsatzes noch müssen die Voraussetzungen für die Fahrlässigkeit vorliegen.[325] Deshalb verlangt es eine Erörterung, ob in der Zuwiderhandlung vorliegend eine objektive Bedingung der Strafbarkeit zu sehen ist. Gegen die Annahme einer objektiven Bedingung der Strafbarkeit könnte sprechen, dass in der Gesetzesbegründung allein auf diese Thematik in Bezug auf § 130 OWiG eingegangen wird ohne näher zu erläutern, welche

---

317 *Zieschang*, GA 2014, 91, 102.

318 *Buchholz*, a.a.O., S. 23 f., 29 ff.; *Hoven*, ZIS 2014, 19, 24 mit Darstellung des Begriffs der Zuwiderhandlung im Sinne des Ordnungswidrigkeitenrechts.

319 Gesetzesentwurf, S. 40.

320 *Rogall* in: KK, OWiG, § 130 Rn. 77.

321 *Buchholz*, a.a.O., S. 24, der sich auch für die herrschende Meinung ausspricht und dabei mit dem Wortlaut und dem Verständnis, dass zuwiderhandeln auch mit etwas Verbotenes tun umschrieben werden kann, argumentiert.

322 *Rogall* in: KK, OWiG, § 30 Rn. 88.

323 *Hohmann* in: MüKo, StGB § 231 Rn. 21; *Löffelmann*, JR 2014, 185, 192, mit dem Verweis, dass eine andere Möglichkeit darin besteht, objektive Bedingungen der Strafbarkeit als Rahmenbedingungen der strafwürdigen Handlung zu gestalten.

324 *Rönnau*, JuS 2011, 697.

325 *Eisele* in: Schönke/Schröder, Vorb. §§ 13 ff. Rn. 126; *Rönnau*, JuS 2011, 697, 699.

Natur die Zuwiderhandlung aufweist.[326] Nach der Begründung soll es erforderlich sein, dass die „Zuwiderhandlung wie jede strafbare Handlung rechtswidrig und bei Vorsatzdelikten jedenfalls mit natürlichem Vorsatz[327] ausgeführt" worden ist.[328] Dies wird nach der wohl herrschenden Auffassung bei Vorsatzdelikten deshalb verlangt, da der Verband bei einem Aufsichtsmangel auch in dem Fall strafbar sein könnte, wenn der Individualstraftäter mangels Vorsatz und weil eine fahrlässige Begehung nach dem begangenen Delikt nicht strafbar ist, nicht bestraft werden kann.[329] Es wird daher der Anschein erweckt, dass es sich bei der Zuwiderhandlung um eine objektive Bedingung der Strafbarkeit handeln soll, worauf jedoch noch vertieft eingegangen wird.[330] Jedenfalls lässt sich der Gesetzesbegründung zum Verbandsstrafgesetzbuch entnehmen, dass eine subjektive Komponente im Rahmen der Zuwiderhandlung selbst bereits enthalten sein soll, woraus zu schließen ist, dass zumindest der Tatbestand eines Strafgesetzes verwirklicht sein muss.[331] Auch ist eine versuchte Straftat von dem Begriff der Zuwiderhandlung erfasst, da das unmittelbare Ansetzen zu einer Straftat nach § 22 StGB, bei gegebener Rechtswidrigkeit, ebenfalls unter Strafe gestellt ist und der Täter damit im Gegensatz zum Gesetz handelt. Da jedoch durch den Wortlaut der Norm der Anschein erweckt wird, dass auch allein der objektive Verstoß gegen einen Straftatbestand ausreichen kann, wäre es ratsam, die Anforderungen an eine Zuwiderhandlung konkret festzulegen, um Rechtsunsicherheit zu vermeiden. Denn würde es als ausreichend erachtet, dass der objektive Straftatbestand erfüllt ist, so wäre daraus zu folgern, dass alle Straftatbestände auch fahrlässig verwirklicht werden könnten.[332] Dies würde in der

326 Gesetzesentwurf, S. 40.

327 Was genau unter natürlichem Vorsatz zu verstehen ist, wird nicht erörtert. Vgl. zu den verschiedenen Ansichten, *Buchholz*, Der Begriff der Zuwiderhandlung in § 130 OWiG unter Berücksichtigung aktueller Compliance-Fragen, S. 32 ff.

328 Gesetzesentwurf, S. 40; Das Erfordernis des Vorsatzes wird von den Entwurfsverfassern vorausgesetzt, was sich aus den Ausführungen auf S. 75 ergibt. Das Erfordernis der Rechtswidrigkeit der Zuwiderhandlung bejaht auch *Buchholz*, a.a.O., S. 27, mit der Begründung, dass die Auslegung des Wortlauts ergeben, dass es sich um ein „Verbotenes tun" handeln müsse bzw. „gegen etwas verstoßen oder im Gegensatz zu etwas gehandelt" werden müsse, was die Rechtswidrigkeit als notwendiges Merkmal der Zuwiderhandlung zur Folge habe.

329 *Hoven*, ZIS 2014, 19, 24, die allerdings den Begriff der Haftung verwendet. Dieser kann im vorliegenden Zusammenhang nur so verstanden werden, dass eigentlich die Strafbarkeit gemeint ist, da der Begriff der Haftung von Verbänden nach dem allgemeinen Verständnis lediglich im Zivilrecht als zutreffender Begriff anzusehen ist.

330 Siehe Ausführungen in Kapitel 3, B.4.

331 Auf den Zusammenhang zu der in § 2 Abs. 1 VerbStrG-E verwendeten Formulierung, dass die Zuwiderhandlung vorsätzlich oder fahrlässig begangen worden sein muss, wird im weiteren Verlauf noch eingegangen. Siehe hierzu Ausführungen in Kapitel 3, B.4.2.

332 *Mansdörder*, ZIS 2015, 23, 25; *Willems*, ZIS 2015, 40, 42.

Konsequenz zu einem untragbaren, auch von den Entwurfsverfassern wohl nicht beabsichtigten Zustand führen.[333]

2.3 Verbandsbezogenheit

Des Weiteren ist für das Vorliegen einer verbandsbezogenen Zuwiderhandlung nach § 1 Abs. 2 S. 2 VerbStrG-E erforderlich, dass durch diese Pflichten verletzt worden sind, die den Verband treffen, oder der Verband bereichert worden ist oder bereichert werden sollte. Nach der Gesetzesbegründung sollen hiervon Zuwiderhandlungen, die sich gegen den Verband richten, nicht erfasst sein[334], obwohl dies aus dem Wortlaut der Vorschrift nicht eindeutig hervorgeht.[335] So ist hier z.B. an Fälle zu denken, in denen Arbeitnehmer schwarze Kassen zu Korruptionszwecken bilden oder an den Fall der Untreue zu Lasten des Verbandes oder ein Chefeinkäufer aufgrund einer Zuwendung ein für das Unternehmen kostenintensives Angebot annimmt (§ 299 Abs. 1 StGB).[336] Nach Vorlage dieser beschriebenen Fallkonstellationen bei dem Justizministerium des Landes Nordrhein-Westfalen durch *Hoven* teilte dieses mit, dass der Fall des Chefeinkäufers nach der derzeitigen Fassung des § 1 Abs. 2 VerbStrG-E eine Verbandsstrafe auslösen könnte, da es sich bei den Regeln des Wettbewerbsrechts zweifellos um „verbandsbezogene Pflichten" handele, die den Verband als Teilnehmer am Wettbewerb treffen. Darüber hinaus reiche es aus, wenn der Beschuldigte nicht nur bei Gelegenheit handele, wobei die gleichzeitige Verfolgung von privaten Interessen unschädlich sei. Auch die Fallgestaltung der Bildung von schwarzen Kassen durch einen Entscheidungsträger zur Verwendung von Bestechungszahlungen seien vom Tatbestand erfasst, wobei dieser vermeintliche Interessen des Verbandes verfolgen könne, obwohl es sich um eine Untreue zu Lasten[337] des Verbandes handele. Diese beiden Fälle seien in der Praxis klassische Beispiele für das Absehen von Strafe nach § 153 b StPO i. V. m. § 5 Abs. 2 VerbStrG-E.[338] Diese Angaben des Justizministeriums des Landes Nordrhein-Westfalen überzeugen so nicht, da die Vorschrift des § 5 VerbStrG-E keine Lösung dafür bietet, ob auch Straftaten zu Lasten des Verbandes vom Anwendungsbereich des Gesetzes erfasst sind, sondern vielmehr Regelungen hierzu trifft, wann ein Nachtatverhalten des Verbandes dazu führt, dass von einer Strafe abgesehen wird.[339] Es wird also nicht

333 Zu Formulierungsvorschlägen siehe Ausführungen in Kapitel 3, B.4.2 und B.9.

334 Gesetzesentwurf, S. 41 unter Verweis auf den Meinungsstand zu § 130 OWiG.

335 *Grützner*, CCZ 2015, 56, 59; *Löffelmann*, JR 2014, 185, 196; Stellungnahme BDI und BDA, S. 7, die fordert, dass dies unmissverständlich aus dem Gesetzestext hervorgehen müsste.

336 *Hoven*, ZIS 2014, 19, 25, 27.

337 Diese Begrifflichkeit zweifelt *Mansdörfer*, ZIS 2015, 23, 27 an, da von der Staatsanwaltschaft verfolgte Straftaten immer solche zu Lasten des Verbandes seien, weil der Verband als Täter Gegenstand der Strafverfolgung werde.

338 *Hoven*, ZIS 2014, 19, 27; *Hoven/Wimmer/Schwarz/Schumann*, NZWiSt, 161, 164.

339 *Hoven*, ZIS 2014, 19, 27.

an die Intention der Gesetzesverletzung angeknüpft und ein Absehen von Strafe nur unter zusätzlichen, engen Voraussetzungen ermöglicht.[340] Darüber hinaus lässt sich diese Annahme auch nicht allein mit dem Sinn und Zweck der Regelung belegen, da dieser zum einen darin liegen kann, die Allgemeinheit vor einer erhöhten Gefahr durch eine kriminelle Verbandsattitüde zu schützen,[341] zum anderen darin, dass durch die Sanktionierung von Unternehmen ein präventiver Anreiz für die Vermeidung systemischer Fehlentwicklungen geschaffen wird.[342] Eine eindeutige Lösung lässt sich allein anhand der Vorschrift nicht finden, weshalb die Regelung dahingehend zu präzisieren ist, welche Pflichten wirklich verbandsbezogen sind und vor allem welche Zielrichtung diese aufweisen. Es ist also eine Auseinandersetzung dergestalt notwendig, ob tatsächlich nur Straftaten, die zugunsten des Verbandes begangen werden, von der Vorschrift erfasst sein sollen. Maßgeblich hierfür ist allein die Betrachtung, ob die Straftat aufgrund einer mangelhaften Organisation im Verband begangen worden ist.[343] Ein solches Organisationsdefizit kann sowohl bei Straftaten, die zu Lasten des Verbandes, und bei solchen zugunsten des Verbandes Ursache sein. Sollten die Entwurfsverfasser dennoch an ihrer Intention festhalten, könnte § 1 Abs. 2 S. 2 VerbStrG-E, um eine Klarstellung zu erreichen, wie folgt ergänzt werden:

> Zuwiderhandlungen sind verbandsbezogen, wenn durch sie zugunsten des Verbandes Pflichten verletzt worden sind, die den Verband treffen, oder wenn durch sie der Verband bereichert worden ist oder bereichert werden sollte.

Das Merkmal der Verbandsbezogenheit ist darüber hinaus gegeben, wenn der Verband durch die Zuwiderhandlung bereichert worden ist oder bereichert werden sollte. Dabei wird in der Gesetzesbegründung ohne nähere Erläuterung festgestellt, dass auch Aufwendungen, die durch eine Zuwiderhandlung erspart werden, von der Vorschrift erfasst sind. Dafür bedarf es zunächst einer Klärung, wie weit der Begriff der Bereicherung zu fassen ist. Grundsätzlich ist nach dem zivilrechtlichen Verständnis im Rahmen des Bereicherungsrechts der §§ 812 ff. BGB unter einer Bereicherung jede Vermögensverschiebung zu verstehen, die ohne einen bestehenden Rechtsgrund vorgenommen worden ist.[344] Der Sinn und Zweck des Bereicherungsrechts besteht darin, diese Vermögensmehrungen wieder rückgängig zu machen, wovon auch ersparte Aufwendungen oder die Befreiung von Verbindlichkeiten erfasst sind, da ein wirtschaftlicher Vorteil, der das Vermögen des begünstigten irgendwie vermehrt, gerade nicht erforderlich ist.[345] Eine Übertragung des Begriffs der Bereicherung aus dem Zivilrecht auf das Strafrecht, hier insbesondere

---

340 *Hoven/Wimmer/Schwarz/Schumann*, NZWiSt 2014, 161, 164.

341 So im Ergebnis auch *Helmrich* zu § 130 OWiG, wistra 2010, 331, 333.

342 Gesetzesentwurf, S. 24, 27, 43; *Hoven/Wimmer/Schwarz/Schumann*, NZWiSt 2014, 161, 165.

343 *Mansdörfer*, ZIS 2015, 23, 27.

344 Palandt/*Sprau*, Einf. V. § 812 Rn. 1.

345 *Schwab* in: MüKo, BGB, § 812 Rn. 3.

das Verbandsstrafrecht, lässt sich jedenfalls mit dem Gedanken der Einheitlichkeit der Rechtsordnung begründen. Ebenso sollen die Regelungen des Verbandsstrafgesetzbuches ihrem Sinn und Zweck nach dazu dienen, dass der Verband durch die Zuwiderhandlung wirtschaftlich gesehen nicht besser gestellt ist als zuvor. Es liegt den Vorschriften daher der gleiche Gedanke zugrunde wie den Regelungen des Bereicherungsrechts. Darüber hinaus ist auch dem Strafrecht der Begriff der Bereicherung nicht fremd. Z.B. wird er im Rahmen des subjektiven Tatbestandes des Betruges und weiterer Vermögensdelikte wie bei § 259 StGB oder § 374 AO verwendet. Das Vorliegen einer Bereicherungsabsicht bei den zuvor erwähnten Tatbeständen erfordert, dass der Täter einen rechtswidrig erlangten Vermögensvorteil beabsichtigt hat, um dem Opfer zugleich einen stoffgleichen Schaden zuzufügen.[346] Es handelt sich auch um sog. Bereicherungsdelikte, bei denen es nicht darauf ankommt, dass der Täter tatsächlich einen Gewinn erzielt hat.[347] Deshalb erscheint es folgerichtig auch für eine Bereicherung, bei einer Zuwiderhandlung eine Ersparnis von Aufwendungen für den Verband ausreichen zu lassen. Es stellt sich dennoch die Frage, ob eine solche Bereicherungsabsicht für das Merkmal der Verbandsbezogenheit ausreichen kann. Nach der Ansicht *Mansdörfers* reicht dies gerade nicht aus, weil dadurch nicht zum Ausdruck kommt, dass die Bereicherung durch Organisationsdefizite im Verband gefördert wurde.[348] Fraglich ist, ob ein solches Kriterium für die Verbandsbezogenheit tatsächlich notwendig ist. Dies erscheint dann nicht notwendig, wenn in der Regelung über Verbandsstraftaten das Organisationsdefizit ausreichend zum Ausdruck kommt und schwerpunktmäßig darauf abzielt, dass die verbandsbezogene Zuwiderhandlung durch dieses ermöglicht worden ist.[349] Dann bezieht sich dieses Organisationsdefizit in der Folge auch auf die damit verbundene oder beabsichtigte Bereicherung. Es ist daher nicht erforderlich, dieses zusätzlich noch einmal als Merkmal der Verbandsbezogenheit festzulegen.

2.4 Einschränkung der zu verwirklichenden Straftaten

Nach der Vorschrift des § 1 Abs. 2 VerbStrG-E reicht für die verbandsbezogene Zuwiderhandlung ein Verstoß gegen ein Strafgesetz aus. Davon sind also alle Straftatbestände des StGB und solche aus strafrechtlichen Nebengesetzen erfasst. Fraglich ist jedoch, ob nicht eine Einschränkung auf bestimmte Straftatbestände erfolgen sollte, da die Verbände nach der vorliegenden Regelung auch dann bestraft werden können, wenn z.B. ein Geschäftsführer einen Mord an einem Geschäftsführer eines Konkurrenten begangen hat, um so dem Verband finanzielle Vorteile zu verschaffen. In der Gesetzesbegründung bleibt diese Thematik unkommentiert und auch in der neueren Literatur wird vielfach selbstverständlich von der Erfassung

346 *Maier* in: MüKo, StGB, § 259 Rn. 137.
347 *Hefendehl* in: MüKo, StGB, § 263 Rn. 764.
348 *Mansdörfer*, ZIS 2015, 23, 26.
349 Siehe hierzu der Vorschlag in Kapitel 3, B.4.2.

aller Straftatbestände ausgegangen.[350] Jedoch erscheint eine Auseinandersetzung aufgrund von bereits vorhandenen verschiedenen Modellen geradezu notwendig. So finden sich im französischen (Art. 121–2 NCP) oder niederländischen (Art. 51 Abs. 1 des niederländischen Strafgesetzbuches) Strafrecht keinerlei Beschränkungen auf bestimmte Straftatbestände. In anderen Ländern, wie z.B. in Belgien, sind vom Verbandsstrafrecht alle Vorsatzdelikte erfasst. In Italien[351], Portugal oder Spanien gibt es hingegen Deliktskataloge für das Verbandsstrafrecht.[352] Für die Verwendung eines Deliktskataloges[353] im Verbandsstrafrecht sprechen die tiefgreifenden Folgen einer Strafe für den Verband, um so eine zu weitgehende Strafbarkeit zu vermeiden. Ebenfalls ermöglicht ein Deliktskatalog zum einen die Wahrung des Bestimmtheitsgrundsatzes und zum anderen, den Verbänden die Möglichkeit ihre Compliance-Management-Systeme konkret danach auszurichten und so zugleich diese Straftaten effektiver unterbinden zu können.[354] Demgegenüber kann durch einen generellen Verweis auf alle Strafgesetze die Strafbarkeit von Verbänden näher an die Strafbarkeit von natürlichen Personen angeglichen werden. Darüber hinaus entstehen dabei weniger Strafbarkeitslücken. Aus den internationalen Vorgaben lässt sich hingegen eher eine Befürwortung eines Deliktskataloges entnehmen, da diese sich jeweils auf einzelne Deliktsbereiche beziehen.[355] Allerdings sind diese Rechtsakte nicht als abschließend anzusehen, sondern vielmehr dahingehend zu verstehen, dass in diesen Deliktsbereichen aufgrund der besonderen Häufigkeit Regelungen, gleich, ob im verwaltungs- oder strafrechtlichen Bereich, notwendig sind, um Sanktionen gegen juristische Personen verhängen zu können. Letztlich sprechen einige Argumente von erheblichem Gewicht dafür, die strafrechtliche Verantwortlichkeit von Verbänden auf bestimmte Delikte zu beschränken, insbesondere um in der Praxis gezielter im Vorfeld solche Straftaten mit Hilfe von Compliance-Management-Systemen unterbinden zu können, wobei es jedoch am Ende eine Entscheidung bleibt, die in das Ermessen des Gesetzgebers[356] gestellt ist. Für die Umsetzbarkeit in der Praxis wäre in der Folge dann zu fragen, an welchen Kriterien

---

350 *Kudlich* in: Kempf, Unternehmensstrafrecht, S. 218 unter Verweis auf die Dissertationen von *Kindler*, a.a.O., und *Kirch-Heim*, a.a.O; *ders.* in: Kuhlen, Compliance und Strafrecht, 209, 214 f.

351 Siehe hierzu eine ausführliche Darstellung bei *Kuhlmann*, Verbandssanktionierung in Italien: Das decreto legislativo 8 giugno 2011 n. 231 im Vergleich mit europäischen Vorgaben und dem deutschen Recht, S. 53 ff.

352 *Kudlich* in: Kempf, Unternehmensstrafrecht, S. 220.

353 Beispiele für Deliktskataloge finden sich bei: *Kudlich* in: Kempf, Unternehmensstrafrecht, S. 227 f.; *Schmitt*, a.a.O., S. 192 f.

354 *Kudlich* in: Kempf, Unternehmensstrafrecht, S. 223.

355 Vgl. *Hetzer*, Kriminalistik 2008, 285, 289, zu einer Aufzählung der europäischen Rechtsakte, die eine Rechtsangleichung für bestimmte Straftatbestände und eine Verantwortlichkeit von juristischen Personen vorsehen.

356 *Hettinger*, Reform des Sanktionenrechts, Band 3, S. 171; *Kudlich* in: Kempf, Unternehmensstrafrecht, S. 229.

sich ein solcher Deliktskatalog zu orientieren hätte. Als erstes ist für die Erstellung eines solchen zu fragen, ob es Delikte gibt, die typischerweise in Verbänden von natürlichen Personen begangen werden.[357] So kann nach allgemeiner Lebenserfahrung festgehalten werden, dass Vermögensdelikte, wie Betrug und Untreue, in einem Verband wohl häufiger von Verbandsmitgliedern zugunsten des Verbandes begangen werden als Tötungs- oder Sexualdelikte. Allerdings ist auch hierbei Vorsicht geboten, da die Frage der Typizität von der vom Verband gewählten Rechtsform abhängt und somit unterschiedlich zu beurteilen ist.[358] In der Folge müssten dann verschiedene Deliktskataloge für die jeweilige Rechtsform erstellt werden, was in der Praxis wohl kaum umsetzbar wäre und zudem gegen den Grundsatz der Gleichbehandlung nach Art. 3 GG verstoßen würde.[359] Müsste man dennoch im Rahmen einer Erstellung eines Deliktskataloges eine Tendenz angeben, so sollte sich *Kudlich* dahingehend angeschlossen werden, dass vor allem Delikte des Wirtschaftsstrafrechts[360] erfasst sein sollten. Wie weitreichend ein solcher Deliktskatalog, also auch über die Vermögensdelikte hinaus Körperverletzungs- und Tötungsdelikte, erfassen sollte, ist fraglich. *Schmitt* sieht die Tötungsdelikte als dem Verband fremd an, da sie in der Individualkriminalität von erheblicher und daher typischerweise in einem Verband von sehr geringer Bedeutung sind.[361] Bei den Körperverletzungsdelikten bezieht *Schmitt* keine Stellung, sondern lässt im Ergebnis eine Aufnahme in einen möglichen Deliktskatalog offen.[362] Befürwortet wird eine Aufnahme von Körper- und Tötungsdelikten in einen möglichen Deliktskatalog von *Kudlich*, wobei dieser vor allem auf den Aspekt der Produkthaftung Bezug nimmt, jedoch keine tiefgehendere Stellung dazu bezieht.[363] *Dannecker* spricht sich völlig gegen eine Begrenzung der strafrechtlichen Verantwortung von Verbänden aus, da nach seiner Auffassung allein entscheidend sei, dass die Rechtsgutsverletzungen dem Verband als Tat zuzurechnen sind, was auch bei Körperverletzungs- und Tötungsdelikten möglich ist und unterstreicht dies damit, dass es kein Erfordernis der Anordnung der ausdrücklichen Verbandsstrafbarkeit für bestimmte Straftatbestände bestehe, um den Grundsatz der Tatbestimmtheit einzuhalten.[364] Dem schließt sich *Kuhlmann*

---

357 *Schmitt*, a.a.O., S. 191; *Kudlich* in: Kempf, Unternehmensstrafrecht, S. 224.

358 *Kudlich* in: Kempf, Unternehmensstrafrecht, S. 224; *Volk*, JZ 1993, 429, 432.

359 *Kudlich* in: Kempf, Unternehmensstrafrecht, S. 223; *Schmitt*, a.a.O., S. 191; *Volk*, JZ 1993, 429, 432.

360 Da keine gesetzliche Definition des Wirtschaftsstrafrechts existiert, ist auch nicht abschließend geregelt, welche Straftatbestände hierunter fallen. Jedenfalls sind alle Vermögensdelikte und solche aus dem Umweltstrafrecht davon erfasst. Darstellungen und Übersichten von Wirtschaftsstraftatbeständen bei: *Kudlich/Oglakciglu*, Wirtschaftsstrafrecht, S. 9 f.; *Tiedemann*, Wirtschaftsstrafrecht BT, S. 28 ff; Wittig, Wirtschaftsstrafrecht, § 2.

361 *Schmitt*, a.a.O., S. 192.

362 *Schmitt*, a.a.O., S. 193.

363 *Kudlich* in: Kempf, Unternehmensstrafrecht, S. 224.

364 *Dannecker*, GA 2001, 101, 116.

an, der eine Einschränkung der Verbandsverantwortlichkeit aufgrund ungeplanter bzw. willkürlich erscheinender Regelungslücken ablehnt.[365] Für die Aufnahme der Tötungs- und Körperverletzungsdelikte in einen solchen Deliktskatalog spricht, vor allem in Hinblick auf das Bedürfnis Unrecht zu vergelten, eine geringere Entstehung von Strafbarkeitslücken. Des Weiteren erschiene es nicht als gerecht, z.B. den Verlust einer Person und den damit verbundenen Unrechtsgehalt allein durch die Geltendmachung zivilrechtlicher Schadensersatzansprüche „auszugleichen“. Die mit einem strafrechtlichen Urteil einhergehende Prangerwirkung und die Möglichkeiten, Maßregeln gegen einen Verband zu verhängen, sind z.B. in dem oben geschilderten Fall der Tötung eines Konkurrenten durchaus angemessen. Als weiteres Kriterium für die Entwicklung eines Deliktskataloges kann das „systemische Verbandshandeln“ zur Eingrenzung der Delikte herangezogen werden. Kennzeichnend dabei ist, dass in der Straftat eine dahinterstehende Verbandsmacht zum Ausdruck kommt und nicht im Kern nur privatmenschliches, einmaliges Handeln beinhaltet.[366] Anders gesagt, ist bei Straftaten in einem Verband, wie beispielsweise bei Bestechungsdelikten, oft ein arbeitsteiliges Verhalten notwendig, wobei es nicht auf die einzelnen Personen ankommt, diese sogar teilweise austauschbar sind, sondern vielmehr auf das gesamte bestehende System.[367] Allerdings bringen diese Erkenntnisse keine Neuerungen im Hinblick auf einen etwaigen Deliktskatalog, sondern bestätigen vielmehr die obigen Ausführungen, dass sich ein solcher auf die Wirtschaftsstraftaten als auch auf Körperverletzungs- und Tötungsdelikte beziehen sollte. Als dritten Aspekt bei der Erstellung eines solchen Deliktskataloges sind der Rang des vom Tatbestand der jeweiligen Strafnorm geschützten Rechtsguts aufgrund der Anfälligkeit von Angriffen durch Verbandshandeln und die damit verbundene Legitimation des Staates zur Bestrafung zu berücksichtigen.[368] Hiervon sind insbesondere solche Delikte erfasst, die aufgrund ihrer Begehung aus einer Organisation heraus z.B. einen Schadensumfang von erheblichem Ausmaß zur Folge haben oder einen großen Kreis von Opfern betreffen. Davon sind vor allem Steuer-, Umwelt-, Korruptions- und Betrugsdelikte erfasst.[369] Allerdings darf sich dieser Ansatz nicht allein mit der pauschalen Aussage begnügen, dass durch eine größere Struktur immer mehr Unrecht verwirklicht wird[370], da sonst zu viele untypische Organisationen nicht mehr davon erfasst würden, wie beispielsweise Religionsgemeinschaften, die sich systematisch mit dem sexuellen Missbrauch von

365 *Kuhlmann*, a.a.O., S. 141.
366 *Kudlich* in: Kempf, Unternehmensstrafrecht, S. 225.
367 *Heine*, Die strafrechtliche Verantwortlichkeit von Unternehmen, S. 290.
368 *Kudlich* in: Kempf, Unternehmensstrafrecht, S. 225; *Mittelsdorf*, a.a.O., S. 176 f.
369 *Kudlich* in: Kempf, Unternehmensstrafrecht, S. 225.
370 *Volk*, JZ 1993, 429, 432; *Kudlich* in: Kuhlen, Compliance und Strafrecht, 209, 223, der als Beispiel die von einer Bande oder mehreren Tätern begangenen Hausfriedensbrüche, Vergewaltigungen und Beleidigungen anführt und darauf hinweist, dass das Handeln aus der Sicht des Opfers dadurch nicht greifbar zu einer höheren Bedrohung führt als das Handeln des Einzelnen.

Kindern befassen.[371] Gerade im Hinblick aufgrund eines möglichst lückenlosen Strafrechtsschutzes erscheint dies unbefriedigend, kann jedoch damit entkräftet werden, dass dieser bereits durch die individuelle Strafbarkeit der handelnden natürlichen Personen zum größten Teil gewährleistet ist.[372] Allerdings besteht die Eigenart eines Kataloges gerade darin, dass er nur beschränkt Straftaten erfasst und atypische Konstellationen im Zweifel nicht darunter fallen, was jedoch im Hinblick auf den im Strafrecht geltenden Grundsatz „nulla poena sine lege" dieser Rechtsmaterie nicht fremd ist.[373] Auch aus der Sicht der Praxis ist eine solche Einschränkung zu befürworten, da so im Rahmen der Aufstellung vom Compliance-Programmen viel gezielter und effektiver Maßnahmen ergriffen werden können, um die in einem Deliktskatalog enthaltenen Straftatbestände präventiv zu unterbinden.[374]

Letztlich haben sich die Verfasser des Entwurfs des Verbandsstrafgesetzbuches – ohne eine solche Möglichkeit auch nur zu erwähnen – gegen einen solchen Deliktskatalog entschieden, womöglich um den damit verbundenen praktischen Problemen der Ausgestaltung sowie den Folgeproblemen, ob z.B. eine Teilnahme dann nur an den im Katalog enthaltenen Delikten möglich wäre[375], aus dem Weg zu gehen. Diese rechtspolitische Entscheidung ist aus den bereits genannten Gründen, der lückenlosen Strafbarkeit wie der gleichlaufenden Bestrafung von Verbänden zu der von natürlichen Personen, nachvollziehbar, sollte jedoch bei dem Erlass eines Gesetzes von solcher Tragweite nicht ohne die Anstellung von Erwägungen erfolgen. Bei der Entscheidung für eine Einschränkung der durch den Verband zu verwirklichenden Straftatbestände sollte der Deliktskatalog wie folgt ausgestaltet sein: Es sollte ein Verweis auf die in § 74c Abs. 1 S. 1 Nr. 1–6 GVG aufgeführten Straftatbestände enthalten sein. Darüber hinaus sollte eine Aufnahme der Körperverletzungs- und Tötungsdelikte erfolgen, um so möglichst viele Konstellationen erfassen zu können und zugleich eine zu weitreichende Strafbarkeit zu vermeiden. Des Weiteren ist mit aufzunehmen, dass auch die Beteiligung an den im Deliktskatalog enthaltenen Straftaten unter Geltung der §§ 26, 27, 28 StGB strafbar ist, sofern dem Verband eine eigenständige Anknüpfungstat zugerechnet werden kann. Ein Konzerndurchgriff wird hierdurch nicht ermöglicht.[376] Auf diese Weise wird vermieden, dass nicht zu

371 *Kudlich* in: Kempf, Unternehmensstrafrecht, S. 226; *ders.* in: Kuhlen, Compliance und Strafrecht, 209, 223.

372 *Kudlich* in: Kuhlen, Compliance und Strafrecht, 209, 223 f.

373 *Kudlich* in: Kuhlen, Compliance und Strafrecht, 209, 224.

374 Anders *Krems*, ZIS 2015, 5, 7; *Steininger*, VbVG, § 1 Rn. 5: In der österreichischen Regelung wurde nach der Gesetzesbegründung bewusst auf einen Deliktskatalog verzichtet, da eine Kategorisierung von bestimmten Deliktstypen willkürlich wäre und nicht nach sachlichen Kriterien erfolgen könne.

375 *Kudlich* in: Kempf, Unternehmensstrafrecht, S. 228; *ders.* in: Kuhlen, Compliance und Strafrecht, 209, 224; *Löffelmann*, JR 2014, 185, 198, der so der Unbestimmtheit des Gesetzesentwurfs entgegenzuwirken versucht.

376 Siehe Ausführungen unter Kapitel 3, B.8.

große Strafbarkeitslücken entstehen und der Verband für jeglichen Unrechtsgehalt, der ihm vorgeworfen werden kann, zur Verantwortung gezogen wird.

2.5 Eigenhändige Delikte als verbandsbezogene Zuwiderhandlung

Weiterer Untersuchung bedarf die Frage, ob eine verbandsbezogene Zuwiderhandlung auch durch die Verwirklichung eigenhändiger Delikte begangen werden kann. Grundsätzlich ist dies nach der in § 1 Abs. 2 VerbStrG-E getroffenen Regelung möglich, da nach dieser ein Verstoß gegen ein Strafgesetz für eine Zuwiderhandlung ausreicht. Auch die Verbandsbezogenheit ist denkbar, wenn z.B. ein Geschäftsführer, der ein nach § 1 Abs. 3 VerbStrG-E erfasster Entscheidungsträger ist, eine Falschaussage vor Gericht tätigt, um den Verband zu bereichern. Eine verbandsbezogene Pflicht muss aufgrund der gewählten Alternativmöglichkeit in § 1 Abs. 2 S. 2 Alt. 2 VerbStrG-E nicht zwingend verletzt worden sein. Aus dogmatischer Sicht bestehen diesbezüglich Bedenken. Eigenhändigen Delikten wohnt die Besonderheit inne, dass sie personengebunden sind, also nur durch den Täter selbst begangen werden können, und dieser den Rechtsgutsangriff nur allein verüben kann.[377] Eine Zurechnung im Rahmen der mittelbaren Täterschaft oder der Mittäterschaft scheidet bei eigenhändigen Delikten daher aus.[378] Entscheidend für die Frage der Einbeziehung der eigenhändigen Delikte in eine Verbandsstrafbarkeit ist daher, ob diese auf der Zurechnung konstruiert ist. Nach der Gesetzesbegründung ist in dem vorliegenden Entwurf eine Mischform aus Zurechnung des Verschuldens des Individualtäters und dem Modell der originären Verbandsschuld gewählt worden.[379] Aufgrund dieser „putativ" gewählten Mischung zweier Systeme ist jedenfalls eine Zurechnung des strafbaren Verhaltens des Individualtäters für die zu begründende Verbandsstrafbarkeit erforderlich, welche jedoch in dogmatischer Hinsicht bei den eigenhändigen Delikten ausgeschlossen ist. Die notwendige Zurechnung des Verhaltens des Individualtäters macht es daher erforderlich, eigenhändige Delikte aus dem Anwendungsbereich des Verbandsstrafgesetzbuches auszuschließen, da es sich um eine der Mittäterschaft vergleichbare Situation handelt.[380] Bei dieser wird einem anderen Mittäter, wenn dieser selbst den Vorsatz zur Tatbegehung gefasst hat, nach § 25 Abs. 2 StGB das Verhalten des anderen Mittäters zugerechnet. Vorliegend wird der Verstoß gegen ein Strafgesetz allein von dem Individualtäter begangen, welcher jedoch maßgeblich für die Bestrafung des Verbandes ist. Unabhängig davon, ob es sich bei der verbandsbezogenen Zuwiderhandlung für die Begründung der Strafbarkeit des Verbandes um eine Anlasstat oder eine objektive

---

377 *Müller* in: MüKo, StGB, Vorb. §§ 153 ff. Rn. 16 f.

378 *Pegel* in: MüKo, StGB, § 316 Rn . 119.

379 Gesetzesentwurf S. 43. Auf diesen Regelungsvorschlag wird im weiteren Verlauf noch näher eingegangen und die verschiedenen möglichen Strafbarkeitsmodelle erörtert. Siehe hierzu Kapitel 3, B.3.

380 Siehe zum Verhältnis der Verbandsstraftat zur Individualstraftat die Ausführungen unter Kapitel 3, C.1.1.

Bedingung der Strafbarkeit handelt, da beide Konstellationen im Endeffekt auf eine „Quasi-Zurechnung" des Verhaltens des Individualtäters hinauslaufen. Es ist daher an den Gesetzgeber zu appellieren die so vorgeschlagene Regelung nicht zu erlassen, sondern vielmehr eine Regelung zu finden, die die eigenhändigen Delikte nicht erfasst.[381] Bei der konkreten Ausgestaltung der Vorschrift könnte daran gedacht werden, alle eigenhändigen Delikte durch Aufzählung oder Generalverweis aus dem Anwendungsbereich herauszunehmen. Bei der Aufzählung aller Straftatbestände, die eigenhändige Delikte darstellen, würde sich jedoch die Problematik ergeben, dass die Kategorisierung einiger Straftatbestände umstritten ist.[382] Um diese Schwierigkeit zu umgehen, bietet sich ein allgemeiner Verweis auf die Herausnahme eigenhändiger Delikte[383] an. § 1 Abs. 2 VerbStrG-E könnte daher um einen wie folgt lautenden Satz 1a ergänzt werden:

> Eine Zuwiderhandlung gegen einen Straftatbestand, welcher die eigenhändige Begehung voraussetzt, ist vom Anwendungsbereich dieses Gesetzes ausgeschlossen.

3. Entscheidungsträger

In § 1 Abs. 3 VerbStrG-E wird festgelegt, wer Entscheidungsträger im Sinne des Verbandsstrafgesetzbuches ist. Neben den vertretungsberechtigten Organen einer juristischen Person und den Mitgliedern der Organe (§ 1 Abs. 3 lit. a VerbStrG-E), dem Vorstand eines nicht rechtsfähigen Vereins oder den Mitgliedern eines solchen Vorstandes (§ 1 Abs. 3 lit. b VerbStrG-E), den vertretungsberechtigten Gesellschaftern einer rechtsfähigen Personengesellschaft (§ 1 Abs. 3 lit. c VerbStrG-E) sind auch Personen erfasst, die in einem Betrieb oder Unternehmen einer juristischen Person oder Personenvereinigung eine Leitungsfunktion verantwortlich wahrnehmen. Zu letzteren zählen auch diejenigen, die die Geschäftsführung überwachen oder Kontrollbefugnisse in leitender Stellung ausüben (§ 1 Abs. 3 lit. d VerbStrG-E). Mit dieser Regelung wird letztlich der mögliche Täterkreis einer Anknüpfungstat für die Verhängung einer Geldbuße nach § 30 Abs. 1 OWiG mit Ausnahme des § 30 Abs. 1 Nr. 4 OWiG in das Strafrecht übertragen. Der Verzicht auf die in § 30 Abs. 1 Nr. 4 OWiG aufgezählten Generalbevollmächtigten oder Prokuristen in leitender Stellung ergibt sich daraus, dass es auf eine Vertretungsberechtigung der Leitungsperson durch Rechtsgeschäft gerade nicht ankommt, da diese auch vom

---

381 So wohl im Ergebnis auch *Kudlich* in: Kempf, Unternehmensstrafrecht, S. 227, der sich mit dieser Frage aufgrund der Nichtaufnahme der eigenhändigen Delikte in seinen vorgeschlagenen Deliktskatalog nicht näher befasst.

382 *Satzger*, Jura 2011, 103, 104.

383 Hierbei ergeben sich auch hinsichtlich der Begrifflichkeit keine Probleme, da die eigenhändigen Delikte in der Literatur und Rechtsprechung allgemein anerkannt sind. Vgl. *Lackner/Kühl*, StGB, § 25 Rn. 3; *Satzger*, Jura 2011, 103; *Heine/Weißer* in: Schönke/Schröder, StGB, § 25 Rn. 22.

Auffangtatbestand des § 1 Abs. 3 lit. d VerbStrG-E erfasst sind.[384] Dieser ist in seinem Anwendungsbereich weit gefasst, um zu ermöglichen, dass auch Mitarbeiter, die eine Leitungsfunktion nur in bestimmten Bereichen übernehmen, taugliche Täter für die erforderliche Individualtat sein können.[385] Diese Leitungsfunktion kann eine Person sowohl in einem Betrieb[386] als auch in einem Unternehmen[387] der juristischen Person oder Personenvereinigung übernehmen, wodurch explizit herausgestellt wird, dass diese nicht in der juristischen Person selbst oder Personenvereinigung ausgeübt werden muss, sondern lediglich in einem Subsystem (Betrieb/Unternehmen).[388] Dieses Subsystem kann jedoch im simpelsten Fall auch mit der juristischen Person oder der Personenvereinigung identisch sein. Des Weiteren sind Personen mit Überwachungs- und Kontrollbefugnissen erfasst, wobei durch die Vorschrift gewährleistet wird, dass auch Personen mit begrenzten Kontrollbefugnissen, wie z.B. der Rechnungsprüfer, der Umweltbeauftrage oder der Compliance-Beauftragte, dazu zählen.[389] Ausgenommen hiervon sollen allerdings externe Rechnungsprüfer sein.[390] In der Literatur und Praxis wird gerade mit Hinweis auf die zuvor genannten Beispiele kritisiert, dass die Vorschrift des § 1 Abs. 3 lit. d VerbStrG-E zu weit gefasst ist.[391] *Mansdörfer* führt zur Begründung an, dass es sich bei diesen Personen gerade nicht um Leitungspersonen handele und bezieht sich hierauf vor allem auf das von den Entwurfsverfassern gegebene Beispiel des Compliance-Beauftragten.[392] Dies sei seiner Auffassung nach zuvorderst daraus zu folgern, dass die Befugnisse dieser Personen regelmäßig mit dem Kern der Unternehmensführung abgestimmt

384 Gesetzesentwurf, S. 42.

385 Gesetzesentwurf, S. 42, wobei auf den faktischen Geschäftsführer Bezug genommen wird. Eine weitere Eingrenzung erfolgt nicht, sodass eine Bestimmung, welche Leitungspersonen unter die Vorschrift fallen, im Einzelnen der Rechtsprechung überlassen wird.

386 Nach der Gesetzesbegründung (S. 41) wird für den Begriff des Betriebes auf die vom BAG (BAG, NZA 1986, 600) verwendete Definition zurückgegriffen. Danach ist unter einem Betrieb eine organisatorische Einheit, innerhalb derer der Arbeitgeber mit seinen Arbeitnehmern durch Einsatz technischer und immaterieller Mittel bestimmte arbeitstechnische Zwecke fortgesetzt verfolgt, die sich nicht in der Befriedigung von Eigenbedarf erschöpfen, zu verstehen.

387 Für den Begriff des Unternehmens bezieht sich die Gesetzesbegründung (S. 41) auf die in Art. 13 des Corpus Juris gebrauchte Definition; siehe dazu bereits Kapitel 3, A.1.

388 *Rogall* in: KK, OWiG, § 30 Rn. 83.

389 *Rogall* in: KK, OWiG, § 30 Rn. 84.

390 zu § 30 OWiG: Achenbach, wistra 2002, 441, 443.

391 *Grützner*, CCZ 2015, 56, 59; *Mansdörfer*, ZIS 2015, 23,26; *Willems*, ZIS 2015, 40, 43; Stellungnahme BDI/BDA, a.a.O., S. 7, in der maßgeblich kritisiert wird, dass es bei den von der Gesetzesbegründung aufgezählten Funktionen an einem gemeinsamen Aufgabenprofil fehle und andere definierbare Gemeinsamkeiten nicht erkennbar seien.

392 *Mansdörfer*, ZIS 2015, 23. 26.

werden müssen und es zu ihrer Ausübung einer Absprache mit derselben bedürfe. In der Praxis wird dies in der Regel durch direkte Berichtslinien zur Unternehmensleitung ausgestaltet. Deshalb handele es sich im Endeffekt bei organisatorischen Defiziten solcher Personen nur um solche der Leitungspersonen im engeren Sinne. Im Ergebnis schließt sich *Willems* dieser Ansicht an, betont dabei vor allem, dass bei den von der Gesetzesbegründung beispielhaft genannten Personen eine Garantenstellung zweifelhaft sein dürfte, woraus folge, dass sie nicht als Entscheidungsträger bezeichnet werden könnten.[393] Die angeführten Kritikpunkte leuchten dahingehend ein, dass ein organisatorisches Defizit von solchen Leitungspersonen auf die Unternehmensleitung zurückgeführt werden kann. Allerdings ist diese Kritik nur soweit angebracht, als dass sie nicht berücksichtigt, dass es auch Ausnahmen gibt, z.B. wenn es keine direkte Berichtspflicht der Leitungsperson gegenüber der Unternehmensleitung gibt. Solche Fälle sollten aber von dem Anwendungsbereich eines möglichen Verbandsstrafgesetzbuches ebenfalls erfasst sein, um zu verhindern, dass sich Verbände durch bewusste Delegation an solche „Leitungspersonen" der strafrechtlichen Verantwortlichkeit entziehen können. Hinsichtlich der Garantenstellung der in der Gesetzesbegründung aufgezählten Personen, erscheint die Kritik nicht vollkommen unberechtigt. Allerdings ist der Wortlaut der Vorschrift maßgeblich heranzuziehen. Nach diesem ist erforderlich, dass die Personen eine Leitungsfunktion verantwortlich wahrnehmen, wozu auch die Überwachung der Geschäftsführung oder die Ausübung von Kontrollbefugnissen in der leitenden Stellung gehört. Legt man dies zugrunde, vermag die von *Willems* vorgetragene Kritik nicht zu überzeugen, da auch bei diesen Personen eine Garantenstellung aufgrund einer Gefahrenquelle aus dem eigenen Organisationskreis nicht abwegig erscheint. Die von der Gesetzesbegründung gegebenen Beispiele sind daher als missglückt anzusehen. Vielmehr sind vom Sinn und Zweck der Vorschrift z.B. Abteilungsleiter erfasst, die nur für einen bestimmten Bereich in einer Leitungsfunktion verantwortlich sind. Grundsätzlich ist die Regelung des § 1 Abs. 3 lit. d VerbStrG-E daher hinsichtlich ihres Anwendungsbereichs zu begrüßen.

4. Rechtsnachfolger

In § 1 Abs. 4 VerbStrG-E wird zunächst eine Legaldefinition des Rechtsnachfolgers eingeführt. Nach § 1 Abs. 4 S. 1 VerbStrG-E ist Rechtsnachfolger im Sinne des Gesetzes ein Verband, der im Wege der Gesamtrechtsnachfolge oder der partiellen Gesamtrechtsnachfolge durch Aufspaltung (§ 123 Umwandlungsgesetz) an die Stelle eines anderen Verbandes getreten ist. Nach § 1 Abs. 4 S. 2 VerbStrG-E sind der Gesamtrechtsnachfolge andere Arten der Umwandlung sowie die Einzelrechtsnachfolge gleichgestellt, wenn der Erwerber alle wesentlichen Wirtschaftsgüter des Rechtsvorgängers übernimmt und die übernommenen Wirtschaftsgüter im Wesentlichen in gleicher Weise einsetzt. Diese Regelung verfolgt das Ziel, dass sich

393 *Willems*, ZIS 2015, 20, 43.

Verbände nicht einer Strafverfolgung durch die Übertragung des Vermögens auf einen anderen Verband entziehen können und soll so der Entstehung von Straflücken vorbeugen.[394] Sachgerecht erscheint dies unter dem Aspekt, dass die wirtschaftliche Identität des Verbandes vor allem dann gewahrt bleibt, wenn eine Übernahme aller wesentlichen Wirtschaftsgüter stattfindet und deren gleicher Einsatz gewährleistet ist.[395] Dennoch ist vorweggreifend festzustellen, dass sich die Bedenken gegen eine nachgelagerte Strafbarkeit in dogmatischer Hinsicht, auf die in § 29 StGB geregelte limitierte Akzessorietät, nicht ausräumen lassen.[396] Fraglich ist dennoch, ob – unabhängig von den dogmatischen Bedenken – vom Anwendungsbereich des Verbandsstrafgesetzbuches auch der Rechtsnachfolger des Rechtsnachfolgers erfasst sein soll, also wenn ein Verband sein gesamtes Vermögen auf einen anderen Verband überträgt, dieser sozusagen zwischengeschaltete Verband wiederum das gesamte Vermögen dann auf einen weiteren Verband überträgt.[397] Da dies nicht explizit in der Vorschrift formuliert ist, muss untersucht werden, ob im Rahmen einer Auslegung der Vorschrift ein Ergebnis zu dieser Frage gefunden werden kann. Aus dem Wortlaut des § 1 Abs. 4 VerbStrG-E geht dies nicht eindeutig hervor. Nach diesem ist allein entscheidend, dass ein Verband durch z.B. Gesamtrechtsnachfolge an die Stelle eines anderen Verbandes getreten ist. Diese Formulierung kann zum einen so verstanden werden, dass nur der direkte Rechtsnachfolger erfasst sein soll, da der Vorgang als solcher beschrieben ist, und durch das ‚An-die-Stelle-treten' eines anderen Verbandes gerade zum Ausdruck gebracht werden soll, dass das Verbandsvermögen auf nur einen weiteren, den unmittelbar nachfolgenden Verband übertragen worden ist. Auf der anderen Seite lässt der Wortlaut nach dem allgemeinen Sprachgebrauch auch eine weite Auslegung zu, da danach ein „anderer" derjenige ist, der mit einem Wesen oder Ding, mit dem er gegenübergestellt wird, nicht identisch ist. Dies kann sowohl bei zwei als auch bei mehreren Wesen oder Dingen der Fall sein. Überträgt man dieses Verständnis auf die Vorschrift, so wäre nicht nur der direkte Rechtsnachfolger sondern auch der Rechtsnachfolger des Rechtsnachfolgers vom Anwendungsbereich erfasst. Eine eindeutige grammatikalische Auslegung lässt sich daher nicht finden. Ebenso vermag der Verweis auf die partielle Gesamtrechtsnachfolge unter Beziehung auf § 123 Umwandlungsgesetz zu keiner Lösung verhelfen, da damit nur klargestellt wird, dass eine Übertragung

---

394 Gesetzesentwurf, S. 42; *Kirch-Heim*, a.a.O., S. 123.

395 Im Ergebnis auch *Böse*, ZStW 2014, 132, 157, der die Ungleichbehandlung zu natürlichen Personen im Hinblick auf die sonst zu befürchtenden Umgehungsmöglichkeiten und die andere Qualität des gegenüber juristischen Personen erhobenen Vorwurfs als legitim erachtet.

396 Ausführliche Darstellung der dogmatischen Bedenken in Kapitel 3, B.10.2.

397 Nach der Gesetzesbegründung zu § 30 Abs. 2 a OWiG soll eine wiederholte bzw. mittelbare Rechtsnachfolge von dieser Vorschrift ebenfalls erfasst sein, vgl. BT-Drucks. 17/11053, S. 22; *Achenbach*, wistra 2013, 369, 372. Eine nähere Begründung, warum dies der Fall sein soll, fehlt. *Mühlhoff*, NZWiSt 2013, 321, 326 sieht dies als selbstverständlich an.

auf mehrere Rechtsnachfolger von unterschiedlichen Vermögensteilen vom Regelungsgehalt der Vorschrift erfasst ist. Auch die systematische Auslegung hilft bei der Beantwortung der Frage, ob der Rechtsnachfolger des Rechtsnachfolgers ebenfalls erfasst ist, nicht weiter. Bei dieser Auslegungsmethode werden Rechtssätze in ihrem systematischen Gefüge betrachtet, um so ein von Widersprüchen freies Gesamtkonzept zu erhalten.[398] Aufgrund der Vorschriften, die sich um § 1 Abs. 4 VerbStrG-E befinden, lässt sich nicht ermitteln, ob der Rechtsnachfolger des Rechtsnachfolgers ebenfalls vom Anwendungsbereich dieses Gesetzes erfasst sein soll. Auch unter Zugrundelegung der historischen Auslegung kommt man der Beantwortung der Frage nicht näher. Mit dieser Auslegungsmethode soll der gesetzgeberische Wille und der von diesem mit Erlass der Vorschrift beabsichtigte Zweck ermittelt werden.[399] In der Gesetzesbegründung zu § 1 Abs.4 VerbStrG-E wird dazu, ob der Rechtsnachfolger des Rechtsnachfolgers ebenfalls erfasst ist, keine Stellung genommen. Ein dahingehender gesetzgeberischer Wille lässt sich daraus nicht entnehmen. Möglicherweise kann jedoch mit Hilfe der teleologischen Auslegung, bei der eine Norm nach dem objektiven Sinn der Gesetze[400] betrachtet wird, eine Antwort auf die Frage gefunden werden. Nach dem Sinn und Zweck der Vorschrift soll durch die getroffene Regelung verhindert werden, dass sich Verbände einer Strafverfolgung dadurch entziehen können, dass sie ihr Vermögen auf einen anderen Verband übertragen. Um diese Strafbarkeitslücken konsequent schließen zu können, muss auch der Rechtsnachfolger des Rechtsnachfolgers vom Anwendungsbereich der Vorschrift erfasst sein, da sonst durch eine mehrfache Übertragung des Verbandsvermögens diese umgangen werden könnte. Eine solche Auslegung ist auch vom Wortlaut der Norm gedeckt, und eine weite Auslegung durch das Strafinteresse des Staates gerechtfertigt.[401] Allerdings erscheint es aus Gesichtspunkten der Rechtssicherheit ratsam eine Vorschrift zu erlassen, in welcher geregelt wird, ob mehrere aufeinanderfolgende Übertragungen vom Anwendungsbereich erfasst sind. Denn auch die ergänzende Regelung des § 2 Abs. 4 S. 2 VerbStrG-E, dass gegen den Rechtsvorgänger verhängte Sanktionen auch gegen den Rechtsnachfolger wirken, kann das Fehlen in Bezug auf die Möglichkeit von mehreren Rechtsnachfolgern nicht beseitigen. Vielmehr erweckt der in dieser Vorschrift verwendete Singular „gegen den Rechtsnachfolger" den Anschein, dass nur die Konstellation erfasst sein soll, in dem es einen Rechtsnachfolger gibt.

Die zur österreichischen Regelung des § 10 VbVG in der Literatur[402] diskutierte Problematik, ob für die Verhängung einer Strafe gegen den Rechtsnachfolger erforderlich ist, dass der übertragende Verband nicht mehr existiert, bedarf meiner Ansicht nach keiner näheren Erörterung, da die Vorschrift des § 1 Abs. 4 VerbStrG-E

398 *Hassemer/Kargl* in: NK, StGB, § 1 Rn. 107.
399 *Hassemer/Kargl* in: NK, StGB, § 1 Rn. 108.
400 *Hassemer/Kargl* in: Kindhäuser/Neumann/Paeffgen, § 1 Rn. 109 m.w.N.
401 Die dogmatischen Bedenken werden bei dieser Betrachtung außer Acht gelassen.
402 *Stärker*, VbVG, § 10 S. 151 m.w.N.

gerade, als sog. ungeschriebenes Tatbestandsmerkmal, voraussetzt, dass ein Verband nach der Umwandlung nicht weiter besteht bzw. alle wesentlichen Wirtschaftsgüter auf einen anderen Verband übertragen worden sind. Denn nur in diesem Fall kann keine Strafe gegen den übertragenden Verband verhängt werden und die Vorschrift des § 1 Abs. 4 VerbStrG-E erlangt Bedeutung.

Des Weiteren erscheint die Vorschrift des § 1 Abs. 4 S. 2 VerbStrG-E in Hinblick auf den Grundsatz der Bestimmtheit der Gesetze nach Art. 103 Abs. 2 GG bedenklich. Aus dem Wortlaut des Gesetzes ergibt sich nicht, wann ein Erwerber alle wesentlichen Wirtschaftsgüter des Rechtsvorgängers übernimmt und die übernommenen Wirtschaftsgüter in im Wesentlichen gleicher Weise einsetzt. In der Gesetzesbegründung wird zur näheren Bestimmung der wesentlichen Wirtschaftsgüter auf § 158 BewG Bezug genommen, weshalb alle Güter, die der wirtschaftlichen Einheit zu dienen bestimmt sind, namentlich der Grund und Boden, die Wirtschaftsgebäude, die stehenden Betriebsmittel und die immateriellen Wirtschaftsgüter des Rechtsvorgängers, von der Vorschrift erfasst sind. Eine solche Konkretisierung durch andere Rechtsvorschriften reicht für die Einhaltung des Bestimmtheitsgrundsatzes aus, da der Rechtsanwender auf diese Weise erkennen kann, wann die Voraussetzungen der Norm vorliegen.[403] Allerdings wäre es im Hinblick auf die Einhaltung der Rechtssicherheit wünschenswert eine Konkretisierung dieser Begrifflichkeiten im Verbandsstrafgesetzbuch vorzunehmen, beispielsweise durch die Bezugnahme auf § 158 BewG in § 1 Abs. 4 S. 2 VerbStrG-E.[404] Die Vorschrift des § 1 Abs. 4 VerbStrG-E könnte unter Berücksichtigung der vorstehenden Überlegungen wie folgt formuliert werden:

> Rechtsnachfolger im Sinne dieses Gesetzes ist ein Verband, der im Wege der Gesamtrechtsnachfolge oder der partiellen Gesamtrechtsnachfolge durch Aufspaltung an die Stelle eines anderen Verbandes getreten ist. Rechtsnachfolger ist jeder weitere Verband, der an die Stelle des ersten Rechtsnachfolgers getreten ist. Der Gesamtrechtsnachfolge sind andere Arten der Umwandlung sowie die Einzelrechtsnachfolge gleichgestellt, wenn der Erwerber alle wesentlichen Wirtschaftsgüter des Rechtsvorgängers im Sinne

---

403 *Schmidt/Aßmann* in: Maunz Düring, GG, Art. 103 Rn. 185 ff.

404 *Stärker*, VbVG, § 10 S. 156 sieht hingegen zu der österreichischen Vorschrift, bei der es auf das Weiterbestehen der im Wesentlichen identen Eigentumsverhältnisse und die wesentliche Fortführung des Betriebes oder der Geschäftstätigkeit ankommt, als nicht hinreichend bestimmt an, da diese Regelung im Hinblick auf die normierten Rechtsfolgen massive, nicht gewünschte Gestaltungsmöglichkeiten hinsichtlich Rechtsnachfolge oder Nicht-Rechtsnachfolge provoziere. Hierbei fehlen jedoch jegliche Ausführungen zur Auslegung der Norm. Es wird vielmehr allein für entscheidend gehalten, dass es auf starre prozentuale Grenzen bzgl. der Eigentumsverhältnisse ankomme. Dem kann so nicht zugestimmt werden, da sonst der dem Gesetzgeber zuzusprechende Entscheidungsspielraum viel zu sehr eingeengt werden würde.

des § 158 Abs. 3 BewG übernimmt und die übernommenen Wirtschaftsgüter in im Wesentlichen gleicher Weise einsetzt.

5. Zusammenfassung

Es lässt sich in Bezug auf die Regelung des § 1 VerbStrG-E feststellen, dass diese Vorschrift insgesamt nur teilweise gelungen ist. Die Definition der Zuwiderhandlung überzeugt wie vorgeschlagen nicht. Im Allgemeinen mag es für den Rechtsanwender eher mit einer gewissen Rechtsunsicherheit verbunden sein, wenn ein Wort in seiner Definition mit demselben Wort erklärt werden soll. Eine eindeutige Formulierung, was genau eine Zuwiderhandlung ist, um mehr Rechtssicherheit zu schaffen, wäre wünschenswert. So wäre z.B. denkbar, eine Zuwiderhandlung als eine rechtswidrige und objektive tatbestandsmäßige Erfüllung eines Strafgesetzes zu umschreiben, sofern man davon ausgeht, dass die Zuwiderhandlung eine objektive Bedingung der Strafbarkeit darstellen soll.[405] Auch sollte, falls dies wie nach der zum Gesetzesentwurf gegebenen Begründung beabsichtigt, deutlich gemacht werden, dass die Verwirklichung von Straftatbeständen zu Lasten des Verbandes vom Anwendungsbereich erfasst sein soll. Des Weiteren ist eine Einschränkung des sachlichen Anwendungsbereichs in Bezug auf die Verwirklichung der möglichen Strafgesetze im Rahmen der Zuwiderhandlung vorzunehmen. Die eigenhändigen Delikte sind hierbei aufgrund ihrer Deliktsnatur aus dem Anwendungsbereich auszuschließen. Die Regelung des § 1 Abs. 3 VerbStrG-E scheint insgesamt sinnvoll, um etwaige Strafbarkeitslücken im Voraus zu vermeiden. Allerdings könnte angedacht werden, ob man, um bei den gleichen Begrifflichkeiten zu bleiben, bei § 1 Abs. 3 lit. d. VerbStrG-E anstatt „..einer juristischen Person oder Personenvereinigung..." den Terminus „...einer juristischen Person, eines nicht rechtsfähigen Vereins oder einer rechtsfähigen Personengesellschaft des privaten oder öffentlichen Rechts" verwendet. Der Einheit und Einfachheit wegen ist eine solche Verwendung der Begrifflichkeiten zu befürworten, um dem juristischen Laien in der Rechtsanwendung nicht zusätzliche Schwierigkeiten zu bereiten. Auch würde durch eine solche Änderung der Inhalt der Vorschrift nicht verändert, da es sich bei dem Begriff der Personenvereinigung um einen Oberbegriff handelt, unter dem man den Zusammenschluss von juristischen und/oder natürlichen Personen, die einen gemeinsamen Zweck verfolgen, versteht.[406] Darunter sind sowohl rechtsfähige, teilrechtsfähige und nicht rechtsfähige Personenvereinigungen erfasst, weshalb alle oben explizit genannten Personenvereinigungen von diesem Oberbegriff mit umfasst sind. Sollte der Anwendungsbereich des Verbandsstrafgesetzbuches auch auf Rechtsnachfolger erstreckt werden, sollte der Begriff aus Gründen der Rechtssicherheit noch präzisiert werden.

---

405 Wenn die Zuwiderhandlung nicht als objektive Bedingung der Strafbarkeit ausgestaltet werden soll, würde es sich empfehlen, diese als die tatbestandsmäßige, rechtswidrige und schuldhafte Erfüllung eines Straftatbestandes zu definieren. Siehe dazu Ausführungen in Kapitel 3, B.4.2.

406 *Hueck/Windbichler*, Gesellschaftsrecht, § 1 Rn. 1, § 2 Rn. 2 ff.

Dem wäre in Form einer Klarstellung, dass auch eine Übertragung des Verbandsvermögens auf mehrere Rechtsnachfolger erfasst ist, genüge getan.

B. Verbandsstraftat nach § 2 VerbStrG-E

Im Folgenden wird zu erörtern sein, welche Voraussetzungen § 2 VerbStrG-E für das Vorliegen einer Verbandsstraftat fordert und wie sich die Ausgestaltung dieser Vorschrift mit der Dogmatik des Strafrechts vereinbaren lässt.

1. Regelungsinhalt

In § 2 VerbStrG-E findet sich die Kernvorschrift des materiellen Verbandsstrafrechts, da in ihr in den ersten beiden Absätzen umschrieben wird, in welchen Konstellationen sich ein Verband strafbar machen kann. Nach § 2 Abs. 1 VerbStrG-E wird eine Verbandssanktion gegen einen Verband dann verhängt, wenn ein Entscheidungsträger in Wahrnehmung der Angelegenheiten eines Verbandes vorsätzlich oder fahrlässig eine verbandsbezogene Zuwiderhandlung begangen hat. In § 2 Abs. 2 VerbStrG-E wird an einen Organisationsmangel unterhalb der Entscheidungsträger als Haftungsgrund angeknüpft.[407] Eine Verbandssanktion kommt nach dieser Vorschrift dann in Betracht, wenn in Wahrnehmung der Angelegenheiten eines Verbandes eine verbandsbezogene Zuwiderhandlung begangen worden ist und ein Entscheidungsträger des Verbandes vorsätzlich oder fahrlässig zumutbare Aufsichtsmaßnahmen unterlassen hat, welche die Zuwiderhandlung wesentlich erschwert hätten. In § 2 Abs. 3 VerbStrG-E findet sich eine Regelung zur strafrechtlichen Verantwortlichkeit inländischer Verbände für Auslandstaten und in § 2 Abs. 4 VerbStrG-E, wann der Rechtsnachfolger strafrechtlich verantwortlich ist und dass gegen den Rechtsvorgänger verhängte Sanktionen auch gegen ihn wirken. Um auf die einzelnen Voraussetzungen näher eingehen zu können, ist zunächst kurz zu den „ungeschriebenen Merkmalen“ der Handlungs- und Schuldfähigkeit von Verbänden Stellung zu nehmen. Diese sind nach der allgemeinen Verbrechenslehre Ausgangspunkt jeder strafrechtlichen Beurteilung bei der Verwirklichung eines Straftatbestandes.[408]

2. Handlungsfähigkeit von Verbänden

Um einen Straftatbestand zu verwirklichen, bedarf es einer tatbestandsmäßigen Handlung, weshalb der Täter, der diese begeht, auch handlungsfähig im Sinne des strafrechtlichen Verständnisses sein muss. Die Anforderungen an die Handlungsfähigkeit im Strafrecht sind seit jeher umstritten. Allen Ansichten ist der Gedanke gemein, dass es sich bei der strafrechtlichen Handlung um ein irgendwie geartetes

407 Gesetzesentwurf, S. 45.
408 *Kindler*, a.a.O., S. 212.

Verhalten, welches von einem Willen getragen ist, handeln muss.[409] Bei Verbänden sind daher zwei Konstellationen möglich, die eine Handlungsfähigkeit begründen können. Zum einen erscheint es unter dem Aspekt der Zurechnung der Handlung der Organe bzw. Mitglieder des Verbandes möglich, die Handlung des Individuums als eine Handlung des Verbandes anzusehen. Zum anderen könnte man auch den Verband selbst, als Individuum, vergleichbar einer natürlichen Person, als handlungsfähig erachten. Diese zwei möglichen Ansätze werden auch in der Literatur am häufigsten diskutiert und bedürfen daher näherer Betrachtung.

2.1 Akzessorisches Handlungsmodell

Der Ansatz der Zurechnung scheint nicht fernliegend, da gerade auch im Zivilrecht den Verbänden das Handeln ihrer Organe, z.B. nach § 31 BGB zugerechnet wird, weshalb unter dem Gesichtspunkt der Einheit der Rechtsordnung eine Zurechnung im Strafrecht auch nicht ausgeschlossen scheint.[410] Im Straf- und Ordnungswidrigkeitenrecht ist darüber hinaus die Zurechnungskonstellation in Bezug auf Verbände ebenfalls bekannt, so bei der Einziehung nach § 75 StGB und § 29 OWiG.[411] Dem Verband wird bei der Einziehung im Falle des Vorliegens aller übrigen Tatbestandsmerkmale das Handeln seines Vertreters als eigenes zugerechnet, der Verband also so gestellt, als hätte er selbst die Handlung vorgenommen.[412] Diese Zurechnungsvorschriften haben sich in der strafrechtlichen Literatur allerdings nicht derart durchgesetzt, dass in ihnen eine allgemeine Zurechnungsgrundlage für das gesamte Ordnungswidrigkeiten- und Strafrecht gesehen wird.[413] Auch bei Verhängung einer Geldbuße gegen einen Verband nach § 30 OWiG ist eine Zurechnung des Handelns eines Vertreters für das Ordnungswidrigkeitenrecht anerkannt.[414] Allein unter

409 *Ackermann*, a.a.O., S. 49; *Ehrhardt*, a.a.O., S. 42; *Kindler*, a.a.O., S. 212; *Kirch-Heim*, a.a.O., S. 141; *Quante*, a.a.O., S. 115 ff.; Im Einzelnen ist hierbei umstritten, ob für eine strafrechtliche Handlung jedes vom Willen getragene Verhalten (Kausale Handlungslehre) ausreichend oder ob zudem eine finale Steuerung des Verhaltens (Finale Handlungslehre) oder eine Sozialerheblichkeit des Verhaltens (Soziale Handlungslehre) notwendig ist. Darstellung hierzu bei: *Wessels/Beulke/Satzger*, Strafrecht AT, Rn. 85 ff.; *Schmitt-Leonardy*, Unternehmenskriminalität ohne Strafrecht?, Rn. 633 ff.

410 A.A. *Frisch* in: FS Wolter, 349, 359, der von einer Begriffsvermengung ausgeht, da für die Begründung der Zurechnung einer strafrechtlich relevanten Handlung von einer ganz anderen Rechtsfolge, nämlich der mit einem Schuldspruch und einem Tadel verbundenen Geldstrafe, auszugehen ist als bei den haftungsrechtlichen Regelungen des Zivilrechts, die lediglich eine Zahlungsverpflichtung aufstellen.

411 *Quante*, a.a.O., S. 118.

412 *Joecks* in: MüKo, StGB, § 75 Rn. 14; *Eser* in: Schönke/Schröder, § 75 Rn. 11.

413 *Quante*, a.a.O., S. 118; im Ergebnis ebenso: *Bosch*, Organisationsverschulden in Unternehmen, S. 45 f. a.A. *Schroth*, Unternehmen als Normadressaten und Sanktionssubjekte, S. 187 f.

414 *Ehrhardt*, a.a.O., S. 82, 180.

diesem Aspekt betrachtet, auch wenn das Ordnungswidrigkeitenrecht und das Strafrecht nicht wesensgleich sind, scheint es aufgrund der zueinander liegenden Nähe zweifelhaft, warum eine Zurechnung im Strafrecht ausgeschlossen sein sollte.[415] Der alleinige Verweis auf die im Strafrecht im Rahmen der Mittäterschaft existierende Zurechnung nach § 25 Abs. 2 StGB[416] kann einer Begründung nicht genügen, da hierbei zwar die Handlung zugerechnet wird, sich der vom (Mit)Täter gefasste Entschluss aber genau auf diese Handlung bezieht und dadurch einen eigenen Schuldvorwurf begründet.[417] Andere Anknüpfungspunkte für eine Zurechnung des Handelns der für den Verband handelnden natürlichen Personen bietet zum einen der Aspekt, dass Verbände nur durch ihre Organe am Rechtsleben teilnehmen und durch diese repräsentiert werden. In der Literatur wird hierbei teilweise nur auf die Repräsentanten bzw. die Führungskräfte des Verbandes abgestellt, da eine solche Beschränkung darauf zurückzuführen sei, dass nur diese Personen als „Gehirn" des Verbandes anzusehen seien.[418] *Haeusermann* will hingegen alle für den Verband verantwortlich handelnden Personen erfassen und hält den Umfang der Verhaltenszurechnung für entscheidend.[419] Insgesamt sollte bei einer Verhaltenszurechnung jedoch auf die Personen abgestellt werden, die für den Verband verantwortlich handeln können, um unbillige Ergebnisse zu vermeiden und einen gewissen Bezug zum Verband herstellen zu können. Zum anderen wird auch die vom Verband nicht erfüllte Pflicht einer ordentlichen Organisation seines Geschäftsbereichs als Anknüpfungspunkt gewählt sowie die Tatsache, dass Verbände häufig Normadressaten seien und bei Verstoß gegen die ihnen in diesen Normen auferlegten Pflichten durch die für sie handelnden natürlichen Personen eine in der Folge auferlegte Strafe nur konsequent sei.[420]

2.2 Originäres Verbandsunrecht

Vertreter, die ein originäres Verbandsunrecht bejahen, gehen von einer eigenständigen Handlungsfähigkeit von juristischen Personen und Personenvereinigungen aus, da es sich bei diesen gerade um eigenständige Subjekte der sozialen Realität handelt.[421] Um solch eine eigene Handlungsfähigkeit begründen zu können, werden verschiedene Modelle in der strafrechtlichen Wissenschaft vertreten.

---

415 *Ehrhardt*, a.a.O., S. 83 f.; *Hirsch*, ZStW 1995, 285, 290.

416 So *Ehrhardt*, a.a.O., S. 184; *Scholz*, ZRP 2000, 435, 438.

417 *Frisch* in: FS Wolter, 349, 354 f.; *Hirsch*, a.a.O., S. 10; *ders.*, ZStW 1995, 285, 288; *Löffelmann*, JR 2014, 185, 188; *von Freier*, a.a.O., S. 99.

418 *Ehrhardt*, a.a.O., S. 225.; *Kindler*, a.a.O., S. 214.

419 *Haeusermann*, a.a.O., S. 146.

420 Ausführliche Darstellung bei *Haeusermann*, a.a.O., S. 141 ff.; *Kirch-Heim*, a.a.O., S. 141 ff.; Petermann, a.a.O., S. 39 ff.; *Quante*, a.a.O., S. 119 ff.; *Schmitt-Leonardy*, a.a.O., Rn. 604 ff.; *Schroth*, a.a.O., S. 184 ff.; *von Freier*, a.a.O., S. 95 ff.

421 *Bertossa*, a.a.O., S. 34 ff.; *Dannecker*, GA 2001, 101, 111; *Eidam*, a.a.O., S. 104 f.; *Lütolff*, a.a.O., S. 124 ff.; *Rogall* in: KK, OWiG, § 30 Rn. 10.

Einen möglichen Ansatzpunkt bietet die von *Gierke* entwickelte „Theorie der realen Verbandspersönlichkeit“[422], wonach ein Verband aufgrund seiner Geschlossenheit als reales Ganzes einen sich vom Einzelwillen der Mitglieder zu differenzierenden Sonderwillen bilden könne.[423] Diesem Ansatz liegt die Auffassung zugrunde, dass die Mitglieder beim Beitritt in den Verband einen Teil ihres individuellen Willens auf den Verband übertragen würden, was in dem Verbandswillen in Form von einstimmigen Beschlussfassungen oder auch bloßen Mehrheitsentscheidungen manifestieren würde.[424] Die Handlung des Verbandes ist dann in der Folge die Umsetzung des gebildeten Beschlusses durch ein Organ oder jede beliebige Einzelperson.[425] Eine andere Annäherung an die Problematik erfolgt durch die Vertreter, welche die Handlungsfähigkeit auf die Struktureigenheiten der Verbände zurückführen.[426] Anknüpfungspunkt hierbei ist auch die Handlung eines natürlichen Organs, die als eigene Handlung des Verbandes angesehen wird, was daraus folge, dass nur die Organe für die Verbände handeln können und diese wiederum als Handlungen der Verbände anzusehen seien („Korporation qua Korporation“).[427] Als Normadressaten können juristische Personen, die an sie gerichteten Pflichten ebenfalls verletzen, indem sie den an sie gerichteten Normbefehl missachten würden.[428] Ein weiterer Ansatz führt die Handlungsfähigkeit von Verbänden auf die sog. Systemtheorie zurück.[429] Danach ist für den Begriff der Handlung maßgeblich, was ein Subjekt und was eine Aktion ist. Um eine Handlung feststellen zu können, bedürfe es daher einer wertenden Bestimmung des Zurechnungsobjektes, also der Beurteilung eines Systems aus Psyche und Körper nach außen.[430] Hierfür ist wiederum zu bestimmen, was ein System ist und wie es mit der Außenwelt verbunden werden kann. Irrelevant hierbei sei, ob bei der Bestimmung des Subjekts für das zu bildende System dieses allein aus Ingredienzen einer natürlichen Person, also Psyche und Körper, oder einer juristischen Person, also Verfassung und Organe, bestehe, da in beiden Fällen ein systemisches Verhalten vorliege, welches als Sinnesausdruck verstanden werden könne und daher der strafrechtlichen Bewertung zugänglich sei.[431] In der Folge werden verfassungsgemäße Organhandlungen zu eigenen Handlungen der juristischen Person.

Weitere Stimmen in der Literatur greifen ebenfalls auf systemtheoretische Überlegungen zurück, stellen aber für den straftatbestandlichen Unrechtsgehalt

---

422 Siehe hierzu bereits Kapitel 1, A.

423 *Bertossa*, a.a.O., S. 34 f.; *Eidam*, a.a.O., S. 105 f.; *Lütolff*, a.a.O., S. 124 ff.

424 *Kindler*, a.a.O., S. 217.

425 *Eidam*, a.a.O., S. 105 f.; *Lütolff*, a.a.O., S. 124 ff.

426 *Hirsch*, a.a.O., S. 10; *ders.*, ZStW 1995, 285, 288 f.

427 *Hirsch*, ZStW 1995, 285, 289.

428 *Quante*, a.a.O., S. 127.

429 *Dannecker*, GA 2001, 101, 111; *Jakobs*, Strafrecht AT, 6.Abschn. Rn. 44; *Kindler*, a.a.O., S. 218 f.; *Rogall* in: KK, OWiG, § 30 Rn. 10.

430 *Jakobs*, Strafrecht AT, 6.Abschn. Rn. 21 und 44.

431 *Jakobs*, Strafrecht AT, 6.Abschn. Rn. 44; *Rogall* in: KK, OWiG, § 30 Rn. 10.

maßgeblich darauf ab, dass in dem im Verband existierenden System durch mangelnde Organisation eine Rechtsgutsverletzung zustande kommt.[432] Bei diesem Ansatz kommt es nicht allein auf ein durch eine natürliche Person verursachtes strafbares Verhalten an, welches zwar meist in Form der Ausgestaltung einer objektiven Bedingung der Strafbarkeit erforderlich ist, sondern vielmehr auf eine Kombination verschiedener Handlungs- und Entscheidungsprozesse, die wiederum in den Organisationsstrukturen zum Ausdruck kommen. Es wird also auf die in § 130 OWiG verwendete Struktur, wonach die Möglichkeit besteht, gegen Verbände Sanktionen bei unzureichender Organisation zu verhängen, zurückgegriffen.[433] *Frisch* knüpft ebenfalls an dem Nichteingreifen des Verbandes in Geschehensabläufe an und versucht die Handlungsfähigkeit über das Unterlassen unter Zuhilfenahme des Beispiels von Sicherungs-, Produktbeobachtungs- und Rückrufpflichten, ausgeführt von den Organen, zu konstruieren.[434] Letztlich stellt *Frisch* jedoch fest, dass dieser Ansatz den strafrechtlichen Anforderungen an die Handlungsfähigkeit von Verbänden nur genügt, wenn man für das pflichtwidrige Unterlassen als ausreichend betrachtet, dass die rechtlich zu erwartende Handlung eine für sie handelnde natürliche Person nicht vorgenommen hat.[435]

2.3 Stellungnahme unter Bezugnahme des Gesetzesentwurfs

Da eine festzulegende Strafbarkeit von Verbänden deren Handlungsfähigkeit voraussetzt, geht der vorliegende Entwurf von einer solchen aus. Allerdings wird auch im Rahmen der Gesetzesbegründung nicht ganz klar, auf welche Argumentationslinie sich die Handlungsfähigkeit der Verbände letztlich stützen soll, da in der Gesetzesbegründung auf beide Hauptargumentationsstränge Bezug genommen wird. Es erfolgt zum einen der Verweis darauf, dass das heutige Strafrecht Konstruktionen kenne, bei denen die Strafbarkeit an Zurechnungsakte geknüpft werde, zum anderen wird die Aussage getroffen, dass Verbände als eigenständige Rechtssubjekte Teilnehmer am wirtschaftlichen und sozialen Leben sein können und kraft ihrer Verfassung über eigenständige Mechanismen zur Willensbildung verfügen.[436] Die in der Gesetzesbegründung ebenfalls vorgebrachte Argumentation, dass Strafzwecke gegen Verbände aufgrund ihrer Eigenschaft als sinnkonstituierte Gebilde erreicht

---

432 *Dannecker*, GA 2001, 101, 111; *Kindler*, a.a.O., S. 219 ff.; *Lampe*, ZStW 1994, 683, 734.

433 Ausführliche Darstellung bei *Kindler*, a.a.O., S. 220 ff.

434 *Frisch* in: FS Wolter, 349, 362.

435 *Frisch* in: FS Wolter, 349, 363; Hirsch, a.a.O., S. 10; ebenso: *Engelhart*, a.a.O., S. 667 f., der an das Handeln des Mitarbeiters unter Einfluss des Unternehmensklimas anknüpft; *Kudlich* in: Kuhlen, Compliance und Strafrecht, 209, 211 f., der das Verhalten der natürlichen Person dem Verband unter der Voraussetzung zuschreibt, dass dieses nicht „schuldgetragen" sein muss; *Schroth*, a.a.O., S. 177 („abgeleitete Handlungsfähigkeit").

436 Gesetzesentwurf, S. 30.

werden können, lässt den Hinweis erkennen, dass der Gesetzesentwurf von einer eigenen strafrechtlich relevanten Handlungsfähigkeit juristischer Personen ausgeht. Allerdings erscheint die hierfür in § 2 Abs. 1 VerbStrG-E verwendete Formulierung die Zweifel, dass eine Handlungsfähigkeit auch über die Zurechnungsform konstruiert sein könnte, nicht ganz auszuräumen, da jedenfalls eine Zuwiderhandlung, die durch einen Entscheidungsträger des Verbandes, also einer natürlichen Person, gefordert wird. Welche Form der Handlungsfähigkeit im vorliegenden Gesetzesentwurf gewählt worden ist, kann an dieser Stelle noch nicht abschließend entschieden werden, da dieser Aspekt mit dem der Schuldfähigkeit eng verbunden ist und eine Gesamtbetrachtung der vorgeschlagenen Vorschrift unter Berücksichtigung beider Aspekte vorzunehmen ist. Im Folgenden ist daher zunächst der Aspekt der Schuldfähigkeit zu erörtern.

3. Schuldfähigkeit von Verbänden

3.1 Der Schuldgrundsatz

Voraussetzung für die Verhängung einer Strafe gegen eine natürliche Person ist nach dem Grundsatz „nulla poena sine culpa“, dass diese die zugrunde liegende Straftat schuldhaft begangen hat.[437] Der Schuldgrundsatz findet seine verfassungsrechtliche Verankerung im Rechtsstaatsprinzip und der Menschenwürde.[438] „Unter Schuld ist die Vorwerfbarkeit der Tat im Hinblick auf die ihr basierende rechtlich tadelnswerte Gesinnung zu verstehen“.[439] Entscheidend ist also, ob der Täter sich darüber bewusst ist, dass er sich trotz des Bestehens anderer Möglichkeiten aus freier, verantwortlicher, sittlicher Selbstbestimmung heraus für das Unrecht entschieden hat und ihm demzufolge ein sozialethisch missbilligtes Übel auferlegt wird (sog. normativer Schuldbegriff).[440] Eine solche Fähigkeit zur freien, sittlichen Selbstbestimmung fehle Personenverbänden, da sie keine normreflektierenden Subjekte seien, weshalb eine Schuldfähigkeit derselben nicht begründet werden könne.[441] Die Wahl sich zu entscheiden, haben lediglich die Mitglieder der Organe der juristischen

437 BVerfGE 9, 167, 169; 20, 323, 331; 45, 259; 54, 100, 108.

438 *Eisele* in: Schönke/Schröder, StGB, Vorb. § 13 ff. Rn. 103 m.w.N.; BVerfGE 6, 389, 439; BVerfGE 25, 269, 285 f.; BVerfGE 50, 125, 133; BVerfGE 50, 205, 214; BVerfGE 54, 200, 108; BVerfGE 80, 244, 255; BVerfGE 86, 288, 313; BVerfGE 91, 1, 27; BVerfGE 95, 96, 140; BVerfG, NJW 2009, 2267, 2289.

439 *Wessels/Beulke/Satzger*, Strafrecht AT, Rn. 400 m.w.N.; *Jakobs*, Strafrecht AT, 17. Abschn. mit einer Darstellung zu den verschiedenen Bestimmungen des Schuldbegriffs.

440 BGHSt 2, 194, 200; *Eisele* in: Schönke/Schröder, StGB, Vorb. §§ 13 ff. Rn. 113 ff.; *Jakobs*, Strafrecht AT, 17. Abschn. Rn. 7 f.; *Wessels/Beulke/Satzger*, Strafrecht AT, Rn. 407.

441 *Kirch-Heim*, a.a.O., S. 163; *Peglau*, JA 2001, 606, 608 f.; *Quante*, a.a.O., S. 157; *Schmitt*, a.a.O., S. 194; *Schmitt-Leonardy*, a.a.O., Rn. 666; *Schünemann*, Unternehmenskriminalität und Strafrecht, S. 235; *von Freier*, a.a.O., S. 97 ff., 179 f.

Personen, also die dahinter stehenden Individuen, weshalb auch zu einer Begründung der Schuldfähigkeit von Verbänden zwei Ansätze möglich erscheinen. Zum einen kommt eine Konstruktion einer abgeleiteten Schuld des Verbandes durch die Zurechnung der Schuld der für ihn handelnden natürlichen Person in Frage. Zum anderen besteht die Möglichkeit durch die Annahme des Verbandes als wirtschaftliche und soziale Realität eine eigene, originäre Verbandsschuld anzunehmen. Diese beiden Varianten erfordern allerdings, dass von dem klassischen Verständnis des Schuldbegriffs abgewichen wird, weswegen es ebenfalls Ansätze in der strafrechtlichen Wissenschaft gibt, die auf die Voraussetzung der Schuld verzichten und andere vergleichbare Legitimationsgrundlagen[442] für die Begründung der Strafbarkeit von Verbänden heranziehen. Im Folgenden werden die verschiedenen Lösungsansätze erörtert und abschließend deren mögliche Konstruktion in Form einer Norm unter Einbeziehung des Gesetzesvorschlags näher betrachtet.

3.2 Verbandsschuld kraft Zurechnung

In der strafrechtswissenschaftlichen Literatur wird eine Verbandsschuld durch die Zurechnung der Schuld einer für den Verband handelnden natürlichen Person aufgrund verschiedener Argumentationsstränge begründet.[443] So wird vergleichbar wie im Rahmen der Begründung der Handlungsfähigkeit von Verbänden das Argument hervorgebracht, dass die Zurechnung fremder Schuld auch dem Strafrecht bekannt sei, was sich insbesondere in der Vorschrift des § 75 StGB widerspiegele.[444] Ebenfalls wird zur Begründung auf die in § 31 BGB mögliche Schuldzurechnung im Falle einer zivilrechtlichen Haftung und auf die in § 30 OWiG mögliche Zurechnung für die Verhängung einer Geldbuße Bezug genommen. Allein die Existenz von gesetzlichen Regelungen, die eine Zuschreibung der Schuld zulassen, reiche nach *Kindler* jedoch nicht aus, um eine solche Zurechnung zu begründen, da die gesetzliche Regelung selbst nicht den für jede Zurechnung erforderlichen materiellen Grund ersetze.[445] Für die Zurechnung der Schuld bedürfe es also eines Grundes, wofür auf die zu der Begründung der Handlungsfähigkeit erwähnten Argumentationsstränge, aufgrund der engen Verknüpfung der Handlungs- und Schuldzurechnung, zurückgegriffen werden könne. Einen Ansatzpunkt biete der Gedanke der Identifikation, also der Umstand, dass der Verband durch seine Mitglieder identifiziert wird und deren Schuld als eigene Schuld des Verbandes angesehen werden kann. Zurückzuführen ist diese Betrachtungsweise darauf, dass die für den Verband handelnden Organe

442 *Schünemann* in: FS Tiedemann, 429, 439; *ders.* in: Stiftung Familienunternehmen, Verfassungswidrigkeit Unternehmensstrafrecht, S. 11 f.; 15 ff.;34; *ders.*, Unternehmenskriminalität und Strafrecht, S: 233 ff.; *Wohlers*, SJZ 2000, 381, 387.

443 *Ackermann*, a.a.O., S. 217 ff., 231 f.; *Ehrhardt*, a.a.O., S. 185 ff., 192 ff.; *Haeusermann*, a.a.O., S. 151 ff.; *Schroth*, a.a.O., S. 197 ff., 209 ff.; im Ergebnis unter Bezugnahme auf den Identifikationsgedanken auch: *Kindler*, a.a.O., 226 ff., 277.

444 *Ehrhardt*, a.a.O., S. 197; *Schroth*, a.a.O., S. 204 ff.; *Tiedemann*, NJW 1988, 1169, 1172 f.

445 *Kindler*, a.a.O., S. 226.

diesen repräsentieren und dieser nur auf diese Weise nach außen in Erscheinung treten kann, weshalb auch die fehlerhafte Willensbildung der Organe dem Verband angelastet werden kann.[446] Den immer wieder in der Literatur angeführten Bedenken gegen die Zurechnung fremder Schuld[447] wird mit dieser Konstruktion jeglicher Boden entzogen, da dem Verband selbst der Vorwurf des Versagens gemacht wird.[448] Problematisch erscheint hierbei, dass eine Bestrafung von Organ und Verband nicht gleichzeitig möglich ist, da die Organschuld durch die Identifikation der Verbandsschuld gleichgestellt wird und somit eine unzulässige Doppelung der Schuld entstehen würde, was im Hinblick auf § 31 BGB, der ebenfalls auf dem Gedanken der Identifikation beruht, nicht vertretbar erscheint.[449]

Ein anderer Ansatz liegt darin, die Schuldzurechnung aus dem Prinzip des Organisationsmangels herzuleiten, also den Grund der Zurechnung darin zu sehen, dass der Verband über seine Organisation die Möglichkeit besitze, das normgemäße Verhalten der für ihn handelnden natürlichen Personen zu beeinflussen und zu steuern.[450] Wenn es aufgrund einer fehlerhaften Organisation innerhalb des Verbandes für natürliche Personen möglich ist, Straftaten oder Ordnungswidrigkeiten zu begehen, so ist der Verband für dieses Fehlverhalten heranzuziehen, ihm also auch die Schuld zuzurechnen, da dem Verband sozusagen ein „organisatorisches Vorverschulden" vorgeworfen werden kann.[451] An diesem Lösungsansatz ist vor allem zu kritisieren, dass der Schuldvorwurf, der dem Verband gemacht wird, nämlich der der mangelnden Organisation, nicht deckungsgleich mit dem Schuldvorwurf ist, der dem Individualstraftäter vorgehalten wird, es daher an einem gewissen Bezug zu dem jeweils verwirklichten Straftatbestand fehlt.[452]

In Ergänzung wird zu den bereits aufgezeigten Argumentationssträngen für die Legitimierung einer Schuldzurechnung der Gedanke der Pflichten- oder

---

446 *Bosch*, a.a.O., S. 48 f.; *Haeusermann*, a.a.O., S. 151 ff.; *Kindler*, a.a.O., S. 226 f.; *Schroth*, a.a.O., S. 201 ff.

447 *Otto*, Die Strafbarkeit von Unternehmen und Verbänden, S. 15.

448 *Kindler*, a.a.O., S. 227; anders *Böse* in: FS Jakobs, 15, 22 f., der aufgrund der unterschiedlichen rechtlichen Pflichten von Verband und Organ eine Identität der Schuld von Verband und Individuum ablehnt und für das Maß der Schuld des Verbandes die Tätigkeit sämtlicher rechtstreuer als auch delinquierender Organe für entscheidungserheblich hält; ebenso *Ransiek* in: Kempf, Unternehmensstrafrecht, 285, 297, der einen persönlichen Vorwurf an das Unternehmen verneint.

449 *Kindler*, a.a.O., S. 228; *Vogel*, StV 2012, 427, 430, sieht eine widersinnige zweifache Bestrafung nur bei Straftaten eines Unternehmensangehörigen gegen das Unternehmen. Nicht eindeutig empfindet er die Situation, wenn z.B. eine Sexualstraftat zum Nachteil von Arbeitskollegen begangen wird, wenn in dem betreffenden Unternehmen eine Kultur der Duldung solcher Taten besteht.

450 *Kindler*, a.a.O., S. 229; *Tiedemann*, NJW 1988, 1169, 1172 ff.

451 *Ehrhardt*, a.a.O., S. 194 f.; *Kindler*, a.a.O., S. 229; *Tiedemann*, NJA 1988, 1169, 1172 ff.

452 Ausführliche Kritik bei *Kindler*, a.a.O., S. 231 f.

Normadressatenschaft von Verbänden herangezogen.[453] Dieser Ansatz ist auf den Grundsatz zurückzuführen, dass derjenige, an den sich die Verpflichtung einer Norm richtet und der sich zur Erfüllung gerade dieser ihm auferlegten Pflichten Dritter bedient, auch für deren Fehlverhalten einstehen muss, erinnert, also an die Regelung über Erfüllungsgehilfen in § 278 BGB.[454] Eine solche Begründung der Schuldzurechnung ist jedoch mit dem Schuldgrundsatz keinesfalls vereinbar, da nach § 29 StGB nur jeder nach seiner eigenen Schuld bestraft werden kann.

3.3 Originäre Verbandsschuld

Ein anderer Standpunkt, der in der strafrechtlichen Wissenschaft zur Begründung der Schuldfähigkeit von Verbänden herangezogen wird, ist der einer eigenen, unmittelbaren, nicht abgeleiteten Schuld, die dem Verband zum Vorwurf gemacht werden kann, welcher wiederum auf das Wesen von juristischen Personen oder systemtheoretische Überlegungen gestützt wird.[455] Ebenfalls wie bei der Begründung der Handlungsfähigkeit kann man sich zur Begründung einer eigenen Schuldfähigkeit der „Theorie der realen Verbandspersönlichkeit"[456] bedienen. Dem Anschein nach scheint dieser Ansatz zunächst den Anforderungen des geltenden Schuldgrundsatzes im Strafrecht am ehesten gerecht zu werden. Denn der Verband kann durch seine Mitglieder, die beim Eintritt ihren persönlichen Willen zum Teil an den Verband abgeben würden, einen eigenen Verbandswillen begründen, durch den ihm ebenfalls die Möglichkeit obliege zu entscheiden, ob er sich dem Unrecht beuge oder normkonform verhalte. Der Verband sei also vergleichbar dem Individualtäter, der auch hätte anders handeln können.[457] Kritik ist an dieser Argumentation dahingehend zu üben, dass es sich bei dieser Konstruktion vielmehr um eine Fiktion handelt, da zum einen nicht genau differenziert wird, wie sich der Einzelwillen der Mitglieder von dem Sonderwillen des Verbandes unterscheidet, zum anderen scheidet eine kumulative Haftung des Verbandes und des Individualtäters dann aus. Letzteres ist damit zu begründen, dass zwischen der Individualtat und der Verbandstat aufgrund der Anknüpfung an das individuelle Handeln des Mitglieds Identität besteht und eine klare Abgrenzung der Verantwortungsbereiche mithin nicht möglich ist.[458] Ein anderer Ansatz sieht die direkte Schuldfähigkeit von Verbänden darin, dass die Organe für den Verband nach außen tätig werden und ihnen auch die Funktion

---

453 *Ackermann*, a.a.O., S. 231; *Böse* in: FS Jakobs, 15, 25; *Erhardt*, a.a.O., S. 187; *Kindler*, a.a.O., S. 233; *Tiedemann*, NJW 1988, 1169, 1171 f.

454 *Kindler*, a.a.O., S. 233.

455 *Bertossa*, a.a.O., S. 54 ff.; *Dannecker*, GA 2001, 101, 112 ff.; *Eidam*, a.a.O., S. 117 f.; *Heine*, a.a.O., S. 261 ff.; *Hirsch*, ZStW 1995, 285, 291 ff.; *Lampe*, ZStW 1994, 683, 732; *Rogall* in: KK, OWiG, § 30 Rn. 11.

456 Siehe Kapitel 3, B.2.2.

457 *Bertossa*, a.a.O., S. 55; *Eidam*, a.a.O., S. 117.

458 *Kindler*, a.a.O., S. 236.

eingeräumt wird, verantwortlich für den Verband zu handeln.[459] In der Folge bedeutet dies, dass die Schuld des Verbandes aus der Schuld des für diesen handelnden Organes folgt. Da jedoch nach diesem Argumentationsstrang aufgrund der Komplexität des Verbandes alleine die Schuld des Täters für die Begründung der Schuld des Verbandes nicht ausreicht, wird zusätzlich gefordert, dass die Straftat des Organs für den Verband nicht kontrollierbar und nicht vermeidbar gewesen ist. Nur so lasse sich eine eigene Schuld des Verbandes feststellen.[460] Als Kritik hiergegen wird vorgebracht, dass die dem Verband vorgeworfene maßgebliche Schuld im Kern an das Organisationsverschulden angeknüpft wird und so vom Unrecht des verwirklichten Straftatbestandes losgelöst ist, also es für den Schuldvorwurf unerheblich ist, ob das Organ einen Betrug, einen Mord oder eine Körperverletzung begangen hat.[461]

Ein weiterer Ansatz sucht die Lösung für die Begründung der Schuldfähigkeit von Personenverbänden allein in der Anknüpfung eines Organisationsverschuldens.[462] Der Schuldvorwurf des Verbandes sei darauf zurückzuführen, dass er durch mangelnde Organisation eine kriminelle Verbandsattitüde entstehen lasse, die es den Organen leicht mache Straftaten zu begehen. Der Schuldvorwurf wird hierbei auf eine soziale Verantwortlichkeit des Verbandes gestützt. Bedenken entstehen bei der Begründung der Schuldfähigkeit von Verbänden auf diese Weise dadurch, dass der Vorwurf, der dem Verband im Rahmen der Schuld gemacht wird, von der Straftat völlig losgelöst ist und an ein vorgelagertes Verhalten des Verbandes anknüpft.[463]

Eine andere Argumentation liegt der Ansicht zugrunde, welche die Schuld des Verbandes mit Hilfe der Betriebsführungsschuld zu begründen versucht.[464] Da sich eine Verbandsschuld nicht in das existierende Individualstrafrecht einfügen lasse, sei es erforderlich und geboten, für die Begründung einer solchen einen eigenständigen Schuldbegriff zu ermitteln.[465] Da verfassungsrechtlich lediglich der Schuldgrundsatz, aber nicht dessen genauer Inhalt vorgegeben sei, sei die Schuld auf ein rechtsstaatskonformes Verantwortungsprinzip zu reduzieren, weshalb es im Bereich des Verbandes nicht um einzelne höchstpersönliche, isolierbare vorwerfbare Handlungen wie im Individualstrafrecht gehe, sondern Straftaten vielmehr Ausfluss von Akkumulationsprozessen und synergetischen Effekten eines Missmanagements seien.[466] Der Verband soll in der Folge aufgrund mangelnder Risikovorsorge, defizitärerer Organisationsstruktur oder Unternehmensethik für ein spezifisches

459 *Hirsch*, ZStW 1995, 285, 312 f.

460 *Hirsch*, ZStW 1995, 285, 315.

461 *Kindler*, a.a.O., S. 239.

462 *Dannecker*, GA 2001, 101, 117; *Hetzer*, ZRFC 2014, 18, 26; *Otto*, a.aO., S. 29 ff.; *Trüg*, StraFo 2011, 471, 473.

463 *Kindler*, a.a.O., S, 242 f.

464 *Heine*, ÖJZ 2000, 871, 880; *ders.* in: Alwart, Verantwortung und Steuerung von Unternehmen, S. 90, 104.

465 *Dannecker*, GA 2001, 101, 107 f., 112 ff.; *Heine*, a.a.O., S. 241 ff.; *Lampe*, ZStW 1994, 683, 685 f., 722 ff.

466 *Heine*, a.a.O., S. 254; *Kindler*, a.a.O., 247; *Lampe*, ZStW 1994, 683, 728 ff.

Systemunrecht bestraft werden, wobei der Individualstraftäter daneben gerade nicht zur Rechenschaft gezogen werden soll, sondern seine begangene Straftat lediglich als objektive Bedingung der Strafbarkeit ausgestaltet ist.[467] In der konkreten Ausgestaltung ergeben sich auch hierbei Schwierigkeiten, da die Anforderungen an die organisatorischen Vorkehrungen eines Verbandes nicht pauschal bestimmt werden können, sondern es vielmehr einer branchenspezifischen Bestimmung bedürfte und die jeweiligen Besonderheiten des Betriebes hierbei in die Überlegungen mit einzubeziehen wären. Ob dies im Rahmen einer gesetzlichen Regelung überhaupt möglich ist, erscheint zweifelhaft. Eine Präzisierung könnte allenfalls im Nachhinein durch ein Gericht vorgenommen werden.[468] Auch wird diesem Modell von Kritikern entgegnet, dass es im Schwerpunkt für das tatbestandliche Unrecht auf eine durch längere Zeit entstandene kriminogene Unternehmenskultur oder defizitäre Organisationsstruktur abstelle, was in der Sache auf eine Lebensführungsschuld abziele, welcher im Individualstrafrecht als Haftungsgrundlage gerade eine Absage erteilt werde.[469] Ob ein Verweis auf die Figur der „actio libera in causa"[470] diese Bedenken zu entkräften vermag, erscheint zweifelhaft. Bei dieser Figur wird ausnahmsweise auf das Erfordernis des Vorliegens der Schuld zum Zeitpunkt der Tatbegehung (§ 20 StGB) verzichtet und der Zeitpunkt der Schuldfähigkeit vor der Tatbegehung als ausreichend betrachtet, wenn der Täter den Zustand der Schuldunfähigkeit selbst herbeigeführt hat.[471] Zunächst scheint eine Vergleichbarkeit nicht abwegig, da es sich bei der „actio libera in causa" ebenfalls um ein Vorverschulden handelt, welches die nachfolgende Strafbarkeit für eine Tat begründen soll. Allerdings verschleiert dieser Ansatz, dass es sich bei dem wahren Zurechnungsgrund um die als objektive Bedingung der Strafbarkeit ausgestaltete Straftat handelt, zu dem die Betriebsführungsschuld des Verbandes in keinerlei Beziehung stehen muss, was wiederum zur Folge hat, dass dieses Modell auf eine Bestrafung des Verbandes ohne Schuld hinausliefe.[472]

3.4 Von der Schuld losgelöste Modelle

Andere Autoren versuchen für eine strafrechtliche Verantwortlichkeit von Verbänden Lösungen zu finden, die auf das Erfordernis der Schuld verzichten. Begründungsversuche finden sich im Rechtsgüternotstand, der subsidiären Haftung oder Maßregelmodell. Allen diesen Ansätzen liegt der Gedanke zugrunde, dass die Schuld

---

467 *Dannecker*, GA 2001, 101, 119; *Heine*, a.a.O., 313; *Kindler*, a.a.O., S. 250; *Lampe* ZStW 1994, 683, 732 f.

468 *Kindler*, a.a.O., S. 252.

469 *Jeschek/Weigend*, Strafrecht AT, S. 423; *Peglau*, ZRP 2001, 406, 407; *Vogel*, StV 2012, 427, 430.

470 *Heine*, a.a.O., S. 266, 314.

471 Hierbei ist zwischen den Vorverlegungsmodellen und den Ausnahmemodellen zu unterscheiden. Ausführlich dazu: *Streng* in: MüKo, StGB, § 20 Rn. 116 ff.

472 *Kindler*, a.a.O., S. 254.

aufgrund des Wandels des Strafrechts nicht die einzige Legitimationsgrundlage und auch keine zwingende Voraussetzung für die strafrechtliche Inanspruchnahme sei.[473] *Schünemann* gab seinen selbst entwickelten Ansatz, eine taugliche Legitimationsgrundlage im Rechtsgüternotstand zu finden, auf.[474] Dieses Modell fand seine grundlegende Stütze darin, dass der Täter einer zugunsten des Verbandes begangenen Straftat wegen einer fehlerhaften Verbandsorganisation nicht ermittelt werden konnte und der erforderliche Rechtsgüterschutz nicht auf andere Weise sichergestellt werden kann als durch die notwendige Präventionswirkung des Strafrechts.[475] Aufgrund des nun nicht mehr weiter verfolgten Anknüpfungspunktes an dieses Modell bedarf es an dieser Stelle keiner vertieften Erörterung.[476] Ein zweiter Ansatz sieht eine alternative Möglichkeit der Bestrafung als Legitimationsgrundlage darin, den Verband subsidiär zum Individuum zu bestrafen, also sozusagen eine Auffanghaftung, bei der auf das Erfordernis einer individuellen Anknüpfungstat gänzlich verzichtet wird.[477] Eine kumulative Verantwortlichkeit scheide nach dieser Auffassung aus, da eben die vom Individuum begangene Straftat nicht zusätzlicher Anknüpfungspunkt für eine Straftat des Verbandes sein könne.[478] Deshalb sei der Anknüpfungspunkt für die strafrechtliche Verantwortlichkeit des Verbandes außerhalb zu suchen, so etwa in einer nicht näher spezifizierten „gemeinen Gefahr".[479] Kritik wird an diesem Modell dahingehend geübt, dass die Verbände durch das Erfordernis der Gemeingefährdung sich in eine Art „Hilfspolizei" verwandeln, wenn es den Strafverfolgungsorganen nicht möglich ist, die Straftat innerhalb des Verbandes aufzuklären, womit es sich um ein Rechtspflegedelikt handelt.[480] Das dritte Lösungsmodell, welches die Schuldfähigkeit von Verbänden nicht voraussetzt, ist das sog. Maßregelmodell. Nach diesem wird eine Regelung der Verantwortlichkeit der Verbände allein auf dem Weg der sichernden Maßregeln präferiert.[481] Maßregeln werden als sog. zweite Spur gegen Täter verhängt, um präventiv auf diese einzuwirken und die Allgemeinheit vor gefährlichen Straftätern zu schützen, also an Bedürfnisse anzuknüpfen, die mit der Verhängung von Strafen gerade nicht erreicht werden

---

473 *Schünemann* in: FS Tiedemann, 429, 439; *ders.*, Unternehmenskriminalität und Strafe, S. 235.

474 *Schünemann*, ZIS 2014, 1, 6, unter Hinweis darauf, dass eine Verknüpfung der materiellen Sanktion mit der prozessualen Beweisnot verfehlt sei und Klarstellung, dass allein die Aufgabe dieser Ansicht nicht dazu führen könne, eine Strafbarkeit von Verbänden zu konstruieren.

475 *Schünemann*, Unternehmenskriminalität und Strafe, S. 236 f., 241 ff.; *ders.*, ZIS 2014, 1, 6; *ders.* in: FS Tiedemann, 429, 440.

476 Eine ausführliche Darstellung mit einer ablehnenden Haltung findet sich bei *Kindler*, a.a.O., S. 257 ff., 260 ff.

477 *Alwart*, ZStW 1993, 752, 768 ff.

478 *Alwart*, ZStW 1993, 752, 762 f., 766.

479 *Alwart*, ZStW 1993, 752, 769 ff.; *Kindler*, a.a.O., S. 263 f.

480 *Kindler*, a.a.O., S. 266 m.w.N.

481 *Schünemann* ZIS 2014, 1, 7; *Wohlers* SJZ 2000, 381, 387 ff.

können.[482] Wann genau die Verhängung einer Maßregel gegen einen Verband möglich sein soll, ist umstritten. Ein gemeinsamer Konsens besteht nur bezüglich der Anknüpfung an eine konkrete dem Verband als eigene zurechenbare Straftat eines Unternehmensangehörigen.[483] Ob diese notwendige Straftat jeder Unternehmensangehörige begehen kann oder ob hierbei zwischen Vorsatz- und Fahrlässigkeitsdelikten zu differenzieren ist, kann hier nicht abschließend geklärt werden.[484] Als Maßregeln kämen eine Unternehmenskuratel[485], die Verbandsauflösung oder die Entziehung von Erlaubnissen und Konzessionen in Betracht. Der immer wieder in der Literatur auftauchende Vorschlag der Einführung einer Unternehmenskuratel als Maßregel, der in dem vorliegenden Gesetzesentwurf keinen Eingang gefunden hat, soll bezwecken, dass ein Unternehmen unter die Aufsicht eines Kurators gestellt wird, wobei die Geschäftsführung weiterhin die Entscheidungen treffe. Vorteil hiervon sei, dass die Betätigung des Unternehmens transparent bleibe und das Risiko der Begehung weiterer Straftaten minimiert werde, was vor allem daraus folge, dass eine Minderung des Prestiges für unter Kuratel stehende Unternehmen verbunden sei, da dies im Namen des Unternehmens zum Ausdruck gebracht werden soll (z.B. X AG u. K = unter Kuratel).[486] Gegen diese vorgeschlagene Möglichkeit wird Kritik in der Weise geübt, dass sich die Maßregel der Kuratel in der Praxis kaum umsetzen lasse, da es zum einen problematisch erscheine geeignete Kuratoren zu finden und zum anderen sei zu befürchten, dass der Kurator von den Beschäftigten des Unternehmens boykottiert werden könnte.[487] Darüber hinaus erscheint eine Zwangsverwaltung mit den in Art. 9, 12 und 14 GG verankerten Grundrechten als unvereinbar, da die unternehmerische Freiheit dadurch stark eingeschränkt werden würde.[488] In der Literatur werden überdies die mit der Verhängung einer Unternehmenskuratel verbundenen Probleme der Kostentragungspflicht durch den Verband kritisiert.[489]

---

482 BVerfGE 109, 133, 174; BVerfGE 128, 326, 377; *Stree/Kinzig* in: Schönke/Schröder, StGB, Vorb. §§ 61 ff., Rn. 2 f.

483 *Wohlers*, SJZ 2000, 381, 389.

484 Siehe dazu *Kindler*, a.a.O., S. 268 ff.

485 Befürworter hiervon ist insbesondere *Schünemann*, ZIS 2014, 1, 7; *ders.* in: Madrid-Symposium, S. 291; zustimmend: *Ehrhardt*, a.a.O., S. 253; *Heine* in: Alwart, Verantwortung und Steuerung von Unternehmen in der Marktwirtschaft, S. 90, 109; *Lütolf*, a.a.O., S. 400 f.; *Schmitt-Leonardy*, a.a.O., Rn. 886 f.; *Seiler*, a.a.O., S. 154 ff., 159 f. (Polizeiaufsicht oder Einsetzung eines Treuhänders).

486 *Kirch-Heim*, a.a.O., S. 214; *Schünemann*, ZIS 2014, 1, 7.

487 *Bock*, Criminal Compliance, S. 428; *Dannecker*, GA 2001, 101, 128; *Kindler*, a.a.O., S. 300 f.; *Kirch-Heim*, a.a.O., S. 215 m.w.N, der sich letztlich für die Anordnung einer Unternehmenskuratel ausspricht.

488 *Bock*, Criminal Compliance, S. 429.

489 Siehe hierzu Ausführungen in Kapitel 3, D.3.3.

3.5 Stellungnahme zur vorgeschlagenen Regelung

Nach der Gesetzesbegründung liegt der Regelung des § 2 VerbStrG-E das Verständnis einer originären Verbandsschuld zugrunde.[490] Diese Konstruktion erscheint jedoch äußerst fragwürdig, da es sich bei dieser lediglich um eine scheinbare bzw. verdeckte Zurechnung handelt, denn die juristische Person wird letztlich für die von einem Individuum begangene Straftat, also für das Verhalten Dritter, bestraft.[491] Die hier nach der Gesetzesbegründung vertretene Argumentationsrichtung, dass ein Verband in der ihm selbst gewählten Organisationsform auch für Fehlentwicklungen haftet, überzeugt in der Form nicht. Denn letztlich gibt sich der Verband eine Organisation durch seine Mitglieder bzw. die für ihn tätig werdenden natürlichen Personen, die ebenfalls durch diese bestimmt ist. Wenn sich nun eine Fehlentwicklung in der Organisation des Verbandes zeigt, so sind für diese immer die dahinter stehenden natürlichen Personen verantwortlich, da der Verband nur durch sie überhaupt zu der Bildung einer eigenen Organisation fähig ist.[492] Die Personalauswahl in einem Verband erfolgt ebenfalls durch die dafür zuständige natürliche Person, genauso wie die Verteilung der Aufgaben durch die jeweiligen Entscheidungsträger vorgenommen wird.[493] Darüber hinaus geht es schließlich auch auf der Ebene unterhalb der Entscheidungsträger immer nur um den Aspekt, wie ein Mitarbeiter die ihm zugewiesenen Aufgaben erledigt. *Frisch* kommt daher zu dem Ergebnis, dass ein originäres Verbandsunrecht aufgrund der nicht möglichen Zurechnung nicht konstruierbar sei, da eine solche Zurechnung der Straftat der natürlichen Person dem Verband als eigene deshalb scheitere, weil es sich dabei um eine bloße Fiktion handele, die eines korrespondierenden naturalistischen Substrats entbehre.[494] Mit dieser pauschalen Ablehnung scheint mir eine Verneinung nicht allein zu bejahen zu sein. Vielmehr scheint mir eine solche Zurechnung aufgrund der Identifikation der natürlichen Personen mit dem Verband nicht abwegig[495], da

490 Gesetzesentwurf, S. 43, mit dem Verweis darauf, dass es sich nicht um die bloße Zurechnung von Schuld handelt, woraus zu schließen ist, dass sich die Verfasser des VerbStrG einer grundsätzlichen Zurechnung nicht verschließen, aber auch keine eindeutige Position einnehmen, ob eine indirekte Zurechnung bei dem vorgeschlagenen Modell stattfindet.

491 *Frisch* in: FS Wolter, 349, 368, der jedoch im Rahmen des originären Verbandsunrechts dem Ansatz folgt, dass die Zurechnung der Schuld der natürlichen Personen daraus folgt, dass den juristischen Personen Pflichten aus Normen obliegen und diese durch Handlungen oder deren Unterbleiben nicht erfüllt werden.

492 *Ransiek*, NZWiSt 2012, 45, 47; *Zieschang*, GA 2014, 91, 103.

493 *Zieschang*, GA 2014, 91, 103.

494 *Frisch* in: FS Wolter, 349, 368.

495 S.o. Kapitel 3, B.3.3; anders *Mitsch*, NZWiSt 2014, 1, 3, der in der Vorschrift des § 2 VerbStrG-E eine alleinige Zurechnungsnorm sieht und eine solche Zurechnung mit der Begründung ablehnt, dass der alleinige Grund für die Bestrafung des Verbandes die von einer Person begangene Straftat ist und dass damit dem Wesen von Strafe und Strafrecht eine grundlegende Umwandlung verordnet werde.

der Verband durch diese allein nach außen hin im Rechtsverkehr auftreten kann und alle Vorgänge, auch im Verband, durch die Mitglieder geprägt sind. Wie bereits oben gezeigt, ist jegliches Handeln im und für den Verband allein von den hinter ihm stehenden natürlichen Personen abhängig. Durch dieses bestehende Gefüge muss das Verhalten der einzelnen Mitglieder des Verbandes der Gesamtheit der Mitglieder und somit dem Verband auch zuzuordnen sein.[496] Für eine solche Zuschreibung des Verhaltens der natürlichen Personen spricht sich auch *Kubiciel* aus, der den Zuschreibungsprozess jedoch maßgeblich auf die dem Verband obliegende Organisation stützt.[497] Aufgrund dieser zwei unterschiedlichen Anknüpfungspunkte ist im Rahmen der Zurechnungskonstruktion zu hinterfragen, ob es möglich sein kann, dass der Verband und der Individualstraftäter quasi für „dieselbe Straftat" bestraft werden können. In dem Gesetzesentwurf findet sich hierzu keine Regelung. Nach der Gesetzesbegründung jedoch soll eine solche Bestrafung nebeneinander möglich sein.[498] Wenn die Verbandsschuld sich jedoch daraus ergeben soll, dass in der Organisation des Verbandes Fehlentwicklungen entstanden sind, so ist die dem Verband zugerechnete Schuld je nach der Ausgestaltung der Norm, worauf im Folgenden noch näher eingegangen wird, mit der Schuld des Individualtäters identisch.[499] Soll auf das Vorliegen der Schuld des Individualstraftäters verzichtet werden, wird der Verband ohne das Vorliegen jeglicher Schuld bestraft. Eine solche Bestrafung ist dem geltenden Strafrecht allerdings fremd.[500] Welche Betrachtungsweise man auch zugrunde legt, so kommt man immer zu dem Ergebnis, dass ein

---

496 Im Ergebnis auch *Ransiek*, NZWiSt 2012, 45, 47, der es dabei als gleichgültig ansieht, ob man das durch die natürlichen Personen strafrechtlich relevante Verhalten als eigene Handlung der juristischen Person oder allein als Zurechnung des Verhaltens natürlicher Personen an das Unternehmen bezeichnet.

497 *Kubiciel*, KPKp 2/2014, S. 16.

498 Gesetzesentwurf, S. 43.

499 *Schmitt-Leonardy*, jM 2014, 257, 261; *dies.*, ZIS 2015, 11, 19; im Ergebnis wohl auch: *Böse*, ZStW 2014, 132, 138.

500 *Hoven*, ZIS 2014, 19, 21 bemängelt an dem Modell der originären Verbandsschuld insbesondere, dass die dem Verband vorgeworfene Schuld, verstanden als soziale Verantwortung für eine die Begehung von Unrecht begünstigende Organisationsstruktur, nicht deckungsgleich mit der Schuld der individuellen Normverletzung sei. *Witte/Wagner*, BB 2014, 643, 644 nehmen durch § 2 VerbStrG-E für den Gegenstand des Strafvorwurfs die mangelhafte Personalauswahl bzw. den unzureichenden Aufgabenzuschnitt auf der Leitungsebene des Verbandes ohne Hinweis auf den im Strafrecht geltenden Schuldvorwurf hin. Mittelsdorf, a.a.O., S. 20 f., spricht sich im Ergebnis für eine parallele Bestrafung von Individuum und Verband aus, ohne hierbei auf die Problematik der doppelten Verwertung der Schuld einzugehen; *Rönnau/Wegner*, ZRP 2014, 158, 160, sprechen sich ebenfalls für eine parallele Bestrafung aus und lehnen eine subsidiäre Bestrafung des Verbandes ab, da sonst die Sanktionierung von Anfang kalkulierbar wäre und die Sanktionsandrohung ihr abschreckendes Moment verliere, ohne hierbei auf die dogmatischen Bedenken im Rahmen der Schuld einzugehen.

Verbandsunrecht nur auf das Verhalten natürlicher Personen zurückzuführen ist und es ein „originäres Verbandsunrecht" im eigentlichen Sinne gar nicht gibt.[501] Eine Bestrafung eines Verbandes kommt daher nur in Betracht, wenn man sich dem anschließt, dass eine Zurechnung des strafbaren Verhaltens in gewisser Weise durch den Gedanken der Identifikation möglich ist und so die Verbandsschuld unter Zuhilfenahme einer Fehlentwicklung in der Organisation konstruiert werden kann.[502] Nach *Vogel* steht die Auswahl unter der Vielzahl der oben erörterten Modelle im Ermessen des Gesetzgebers. Eine Beschränkung bei der gesetzgeberischen Entscheidung ergebe sich nur insoweit, als dass die wesentlichen Fragen zu Unrecht und Schuld von Unternehmen zu regeln sind und eine Mindestparallelität mit dem traditionellen Strafrecht für Menschen unter dem Aspekt der Wahrung des Gleichheitsgrundsatzes beizubehalten sei.[503] Dieser Ansicht schließt sich auch *Kubiciel* an, da die Zeiten, in denen die Rechtswissenschaft der Legislative Weisungen gibt, mit der Etablierung eines demokratischen Verfassungsstaates vorbei seien, weshalb es vielmehr auf kriminalpolitische Überlegungen ankäme.[504] Dem schließt sich im Grundsatz ebenso *Böse* an, der die Grenzen der Legitimation darin sieht, dass der Verband für eine Straftat bestraft werden kann, die aus seiner Sicht durch keine denkbare Maßnahme vermieden werden konnte, da die Strafe dann keine sinnvolle Steuerungsfunktion mehr erfüllen könne.[505] *Haubner* ist ebenfalls der Auffassung, dass das Schuldprinzip der Einführung einer strafrechtlichen Verantwortlichkeit von Verbänden nicht entgegenstehe, da dieses allein Ausfluss der Menschenwürde sei, die Verbänden mangels Persönlichkeit nicht zukomme.[506] *Hetzer* ist derselben Ansicht, indem er es dem Gesetzgeber überlässt durch funktionsanaloge Übertragung von Zurechnungskategorien des Individualstrafrechts ein Konzept der Strafbarkeit von Verbänden zu entwickeln.[507] Auch in der Stellungnahme des Deutschen Richterbundes wird die Auffassung vertreten, dass ein Verstoß gegen die verfassungsrechtliche Menschenwürde ausscheide, da Unternehmen diese nicht

---

501 *Bosch*, a.a.O., S. 48 f.; *Frisch* in: FS Wolter, 429, 368 f.; *Kuhlmann*, a.a.O., S. 153; *Mitsch*, NZWiSt 2014, 1, 3.

502 Für das Erfordernis einer Zurechnung im weiteren Sinne spricht sich auch *Vogel*, StV 2012, 427, 430 aus. *Rübenstahl*, ZRFC 2014, 26, 29 sieht nur über die Konstruktion der Zurechnung den Schuldgrundsatz als gewahrt an.

503 *Vogel*, StV 2012, 427, 430.

504 *Kubiciel*, ZRP 2014, 133, 134 f., wobei er einen Verstoß gegen den Schuldgrundsatz ablehnt, weil der Satz „Strafe setze Schuld voraus" lediglich normativ und funktional sei und nur gewährleisten soll, dass eine Strafe nur verhängt wird, wenn dies vor den Sinn- und Zweckzuschreibungen der Strafe gerechtfertigt werden könne.

505 *Böse*, ZStW 2014, 132, 147.

506 *Haubner*, DB 2014, 1358, 1363.

507 *Hetzer*, ZRFC 2014, 18, 21.

zugesprochen werden kann.[508] Dem tritt *Schünemann* entscheidend entgegen, indem er dem Willkürverbot die Einhaltung der Regeln der Logik zuschreibt, über die der Gesetzgeber keine Macht besitze, weshalb es sich bei der Verhängung von Geldstrafen gegen Unternehmen um eine semantische Verschmutzung der Strafe handele, welche auf eine willkürliche Gleichbehandlung von Ungleichem hinauslaufe, wenn man auch die Unternehmenssanktion Strafe nenne und anstelle einer teleologischen Ableitung aus dem Strafrechtssystem eine Figur des Zivilrechts zitiere.[509] Dem ist entgegenzuhalten, dass die oben befürwortete erforderliche Zurechnung nicht allein aus dem Zivilrecht abgeleitet ist, sondern sich vielmehr aus dem Wesen des Verbandes als solchem ergibt. Um eine strafrechtliche Verantwortung des Verbandes begründen zu können, muss im Rahmen der Begründung der Schuld deshalb an die im Verband herrschenden Strukturen und die damit verbundenen Eigenarten angeknüpft werden. Allein der Umstand, dass diese Strukturen die zivilrechtliche Haftung durch eine Zurechnung des Verhaltens der Mitglieder begründen, kann in der logischen Konsequenz nicht zur Folge haben, dass eine solche nur deshalb im Strafrecht ausscheidet. Auch ist im Ordnungswidrigkeitenrecht nach § 1 OWiG bei der Verhängung einer Geldbuße gegen Verbände ein Vorwurf erforderlich, der dem Verband gemacht werden kann, weshalb ein Ausweichen auf dieses Rechtsgebiet das Legitimationsproblem nicht zu lösen vermag.[510] Nach alledem lässt sich also grundsätzlich eine Schuldfähigkeit von Verbänden konstruieren.[511] Die überzeugendste Lösung ist darin zu sehen, eine Straftat eines Individualtäters über den Gedanken der Identifikation dem Verband zuzurechnen und zusätzlich daran anzuknüpfen ist, dass die Begehung dieser Straftat durch Fehlentwicklungen in der Struktur und Organisation des Verbandes gefördert worden ist, um durch diese Mischform zu erreichen, dass eine möglichst gleichlaufende Bestrafung des Verbandes im Vergleich zu den natürlichen Personen erreicht werden kann. Hierin ist auch kein Zirkelschluss zu sehen, wenn zwei Anknüpfungspunkte, also die begangene

508 Stellungnahme Deutscher Richterbund, Nr. 16/14, S. 3 abrufbar unter: http://www.drb.de/cms/fileadmin/docs/Stellungnahmen/2014/DRB_141125_Stn_Nr_16_Unternehmensstrafrecht.pdf (zuletzt abgerufen am 25.3.2015).

509 *Schünemann*, ZIS 2014, 1, 4; ebenfalls Kritik übt *Hoven*, ZIS 2014, 19, 23, die eine Anknüpfung an die Menschenwürde in der Argumentation Vogels nicht für tragfähig hält, weil Unternehmen diese gerade nicht zukomme, und eine Zurückführung des Schuldprinzips auf die Verankerung in der durch Art. 1 Abs. 1 GG verbürgten Menschenwürde bei der Einführung der strafrechtlichen Verantwortlichkeit von Unternehmen nicht weiterhelfe. Dem ist jedoch entgegenzuhalten, dass *Vogel*, StV 2012, 427, 429 die entscheidenden verfassungsrechtlichen Schranken eines Unternehmensstrafrechts in Art. 2, 12 u. 14 GG sieht und in deren Rahmen an den Gesetzgeber appelliert.

510 *Böse*, ZStW 2014, 132, 142.

511 Ebenso *Böse* in: FS Jakobs, 15, 25, der die Schuld des Verbandes darauf stützt, dass der Verband für den durch die Tat verursachten Normgeltungsschaden zur Verantwortung gezogen wird.

Straftat und das Organisationsdefizit, gewählt werden, da dem Verband seinem Wesen nach nur ein Vorwurf gemacht werden kann unter Zugrundelegung des Verhaltens natürlicher Personen. Zudem kann so vermieden werden, dass die Schuld des Verbandes mit der Schuld der natürlichen Person identisch ist, da es für die Schuld des Verbandes entscheidend ist, dass ein Organisationsdefizit vorliegt. Bei der Ausgestaltung ist daher zu beachten, dass im Straftatbestand zum Ausdruck kommt, dass die Verbandsstrafbarkeit nicht lediglich auf einer Zurechnung der Schuld des Individualstraftäters basiert. Dies könnte beispielsweise dadurch verstärkt werden, dass die Zuwiderhandlung als lediglich tatbestandsmäßige und rechtswidrige Verwirklichung eines Straftatbestandes definiert wird. In der Literatur werden Bedenken des Anknüpfungspunktes des Organisationsdefizits hinsichtlich der temporalen Koinzidenz der Verbrechensmerkmale nach § 16 i.V.m. § 8 StGB geäußert.[512] Es fehle an einem bestimmbaren Zeitpunkt an dem alle Tatbestandsmerkmale erfüllt seien, weshalb eine Unternehmensstraftat, der ein zeitlich gestreckter Vorgang der Fehlorganisation vorausgehe und sich letztlich in einer Rechtsgutsverletzung realisiert, nicht zu konstruieren sei. Dem ist jedoch entgegenzuhalten, dass es im Strafrecht durchaus Ausnahmen, die von diesem Grundsatz abweichen, gibt. Bei der Figur der *actio libera in causa* wird der Tatbestand bzw. die Schuld ebenfalls vorverlagert. Aufgrund der Struktureigenheiten eines Verbandes muss zwingend an das Organisationsdefizit als der Individualstraftat vorgelagertes Merkmal angeknüpft werden, um die Identität der Schuld des Verbandes und des Individualstraftäters zu vermeiden. Die dadurch geschaffene Ausnahme vom Koinzidenzprinzip ist in der Folge hinzunehmen. Darüber hinaus ist bei der Ausgestaltung darauf zu achten, dass zwischen dem Organisationsmangel und der Zuwiderhandlung ein Zusammenhang besteht, um so zu verdeutlichen, dass beide Anknüpfungspunkte im Zusammenspiel maßgeblich für die Schuld des Verbandes sind. Im Folgenden ist trotz alledem zu untersuchen, welchen Voraussetzungen die im Gesetzesentwurf benannte „originäre Verbandsschuld" in ihrer konkreten Ausgestaltung in § 2 VerbStrG-E unterliegt und ob diese so zu überzeugen vermag.

4. Zuwiderhandlung als objektive Bedingung der Strafbarkeit?

Zunächst ist im Rahmen des § 2 Abs. 1 und Abs. 2 VerbStrG-E zu erörtern, welche Voraussetzungen unter Zugrundelegung des Modells des originären Verbandsunrechts an die Zuwiderhandlung als solche zu stellen sind. Es könnte sich um eine objektive Bedingung der Strafbarkeit handeln. Um dies letztlich entscheiden zu können, bedarf es zuerst einer Betrachtung, welche grundsätzlichen Anforderungen an eine objektive Bedingung der Strafbarkeit zu stellen sind.

512 *Schmitt-Leonardy*, ZIS 2015, 11, 20.

4.1 *Allgemeine Anforderungen an objektive Bedingung der Strafbarkeit*

Die Figur der objektiven Bedingung der Strafbarkeit ist in ihrer dogmatischen Begründung umstritten.[513] In seiner Bestimmung bezeichnet eine objektive Bedingung der Strafbarkeit Umstände, die materielle Voraussetzungen für die Verwirklichung eines Straftatbestandes darstellen, ohne sich aber auf Unrecht und Schuld beziehen zu müssen.[514] Dabei erscheint eine objektive Bedingung der Strafbarkeit im Gesetz typischerweise als strafbarkeitsbegründender Erfolg, wie z.B. bei § 231 StGB, auf die sich Vorsatz und Fahrlässigkeit sowie die Schuld des Täters nicht zu beziehen brauchen. Eine andere Möglichkeit ist, dass objektive Bedingungen der Strafbarkeit Rahmenbedingungen der strafwürdigen Handlung darstellen wie z.B. die Unterhaltung diplomatischer Beziehungen bei Straftaten gegen ausländische Staaten nach den §§ 102 ff. StGB.[515] Dies hat im Ergebnis zur Folge, dass Irrtümer unbeachtlich sind, also nicht zur Entlastung des Täters beitragen und umgekehrt die irrige Annahme des Vorliegens des Merkmals oder seines Eintretens keinen strafbaren Versuch zu begründen vermag.[516] Ebenso kommt es für die Vollendung der Tat und auch für die Teilnahme nur auf die Verwirklichung des Tatbestandes, hingegen nicht auf den Eintritt der Strafbarkeitsbedingung, an. Auch muss die tatbestandliche Handlung für die objektive Bedingung der Strafbarkeit nicht kausal geworden sein, da sonst insbesondere der mit dieser Figur verfolgte Zweck der Beweiserleichterung nicht erreicht werden könnte.[517] Ein allgemeingültiges Kriterium, um objektive Bedingungen in Straftatbeständen zu erkennen, gibt es nicht, sondern es kommt vielmehr auf die Auslegung des jeweiligen Straftatbestandes an. Dennoch lassen sich Formulierungen wie „ist nur strafbar, wenn“ oder „wird bestraft, wenn“ Hinweise entnehmen, dass es sich um eine objektive Bedingung der Strafbarkeit handelt.[518]

4.2 *Stellungnahme zu vorgeschlagener Formulierung in § 2 VerbStrG-E*

In der strafrechtswissenschaftlichen Literatur ist die Ausgestaltung der Anknüpfungstat in Form einer Straftat einer natürlichen Person als objektive Bedingung der Strafbarkeit durchaus anerkannt.[519] Fraglich ist, ob sich in dem von den Entwurfsverfassern vorgelegten Gesetzesentwurf Anhaltspunkte für das Vorliegen einer objektiven Bedingung der Strafbarkeit in § 2 Abs. 2 VerbStrG-E finden lassen. Diese Annahme könnte auf die Verwendung des Wortes „wenn“ gestützt werden.

---

513 *Eisele* in: Schönke/Schröder, StGB, Vorb. §§ 13 ff. Rn. 125 mit einer prägnanten Darstellung der dogmatischen Bedenken, vor allem deren Vereinbarkeit mit dem Schuldprinzip; *Rönnau*, JuS 2011, 697.

514 *Rönnau*, JuS 2011, 697.

515 *Rönnau*, JuS 2011, 697.

516 *Eisele* in: Schönke/Schröder, StGB, Vorb. §§ 13 ff. Rn. 126.

517 *Rönnau*, JuS 2011, 697, 699.

518 *Rönnau*, JuS 2011, 697.

519 Vgl. hierzu bereits Kapitel 3, B.3.3.

Diese Formulierung ist allerdings nicht unmittelbar auf die Zuwiderhandlung selbst bezogen, sondern auf die vom Entscheidungsträger begangene Aufsichtspflichtverletzung. Ein Bezug zur Zuwiderhandlung ist deshalb nur im entferntesten Sinne gegeben, da durch die unterlassene Aufsichtspflichtverletzung die Zuwiderhandlung quasi ermöglicht wird. Dies reicht jedoch nicht aus, um in der Zuwiderhandlung selbst eine objektive Bedingung der Strafbarkeit sehen zu können. In der Gesetzesbegründung wird jedoch bzgl. des § 2 Abs. 2 VerbStrG-E statuiert, dass es sich bei der Zuwiderhandlung um eine objektive Bedingung der Ahndung handele.[520] Die Bezeichnung lässt darauf schließen, dass es sich um eine objektive Bedingung der Strafbarkeit handeln soll, da im Strafrecht, anders als im Ordnungswidrigkeitenrecht, gerade keine Geldbuße als Sanktionsform verhängt werden soll, sondern die Strafe Folge der Verwirklichung des gesetzlichen Straftatbestandes ist. Da die beiden Figuren letztlich in ihrer Ausprägung gemein haben, dass sich der Vorsatz nicht darauf zu beziehen braucht, ist eine Vergleichbarkeit gegeben, die die vorherige Annahme zu stützen vermag.[521]

Fraglich erscheint jedoch zum einen, warum die Zuwiderhandlung nur in § 2 Abs. 2 VerbStrG-E eine objektive Bedingung der Strafbarkeit darstellen soll, da die Formulierung in § 2 Abs. 1 VerbStrG-E in Bezug auf die Zuwiderhandlung identisch mit der des zweiten Absatzes ist.[522] Eine Rechtfertigung einer Differenzierung ist vorliegend nicht ersichtlich, zumal sich nach der Begründung der gesamte Straftatbestand des § 2 VerbStrG-E auf das Modell des originären Verbandsunrechts stützt, weshalb nur eine einheitliche Ausgestaltung gewünscht sein kann. Zum anderen scheint die Ausformung der Zuwiderhandlung als objektive Bedingung der Strafbarkeit dem eigentlichen Zweck, nämlich der Beschränkung von Straftatbeständen, die sonst einen zu großen Anwendungsbereich hätten, zuwiderzulaufen. Dies ist daraus zu folgern, dass die erforderliche Straftat einer natürlichen Person, die vorliegen muss, um einen Anknüpfungspunkt für das Verbandsunrecht zu erhalten, gerade der Erweiterung dient, in dem auf Nachweise bezüglich der Zuwiderhandlung gerade verzichtet werden soll. Dies kann im Wortlaut der Norm an der Formulierung „eines Entscheidungsträgers" festgemacht werden. Nach der im Gesetzesentwurf gegebenen Begründung ist eben nicht erforderlich, dass nachgewiesen wird, dass eine bestimmte Person die Straftat tatsächlich begangen hat, sondern es ausreichend ist, dass die Möglichkeit besteht, dass eine der in Frage kommenden Personen eine unter Strafe gestellte Handlung begangen hat.[523] Hierbei handelt es sich allerdings um ein Beweisproblem auf prozessualer Ebene, welches

520 Gesetzesentwurf, S. 46.

521 *Löffelmann*, JR 2014, 185, 192 bezeichnet diese Ausgestaltung als eine Art „Kunstgriff", der im Ergebnis nichts daran ändere, dass der Bereich strafbaren Verhaltens des Verbandes systemnotwendig erst ex post bestimmt werden könne.

522 *Löffelmann*, JR 2014, 185, 192.

523 Gesetzesentwurf, S. 46.

nicht durch materielle Straftatbestände gelöst werden kann.[524] Denn dies hätte zur Folge, dass ohne Nachweis einer konkreten Straftat die Schuld des Individualstraftäters nicht nachgewiesen werden kann und somit der Verband ohne Schuld bestraft werden würde, da wie oben bereits ausgeführt eine Schuld des Verbandes allein durch den Anknüpfungspunkt der unzureichenden Organisation nicht begründet werden kann. Eine Ausgestaltung der Zuwiderhandlung als objektive Bedingung der Strafbarkeit, die allein den äußeren Geschehensablauf genügen lässt, kann den Anforderungen an eine strafrechtliche Verantwortlichkeit nicht gerecht werden. *Löffelmann* versucht diese Ausgestaltung mit einem Vergleich zum Straftatbestand des § 323 a StGB zu erklären, da bei diesem auch der psychologisch unbefriedigende Befund zugrunde liegt, dass Straftaten begangen werden, für die niemand unmittelbar verantwortlich gemacht werden kann.[525] Allerdings erscheint eine solche Vergleichbarkeit der Straftatbestände problematisch, weil die Rauschtat nach § 323 a StGB eigenes Verhalten betrifft, bei der Verbandsstraftat hingegen wird das Verhalten einer für den Verband handelnden natürlichen Person, also das Verhalten eines Dritten als Anknüpfungspunkt, herangezogen.[526] Da nach dem von den Entwurfsverfassern vorgeschlagenen Modell die Schuld des Individualtäters gerade nicht dem Verband zugerechnet werden soll[527], sondern der Verband auch ohne deren Vorliegen einer Verbandsstraftat verantwortlich gemacht werden kann, stellt sich die Situation anders dar als bei § 323 a StGB, bei dem die Schuld jedenfalls zum Zeitpunkt des sich Betrinkens vorliegt. Dies hat auch zur Folge, dass bei einer versuchten Straftat als Zuwiderhandlung der Rücktritt der natürlichen Person keinerlei Auswirkungen auf die Bestrafung des Verbandes hat.[528] Es empfiehlt sich daher, in Anschluss an das als Vorbild dienende österreichische Verbandsverantwortlichkeitsgesetz[529] eine zumindest schuldhafte Tat der für den Verband handelnden

---

524 *Schünemann*, ZIS 2014, 1, 6; im Ergebnis wohl auch: *Löffelmann*, JR 2014, 185, 192; anders: *Ransiek*, NZWiSt 2012, 45, 48 f., der in einer derart weitergehenden Haftung eines Unternehmens einen Vorteil sieht; *Schmitt-Leonardy*, ZIS 2015, 11, 13 führt die Beweisschwierigkeiten auf die Ausstattung der Strafverfolgungsbehörden, der damit verbundenen Arbeitsteilung und die entsprechenden Informationsasymmetrien zurück.

525 *Löffelmann*, JR 2014, 185, 192.

526 *Buchholz*, a.a.O., S. 41.

527 Kritisch zur Ausgestaltung siehe Kapitel 3, B.3.5.

528 Ebenso zu dem Begriff der Zuwiderhandlung in § 130 OWiG: *Buchholz*, a.a.O., S. 86 f.

529 Allerdings sieht die Regelung des § 3 Abs. 2 VbVG ein solches Erfordernis nur dann vor, wenn es um die Verantwortlichkeit des Verbandes aufgrund einer Straftat eines Entscheidungsträgers geht, bei der Verantwortlichkeit des Verbandes aufgrund einer Straftat eines sonstigen Mitarbeiters wird hingegen auf die schuldhafte Begehung durch den Mitarbeiter verzichtet. Diese Differenzierung vermag nicht zu überzeugen. *Schmoller* in: FS Otto, 453, 456 f. ist dahingehend zuzustimmen, dass diese Differenzierung inkonsequent ist, da für die strafrechtliche Verantwortlichkeit von Verbänden nicht zwei verschiedene Maßstäbe angesetzt werden können.

natürlichen Person zu verlangen, um so die Bedenken gegen eine Bestrafung ohne Schuld zu vermeiden. Es sei denn, man begründet die Schuld wie nach oben bevorzugter Ansicht zusätzlich auf den Organisationsmangel und sieht diesen als maßgeblich für die Schuld des Verbandes an, um eine doppelte Verwertung der Schuld des Individualtäters zu vermeiden.

Darüber hinaus ist zu hinterfragen, warum in § 2 Abs. 1 u 2 VerbStrG-E der Zusatz aufgenommen worden ist, dass die Zuwiderhandlung vorsätzlich oder fahrlässig begangen worden sein muss. Wie oben bereits festgestellt, ist nach der Auffassung der Verfasser des Gesetzesentwurfs in der Zuwiderhandlung selbst eine subjektive Komponente enthalten, weshalb sich aus dem Zusammenspiel des § 2 Abs. 1 VerbStrG-E mit § 1 Abs. 2 VerbStrG-E eine andere Betrachtungsweise ergeben könnte, nämlich dass die Zuwiderhandlung selbst nur durch ein rein objektives Verständnis geprägt sei.[530] Andernfalls handelt es sich bei dem Zusatz um eine unnötige Doppelung des subjektiven Elements, die den Schluss zulassen könnte, dass eine fahrlässige Begehung eines Vorsatzdeliktes zulässig sein soll, was jedoch im Widerspruch zu der Begründung des Gesetzesentwurfs[531] steht, nach welcher für Vorsatzdelikte explizit der Nachweis vorsätzlichen Handelns verlangt wird.[532] Ebenso steht diese gewählte Formulierung zu der von den Verfassern des Entwurfs abgegebenen Begründung, dass es keines Nachweises eines Individualtäters bedürfe, wenn mehrere Personen in Betracht kämen, solange die Verbandsbezogenheit vorliegt[533], in Widerspruch. Denn nach der so vorgeschlagenen Regelung bedarf es gerade eines Vorsatzes. Dieser erforderliche Vorsatz bzw. die Fahrlässigkeit kann in einem etwaigen Prozess nur bejaht werden, wenn das Gericht im Wege der freien richterlichen Beweiswürdigung zu dem Ergebnis gelangt, dass der Täter zum Zeitpunkt der Tatbegehung vorsätzlich oder fahrlässig gehandelt hat. Ein Nachweis kann jedoch nur dann gelingen, wenn auch ein Täter identifiziert werden kann.[534] Denn nur die Tatsache der Verbandsbezogenheit der Verwirklichung des objektiven Straftatbestandes hat nicht zur Folge, dass einer der in Betracht kommenden Täter auch tatsächlich vorsätzlich bzw. fahrlässig gehandelt haben muss. Hierbei handelt es sich um eine Vermischung des materiellen Strafrechts mit dem Strafprozessrecht. Es kann jedoch nicht die Aufgabe materieller Straftatbestände sein, die Probleme, die im Rahmen des prozessualen Beweisens bzgl. des Vorliegens der Tatbestandsmerkmale entstehen, zu lösen.[535] Auch die dagegen angeführte Argumentation, dass die Nachweisprobleme häufig in der Praxis dazu führen, dass es in etwaigen Verfahren

530 *Hoven*, ZIS 2014, 19, 24.

531 Gesetzesentwurf, S. 46.

532 *Hoven*, ZIS 2014, 19, 24; *Hoven/Wimmer/Schwarz/Schumann*, NZWiSt 2014, 161, 163.

533 Gesetzesentwurf, S. 46.

534 Zu Art. 102 Schweizerisches StGB, *Schmid* in: FS Forstmoser, 761, 773; *Zieschang*, GA 2014, 91, 102.

535 *Trüg*, wistra 20120, 241, 247; *von Freier*, a.a.O., S. 166 ff; *ders.* GA 2009, 98, 101; *Zieschang*, GA 2014, 91, 102.

zu Verfahrensabsprachen[536] kommen würde, vermag nicht zu überzeugen. Denn letztlich würde eine wie im Gesetzesentwurf vorgeschlagene Regelung durch den Zusatz „vorsätzlich oder fahrlässig“ ebenfalls die gleichen „Beweisprobleme“ wie von den Kritikern vorgebracht mit sich bringen, weshalb auch weiterhin Verfahrensabsprachen die Folge wären. Darüber hinaus ist für die Verwirklichung einer verbandsbezogenen Zuwiderhandlung jedenfalls auch eine subjektive Komponente notwendig, die es in einem etwaigen Verfahren zu beweisen gilt. Hierbei handelt es sich um ganz „alltägliche Probleme“ eines Strafverfahrens, weshalb im Verfahren gegen Verbände aufgrund der Gleichläufigkeit zum Individualstrafrecht nichts anderes gelten kann.[537] Eine Lösung dieser Schwierigkeiten über das materielle Strafrecht ist daher nicht gangbar. Etwaige Verfahrensabsprachen sind in der Folge hinzunehmen. Um die zuvor geschilderten Probleme zu vermeiden, schlägt *Mansdörfer* die Einführung einer limitierten Akzessorietät durch Einfügung eines § 2 a VerbStrG-E vor, der wie folgt lauten soll: „Fehlende besondere persönliche Merkmale, subjektive Tatelemente, persönliche Rechtfertigungs- und Entschuldigungsgründe hindern auch eine Strafbarkeit des Verbandes, es sei denn der Mangel gründet auf organisatorischen Defiziten des Verbandes.“[538] Nach der hier bevorzugten Variante zum einen die verbandsbezogene als tatbestandsmäßige und rechtswidrige begangene Straftat zu definieren und zum anderen das Organisationsdefizit im Straftatbestand zum Ausdruck zu bringen[539], bedarf es einer solchen limitierten Akzessorietät aufgrund des gleichen Regelungsinhalts nicht.

Des Weiteren erscheint fraglich, ob in § 2 Abs. 1 VerbStrG-E tatsächlich der Gedanke des originären Verbandsunrechts in der Form von systemischen Fehlentwicklungen zum Ausdruck kommt.[540] Dies ist meiner Ansicht nach zu verneinen, da in dem Absatz der Vorschrift jeglicher Bezug zu den systemischen Strukturen bzw. einer Fehlorganisation in einem Verband fehlt. Allein die Tatsache, dass ein Entscheidungsträger eine Straftat begeht, hat nicht den Automatismus zur Folge, dass in einem Verband eine kriminelle Verbandsattitüde herrscht. Es könnte sich ebenfalls um ein einmaliges Geschehen handeln.[541] Sieht man dies im Vergleich

---

536 *Hetzer*, Kriminalistik 2008, 284, 288; *ders.* ZRFC 2014, 18, 19.

537 *Willems*, ZIS 2015, 40, 43; Anders sieht dies *Böse*, ZStW 2014, 132, 139, der die Übernahme von Grundsätzen aus dem Individualstrafrecht als Hindernis für die praktische Umsetzung einer Regelung erachtet.

538 *Mansdörfer*, ZIS 2015, 23, 26.

539 Siehe Regelungsvorschlag zu § 2 Abs. 1 VerbStrG-E sogleich.

540 Im Gesetzesentwurf, S. 45, wird betont, dass die Verantwortlichkeit des Verbandes durch eine mangelhafte Personalauswahl oder im unzureichenden Aufgabenzuschnitt auf der Leistungsebene begründet werde.

541 *Moosmayer* in: Rotsch, Criminal Compliance, § 34, Teil B, Rn. 84; Im Ergebnis ebenso *Kubiciel*, ZRP 2014, 133, 137, der die von einem Entscheidungsträger begangene Zuwiderhandlung als starkes Indiz für eine unzureichende Verbandsorganisation ansieht, es aber für vorstellbar hält, dass eine Person erst lange nach ihrer Einstellung trotz eines zureichenden Compliance-Systems eine Straftat begeht.

zum Individuum, so kann bei einmaliger Begehung einer Straftat nach allgemeiner Lebenserfahrung nicht automatisch von der Annahme ausgegangen werden, dass so viel kriminelle Energie vorhanden ist, dass von dem Zeitpunkt der erstmaligen Begehung an in Zukunft erneut Straftaten begangen werden. Dies kann auch mit der Aussage *Rogalls* gestützt werden, die beinhaltet, dass erfahrungsgemäß damit zu rechnen ist, dass Mitarbeiter sich einmal pflichtwidrig verhalten.[542] Der von den Verfassern gewählte Ansatz ist dahingehend zu undifferenziert, da eine einmalige Begehung einer Straftat nicht zur Folge hat, dass in dem Verband eine Struktur herrscht, in der es allgemein üblich ist oder hingenommen wird, dass Straftaten begangen werden. *Hoven* schlägt vor, das Erfordernis der Auswahl der Mitarbeiter, an welches angeknüpft werden soll, durch eine Exkulpationsmöglichkeit für das Unternehmen oder durch den positiven Nachweis des Auswahl- oder Organisationsverschuldens zu regeln.[543] *Kubiciel* schlägt eine Ergänzung der Vorschrift dahingehend vor, dass klarstellend festgestellt wird, dass eine Verbandsstrafe nicht verhängt wird, wenn der Verband nachweist, dass er Compliance-Vorkehrungen getroffen hat, die aufgrund einer objektiven ex-ante Prognose notwendig und zumutbar erscheinen, um Zuwiderhandlungen zu vermeiden.[544] *Schmitt-Leonardy* hingegen erachtet den Anwendungsbereich des Straftatbestandes als zu eng und befürwortet unter der Annahme, dass eine kriminelle Verbandsattitüde herrschen müsste, dass die Handlungen bzw. Unterlassungen aller Mitarbeiter als Anknüpfungspunkt zu wählen sind.[545] Zugrunde legt sie ihrer Ansicht, dass es sich bei der kriminellen Verbandsattitüde um kein empirisch belegtes Phänomen handelt[546], sondern dass sich innerhalb der Unternehmen im Wirtschaftsbereich lediglich günstigere Gelegenheiten ergeben, die sowohl auf das Fachwissen, auf faktische Gelegenheiten, den Zugang zu Schlüsselpositionen als auch auf eine geringere Aufdeckungswahrscheinlichkeit zurückzuführen sind.[547] In der Folge handele es sich dabei nicht um eine Besonderheit im Unternehmenskontext, sondern lediglich um eine Subkultur mit gewissen Gruppenprozessen. Für das spezifische Verbandsunrecht hingegen ist über die individuelle Handlung bzw. Unterlassung hinaus ein weitergehendes Verbandsunrecht zu fordern, was aus den strukturbedingten Entscheidungsprämissen heraus entstanden und dem Abstimmungsprozess von Funktion und Leistung des Verbandes geschuldet sei.[548] Dem Erfordernis eines zusätzlichen Anknüpfungspunktes ist zuzustimmen, um die Problematik der Identität der Schuld durch die Zurechnungskonstruktion zu vermeiden. Allerdings ist es als ausreichend anzusehen, wenn

---

542 *Rogall*, ZStW 1986, 573, 597 f.

543 *Hoven*, ZIS 2014, 19, 21.

544 *Kubiciel*, ZRP 2014, 133, 137.

545 *Schmitt-Leonardy*, ZIS 2015, 11, 18.

546 Anders *Kölbel*, ZIS 2014, 552, 554 der unter Auflistung einiger Risikofaktoren, die auf empirischen Befunden beruhen, gleichzeitig einen Teilbereich der Verbandsattitüde als belegt erachtet.

547 *Schmitt-Leonardy*, ZIS 2015, 11, 14.

548 *Schmitt-Leonardy*, ZIS 2015, 11, 18.

in dem Verbandsstraftatbestand zum Ausdruck kommt, dass die verbandsbezogene Zuwiderhandlung auf eine mangelnde Organisationsstruktur zurückzuführen ist. Dies folgt aus dem Umstand, dass für eine Organisation von den Entscheidungsträgern Entscheidungen getroffen werden müssen, um einen ordnungsgemäßen Ablauf zu ermöglichen und die Einhaltung der Rechtsordnung zu gewährleisten. Wenn durch Fehlentscheidungen verbandsbezogene Zuwiderhandlungen ermöglicht werden, kommt in ihnen gerade zum Ausdruck, dass diese aus strukturbedingten Entscheidungsprämissen und dem damit verbundenen Abstimmungsprozess resultieren. Die mangelnde Organisationsstruktur entspricht daher der Forderung nach einem zusätzlichen Verbandsunrecht.

Abschließend ist zur vorgeschlagenen Regelung festzuhalten, dass diese so nicht zu überzeugen vermag. Zwingend notwendig ist, dass die genauen Anforderungen an eine Zuwiderhandlung näher konkretisiert werden. Sollte die Vorschrift in dieser Form erlassen werden, so werden in der Rechtsanwendung die oben aufgezeigten Unklarheiten bestehen und letztlich die Gerichte mit einer Entscheidung befasst werden. Um einen derartigen Mehraufwand zu vermeiden, empfiehlt sich eine Überarbeitung des § 2 VerbStrG-E vor allem in Bezug auf die Ausgestaltung der Zuwiderhandlung als objektive Bedingung der Strafbarkeit. Eine Formulierung des § 2 Abs. 1 VerbStrG-E könnte unter der Voraussetzung, dass es sich bei der verbandsbezogenen Zuwiderhandlung um eine tatbestandsmäßige und rechtswidrig begangene Straftat handelt, unter Berücksichtigung der vorstehenden Überlegungen z.B. wie folgt lauten:

> Ist durch einen Entscheidungsträger in Wahrnehmung der Angelegenheiten eines Verbandes eine verbandsbezogene Zuwiderhandlung begangen worden, so wird gegen den Verband eine Verbandssanktion verhängt, sofern die verbandsbezogene Zuwiderhandlung auf ein schuldhaftes Organisationsdefizit im Verband zurückzuführen ist, insbesondere bei der Auswahl und Überwachung des Entscheidungsträgers vom Verband, vertreten durch das jeweilige Entscheidungsgremium, die im Verkehr erforderliche Sorgfalt nicht beachtet worden ist.[549]

Die weiteren mit § 2 VerbStrG-E verbundenen Probleme werden im Folgenden näher erörtert.

5. Begriff „eine“ verbandsbezogene Zuwiderhandlung in § 2 Abs. 1 und 2 VerbStrG-E

Des Weiteren ist nicht eindeutig, wie die in § 2 Abs. 1 VerbStrG-E verwendete Formulierung zu verstehen ist, dass die Begehung „einer“ verbandsbezogenen Zuwiderhandlung durch einen Entscheidungsträger für die Verwirklichung des

549 Ein anderer Formulierungsvorschlag findet sich bei *Mansdörfer*, ZIS 2015, 23, 28, der jedoch viel weiter gefasst ist, in dem er auf organisatorische Mängel im Verband abstellt ohne dabei näher zu konkretisieren, worauf diese im Detail basieren.

Tatbestandes erforderlich ist. Es ist daher zu hinterfragen, ob diese Bezeichnung als „eine" Zuwiderhandlung im Sinne der §§ 52, 53 StGB zu verstehen oder ob diese mit dem Begriff der prozessualen Tat nach § 264 StPO gleich zu setzen ist. Diese Frage erlangt vor allem in der Praxis Bedeutung. Zu denken ist z.B. daran, dass ein Entscheidungsträger für sein Unternehmen einen mit einem anderen Unternehmen geschlossenen Vertrag in Form eines Auftrages erfüllen soll und dafür mehrmals den Straftatbestand des Betruges verwirklicht. Ist der Verband in der Folge ebenfalls für jeden einzelnen Betrug zu bestrafen oder ist der Verband dann nur einmal für alle diese einzelnen unter Strafe gestellten Handlungen des Entscheidungsträgers zu bestrafen? Letzteres ist der Fall, wenn man den prozessualen Tatbegriff des § 264 StPO zugrunde legt. Danach liegt eine Tat dann vor, wenn das gesamte Verhalten des Beschuldigten mit dem durch die Strafverfolgungsorgane bezeichneten geschichtlichen Vorkommnis nach der Auffassung des Lebens einen einheitlichen Vorgang bildet.[550] Um genau bestimmen zu können, was einen einheitlichen Vorgang bildet, sind als Kriterien der Tatort, die Tatzeit, das Tatobjekt und die Angriffsrichtung heranzuziehen.[551] Der prozessuale Tatbegriff ist in der Folge nicht identisch mit dem Tatbegriff i.S.d. §§ 52, 53 StGB, sondern vielmehr als ein Oberbegriff zu verstehen.[552] Allerdings lässt sich jedoch unter Zugrundelegung der Konkurrenzen nach dem materiell-rechtlichen Tatbegriff teilweise leichter bestimmen, wann eine prozessuale Tat i.S.d. § 264 StPO vorliegt. So ist z.B. beim Vorliegen von Idealkonkurrenz im materiell rechtlichen Sinne auch eine prozessuale Tat anzunehmen.[553] Liegt hingegen Realkonkurrenz vor, ist darin ein Indiz für mehrere prozessuale Taten gegeben.[554] Es gibt jedoch auch Fälle, wie z.B. bei einer Trunkenheitsfahrt mit Unfall und anschießender Fahrerflucht, in denen die Rechtsprechung trotz Vorliegens von Realkonkurrenz im materiell-rechtlichen Sinne Tatidentität i.S.d. § 264 StPO annimmt.[555] Aufgrund dieser uneinheitlichen Handhabung in der Praxis und der Beurteilung aufgrund jedes Einzelfalls erscheint es mir notwendig zu bestimmen, unter welchen Tatbegriff die Regelung des § 2 Abs. 1 und 2 VerbStrG-E fallen soll.

Dafür ist zunächst zu erörtern, ob es sich bei dem zuvor geschilderten Beispielsfall des Betruges eines Mitarbeiters des Verbandes überhaupt um eine prozessuale Tat i.S.d. § 264 StPO handeln kann. Die Verwirklichung des § 263 StGB ist durch den Mitarbeiter des Verbandes durch mehrere, verschiedene Handlungen eingetreten, weshalb Realkonkurrenz vorliegt. In der Konsequenz liegen also grundsätzlich auch mehrere prozessuale Taten i.S.d. § 264 StPO vor. Fraglich ist jedoch, ob nicht auch eine Ausnahme vorliegt, bei der trotz Vorliegens von Realkonkurrenz eine Tatidentität im Sinne des prozessualen Tatbegriffs gegeben ist. Um sich dieser Problematik

550 BVerfGE 56, 22, 28; BGH, BeckRS 2013, 02146, Rn. 36; *Kuckein* in: KK, StPO, § 264 Rn. 3.
551 *Beulke*, Strafprozessrecht, Rn. 513.
552 *Beulke* in: 50 Jahre BGH-Wiss-FG, S. 781 ff.
553 *Beulke*, Strafprozessrecht, Rn. 514 m.w.N.
554 BGHSt 43, 96, 99; BGHSt 44, 91, 94.
555 BGHSt 23, 141, 147.

anzunähern, ist zunächst zu hinterfragen, ob es sich bei dem zuvor geschilderten Beispielsfall um eine vergleichbare Situation handelt wie die der Trunkenheitsfahrt mit Unfall und anschließender Fahrerflucht. Die Zäsur für das Vorliegen von Tatmehrheit ergibt sich im Beispielsfall dadurch, dass der Entscheidungsträger zu jedem neuen Betrug für die Erfüllung seiner Aufgaben im Rahmen des Vertrages einen neuen Willensentschluss fassen muss und darüber hinaus die Täuschungshandlungen nicht zwangsweise gegenüber ein und derselben Person begehen muss. Eine Tatidentität könnte dennoch vorliegen, wenn man die oben für den prozessualen Tatbegriff entscheidenden Kriterien in die Überlegungen mit einbezieht. Der Tatort im weitesten Sinne kann in einem solchen Fall der gleiche sein, nämlich ist hier an die Räumlichkeiten des Verbandes zu denken. Zwingend ist dies aber nicht, da es auch durchaus möglich sein kann, dass der Entscheidungsträger zur Erfüllung seiner Aufgaben auch Termine außerhalb seines Arbeitsplatzes wahrnimmt. Auch die Tatzeit kann sich über einen langen Zeitraum ziehen, wenn sich die Vertragsbeziehung auf keinen bestimmbaren begrenzten Zeitraum bezieht und vermag somit eher kein Indiz für das Vorliegen einer prozessualen Tat darzustellen. Ebenfalls käme als weiteres Indiz für das Vorliegen einer prozessualen Tat das von § 263 StGB geschützte Rechtsgut, das Vermögen, in Betracht. Allerdings erscheint hier fraglich, ob es ausreichend ist, wenn das Vermögen verschiedener Personen/ Verbände durch die einzelnen Täuschungshandlungen geschädigt wird. Jedoch ist hier die Besonderheit zu beachten, vergleichbar der Trunkenheitsfahrt mit Unfall und anschließender Fahrerflucht, dass zwar Tatobjekte unterschiedlicher Personen/ Verbände betroffen sein können, diese aber vom Entscheidungsträger nur deshalb geschädigt werden, um seine Aufgaben im Rahmen eines durch den Verband geschlossenen Vertrages zu erfüllen. Es geht ihm letztlich also nur darum, in diesem Rahmen für den Verband einen größtmöglichen Vorteil zu erlangen, ohne dass es für den Entscheidungsträger selbst maßgeblich darauf ankommt, wessen Vermögen er dadurch schädigt. Die Angriffsrichtung des Entscheidungsträgers zielt gerade darauf ab, alles für die Erfüllung seiner Aufgaben im Rahmen des Vertrages zu tun, weshalb er bei der Entschließung zur Begehung der einzelnen Täuschungshandlungen immer denselben Lebenssachverhalt zugrunde legt. Eine Aufspaltung dieser einzelnen Handlungen im Rahmen eines strafprozessualen Verfahrens wäre unnatürlich, da sich die durch (zeitliche) Zäsur voneinander getrennten Täuschungshandlungen aus Sicht des Entscheidungsträgers allein auf den Sachverhalt der Erfüllung des Vertrages des Verbandes stützen. Auch kann sich z.B. die Bereicherung des Verbandes erst in der Zusammenschau der einzelnen Täuschungshandlungen in dem Ausmaß ergeben, dass eine angemessene Sanktionierung des Verbandes durch das Gericht verhängt werden kann. Die Tatidentität ergibt sich in der geschilderten Konstellation unmittelbar aus der Besonderheit, dass es für die strafrechtliche Verantwortlichkeit des Verbandes auf das Verhalten der für sie handelnden natürlichen Person ankommt. Darüber hinaus würde eine andere Sichtweise in der Praxis zur Folge haben, dass für jeden einzelnen Betrug, der in einem Verfahren erst nach Eröffnung des Hauptverfahrens zu bereits angeklagten Betrugsstraftaten entdeckt wird, einer Nachtragsanklage gem. § 266 StPO bedürfte, was zu einem erheblichen

Arbeitsaufwand der Staatsanwaltschaften führen würde.[556] Darüber hinaus erscheint die strafrechtliche Verantwortlichkeit von Verbänden dann auszuufern, wenn man den Verband wie in dem zuvor geschilderten Beispiel für jede einzelne Verwirklichung des Betrugstatbestandes bestrafen würde. Es kann nicht Ziel eines Verbandsstrafgesetzbuches sein, die Verantwortlichkeit von Verbänden in einem so starken Maß zu verstärken, dass eine der von natürlichen Personen vergleichbare Strafbarkeit nicht erreicht werden kann, sondern ein stärkerer Eingriff in die Rechtsstellung der Verbände durch die Bestrafung erfolgt, was wiederum mit erheblichen Bedenken gegen das Willkürverbot verbunden ist. Auch im Rahmen des § 2 Abs. 2 VerbStrG-E gelten die obigen Ausführungen. Argumentationsgrundlage sind die zu § 130 OWiG entwickelten Grundsätze. Im Rahmen des § 130 OWiG wird nur eine einheitliche Geldbuße verhängt, wenn aufgrund der Aufsichtspflichtverletzung in einem gewissen zeitlichen Zusammenhang mehrere Zuwiderhandlungen gegen dieselbe Vorschrift begangen werden.[557] Dies ist darauf zurückzuführen, dass ein dauernd unachtsames Gesamtverhalten vorliegt, auf dem die einzelnen Pflichtverletzungen beruhen.[558] Es liegt dem Geschehen also ebenfalls ein einheitlicher Lebenssachverhalt zugrunde, dessen Aufspaltung nur unnatürlich wäre. Bezieht sich hingegen dieselbe Aufsichtspflichtverletzung auf Zuwiderhandlungen gegen unterschiedliche, voneinander unabhängige Pflichten, können auch mehrere Handlungen vorliegen.[559] Dies ist nach der Rechtsprechung stets Tatfrage.[560] Allerdings kann auch bei mehreren Zuwiderhandlungen unabhängig von deren Zahl oder Verschiedenheit für die Beurteilung, ob eine Tat vorliegt nur maßgeblich sein, ob eine oder mehrere Aufsichtsmaßnahme ausgeblieben sind.[561] Dies ist vor allem darauf zu stützen, dass nach der Rechtsprechung des BGH auch bei Zuwiderhandlungen, die in mehreren Zweigniederlassungen eines Unternehmens begangen werden

556 Ein solcher Mehraufwand durch die Einführung eines Verbandsstrafgesetzbuches wird von den Verfassern des Entwurfs dadurch als kompensiert angesehen, dass die Staatskasse durch die Erweiterung des Sanktionenkatalogs in Form von höheren Geldstrafen, Abschöpfungsbeträgen und Geldauflagen nicht quantifizierbare Mehreinnahmen erzielen wird, vgl. Gesetzesentwurf, S. 38. Diese Angaben erscheinen mir zu pauschal, da keine exakten Angaben über die Mehreinnahmen existieren und solche erst im Nachhinein gemacht werden können, weshalb zunächst ein Mehraufwand besteht, der jedenfalls zunächst nicht zwingend ausgeglichen ist. *Zieschang*, GA 2014, 91, 100, bezeichnet eine Vorstellung der Verwendung der Geldstrafen für zusätzliches Personal zwar als gute Idee, im Ergebnis jedoch als reine Illusion. In der Stellungnahme des Deutschen Richterbundes, Nr. 16/14, a.a.O., S. 3 wird betont, dass ein Personalausbau bei den Staatsanwaltschaften und Gerichten bei der Einführung eines Unternehmensstrafrechts zwingend notwendig ist.

557 *Gürtler* in: Göhler, OWiG, § 130 Rn. 16.

558 *Gürtler* in: Göhler, OWiG, § 130 Rn. 16 m.w.N.

559 *Rogall* in: KK, OWiG, § 130 Rn. 75.

560 OLG Frankfurt, NJW 1992, 2777.

561 *Rogall* in: KK, OWiG, § 130 Rn. 75.

zugleich aber auf einem Organisationsmangel beruhen, als eine Tat anzusehen sind.[562] Diese Vorgehensweise im Ordnungswidrigkeitenrecht ist auch auf ein mögliches Verbandsstrafrecht sowohl beim Straftatbestand nach § 2 Abs. 1 VerbStrG-E als auch nach § 2 Abs. 2 VerbStrG-E zu übertragen, da bei beiden Straftatbeständen ein Organisationsdefizit für die verbandsbezogene Zuwiderhandlung maßgeblich sein muss. Allein eine Ergänzung der Vorschriften um den Zusatz, dass es sich bei einer verbandsbezogener Zuwiderhandlung um eine Tat im Sinne des § 264 StPO handeln muss, reicht nicht aus. Grund hierfür ist, dass bei einer derartigen Einfügung nicht alle Konstellationen hinreichend erfasst werden und die mit dem prozessualen Tatbegriff verbundenen Probleme bestehen bleiben. Um Rechtssicherheit zu schaffen, wie der Begriff „eine" verbandsbezogene Zuwiderhandlung tatsächlich zu verstehen ist, empfiehlt es sich daher einen § 2 Abs. 2 a mit folgendem Inhalt einzufügen:

> Eine verbandsbezogene Zuwiderhandlung im Sinne der Absätze 1 und 2 liegt vor, wenn alle Handlungen des Entscheidungsträgers oder Mitarbeiters auf demselben Organisationsdefizit des Verbandes beruhen.

So kann von Anfang an vermieden werden, dass sich in der Rechtsanwendung Schwierigkeiten, vor allem in etwaigen strafrechtlichen Verfahren gegen Verbände, ergeben.

6. Merkmal „in Wahrnehmung der Angelegenheiten" gem. § 2 Abs. 1 und 2 VerbStrG-E

Des Weiteren ist nach § 2 Abs. 1 und 2 VerbStrG-E erforderlich, dass die Zuwiderhandlung in Wahrnehmung der Angelegenheiten des Verbandes begangen worden ist. Die Entwurfsverfasser beziehen sich in der Begründung auf die für § 30 OWiG geltenden Voraussetzungen, sodass mit diesem Zusatz vermieden werden soll, dass Zuwiderhandlungen, die nur bei Gelegenheit und ausschließlich im privaten Interesse begangen werden, ebenfalls von der Vorschrift erfasst sind.[563] Darüber hinaus seien Exzesstaten, die der Entscheidungsträger nicht im Rahmen der ihm obliegenden Aufgaben begeht, von der Vorschrift nicht erfasst, da es dann an dem notwendigen inneren Zusammenhang des Verhalten des Täters mit seiner Stellung als Entscheidungsträger fehle.[564] Ob jedoch tatsächlich notwendig sein muss, dass der Entscheidungsträger innerhalb der ihm auferlegten Aufgaben, also innerhalb des ihm gesetzten Zuständigkeitsbereichs, handeln muss, erscheint fraglich. Die Entwurfsverfasser stützen sich im Wesentlichen auf die zu § 30 OWiG entwickelten Grundsätze, ziehen aber im Ergebnis nicht den gleichen Schluss, da es bei § 30 OWiG gerade nicht notwendig sein muss, dass der Täter den ihm gesetzten

562 BGH, wistra 1986, 111, 112.

563 Gesetzesentwurf, S. 45.

564 Gesetzesentwurf, S. 45 unter Bezugnahme auf *Gürtler* in: Göhler, OWiG, § 30 Rn. 24 und BGH NStZ 1997, 30.

Zuständigkeitsbereich eingehalten oder überschritten hat.[565] Eine Differenzierung bei einer strafrechtlichen Verantwortlichkeit von Verbänden im Gegensatz zu einer Verantwortlichkeit nach § 30 OWiG ist nicht haltbar. Ein Unterschied ist vorliegend nicht ersichtlich, da im Rahmen des § 30 OWiG gefordert wird, dass der Täter die Tat als vertretungsberechtigtes Organ einer juristischen Person begangen hat, es also entscheidend auf seine Stellung und das Handeln in Bezug auf seine Eigenschaft als Organ ankommt. Begeht ein Entscheidungsträger nun eine Zuwiderhandlung, die den Verband bereichert, wobei er den ihm zugewiesenen Aufgabenbereich überschreitet, so kommt in dieser dennoch seine Stellung als Entscheidungsträger zum Ausdruck. Vom Wortlaut der Norm ist ein solcher Ausschluss von Zuwiderhandlungen, die den Zuständigkeitsbereich des Entscheidungsträgers überschreiten, nicht erfasst. Auch vom Sinn und Zweck der Norm scheidet ein solcher Anwendungsausschluss aus, da dieser gerade darin besteht, einen Zusammenhang zwischen der Stellung des Entscheidungsträgers im Verband und seinem Verhalten herzustellen. Ein solcher Zusammenhang ist auch dann gegeben, wenn der Entscheidungsträger die ihm zugewiesene Stellung derart missbraucht, dass er für den Verband außerhalb des ihm zugewiesenen Aufgabenbereichs tätig wird.

7. Aufsichts- und Überwachungsverschulden

Nach § 2 Abs. 2 VerbStrG-E wird gegen den Verband dann eine Verbandssanktion verhängt, wenn in Wahrnehmung der Angelegenheiten eines Verbandes eine verbandsbezogene Zuwiderhandlung begangen worden ist, welche durch einen Entscheidungsträger des Verbandes vorsätzlich oder fahrlässig zumutbare Aufsichtsmaßnahmen, insbesondere technischer, organisatorischer oder personeller Art, unterlassen worden sind, durch welche die Zuwiderhandlung wesentlich erschwert worden wäre. Diese Vorschrift birgt mehrere Probleme in sich. Zum einen ist der mögliche Täterkreis der Regelung zu vertiefen. Zum anderen ist zu dem, dem Verband gemachten Vorwurf des Aufsichts- und Überwachungsverschuldens in der vorliegenden Ausgestaltung Stellung zu nehmen. Darüber hinaus ist sich mit den unbestimmten Begriffen der Zumutbarkeit der Aufsichtsmaßnahmen und der wesentlichen Erschwerung der Zuwiderhandlung auseinanderzusetzen.

7.1 Taugliche Täter der verbandsbezogenen Zuwiderhandlung

Nach dem Wortlaut des § 2 Abs. 2 VerbStrG-E ist der Täterkreis in Bezug auf die als objektive Bedingung der Strafbarkeit ausgestaltete verbandsbezogene Zuwiderhandlung nicht eingegrenzt.[566] Danach kann jeder, sofern er für den Verband tätig wird, eine solche verbandsbezogene Zuwiderhandlung begehen. Da dem Wortlaut

565 *Gürtler* in: Göhler, OWiG, § 30 Rn. 24; *Rogall* in: KK, OWiG, § 30 Rn. 108; BGH NStZ 1997, 30.

566 Für die Aufsichtspflichtverletzung wird hingegen auf das Verhalten eines Entscheidungsträgers abgestellt. Siehe hierzu näher Kapitel 3, B.7.

nach keine weiteren Anforderungen, außer der Verbandsbezogenheit, erfüllt sein müssen, können auch freie Mitarbeiter oder Mitarbeiter anderer Verbände, die im Rahmen eines Auftrags für einen Verband tätig sind, solche Zuwiderhandlungen begehen. Auch dem Sinn und Zweck nach kann jedermann, der für den Verband handelt, eine solche Zuwiderhandlung begehen, da nach der Begründung der Entwurfsverfasser durch die Vorschrift des § 2 Abs. 2 VerbStrG-E die organisierte Unverantwortlichkeit unter Strafe gestellt werden soll.[567] Ob ein solch weit gefasster Täterkreis für die Begründung der strafrechtlichen Verantwortlichkeit des Verbandes unter Berücksichtigung des Aspektes, dass zusätzlich auch eine Aufsichtspflichtverletzung eines Entscheidungsträgers notwendig ist, erscheint zweifelhaft. Von besonderer Bedeutung ist hierbei, dass dem Entscheidungsträger ein Vorwurf der unzureichenden Organisation gemacht wird, der letztlich dem Verband angelastet wird, ohne dass der Entscheidungsträger in den zuvor genannten Beispielsfällen tatsächlich einen Einfluss auf das Verhalten dieser Mitarbeiter hat. Eine dahingehende strafrechtliche Verantwortlichkeit wird dem hinter der Vorschrift stehenden Gedanken von systemischen Fehlentwicklungen nicht gerecht. Bei Personen, die zwar für den Verband handeln, jedoch nicht in das Gesamtsystem mit eingebunden sind, muss eine strafrechtliche Verantwortlichkeit des Verbandes aufgrund der sonst damit verbundenen zu scharfen Sanktionen ausscheiden. Entscheidend ist auch hier, dass es in letzter Konsequenz auf das Verhalten natürlicher Personen ankommt. Wenn diese aber außerhalb des Verbandes stehen und nur im Rahmen eines Auftrages für den Verband tätig werden, würde die Bestrafung des Verbandes eine zu starke Einschränkung für diesen im Rahmen seiner wirtschaftlichen Flexibilität und Tätigkeit darstellen. Eine so weitreichende strafrechtliche Verantwortlichkeit von Verbänden kann auch von den Entwurfsverfassern nicht beabsichtigt sein.

7.2 Rechtsprechung zum Organisationsverschulden

In der Gesetzesbegründung wird angeführt, dass die Regelung des § 2 Abs. 2 VerbStrG-E Ausdruck der organisierten Unverantwortlichkeit des Verbandes ist und ihm deshalb ein Organisationsverschulden zur Last gelegt werden kann. Es ist daher zunächst zu erörtern, welche höchstrichterliche Rechtsprechung es zu der Thematik des Organisationsverschuldens gibt, um diese anschließend auf ihre Übertragbarkeit auf den vorliegenden Entwurf des Verbandsstrafgesetzbuches zu überprüfen.

7.2.1 Lederspray-Entscheidung des BGH vom 6.7.1990

Der Lederspray-Entscheidung des BGH[568], die als Jahrhunderturteil bezeichnet worden ist[569], liegt folgender Sachverhalt zugrunde: Die Firmengruppe stellt Lederspray – abgefüllt in Treibgasdosen – für Schuhe und sonstige Bekleidungsgegenstände her,

567 Gesetzesentwurf, S. 46.
568 BGHSt 37, 106.
569 *Schünemann* in: 50 Jahre BGH-Wiss-FG, 621 ff.

welche durch Tochterfirmen vertrieben werden. Ab dem Spätherbst 1980 gingen bei der Firmengruppe Schadensmeldungen ein, dass Personen nach dem Gebrauch von Ledersprays gesundheitliche Beeinträchtigungen, insbesondere Atembeschwerden, Husten, Übelkeit, Schüttelfrost und Fieber erlitten hatten, was durch Flüssigkeitsansammlungen in der Lunge verursacht wurde. Firmeninterne Untersuchungen ergaben, dass der Wirkstoffanteil des Silikonöls erhöht worden war, welcher in der Folge aus den Produkten herausgenommen wurde. Fabrikationsfehler konnten nicht festgestellt werden. Da sich die Schadensmeldungen fortsetzten, fand im Mai 1981 eine Sondersitzung der Geschäftsführung statt, bei der Einigkeit darüber bestand, dass die Anordnung eines Vertriebsstopps, einer Rückruf- oder Warnaktion nur dann in Betracht komme, wenn ein echter Produktionsfehler festgestellt werden könne. In der Folgezeit kam es zu weiteren Gesundheitsschäden, wobei es nach wie vor nicht gelang, durch Untersuchungen die schadensauslösende Substanz zu identifizieren. Nach Interventionen des Bundesgesundheitsamts und des Bundesministeriums für Jugend, Familie und Gesundheit startete die Firmengruppe eine Rückrufaktion und ordnete einen Verkaufsstopp an. Der BGH bestätigte die Verurteilung der Geschäftsführer wegen fahrlässiger und nach der einberufenen Sondersitzung wegen vorsätzlicher Körperverletzung. Zur Begründung führte der 2.Strafsenat an, dass die Produktion und der Vertrieb von Erzeugnissen durch eine im Rahmen ihres Gesellschaftszwecks tätige GmbH ihren Geschäftsführern auch in strafrechtlicher Hinsicht als eigenes Handeln zuzurechnen sind.[570] Offen ließ der BGH hingegen die Entscheidung, ob zivilrechtliche Haftungsprinzipien zur Bestimmung strafrechtlicher Verantwortlichkeit herangezogen werden können, da es aufgrund der Garantenstellung der Geschäftsführer zur Schadensabwendung einer solchen nicht bedurfte.[571] Des Weiteren stellt der BGH auf eine Generalverantwortung und Allzuständigkeit der Geschäftsführung ab, weshalb jedes einzelne Mitglied der Geschäftsführung unabhängig von der jeweiligen Ressourcenaufteilung in Krisensituationen zum Handeln berufen ist.[572]

7.2.2 Mauerschützen-Entscheidung des BGH vom 26.7.1994

In der Mauerschützen-Entscheidung[573] hatte der BGH über die Strafbarkeit der Mitglieder des nationalen Verteidigungsrates der DDR für vorsätzliche Tötungen von Flüchtlingen aus der DDR in die Bundesrepublik durch Grenzsoldaten zu entscheiden. Die Grenzsoldaten handelten auf Befehl des Verteidigungsrates hin. Dieser beschloss in der Grenzregion Minen zu legen, Selbstschussanlagen einzurichten und den Schusswaffeneinsatz gegen Flüchtlinge anzuordnen. Bei der Entscheidung kam es vor allem auf die Voraussetzungen der Figur der mittelbaren Täterschaft an, wobei laut dem BGH trotz eines uneingeschränkt handelnden Tatmittlers eine vom

570 BGHSt, 37, 106, 114.
571 BGHSt, 37, 106, 115.
572 *Beulke/Bachmann*, JuS 1992, 737, 744.
573 BGHSt 40, 218.

Hintermann beabsichtigte Tatbestandsverwirklichung eintrete, wenn der Hintermann durch Organisationsstrukturen bestimmte Rahmenbedingungen ausnutze, innerhalb derer sein Teilbeitrag regelhafte Abläufe auslöse. Bei staatlichen, unternehmerischen oder geschäftsähnlichen Organisationsstrukturen und Befehlshierarchien kämen derartige Rahmenbedingungen mit regelhaften Abläufen zumeist in Betracht. Der Hintermann besitze in einem solchen Fall dann die Tatherrschaft, wenn er die Erfüllung des Tatbestandes als Ergebnis seines eigenen Handelns wolle und in Kenntnis der Umstände die unbedingte Bereitschaft des unmittelbar Handelnden ausnutze.[574] Eine derart verstandene mittelbare Täterschaft käme nicht nur beim Missbrauch staatlicher Machtbefugnisse, sondern auch in Fällen mafiaähnlich organisierter Verbrechen in Betracht, bei denen eine arbeitsteilige Mittäterschaft durch den hierarchischen Abstand zwischen Organisationsspitze und den unmittelbare Handelnden ausscheide. Auch das Problem der Verantwortlichkeit beim Betrieb wirtschaftlicher Unternehmen lasse sich so lösen.[575] Im Ergebnis bejahte der BGH eine mittelbare Täterschaft der Mitglieder des nationalen Verteidigungsrates der DDR, da dessen Entscheidungen zwingende Voraussetzungen für die grundlegenden Befehle waren, auf denen das Grenzregime der DDR beruhte. Die Mitglieder des Verteidigungsrates wussten, dass die Beschlüsse desselben ausgeführt werden mussten. Aufgrund dieser hierarchischen Struktur zwischen den Befehlshabern und den unmittelbar Handelnden kommt nach der Auffassung des BGH nur eine mittelbare Täterschaft der Mitglieder des Verteidigungsrates in Betracht.

7.2.3 Übertragung auf das Verbandsstrafgesetzbuch

Die oben geschilderten Entscheidungen, insbesondere die Lederspray-Entscheidung, vermögen im Ergebnis ebenfalls keine strafrechtliche Verantwortlichkeit von Verbänden aufgrund eines Organisationsverschuldens zu begründen.[576] In dem Urteil des BGH werden keine Feststellungen zur strafrechtlichen Verantwortlichkeit von Unternehmen getätigt und auch nicht zu der Frage, ob ein Unternehmen in einem strafrechtlichen Sinne gehandelt oder unterlassen hat.[577] Vielmehr geht es in der Lederspray-Entscheidung um die Aufsichtspflichten der Geschäftsführung und die Garantenstellung der Geschäftsführer bei Verletzung der ihnen obliegenden Pflichten. Dem BGH oblag also lediglich eine Entscheidung darüber, ob die für die juristische Person handelnden, natürlichen Personen im Falle der für die juristische Person obliegenden Pflichten, bei Verletzung letztere, strafrechtlich zur Verantwortung gezogen werden. Eine Bestrafung des Unternehmens ist von der vom BGH getroffenen Entscheidung gerade nicht erfasst. Auch im Mauerschützen-Fall führt das Abstellen auf die Organisation als solche nicht zur Bestrafung des nationalen Verteidigungsrates der DDR, sondern lediglich zu der Bestrafung seiner Mitglieder.

574 BGHSt 40, 218, 236.
575 BGHSt 40, 218, 237.
576 *Eidam*, Unternehmen und Strafe, S. 261.
577 A.A.: *Taschke*, NZWiSt 2012, 41, 42.

Es geht zwar um das erhöhte Risiko von Strafbarkeit durch das Bestehen einer Organisation, in letzter Konsequenz sind es aber die natürlichen Personen, die in ihrer Eigenschaft, z.B. als Organ, die Organisation des Verbandes übernehmen. Ein Vorwurf kann also nur den natürlichen Personen gemacht werden, da sie sich auch für rechtmäßiges Handeln hätten entscheiden können.[578] Deshalb kommt auch im Rahmen des Organisationsverschuldens nur eine strafrechtliche Verantwortlichkeit von Verbänden in Betracht, wenn man das Verhalten der für den Verband handelnden natürlichen Personen diesem zurechnet. Als weitere Voraussetzung wird eine Aufsichtspflichtverletzung eines Entscheidungsträgers gefordert, deren Anforderungen im Folgenden näher erörtert werden.

7.3 Zumutbarkeit der Aufsichtsmaßnahmen

Die Pflichtverletzung des Entscheidungsträgers soll darin bestehen, dass dieser vorsätzlich oder fahrlässig zumutbare Aufsichtsmaßnahmen unterlassen hat, durch die die Zuwiderhandlung wesentlich erschwert worden wäre. Da die Begriffe der Zumutbarkeit der Aufsichtsmaßnahmen und der wesentlichen Erschwernis der Zuwiderhandlung im Verbandsstrafgesetzbuch nicht definiert werden, bedarf es einer weitergehenden Betrachtung.

7.3.1 Begriff der Zumutbarkeit

Was einem Entscheidungsträger im Rahmen der ihm obliegenden Aufsichtspflichten zumutbar ist, wird nicht durch das Verbandsstrafgesetzbuch bestimmt, es könnte sich vielmehr um einen unbestimmten Rechtsbegriff handeln. Die Entwurfsverfasser begründen eine fehlende genaue Definition mit der Vielfältigkeit der Lebenssachverhalte und wollen für die Konkretisierung des Begriffes an die Rechtsprechung zur Bestimmung der im Einzelfall erforderlichen Maßnahmen in den Bereichen Personalauswahl, Anleitung und Überwachung von Mitarbeitern sowie für sonstige Leitungs- und Organisationsaufgaben entwickelten Grundsätze anknüpfen.[579] Ob der Entscheidungsträger die nach den Umständen gebotene Sorgfalt schuldhaft unterlassen haben muss, wird weder im Verbandsstrafgesetzbuch geregelt noch beziehen die Entwurfsverfasser in der Gesetzesbegründung dazu Stellung.[580] Nach der hier vertretenen Auffassung, wonach für die Schuld des Verbandes das Organisationsdefizit maßgeblich sein soll, ist ein schuldhaftes Außerachtlassen der erforderlichen Sorgfalt durch den Entscheidungsträger notwendig, um eine Schuld des Verbandes konstruieren zu können. Aufgrund dieser nicht ganz eindeutigen

---

578 Vgl. hierzu bereits Kapitel 3, B.3.5.

579 Gesetzesentwurf, S. 46 f.

580 Eine solche schuldhafte Außerachtlassung der erforderlichen Sorgfalt des Entscheidungsträgers fordert *Schmoller* in: FS Otto, 453, 466 in Bezug auf das österreichische Verbandsverantwortlichkeitsgesetz, da es für das Vorliegen der Sorgfaltswidrigkeit auch einer subjektiven Sorgfaltspflichtverletzung bedürfe.

Anforderungen an den Begriff der Zumutbarkeit ist dieser auf seine Bestimmtheit zu überprüfen.

7.3.2 Begriff der wesentlichen Erschwernis

Wann die zumutbaren Aufsichtsmaßnahmen, die der Entscheidungsträger unterlassen hat, die Zuwiderhandlung wesentlich erschwert haben, ist im Gesetz nicht näher definiert.[581] Die Entwurfsverfasser gehen in ihrer Begründung auf dieses Tatbestandsmerkmal nicht ein, weshalb auch dieser Begriff auf seine Bestimmtheit zu überprüfen ist.

7.3.3 Einhaltung des Bestimmtheitsgrundsatzes

Nach dem in Art. 103 Abs. 2 GG verankerten Grundsatz müssen Gesetze bestimmt sein, das heißt, dass die Formulierung einer Norm so gewählt sein muss, dass die freiheitsgewährleistende und kompetenzwahrende Funktion des Art. 103 Abs. 2 GG gewährleistet ist.[582] Der Bestimmtheitsgrundsatz ist dann gewahrt, wenn eine Norm bestimmte einheitliche Qualitäten aufweist, das heißt, der Gesetzgeber ist verpflichtet, die Voraussetzungen der Strafbarkeit so konkret zu umschreiben, dass Tragweite und Anwendungsbereich der Straftatbestände zu erkennen sind.[583] Entscheidend ist daher, dass es dem Normadressat aus rechtsstaatlichen Gesichtspunkten möglich ist Strafnormen zu verstehen und vorherzusehen, unter welchen tatbestandlichen Voraussetzungen er mit einer Strafe zu rechnen hat. Allerdings verlangt Art. 103 Abs. 2 GG vom Gesetzgeber nicht, dass Strafnormen so detailliert und präzise wie möglich formuliert werden und die Tatbestandsmerkmale ausschließlich deskriptiv und exakt fassbar sein müssen.[584] Dies folge insbesondere aus der Vielgestaltigkeit des Lebens, dem Wandel der Verhältnisse und der Tatsache, dass sonst Besonderheiten des Einzelfalls nicht ausreichend berücksichtigt werden können. Gesetze würden sonst zu starr und kasuistisch. Gegen die Verwendung von Generalklauseln oder unbestimmten, wertausfüllungsbedürftigen Begriffen bestehen nach dem Bundesverfassungsgericht dann keine Bedenken, wenn sich deren Bedeutung unter Zuhilfenahme der üblichen Auslegungsmethoden ermitteln lässt.[585] Hierbei seien insbesondere andere Vorschriften desselben Gesetzes heranzuziehen, der Normzusammenhang zu beachten oder eine gefestigte Rechtsprechung als zuverlässige Grundlage für die Auslegung und Anwendung der Norm vorhanden. Abstrakte Formulierungen können also grundsätzlich in Normen verwendet werden.

---

581 *Zieschang*, GA 2014, 91, 101.

582 *Schmidt-Aßmann* in: Maunz/Düring, GG, Art. 103 Rn. 179 ff.

583 *Schmidt-Aßmann* in: Maunz/Düring, GG, Art. 103 Rn. 184.

584 BVerfGE 45, 363, 371; BVerfGE 48, 48, 56.

585 BVerfGE 45, 363, 371 f.; BVerfGE 48, 48, 56; *Schmidt-Aßmann* in: Maunz/Düring, GG, Art. 103 Rn. 186.

7.3.4 Stellungnahme

Im Folgenden ist Stellung zu beziehen, ob durch die Verwendung der Begriffe der Zumutbarkeit von Aufsichtsmaßnahmen und der wesentlichen Erschwernis der Bestimmtheitsgrundsatz unter Berücksichtigung der Auslegung der Begriffe eingehalten worden ist, dem Rechtsanwender also ermöglicht wird, den durch § 2 Abs. 2 VerbStrG-E geschützten Wert sowie das Verbot bestimmter Verhaltensweisen zu erkennen und die staatliche Reaktion vorauszusehen. Eine exakte Umschreibung der Aufsichtsmaßnahmen erfolgt in § 2 Abs. 2 VerbStrG-E nicht, allerdings findet sich eine Konkretisierung der möglichen Aufsichtsmaßnahmen in der Vorschrift durch den Zusatz, dass die Aufsichtsmaßnahmen insbesondere technischer, organisatorischer oder personeller Art sein sollen. Aufgrund dieser Präzisierung und der Komplexität und Vielgestaltigkeit unternehmensinterner Beziehungen erscheint eine exakte Umschreibung der erforderlichen Aufsichtshandlungen nicht zwingend notwendig.[586] Um die Einzelfallgerechtigkeit zu ermöglichen, kann für die Auslegung der Aufsichtsmaßnahmen auf die in der Literatur und Rechtsprechung entwickelten Grundsätze zu § 130 OWiG zurückgegriffen werden. Es kann dem Entscheidungsträger daher nicht abverlangt werden, ein flächendeckendes Kontrollnetz zu schaffen, da er auf die Einhaltung strafrechtlicher Normen durch seine Mitarbeiter vertrauen darf, jedoch kann von ihm erwartet werden, dass er eine sorgfältige Auswahl von Mitarbeitern trifft, eine sachgerechte Organisation und Aufgabenverteilung vornimmt, die Mitarbeiter bezüglich ihrer Pflichten und Aufgaben instruiert und aufklärt, die Mitarbeiter kontrolliert und überwacht und schließlich bei Verstößen gegen den Mitarbeitern obliegenden Pflichten eingreift.[587] Nach der Rechtsprechung ist für die konkrete Bestimmung der Sorgfaltspflichten maßgeblich, welches Verhalten ein „gewissenhafter und besonnener Mensch des Verkehrskreises, dem der Handelnde angehört",[588] in der jeweiligen Handlungssituation gewählt hätte. Die Berufung auf sog. Maßstabsfiguren könnte jedoch bei neu auftretenden und neuen wissenschaftlichen Erkenntnissen mangels gesicherter Verhaltensregeln rein hypothetisch und zirkulär bestimmt werden.[589] Deshalb läge es in der Hand der jeweiligen Branchen die Verhaltenspflichten zu bestimmen, womit die Gefahr verbunden wäre, dass das Merkmal der im Verkehr erforderlichen Sorgfalt mit der tatsächlich aufgebrachten Sorgfalt gleichgesetzt werden würde.[590] Um diese Gefahr zu vermeiden, müsste ein empirischer Bezug der Maßstabsfigur ermittelt werden,

---

586 *Hoven*, ZIS 2014, 19, 29; a.A.: *Löffelmann*, JR 2014, 185, 192; *Zieschang*, GA 2014, 91, 101 Stellungnahme Deutscher Richterbund, Nr. 14/16, a.a.O., S. 6, wonach betroffene Verbände dem strafrechtlichen „trial and error" ausgesetzt werden, was gegen den Bestimmtheitsgrundsatz verstoße.

587 *Rogall* in: KK, OWiG, § 130 Rn. 42 m.w.N.

588 Vgl. hierzu BGHSt 7, 309 f.; BGHSt 16, 161; BGHSt 20, 319 ff.; BGHSt 20, 321.

589 *Bosch*, a.a.O., S. 399; *Geismar*, Der Tatbestand der Aufsichtspflichtverletzung bei der Ahndung von Wirtschaftsdelikte, S. 83.

590 *Bosch*, a.a.O., S. 396; *Geismar*, a.a.O., S. 83.

welcher aufgrund der Vielzahl der Organisationsmodelle und der damit einhergehenden Pflichten eine so hohe Abstraktion der Pflichten erfordern würde, dass deren Vergleichbarkeit mit anderen Unternehmen nicht gewährleistet werden kann.[591] Deshalb erscheint es sinnvoller, den Umfang der jeweiligen Pflichten des Entscheidungsträgers nach Art, Größe und Organisationsstruktur des Verbandes sowie nach dem Maß der von ihm ausgehenden Gefährdung zu bestimmen.[592] Allerdings wäre eine noch weitergehende Konkretisierung, vorliegend aufgrund der nicht zum Ordnungswidrigkeitenrecht vergleichbaren Sanktion, nämlich der strafrechtlichen Verantwortung des Verbandes, wünschenswert und wäre darüber hinaus mit mehr Rechtssicherheit verbunden.[593] Die durch den Entscheidungsträger zu treffenden Aufsichtsmaßnahmen lassen sich auf die in einem Verband existierenden Organisationsstrukturen in Form von Compliance-Management-Systemen[594] zurückführen. Deshalb kann es mangels Richtlinien in Deutschland, welche die Effektivität von Compliance-Management-Systemen regeln[595], eine Überlegung darstellen, als Orientierungshilfe für eine entsprechende Formulierung im Gesetz die Federal Sentencing Guidelines for Organization (FSGO) des US-amerikanischen Rechts oder die sog. adequate procedures des UK Bribery Acts heranzuziehen.[596] Ebenfalls in Betracht kommt, den durch das Institut der Wirtschaftsprüfer veröffentlichten Prüfungsstandard IDW PS 980, der keine Musterpräventionsorganisation enthält, als Grundlage für eine gesetzliche Konkretisierung in Betracht zu ziehen.[597] In diesem sind die verschiedenen Faktoren, die ein Compliance-Management-System ausmachen, beschrieben, also sowohl die in einem Verband auftretenden möglichen Risiken als auch die bestehende Organisation, Kommunikation und Kontrolle.[598] Auch die von der Schmalenbachgesellschaft[599] entwickelten Standards können zur

591 *Bosch*, a.a.O., S. 399; *Geismar*, a.a.O., S. 83; *Mittelsdorf*, a.a.O., S. 151.

592 *Bock*, ZIS 2009, 68, 75; *Geismar*, a.a.O., S. 84; *Hoven*, ZIS 2014, 19, 29; *Rogall* in: KK, OWiG, § 130 Rn. 43.

593 *Heuking/von Coelln*, BB 2014, 3015, 3019; *Süße/Püschel*, Newsdienst Compliance 2014, 11002.

594 Zu dem Verhältnis des Strafrechts zu Compliance-Systemen vgl. *Kölbel*, ZStW 2013, 499, 503 f.: kritisch hierzu *Wilhelm*, ZRFC 2013, 133 f.

595 Der Deutsche Corporate Governance Kodex (abrufbar unter: http://www.dcgk.de//files/dcgk/usercontent/de/download/kodex/D_CorGov_Endfassung_2014.pdf; zuletzt abgerufen am 25.3.2015) enthält gerade keinen spezifischen Maßnahmenkatalog, an dem sich Unternehmen bei der Ausrichtung ihrer Kriminalprävention orientieren können.

596 *Görtz*, WiJ 2014, 8, 13 m.w.N.

597 *Görtz*, WiJ 2014, 8, 13; *Schemmel/Minkoff*, CCZ 2012, 49 ff.

598 Ausführlich: *Inderst/Bannenberg/Poppe*, Compliance, 4.Kapitel B; KPMG AG Wirtschaftsprüfungsgesellschaft, Das wirksame Compliance-Management-System; *Schulz* in: Bay/Hastenrath, CMS, S. 221 ff.; *Wimsheim*, DStR 2011, 997 ff.; Withus, Betriebswirtschaftliche Grundsätze für Compliance-Management-Systeme, Kapitel 4; kritische Darstellung: *Böttcher*, NZG 2011, 1054 ff.

599 *Schmalenbachgesellschaft*, DB 2010, 1509 ff.

Konkretisierung herangezogen werden. In diesen sind zehn Thesen zur Compliance enthalten, die ein Compliance-Management-System im Wesentlichen an der Größe und Geschäftstätigkeit des Unternehmens ausrichten, die Errichtung als Führungsaufgabe erachten, Effektivität und Effizienz ganzheitlicher Strukturen festmachen, Verknüpfungen zwischen Risikomanagement, der internen Revision und der Rechtsabteilung sowie ein hohes Maß an Kommunikation und eine stetige Überprüfung des Systems fordern. Zwar ist es umstritten, ob Voraussetzungen an ein effizientes Compliance-Management-System rechtlich umschrieben werden sollten[600], allerdings können Aufsichtsmaßnahmen in einem solchen System gewisse Konturen geben, die durch rechtliche Oberbegriffe durchaus gesetzlich festgelegt werden können, um ein höheres Maß an Rechtssicherheit und Akzeptanz innerhalb wirtschaftlich organisierter Strukturen zu erreichen. Durch derartige Leitlinien kann der einzelne Verband sein Compliance-Management-System spezifisch ausrichten und zugleich grundsätzliche Anforderungen im Rahmen der Auswahl, Instruktion, Unterrichtung, Kontrolle, Aufklärung, Sanktionierung und Organisation erfüllen.[601] Da zwischen den verschiedenen Steuerungssystemen nach den bisherigen Erkenntnissen keine qualitativen Unterschiede auszumachen sind, ist grundsätzlich von einer Gleichwertigkeit der verschiedenen Ansätze auszugehen.[602]

Ein weiterer Anknüpfungspunkt für die Konkretisierung der Aufsichtsmaßnahmen bietet die vom Bundesverband für Unternehmensjuristen vorgeschlagene Neufassung des § 130 Abs. 1 S. 3 OWiG, in welchem beispielhaft geeignete Aufsichtsmaßnahmen aufgezählt sind.[603] Nach diesem Vorschlag zählt die sorgfältige Auswahl und Instruktion sowie Überwachung und Kontrolle von Mitarbeitern und Aufsichtspersonen, die regelmäßige Ermittlung und Bewertung der vom Betrieb oder Unternehmen ausgehenden Gefahren von Straftaten und Ordnungswidrigkeiten und der Erlass von Weisungen und die Schulung der Mitarbeiter zwecks Verhinderung von Straftaten und Ordnungswidrigkeiten, die im Zusammenhang mit dem Geschäftsbetrieb stehen, zu geeigneten Aufsichtsmaßnahmen. Ebenfalls als geeignete Maßnahme wird ein Verfahren angesehen, welches Mitarbeitern die Möglichkeit gibt, Hinweise auf Straftaten oder Ordnungswidrigkeiten vertraulich weiter zu geben, ohne dass mit Sanktionen durch die Unternehmensleitung oder Kollegen zu rechnen ist. Darüber hinaus ist eine geeignete Maßnahme, wenn an der Aufklärung von Verdachtsmomenten, die auf Straftaten oder Ordnungswidrigkeiten hinweisen, mitgewirkt wird und eine entsprechende Ahndung die Konsequenz ist. Diese Kriterien dienen einer näheren Eingrenzung des Begriffs der Aufsichtsmaßnahmen der Entscheidungsträger und lassen im Rahmen einer beispielhaften Aufzählung dennoch genügend Raum, um im Einzelfall gerechte Entscheidungen

600 *Schemmel/Minkoff*, CCZ 2012, 49, 51 m.w.N.

601 *Sonnenberg*, Verletzung der Aufsichtspflicht in Betrieben und Unternehmen (§ 130 OWiG), S. 161.

602 *Mansdörfer*, ZIS 2015, 23, 29.

603 BUJ, Gesetzgebungsvorschlag für eine Änderung der §§ 30, 130 OWiG, S. 23.

treffen zu können. Insbesondere können auf diese Weise auch die in einer Branche bestehenden Besonderheiten Berücksichtigung finden. Die in dem Vorschlag aufgeführten Maßnahmen beinhalten auch die in der Literatur und Praxis regelmäßig diskutierten Themenkreise.[604] Insbesondere kommt in dieser beispielhaften Aufzählung zum Ausdruck, dass interner Information, Kommunikation sowie Koordination eine besonders herausragende Bedeutung zugesprochen werden muss.[605] Ebenfalls können auf diese Weise Risiken im Einzelfall schneller lokalisiert und behoben werden. Insgesamt ist eine Konkretisierung der Aufsichtsmaßnahmen begrüßenswert, um auf diese Weise mehr Rechtssicherheit zu gewährleisten. Durch eine beispielhafte Aufzählung der Aufsichtsmaßnahmen wird durch das Gesetz selbst eine größere Transparenz für die Verbände geschaffen, wann eine Strafbarkeit in Betracht kommt. Zudem würde es den Gerichten bei der Anwendung dieses Gesetzes ermöglicht, an einheitlichen Voraussetzungen im Rahmen der Entscheidung anzuknüpfen.[606]

Fraglich ist ebenfalls, ob für den Begriff der Zumutbarkeit zur Konkretisierung auf die zu der Norm des § 130 OWiG entwickelte Rechtsprechung und Literatur zurückgegriffen werden kann. *Hoven* ist der Auffassung, dass sich das Erfordernis der Zumutbarkeit aus der Bezugnahme auf eine gehörige Aufsicht[607] ableite und ein Rückgriff auf die zu § 130 OWiG entwickelte Rechtsprechung und die Literatur zu befürworten ist.[608] Nach dieser Ansicht werden Maßnahmen dann als unzumutbar verstanden, wenn sie unvereinbar mit den berechtigten Interessen der Betriebsangehörigen sind, in deutlichem Widerspruch zur Wahrung des Betriebsklimas stehen[609] oder einen unverhältnismäßigen – finanziellen oder organisatorischen – Aufwand im Vergleich zur Präventionswahrscheinlichkeit verlangen[610].[611] Dem ist letztlich nicht zuzustimmen, da der Wortlaut des § 130 OWiG ausdrücklich gerade das Erfordernis der Zumutbarkeit nicht enthält.[612] Daran anknüpfend und dem Umstand

604 Siehe Darstellung bei *Bock* in: Rotsch, Criminal Compliance, § 8, III, 3; *Sonnenberg*, a.a.O., Zweiter Teil, D. II, III, IV.

605 *Mansdörfer*, ZIS 2015, 23, 29.

606 *Hoven/Wimmer/Schwarz/Schumann*, NZWiSt 2014, 241, 245.

607 Nach *Bock* in: Rotsch, Criminal Compliance, § 8 Rn. 16 ist unter gehöriger Aufsicht die rechtlich geschuldete Absenkung des Schadenserwartungswertes auf das rechtliche gebilligte Niveau zu verstehen. Dabei ist zu berücksichtigen, dass ein Schadenserwartungswert von Null nicht erreicht werden kann, da Folge der Verzicht auf Delegation und Arbeitsteilung wäre.

608 *Hoven*, ZIS 2014, 19, 29.

609 *Rogall* in: KK, OWiG, § 130 Rn. 51.

610 *Bohnert*, OWiG, § 130 Rn. 23.

611 *Hoven*, ZIS 2014, 19, 29.

612 Dem stimmt *Hoven*, ZIS 2014, 19, 29 zu, hält dies jedoch nicht für das tragende Argument. Auf andere tragfähige Anknüpfungspunkte für die Übertragbarkeit der Rechtsprechung und Literatur zu § 130 OWiG auf § 2 Abs. 2 VerbStrG-E wird jedoch nicht eingegangen.

geschuldet, dass die Rechtsfolge des § 2 Abs. 2 VerbStrG-E eine Strafe und eben keine Ordnungswidrigkeit ist, kann diese Ansicht nicht überzeugen. Der Zumutbarkeit kommt im Rahmen des § 2 Abs. 2 VerbStrG-E eine viel bedeutendere Rolle zu, da die Aufsichtspflichtverletzung nach dem vorgeschlagenen Modell gerade einen wesentlichen Anknüpfungspunkt für die strafrechtliche Verantwortung des Verbandes bildet.[613] Deshalb muss in der Folge auch die Zumutbarkeit der für die Aufsichtspflichtverletzung maßgeblichen Aufsichtsmaßnahmen derart eingrenzbar sein, dass für den Rechtsanwender ersichtlich ist, wann er diese Tatbestandsvoraussetzung erfüllt. Insbesondere ist festzulegen, ob es erforderlich ist, dass die Aufsichtspflicht schuldhaft durch den Entscheidungsträger begangen worden sein muss.[614] Deshalb genügt der Begriff der Zumutbarkeit nicht den Anforderungen des Bestimmtheitsgrundsatzes. Es empfiehlt sich, die Verwendung des Begriffs zu überdenken bzw. diesen aus § 2 Abs. 2 VerbStrG-E aus Gründen der Rechtssicherheit zu streichen. In Anlehnung an den Gesetzgebungsvorschlag des BUJ zu §§ 30, 130 OWiG könnte hier auf die Geeignetheit der Aufsichtsmaßnahmen abgestellt werden. Bei dieser Begrifflichkeit handelt es sich um einen in der juristischen Fachsprache geläufigen Begriff, der allgemein so verstanden wird, dass eine Förderung des Zwecks bzw. Ziels mit der Maßnahme erreicht werden kann. In § 2 Abs. 2 VerbStrG-E ist festgelegt, dass durch die zumutbare Aufsichtsmaßnahme die Zuwiderhandlung verhindert oder wesentlich erschwert worden wäre. Aufgrund einer fehlenden näheren Konkretisierung im Verbandsstrafgesetzbuch, wann eine Zuwiderhandlung wesentlich erschwert ist, könnten die in der Literatur, zu der in § 130 OWiG ähnlich gewählten Formulierung, entwickelten Grundsätze herangezogen werden. Nach der von den Entwurfsverfassern gegebenen Begründung bedarf es nicht des Nachweises, dass die Aufsichts- oder Überwachungsmaßnahme im konkreten Fall die Zuwiderhandlung mit an Sicherheit grenzender Wahrscheinlichkeit verhindert hätte.[615] Die Vorschrift des § 130 OWiG knüpft an eine bloße Risikoerhöhung an, eine Kausalität zwischen der Zuwiderhandlung und der Aufsichts- oder Überwachungsmaßnahme ist gerade nicht erforderlich.[616] Es bedarf daher lediglich des Nachweises, dass bei Anwendung der erforderlichen Sorgfalt eine substantielle Risikominderung eingetreten wäre. Ob der Vorwurf einer wesentlichen Risikoerhöhung im Rahmen eines Straftatbestandes zum Anknüpfungspunkt werden kann, scheint aus strafrechtlicher Sicht nicht

---

613 *Zieschang*, GA 2014, 91, 101.

614 Ein schuldhaftes Handeln ist auch nach der bevorzugten Auffassung für die Bestrafung des Verbandes an die Individualstraftat und den Organisationsmangel anzuknüpfen, erforderlich. Die Notwendigkeit ergibt sich daraus, dass es einer schuldhaften Anknüpfungstat gerade nicht bedarf. Somit wird gewährleistet, dass der Verband nicht ohne Vorliegen von Schuld bestraft und zugleich eine doppelte Verwertung der Schuld des Individualtäters der Zuwiderhandlung und des Verbands nicht stattfindet.

615 Gesetzesentwurf, S. 47.

616 *Gürtler* in: Göhler, OWiG, § 130 Rn. 22; Rogall in: KK, OWiG, § 130 Rn. 117.

unbedenklich.[617] Der Gedanke der Risikominderung führt im Ergebnis dazu, dass vom Entscheidungsträger eine Aufsichtsmaßnahme verpflichtend verlangt wird, welche letztlich nicht effektiv sein muss, um die Tat zu verhindern. Auch in der zu § 130 OWiG existierenden wissenschaftlichen Auseinandersetzung herrscht keine Einigkeit darüber, wie der Begriff des wesentlichen Erschwerens zu verstehen ist. Es wird sogar teilweise verlangt, dass die Aufsichtsmaßnahme geeignet ist, die betriebsspezifische Zuwiderhandlungsgefahr zu beseitigen, wobei es entscheidend auf die abstrakte Eignung zur Beseitigung des Risikos ankomme.[618] Das würde jedoch der von den Entwurfsverfassern beabsichtigten Zielrichtung der Norm zuwiderlaufen. Auch etwaige Prozentwerte, wann eine der Norm des § 2 Abs. 2 VerbStrG-E hinreichende Wahrscheinlichkeit gegeben ist, dass eine wesentliche Erschwerung durch den Entscheidungsträger durch die Aufsichts- und Überwachungsmaßnahmen bewirkt worden ist, können nicht zur Konkretisierung der Norm beitragen.[619] Dies würde darüber hinaus in der Praxis erhebliche Schwierigkeiten mit sich bringen, da der prozentuale Nachweis einer Aufsichts- bzw. Überwachungsmaßnahme für die Verhinderung einer Zuwiderhandlung aufgrund mangelnder Erfahrungswerte rechnerisch nicht zu bestimmen ist und dies auch in Zukunft nicht möglich sein wird. Die zu § 130 OWiG entwickelten Grundsätze vermögen an dieser Stelle demnach auch nicht zur Auslegung der Norm in der Art und Weise beizutragen, dass dem Rechtsanwender ersichtlich ist, wann er den Tatbestand erfüllt und wann nicht. Allerdings ist fraglich, ob die Konkretisierung des Merkmals der wesentlichen Erschwernis im Rahmen eines Gesetzes überhaupt möglich ist. *Mansdörfer* erachtet deshalb eine Anknüpfung an den inzwischen erreichten Stand der allgemeinen Kriminalitätsprävention in Unternehmen und der Unternehmenscompliance als überzeugend.[620] Seiner Ansicht nach sei daher entscheidend, ob der Täter zur Überwindung der vom Unternehmen getroffenen Maßnahmen und der existierenden Kontrollen ein erheblich höheres Maß an krimineller Energie hätte aufwenden müssen. Maßgeblich soll daher sein, ob im Unternehmen z.B. das Vier-Augen-Prinzip verwendet wird oder technische Schutzvorrichtungen existieren sowie regelmäßige Kontrollen vorgenommen werden, die es dem Täter erschweren eine Straftat zu begehen und diese zu verdecken.[621] Dem ist jedoch entgegenzuhalten, dass das Maß der vom Täter aufzubringenden kriminellen Energie nur schwer messbar ist, da es bei der Umgehung von Kontrollen maßgeblich auf die Fähigkeiten des Einzelnen ankommt. Diese individuelle Eignung, in Form von Wissen, Intelligenz und Fertigkeit

617 *Hoven*, ZIS 2014, 19, 29.

618 *Gürtler* in: Göhler, OWiG, § 130 Rn. 22a; a.A.: *Rogall* in: KK, OWiG, § 130 Rn. 117, der in der abstrakten Eignung zu hohe Anforderungen an das Merkmal des wesentlichen Erschwerens sieht.

619 *Gürtler* in: Göhler, OWiG, § 130 Rn. 22a; *Hoven*, ZIS 2014, 19, 29; *Rogall* in: KK, OWiG, § 130 Rn. 117 lässt für die Rückführung der Tatbegehung eine Wahrscheinlichkeit von 25 % genügen.

620 *Mansdörfer*, ZIS 2015, 23, 30.

621 *Mansdörfer*, ZIS 2015, 23, 31.

ist so sehr vom Einzelfall abhängig, dass sie eine Risikoerhöhung im Allgemeinen nicht zu rechtfertigen vermag. *Hoven* ist der Ansicht, dass eine nähere Bestimmung des Merkmals aufgrund der Vielzahl denkbarer Konstellationen vom Gesetzgeber kaum gefordert werden kann.[622] Indessen kann auch hier nicht nur zu Zwecken der Beweiserleichterung im Rahmen des materiellen Rechts die Gesetzesbestimmtheit derart missachtet werden, um in einem etwaigen strafrechtlichen Verfahren die Beweisführung zu erleichtern, da dies nicht die Aufgabe des materiellen Strafrechts ist. Zu stützen ist dies ebenfalls auf die Tatsache, dass die vom Entscheidungsträger unterlassene Aufsichts- oder Überwachungsmaßnahme, die die Zuwiderhandlung wesentlich erschwert hätte, nach dem vorgeschlagenen Modell der entscheidende Anknüpfungspunkt der Strafbarkeit des Verbandes sein soll. Deshalb ist denknotwendig, dass eine Bestimmung der in § 2 Abs. 2 VerbStrG-E verwendeten Begriffe so erfolgt, dass die von der Norm Betroffenen den Anwendungsbereich aufgrund der Tatbestandsmerkmale absehen können.

7.3.5 Folgen der Risikoerhöhung

Fraglich ist, welche Auswirkungen die in § 2 Abs. 2 VerbStrG-E verankerte Risikoerhöhung durch die gewählte Formulierung, dass die unterlassenen Aufsichts- oder Überwachungsmaßnahmen die Zuwiderhandlung nur wesentlich erschweren hätten müssen, auf die im Strafrecht beim Unterlassungsdelikt geforderte Quasikausalität[623] hat. Nach den Entwurfsverfassern wird hierin kein Problem gesehen, sondern vielmehr darauf verwiesen, dass es für die strafrechtliche Verantwortlichkeit des Verbandes ausreichend sei, wenn die Aufsichtsmaßnahmen im Sinne eines Schutzzweckzusammenhangs zum Zwecke der Verhinderung der Zuwiderhandlung durchgeführt werden hätten müssen.[624] Allerdings ist im Rahmen der Unterlassungsdelikte für das Vorliegen der Quasikausalität erforderlich, dass beim Hinzudenken der unterlassenen Handlung der tatbestandliche Erfolg mit an Sicherheit grenzender Wahrscheinlichkeit entfiele.[625] Gerade dies soll nach der bezweckten Regelung in § 2 Abs. 2 VerbStrG-E jedoch nicht der Fall sein, weshalb es äußerst zweifelhaft erscheint, ob die Anforderungen an das Kausalitätserfordernis im Rahmen der Unterlassungsdelikte eingehalten werden. Nach *Zieschang* führt die Tatsache, dass die Begehung der Zuwiderhandlung durch die unterlassenen Maßnahmen allein erschwert worden wäre, zu einer Beweislastumkehr, nach der die Verbände darlegen müssen, dass trotz der Zuwiderhandlung ausreichende Aufsichtsmaßnahmen getroffen worden waren.[626] Dies habe zur Folge, dass der Grundsatz „in dubio pro

622 *Hoven*, ZIS 2014, 19, 30.
623 *Freund* in: MüKo, StGB, Vorb. §§ 13 ff., Rn. 32 ff., insb. 35.
624 Gesetzesentwurf, S. 47.
625 BGH, NStZ-RR 2002, 303; BGH NJW 2003, 522, 526.
626 *Zieschang*, GA 2014, 91, 99; ebenso zu § 130 OWiG: *Corell/von Saucken*, wistra 2013, 297 f.; im Allgemeinen bei Unterlassungsdelikten: *Roxin*, Strafrecht AT, II, § 31 Rn. 51.

reo" unterlaufen werden würde. Anderer Auffassung ist *Mansdörfer*, der die bloße Risikoerhöhung deshalb als ausreichend erachtet, weil nicht jedes beliebige Risiko ausreicht, sondern vielmehr an ein erhebliches Organisationsdefizit angeknüpft und daneben die Verwirklichung einer Zuwiderhandlung gefordert werde.[627] Dies reiche deshalb aus, da der Erfolg in Form einer Zuwiderhandlung dem Verband nicht unmittelbar zugerechnet, sondern lediglich zugeschrieben werden würde. Dies vermag so nicht zu überzeugen, da in dem vorliegenden Regelungsvorschlag nicht hinreichend zum Ausdruck kommt, dass maßgeblicher Anknüpfungspunkt das Organisationsdefizit ist, sondern der Zuwiderhandlung maßgeblicher Auslöser für die Bestrafung des Verbandes ist. Es wird daher lediglich der Anschein erweckt, dass die Zuwiderhandlung dem Verband nicht zugerechnet wird. Möglicherweise kann für die Lösung des Problems auf den zur Beihilfe durch Unterlassen herrschenden Meinungsstand für die Kausalität zurückgegriffen werden. In der Literatur wird bei der Beihilfe durch Unterlassen der Nachweis der sog. Quasikausalität zwischen Unterlassen und Taterfolg gefordert, also dass ein pflichtgemäßes Einschreiten die Verwirklichung der Tat oder den eingetretenen Rechtsgutsschaden verhindert hätte.[628] Nach dieser Auffassung werden keine geringeren Anforderungen an das Kausalitätserfordernis gestellt als beim Unterlassungstäter selbst, sodass das zuvor geschilderte Problem weiterhin besteht. Die Rechtsprechung lässt hingegen die Möglichkeit einer bloßen Erschwerung der Tat durch den hypothetischen Gehilfenbeitrag ausreichen.[629] Der Gehilfe wird also nach der Rechtsprechung unter Zugrundelegung der sog. Risikoerhöhungslehre[630] bereits dann bestraft, wenn er dazu in der Lage war, die Vollendung der Tat zu erschweren. Dies wird damit begründet, dass auch im Rahmen der Beihilfe durch aktives Tun kein kausaler Beitrag des Gehilfen nötig ist, sondern vielmehr ein Erleichtern der Haupttat genügt, weshalb im Umkehrschluss beim Unterlassen keine strengeren Anforderungen zu stellen sind.[631] Folgt man dieser Ansicht, so stellt sich in der Konsequenz die Frage, ob die Argumentation auf § 2 Abs. 2 VerbStrG-E übertragen werden kann. Dies bejaht *Hoven* unter dem Hinweis darauf, dass es dem Gesetzgeber letztlich überlassen sei, die Strafbarkeit von einer Risikoerhöhung abhängig zu machen und den Tatbestand so in die Nähe der Gefährdungsdelikte zu rücken.[632] Fraglich erscheint jedoch bereits, ob hier überhaupt auf eine Vergleichbarkeit der Situation abgestellt werden kann. Dafür müsste der Entscheidungsträger, der die Aufsichts- oder Überwachungsmaßnahme unterlässt, eine dem Gehilfen vergleichbare Stellung einnehmen. Dies ist dann der Fall, wenn der Entscheidungsträger durch das Unterlassen der Maßnahmen

---

627 *Mansdörfer*, ZIS 2015, 23, 30.

628 *Heine/Weißer* in: Schönke/Schröder, StGB, § 27 Rn. 19 m.w.N.

629 RGSt 71, 176, 178; RGSt 73, 52, 54; BGH, NJW 1953, 1838; BGH NStZ 1985, 318; BGH NJW 1998, 1568, 1573.

630 Die Anwendung der Risikoerhöhungslehre ist im Unterlassungsbereich umstritten, vgl. ausführliche Darstellung bei *Roxin*, Strafrecht AT, II, § 31 Rn. 46 ff. m.w.N.

631 *Joecks* in: MüKo, StGB, § 27 Rn. 104.

632 *Hoven*, ZIS 2014, 19, 29.

wegen Beihilfe durch Unterlassen an der Verbandsstraftat bestraft werden kann. Im Verbandsstrafgesetzbuch findet sich hierzu keine ausdrückliche Regelung. Allerdings findet sich in § 3 Abs. 1 VerbStrG-E ein Verweis auf den Allgemeinen Teil des Strafgesetzbuches, in dem die Beihilfe in § 27 verortet ist. Allein hieraus lässt sich jedoch keine verlässliche Aussage darüber treffen, ob auch der Entscheidungsträger neben dem Verband wegen Beihilfe an der Verbandsstraftat zu bestrafen ist. Die Entwurfsverfasser beziehen zu dieser Problematik keine Stellung, sondern stellen lediglich fest, dass neben der Bestrafung des Verbandes auch ein Organvertreter oder anderer Entscheidungsträger mit einer Kriminalstrafe wegen der Zuwiderhandlung belegt werden kann.[633] Nach der hier vertretenen Ansicht kann konsequenterweise auch der Entscheidungsträger nicht neben dem Verband bestraft werden, da seine unterlassene Aufsichts- oder Überwachungsmaßnahme dem Verband zugerechnet wird. Es liegt also eine der Zuwiderhandlung vergleichbare Situation vor, bei der es allein um die Zurechnung des Handelns der natürlichen Personen geht.[634] Aus dogmatischer Sicht bedarf es für den Unterlassensvorwurf auch eines schuldhaften Handelns, in der Folge wäre dies auch bei dem in § 2 Abs. 2 VerbStrG-E festgelegten Anknüpfungspunkt der unterlassenen Aufsichts- oder Überwachungsmaßnahme erforderlich. Würde man nun aber den Entscheidungsträger neben dem Verband wegen Teilnahme durch Unterlassen an der Verbandsstraftat bestrafen, so würde dieser Schuldvorwurf in doppelter Hinsicht verwertet werden. Ein Verzicht auf den Schuldvorwurf ist dem geltenden Strafrecht fremd, weshalb die logische Konsequenz ist, dass nur allein der Verband bestraft werden kann.[635] Demnach kann die Argumentation bei der Beihilfe durch Unterlassen auf die vorliegende Konstellation nicht übertragen werden, da der in ihr immanente Unterschied besteht, dass es im Gegensatz zur Beihilfe durch Unterlassen an einer Straftat einer natürlichen Person nur einen Schuldvorwurf gibt. Im Ergebnis können die Bedenken gegen die Einhaltung des „in dubio pro reo"-Grundsatzes, auch unter Zugrundelegung dieser Auffassung, nicht ausgeräumt werden. Von der in § 2 Abs. 2 VerbStrG-E vorgesehenen Risikoerhöhung sollte daher auf jeden Fall abgesehen werden.

8. Konzerndurchgriff

Nach dem Wortlaut des § 2 Abs. 2 VerbStrG-E ist für die Bestrafung des Verbandes erforderlich, dass die verbandsbezogene Zuwiderhandlung durch Unterlassen der Aufsichts- oder Überwachungsmaßnahme eines Entscheidungsträgers dieses Verbandes wesentlich erschwert worden wäre. Aus dieser gewählten Formulierung ist zu schließen, dass eine Konzernmutter für Zuwiderhandlungen ihrer rechtlich

---

633 Gesetzesentwurf, S. 43. Zum Verhältnis der Verbandsstraftat zur Individualstraftat siehe Ausführungen in Kapitel 3, C.1.1.

634 So ist wohl auch die von den Entwurfsverfassern gegebene Begründung zu verstehen, wenn ausgeführt wird, dass die Zurechnung an die Risikoerhöhung anknüpft, Gesetzesentwurf, S. 47.

635 Vgl. hierzu bereits Kapitel 3, B.3.5.

selbstständigen Tochtergesellschaft nicht im Wege des Konzerndurchgriffs strafrechtlich belangt werden kann.[636] Durch diese Klarstellung wird die bisher bei § 130 OWiG ungeklärte Rechtsfrage der Aufsichtspflicht in Konzernen geklärt.[637] Dennoch soll nach der Gesetzesbegründung eine Verletzung der Aufsichtspflicht der Verantwortlichen der Konzernobergesellschaft für den Konzernbereich eine eigenständige Verbandsstrafbarkeit der Konzernmutter begründen.[638] Greift also ein Entscheidungsträger des Mutterkonzerns bei Kenntnis von Straftaten in der Tochtergesellschaft nicht ein und begeht somit eine weitere rechtlich selbstständige Zuwiderhandlung, so ist der Mutterkonzern wegen Beihilfe durch Unterlassen strafbar und kann unmittelbar nach § 2 Abs. 1 VerbStrG-E bestraft werden.[639] In der Gesetzesbegründung wird für die Strafbarkeit der Muttergesellschaft in Bezug auf den Umfang der Aufsichtspflichten und die Garantenstellung auf den Einzelfall abgestellt.[640] Es käme wesentlich darauf an, welcher Spielraum den einzelnen

---

636 Gesetzesentwurf, S. 47; *Süße/Schneider*, Newsdienst Compliance 2014, 71002; *Rübenstahl/Tsambikakis*, ZHW 2014, 8, 9 f.; *Witte/Wagner*, BB 2014, 643, 644 f.; *Zieschang*, GA 2014, 91, 99; anders *Kirch-Heim*, a.a.O., S. 119 ff., der eine strafrechtliche Haftung der Konzernmutter im Wege des Durchgriffs unter Zugrundelegung der konzernrechtlichen Vorschriften befürwortet und sich für eine Inanspruchnahme der Mutter- und Tochtergesellschaft als Gesamtschuldner bei der Verhängung der Sanktion ausspricht. Dieser Ansatz vermag mich nicht zu überzeugen, da im Rahmen des Strafrechts eine solche „Haftung" nicht existiert, denn es handelt sich hierbei um einen zivilrechtlichen Begriff. Die Bestimmung der Geldstrafe bemisst sich nach der Schuld des Täters. Eine gemeinsame Haftung würde zu einer Teilung der Schuld führen, was aus dogmatischer Hinsicht nicht tragbar ist.

637 Darstellung des Meinungsstandes bei *Gürtler* in: Göhler, OWiG, § 130 Rn. 5a m.w.N.; *Rogall* in: KK, OWiG, § 130 Rn. 27, der eine Aufsichtspflicht des Mutterkonzerns gegenüber der Tochtergesellschaft bejaht; *Tschierschke*, Die Sanktionierung des Unternehmensverbundes, S. 53 ff., S. 47 ff. zum Meinungsstand in Bezug auf das deutsche Kartellrecht.

638 Gesetzesentwurf, S. 47; In der Stellungnahme BDI, BDA, a.a.O., S. 8 wird kritisiert, dass durch die selbstständige Strafbarkeit der Konzernmutter in völlig ungeklärte und offene Fragen des deutschen Konzernrechts eingegriffen und sich dabei nur auf einseitige Aussagen der Literatur bezogen wird. Eine tiefergehende Stellungnahme hierzu fehlt jedoch, weshalb nur vermutet werden kann, dass hier die grundsätzliche Problematik des Haftungsdurchgriffs im deutschen Konzernrecht gemeint ist.

639 Ebenso zum Ordnungswidrigkeitenrecht *Tschierschke*, a.a.O., S. 61.

640 Gesetzesentwurf, S. 48; Hier wäre auch im Hinblick auf den Bestimmtheitsgrundsatz eine nähere Konkretisierung wünschenswert. Die Reichweite der Aufsichtspflichten in einem Konzern, die zur Bestimmung einer Garantenstellung herangezogen werden können, sind nicht klar abgrenzbar und hängen von verschiedenen Faktoren ab, weshalb ein alleiniges Abstellen auf das Abhängigkeitsverhältnis der Tochtergesellschaft zur Konzernmutter nicht als ausreichend angesehen werden kann. Vgl. dazu *Spindler* in: Fleischer, Handbuch des Vorstandsrechts, § 15 Rn. 124 ff.; *Tschierschke*, a.a.O., S. 62 ff.,

Unternehmen zur Willensbildung im Konzern zugesprochen werde.[641] Bei dezentraler Leitung im Konzern, die sich auf die Personalpolitik und die Konzernfinanzierung beschränke, reiche es bereits aus, wenn der Mutterkonzern sicherstellt, dass die Tochtergesellschaften ein Compliance-Management-System einrichten. Greife der Konzern hingegen wie bei einem herrschenden Unternehmen in das Tagesgeschäft ein, so treffen die Muttergesellschaft dieselben organisatorischen Pflichten wie die Tochtergesellschaften.[642]

In der Literatur wird in dieser Möglichkeit der Bestrafung faktisch auch eine gewisse Art Durchgriffshaftung gesehen, bei der die Konzernmutter bestraft wird.[643] Dem lässt sich pauschal nicht zustimmen, da bei der Bestrafung der Muttergesellschaft ein neuer Anknüpfungspunkt in Form einer neuen rechtlich selbstständigen Zuwiderhandlung für die Strafbarkeit existiert und ihr somit ein eigenständiger Vorwurf gemacht werden kann. Da nach dem Anwendungsbereich des § 1 Abs. 1 VerbStrG-E jeweils die Unternehmensträger als Verband angesehen werden und gerade nicht an die wirtschaftliche Einheit[644], also das Unternehmen, angeknüpft wird, erscheint eine solche Lösung nur konsequent. Eine doppelte Verwertung des Vorwurfs, der den Verbänden gemacht wird, findet gerade nicht statt.

Problematisch erscheint allerdings, dass bei der Bemessung der Strafe nach § 6 Abs. 5 VerbStrG-E für die Ermittlung des Gesamtumsatzes der weltweite Umsatz aller natürlichen und juristischen Personen der letzten drei Geschäftsjahre, die der Entscheidung vorausgegangen sind, zugrunde zu legen ist, soweit diese als wirtschaftliche Einheit[645] operieren. Durch diese Regelung wird mittelbar ein Konzerndurchgriff begründet, da für beide Strafen der gleiche Umsatz als Maßstab herangezogen wird.[646] Es werden daher sowohl die Mutter- als auch die

---

641 *Rogall* in: KK, OWiG, § 130 Rn. 28.

642 Gesetzesentwurf, S. 48; *Schneider*, NZG 2009, 1321, 1326; *Sanchez* in: Kuhlen, Compliance und Strafrecht, 71, 78, sieht lediglich eine Intervenierungspflicht der Muttergesellschaft bei dem Verdacht illegalen Verhaltens der Tochtergesellschaft.; *Tschierscke*, a.a.O., S. 63 die eine Garantenpflicht der nur bejaht, wenn die Muttergesellschaft der Tochtergesellschaft bestimmte Geschäftsbereiche entzieht, da die Muttergesellschaft in diesem Fall selbst in die Erfüllung von Pflichten eintrete.

643 *Grützner*, CCZ 2015, 56, 59 f.; *Zieschang*, GA 2014, 91, 99.

644 Sollte dies jedoch anders ausgestaltet werden, so würde eine faktische Durchgriffshaftung sehr wohl vorliegen. Vgl. zum Ordnungswidrigkeitenrecht: *Tschierschke*, a.a.O., S. 111 ff., die darauf hinweist, dass die Einhaltung des Art. 103 Abs. 3 GG an der konkreten Ausgestaltung der Durchgriffshaftung zu messen ist.

645 Zu dem Begriff der wirtschaftlichen Einheit wird in Kapitel 3, D.2.2 Stellung genommen.

646 *Grützner*, CCZ 2015, 56, 60; Position des Deutschen Aktieninstituts vom 9.12.2014 zum Gesetzantrag für ein „Verbandsstrafgesetzbuch“ des Landes Nordrhein-Westfalen, S. 13, abrufbar unter: https://www.dai.de/files/dai_usercontent/dokumente/positionspapiere/2014-12-09%20DAI%20Stellungnahme%20Unternehmensstrafrecht.pdf (zuletzt abgerufen am 11.2.2015); Stellungnahme BDI/BDA, a.a.O., S. 9; im Ergebnis ebenso *Willems*, ZIS 2015, 40, 44.

Tochtergesellschaft von der Strafe der jeweils anderen betroffen. Bei der Bestrafung der Tochtergesellschaft wird über die Bemessung der Geldstrafe der Umsatz der Muttergesellschaft ebenfalls mit berücksichtigt und führt dadurch mittelbar auch zu einer strafrechtlichen Inanspruchnahme der Muttergesellschaft. Umgekehrt gilt das Gleiche. Durch diese Regelung wird die jeweils andere Gesellschaft in einem Konzern für die Straftat einer Gesellschaft mit bestraft. Dies induziert vor allem im Hinblick auf das Verbot der Doppelbestrafung nach Art. 103 GG erhebliche Bedenken.[647] Nach diesem darf ein Täter wegen derselben Straftat nicht mehrmals bestraft werden. Darauf würde es aber mit der Regelung des § 6 Abs. 5 VerbStrG-E hinauslaufen, denn der Konzern würde doppelt mit der Geldstrafe belegt werden, da der Gesamtumsatz des Konzerns zweifach Berücksichtigung finden würde. Diese Bedenken lassen sich vorliegend auch nicht mit dem Argument ausräumen, dass es im Individualstrafrecht vergleichbar gelagerte Fälle, z.B. bei Mittätern aus derselben Familie, wie Ehegatten, gebe. Denn die vorliegende Konstellation unterscheidet sich in der Hinsicht von diesen Fällen, dass als Grundlage für die Bemessung der Geldstrafe der Umsatz des gesamten Konzerns, also auch der der Muttergesellschaft, herangezogen wird. Im Individualstrafrecht hingegen dient das Nettoeinkommen des Täters zur Bemessung der Höhe eines Tagessatzes bei der Geldstrafe. Verdient nur ein Ehegatte allein den Lebensunterhalt, so ist bei dem anderen als Maßstab das ihm zur Verfügung stehende Taschengeld bzw. der gezahlte Unterhalt heranzuziehen.[648] Der Unterschied besteht also darin, dass bei der Berechnung lediglich das Einkommen berücksichtigt wird, welches dem Täter tatsächlich zur Verfügung steht. Bei der Verbandsgeldstrafe hingegen wird zweimal der gleiche Umsatz einbezogen und bewirkt eine doppelte Bestrafung des Verbandes. Auch eine Berücksichtigung der wirtschaftlichen Belastung im Rahmen der Strafzumessung, die im Individualstrafrecht im Rahmen des § 46 StGB erfolgt, ist nach der Regelung in § 6 Abs. 3 VerbStrG-E, wenn überhaupt, beim ganzen Verband und nicht beim einzelnen Unternehmensträger möglich.[649] Die Bedenken gegen das Doppelbestrafungsverbot lassen sich daher auch nicht ausräumen.

9. Konkrete Ausgestaltung des § 2 Abs. 2 VerbStrG-E

Unter Einbeziehung der vorstehenden Überlegungen könnte die Vorschrift des § 2 Abs. 2 VerbStrG-E unter der Maßgabe, dass es sich bei der Zuwiderhandlung um eine tatbestandsmäßige und rechtswidrig begangene Straftat handelt, wie folgt abgeändert werden:

---

647 *Görtz*, WIJ 2014, 8, 12; *Löffelmann*, JR 2014, 185, 195; *Rübenstahl*, ZRFC 2014, 26, 30.

648 *Fischer*, StGB, § 40 Rn. 9; *Häger* in: Leipziger Kommentar, StGB, § 40 Rn. 29 ff.; *Stree/Kinzig* in: Schönke/Schröder, StGB, § 40 Rn. 11a.

649 *Löffelmann*, JR 2014, 185, 195.

> Ist in Wahrnehmung der Angelegenheiten eines Verbandes durch einen Mitarbeiter des Verbandes eine verbandsbezogene Zuwiderhandlung begangen worden, so wird gegen den Verband eine Verbandssanktion verhängt, wenn durch einen Entscheidungsträger dieses Verbandes vorsätzlich oder fahrlässig geeignete Aufsichtsmaßnahmen, insbesondere technischer, organisatorischer oder personeller Art, schuldhaft unterlassen worden sind, die die Zuwiderhandlung verhindert hätten.

Darüber hinaus sollte in Erwägung gezogen werden einen § 2 Abs. 2b VerbStrG-E angelehnt an den Vorschlag des BUJ zu §§ 30, 130 OWiG einzufügen, der wie folgt lauten könnte:

> Geeignete Aufsichtsmaßnahmen im Sinne des Absatzes 2 sind insbesondere:
> 1. die sorgfältige Auswahl und Instruktion sowie Überwachung von Mitarbeitern und Entscheidungsträgern,
> 2. die regelmäßige Ermittlung und Bewertung der vom Verband ausgehenden Gefahren der Begehung von verbandsbezogenen Zuwiderhandlungen,
> 3. der Erlass von Weisungen und die Schulung der Mitarbeiter zwecks Verhinderung von verbandsbezogenen Zuwiderhandlungen, die im Zusammenhang mit dem Geschäftsbetrieb stehen,
> 4. ein Verfahren, das es den Mitarbeitern unter Wahrung der Vertraulichkeit ermöglicht, Hinweise auf mögliche verbandsbezogene Zuwiderhandlungen, die im Zusammenhang mit dem Geschäftsbetrieb stehen, an eine geeignete Stelle zu geben sowie
> 5. die Aufklärung von Verdachtsmomenten, welche auf verbandsbezogene Zuwiderhandlungen im Zusammenhang mit dem Geschäftsbetrieb hindeuten, sowie die Ahndung entsprechenden Fehlverhaltens.

Durch diese Konkretisierung der geeigneten Aufsichtsmaßnahmen werden dem Rechtsanwender ausreichende Anhaltspunkte gegeben, um sich vor der Begehung von Straftaten im Verband zu schützen und einer möglichen Bestrafung entgehen zu können. Die Normierung dieser Mindeststandards sorgt nicht nur für die nötige Transparenz auf Seiten der betroffenen Verbände, sondern auch für eine nachvollziehbare Bewertungsmöglichkeit auf Seiten der Gerichte.[650]

10. Wirkung der Verbandsstraftat für den Rechtsnachfolger nach § 2 Abs. 4 VerbStrG-E

Nach § 2 Abs. 4 S. 1 VerbStrG-E wird die Verbandssanktion gegen den Rechtsnachfolger verhängt, wenn diesem im Zeitpunkt des Rechtsübergangs die Zuwiderhandlung ganz oder zum Teil bekannt oder aus Leichtfertigkeit nicht bekannt war. In S. 2 der Vorschrift wird konstatiert, dass gegen den Rechtsvorgänger verhängte

---

650 *Hoven/Wimmer/Schwarz/Schumann*, NZWiSt 2014, 241, 245; *Mansörfer*, ZIS 2015, 23, 30 schlägt hingegen vor, Leitlinien im Sinne eines soft law verbunden mit Mechanismen des comply and explain gemeinsam mit den Interessenverbänden zu formulieren.

Sanktionen auch gegen den Rechtsnachfolger wirken. Die Vorschrift ist in ihrer konkreten Ausgestaltung, vor allem in Hinblick auf die mit ihr verbundenen Folgen, zu überprüfen. Dabei ist zunächst entscheidend, ob die zu § 30 OWiG entwickelten Grundsätze zur Rechtsnachfolge auf das Strafrecht übertragen werden können. In einem zweiten Schritt ist zu hinterfragen, auf wessen Kenntnis es für eine strafrechtliche Verantwortlichkeit des Rechtsnachfolgers entscheidend ankommt.

10.1 Übertragung der Grundsätze zu § 30 OWiG auf das VerbStrG-E

Denkbar ist, dass ein Verband, gegen den bereits ein Verfahren nach dem Ordnungswidrigkeitenrecht eingeleitet worden ist, während des Strafverfahrens die Rechtsform wechselt, indem er mit anderen Rechtsträgern verschmilzt oder anderweitig umgewandelt wird. Zu erörtern ist zuerst, wie sich diese Veränderungen auf das Verfahren nach § 30 OWiG auswirken. Inzwischen ist durch die 8.GWB Novelle in § 30 Abs. 2 a OWiG[651] eine Regelung eingeführt worden, nach der im Falle der Gesamtrechtsnachfolge oder partiellen Gesamtrechtsnachfolge durch Aufspaltung die Geldbuße auch dem Rechtsnachfolger auferlegt werden kann und der Rechtsnachfolger in die Stellung des Rechtsvorgängers in einem Ordnungswidrigkeitenverfahren eintritt, sobald die Rechtsnachfolge wirksam geworden ist. Durch die Einfügung des Abs. 2 a wurden die in der Rechtsprechung zu bewältigenden Probleme zur Verhängung der Geldbuße gegen den Rechtsnachfolger gelöst und an die ständige europäische Rechtsprechung angeglichen.[652] Nach dieser Rechtsprechung des BGH galt zuvor bei § 30 OWiG, dass es für die Verhängung der Geldbuße darauf ankam, ob nach wirtschaftlicher Betrachtungsweise die wirtschaftliche Identität der beiden Unternehmen zu bejahen ist.[653] Liegt eine solche vor, so steht der Wechsel der Rechtsform der Verhängung einer Geldbuße nicht entgegen.[654] Auch bei der Verschmelzung von zwei Unternehmen im Wege der Übernahme eines Rechtsträgers oder durch Neugründung eines Unternehmens wird überwiegend die wirtschaftliche Identität für maßgeblich gehalten.[655] Die Bejahung dieser hängt letztlich vom Einzelfall ab[656], kann jedoch auch bei der Übernahme eines Unternehmens bejaht werden, wenn das Vermögen der ursprünglichen juristischen Person

---

651 Kritik hierzu bei *Altenburg/Peukert*, BB 2014, 649; Hinsichtlich des Regelungsumfangs des § 2 Abs. 4 VerbStrG-E ist anzumerken, dass dieser aufgrund der Voraussetzung der Kenntnis bzw. Teilkenntnis im Gegensatz zu § 30 Abs. 2 a OWiG nur für Missbrauchsfälle gelten soll. *Mühlhoff*, NZWiSt 2013, 321, 327, sieht den Anwendungsbereich des § 30 Abs. 2 a OWiG, der nur die Gesamtrechtsnachfolge erfasst, als zu eng.

652 *Mühlhoff*, NZWiSt 2013, 321, 326.

653 BGH wistra 1986, 221; BGH wistra 2012, 118; wistra 2012, 152; BGH NJW 2013, 1972, 1975.

654 *Gürtler* in: Göhler, OWiG, § 30 Rn. 38; *Drope*, a.a.O., S. 353 m.w.N.

655 *Gürtler* in: Göhler, OWiG, § 30 Rn. 38c; BGH wistra 1986, 221, 222.

656 *Gürtler* in: Göhler, OWiG, § 30 Rn. 38b.

in gleicher oder ähnlicher Weise wie bisher eingesetzt wird und es in der neuen juristischen Person einen wesentlichen Teil des Gesamtvermögens ausmacht.[657] An der erforderlichen wirtschaftlichen Identität fehlt es hingegen, wenn Unternehmen mit annähernd gleicher Größe und fast identischen Marktanteilen fusionieren und deren Geschäftsbereiche zusammengelegt werden.[658] In einem solchen Fall kann eine Geldbuße gegen das neue Unternehmen nicht festgesetzt werden, da dies das im Ordnungswidrigkeitenrecht nach Art. 103 Abs. 2 GG geltende Analogieverbot unterlaufen würde.[659] Der Wortlaut des § 30 a.F. OWiG kann nicht so tatbestandserweiternd ausgelegt werden, dass insgesamt alle Rechtsnachfolger von der Vorschrift erfasst sind („dieser"), weshalb der nachfolgende Rechtsträger nur dann mit einer Geldbuße belegt werden kann, wenn die wirtschaftliche Identität gegeben ist.

Fraglich ist, ob diese Grundsätze mit den von den Entwurfsverfassern vorgeschlagenen Regelungen, von denen sowohl die Gesamtrechts- als auch die Einzelrechtsnachfolge erfasst sind, auf das Strafrecht übertragen werden können. Dies erscheint im Hinblick auf den im Strafrecht geltenden Schuldgrundsatz äußerst bedenklich. Nach diesem kann jeder Täter nur nach seiner Schuld bestraft werden und eine Übertragung der strafrechtlichen Verantwortlichkeit auf den Rechtsnachfolger des Täters ist dem Individualstrafrecht ebenfalls fremd. Die Beschränkung der Bestrafung wegen der eigenen Schuld ist in § 29 StGB deklaratorisch festgehalten, der für die Beteiligung eine limitierte Akzessorietät festlegt.[660] Dieser im Strafrecht zwingende Grundsatz würde durch die Einführung der strafrechtlichen Inanspruchnahme des Rechtsnachfolgers umgangen werden. Außerdem würde eine sehr weitgehende Möglichkeit der strafrechtlichen Verantwortlichkeit von Verbänden geschaffen und eine dem Individualstrafrecht möglichst gleichlaufende Regelung, was von den Entwurfsverfassern beabsichtigt ist[661], nicht erzielt. Die Einführung solcher Vorschriften soll dazu dienen, dass sich Verbände, etwa durch Umwandlung, einem etwaigen Strafverfahren nicht bewusst entziehen können.[662] Allerdings scheint eine solche Regelung den strafrechtsdogmatischen Grundsätzen derart zu widersprechen, dass eine Übernahme der vorgeschlagenen Vorschrift ins Strafrecht ausscheidet.[663] Das von *Mühlhoff* angeführte Argument zu § 30 Abs. 2 a OWiG, dass ein Verstoß gegen das Schuldprinzip ausscheide, weil Schuld seine Grundlage in der Menschenwürdegarantie des Art. 1 Abs. 1 GG habe, welche Verbänden gerade nicht zukomme und das Schuldprinzip daher keine Anwendung finde, überzeugt nicht.[664]

---

657 BGH wistra 1986, 221, 222; BGH NJW 2005, 1381, 1383.

658 *Gürtler* in: Göhler, OWiG, § 30 Rn. 38c.

659 BGH, wistra 2012, 118; BGH wistra 2012, 152.

660 *Heine/Weißer* in: Schönke/Schröder, StGB, § 29 Rn. 1.

661 Dies wird im Gesetzesentwurf immer wieder durch den Vergleich zum Individualstrafrecht herausgestellt, auch wenn es an einer ausdrücklichen Klarstellung mangelt, vgl. S. 29, S. 32, S. 33, S. 58 f.

662 Gesetzesentwurf, S. 50.

663 Im Ergebnis ebenso *Willems*, ZIS 2015, 40, 44.

664 *Mühlhoff*, NZWiSt 2013, 321, 328.

Nach den obigen Ausführungen[665] muss eine völlige Abwendung vom Schuldgrundsatz nicht erfolgen, da aufgrund der Zurechnungskonstruktion die Schuld der für den Verband handelnden natürlichen Person im Kern vorhanden ist. Deshalb kann ein Verstoß gegen das Schuldprinzip nicht allein mit dem Argument abgelehnt werden, dass Verbänden keine Menschenwürde zukommt. Wird allerdings der von den Entwurfsverfassern vorgeschlagene Gesetzesentwurf verabschiedet, ist damit eine Abkehr vom Schuldgrundsatz verbunden, woraus auch zu folgern wäre, dass mit dem Verstoß gegen den Schuldgrundsatz nicht argumentiert werden könnte.

Darüber hinaus ist der Vorschrift eine gewisse Härte immanent, in dem für Unternehmenskäufe, um der strafrechtlichen Verantwortlichkeit zu entgehen, quasi eine „due diligence" zwingend vorgeschrieben wird.[666] Durch die mit der Regelung verbundenen Risiken wird nunmehr nicht nur eine Suche nach offenen Risiken und deren Dokumentation verlangt, sondern vielmehr eine interne Untersuchung in Bezug auf Zuwiderhandlungen in den letzten Jahren, welche geeignet sind eine strafrechtliche Verantwortlichkeit auszulösen.[667] Dies kann im Hinblick auf die Höhe der damit verbundenen Geldstrafe Übernahmen von Unternehmen unwirtschaftlich erscheinen lassen. Letztlich ist eine solche Regelung aufgrund der im Strafrecht geltenden Grundsätze nicht gerechtfertigt und kann nur eingeführt werden, wenn auf das Erfordernis der Schuld zur Bestrafung –wie dies meiner Ansicht nach durch die vorgeschlagenen Regelung des § 2 Abs. 1 u 2 VerbStrG-E ohnehin geschieht – verzichtet wird.

10.2 Konkrete Ausgestaltung des § 2 Abs. 4 VerbStrG-E

Im Weiteren soll dennoch die konkrete Ausgestaltung der Norm untersucht werden, da sich die Frage aufdrängt, auf wessen Kenntnis es nach der vorgeschlagenen Regelung ankommen soll und was unter dem Begriff der Teilkenntnis zu verstehen ist. Im Wortlaut des § 2 Abs. 4 S. 1 VerbStrG-E lassen sich hierfür keine Anhaltspunkte finden. In der Gesetzesbegründung wird lediglich erwähnt, dass es für die Kenntnis ausreicht, wenn bei vorläufiger Tatbewertung die ernsthafte Wahrscheinlichkeit einer verbandsbezogenen Zuwiderhandlung gegeben ist, weshalb es auf die Kenntnis der Verbandsstraftat selbst nicht ankomme.[668] Keine Stellung wird zu der Frage bezogen, welche natürliche Person im Verband von der Zuwiderhandlung Kenntnis haben muss. Es bleibt daher ungeklärt, ob es bereits ausreicht, dass Angestellte von der Zuwiderhandlung Kenntnis haben oder ob sie zumindest in leitender Funktion

665 Vgl. Kapitel 3, B.3.

666 *Haubner*, DB 2014, 1358, 1364; *Römermann*, GmbHR 2014, 1, 7; Gesetzesentwurf, S. 50; *Witte/Wagner*, BB 2014, 643, 645, sehen durch diese Regelung lediglich eine Verbreitung der in der Praxis verbreiteten due diligence bei Unternehmenskäufen.

667 Zu § 30 Abs. 2 a OWiG, *Altenburg/Peukert*, BB 2014, 649, 653.

668 Gesetzesentwurf, S. 50.

tätig sein müssen oder vorausgesetzt ist, dass Organmitglieder Kenntnis besitzen.[669] Des Weiteren lässt der Regelungsvorschlag offen, ob es bei einer Aktiengesellschaft als ausreichend erachtet werden kann, wenn bereits ein Vorstandsmitglied Kenntnis von der Zuwiderhandlung hat oder ob es notwendig ist, dass die Mehrheit der oder sogar alle Vorstandsmitglieder Kenntnis aufweisen müssen.[670] Fraglich ist, ob sich durch Auslegung der Vorschrift eine Klärung ergibt, wessen Kenntnis für die strafrechtliche Verantwortung des Rechtsnachfolgers entscheidend ist. Die Vorschrift soll dazu dienen, dass sich Verbände nicht der strafrechtlichen Verfolgung durch Übertragung auf einen anderen Rechtsträger entziehen können, was vermuten lässt, dass es für die Kenntnis nur entscheidend sein kann, dass die für einen Unternehmenskauf bzw. –verkauf zuständigen Vertretungsorgane der Rechtsträger von der Zuwiderhandlung in diesem Rahmen erfahren haben. Denn nur das würde dem Sinn und Zweck der Vorschrift entsprechen. Allerdings kann auch nicht ausgeschlossen werden, dass die Entwurfsverfasser beabsichtigt haben, dass die Kenntnis leitender Angestellter genügt, denn auch dieser kann in seiner Position beabsichtigen, eine etwaige strafrechtliche Verantwortlichkeit des Verbandes umgehen zu wollen. Eine solche Situation wäre z.B. auf Ebene der Betriebs- oder Standortleiter eines Verbandes denkbar. Auch die übrigen Vorschriften des Verbandsstrafgesetzbuches lassen keinen Schluss zu, auf wessen Kenntnis es im Rahmen der strafrechtlichen Verantwortung des Rechtsnachfolgers ankommt. Sollte eine Regelung über die Rechtsnachfolge auch im Strafrecht vom Gesetzgeber befürwortet werden, so ist aufgrund der erforderlichen Rechtssicherheit eine Klarstellung notwendig, auf wessen Kenntnis abzustellen ist und für den Fall, dass eine wirksame Repräsentation des Verbandes durch mehrere Organe erfolgt, ob alle Organe Kenntnis von der Zuwiderhandlung haben müssen. Im Ergebnis ist aufgrund der Eingriffsintensität einer solchen Vorschrift die Kenntnis des vertretungsberechtigten Organs, bzw. im Fall eines Kollegialorgans die Kenntnis aller Mitglieder, zu fordern.

Des Weiteren ist unklar, wie die Formulierung zu verstehen ist, dass die Zuwiderhandlung zum Teil bekannt gewesen sein muss.[671] Diese Formulierung induziert erhebliche Bedenken gegen den Bestimmtheitsgrundsatz nach Art. 103 Abs. 2 GG, da sich aus dem Wortlaut der Vorschrift nicht ergibt, wann eine Zuwiderhandlung zum Teil bekannt sein kann. Eine Auslegung der Vorschrift vermag auch nicht weiterzuhelfen, denn die teilweise Kenntnis ist ein der gesamten Rechtsordnung bisher unbekannter Begriff. Es könnte daher als ausreichend angesehen werden, dass allein Anhaltspunkte für eine Zuwiderhandlung vorliegen, welche in der Folge eine teilweise Kenntnis zur Folge hätten. Dadurch würde der Anwendungsbereich

---

669 *Zieschang*, GA 2014, 91, 101; Stellungnahme BRAK, Nr. 15/2014, Zum Entwurf eines Gesetzes zur Einführung der strafrechtlichen Verantwortlichkeit von Unternehmen und sonstigen Verbänden, S. 11; abrufbar unter: http://www.brak.de/zur-rechtspolitik/stellungnahmen-pdf/stellungnahmen-deutschland/2014/april/stellungnahme-der-brak-2014-15.pdf (zuletzt abgerufen am 15.01.2015).

670 *Zieschang*, GA 2014, 91, 101.

671 *Zieschang*, GA 2014, 91, 101.

der strafrechtlichen Verantwortlichkeit der Rechtsnachfolger zu geringe Anforderungen aufgrund der erheblichen Eingriffsintensität stellen und eine Bestrafung der Rechtsnachfolger zu weit ausufern. Sofern eine strafrechtliche Verantwortlichkeit von Rechtsnachfolgern eingeführt werden soll, bedarf es entweder der Klarstellung, wann die Teilkenntnis gegeben ist, da es sonst dem Rechtsanwender nicht ersichtlich ist, wann genau die tatbestandlichen Voraussetzungen der Norm vorliegen oder der Herausnahme der Teilkenntnis als ausreichende Voraussetzung innerhalb des § 2 Abs. 4 VerbStrG-E. Vorzuschlagen wäre hier folgende Formulierung des § 2 Abs. 4 VerbStrG-E:

> Die Verbandsstrafe wird gegen den Rechtsnachfolger verhängt, wenn dessen vertretungsberechtigtes Organ, im Falle eines Kollegialorgans dessen gesamte Mitglieder (alternativ: mehr als die Hälfte), im Zeitpunkt des Rechtsübergangs die Zuwiderhandlung bekannt oder aus Leichtfertigkeit nicht bekannt war. Gegen den Rechtsvorgänger verhängte Sanktionen wirken auch gegen den Rechtsnachfolger.

11. Auslandstaten

Nach § 2 Abs. 3 S. 1 VerbStrG-E wird im Falle, dass die Zuwiderhandlung im Falle des § 2 Abs. 2 VerbStrG-E[672] im Ausland begangen worden ist, eine Verbandssanktion nur verhängt, wenn sie auf einen Verband bezogen ist, der seinen Sitz im Anwendungsbereich des Verbandsstrafgesetzbuches hat.[673] Die §§ 3 bis 7 StGB des Strafgesetzbuches bleiben nach § 2 Abs. 3 S. 2 VerbStrG-E unberührt.

11.1 Territorialitätsprinzip

Fraglich ist, wie diese Regelung mit dem im deutschen Strafrecht geltenden Territorialitätsprinzip zu vereinbaren ist. Nach diesem in § 3 StGB verankerten Grundsatz gilt das Strafrecht nur für Straftaten, die im Inland begangen worden sind. Die nachfolgenden §§ 4 bis 7 StGB sind als Ergänzungen des Territorialprinzips zu sehen und ermöglichen, den Anwendungsbereich des deutschen Strafrechts auf solche Taten zu erstrecken, die entweder zum „Selbstschutz des Staates“ und seiner Bürger oder im Interesse „internationaler Solidarität der Staaten“ erfasst werden sollten.[674] Anknüpfungspunkt bzw. Hauptprinzip des Strafanwendungsrechts bleibt der Territorialitätsgrundsatz.[675] Für die Anwendung des deutschen Strafrechts ist daher

---

672 Eine Erstreckung der Vorschrift auf § 2 Abs. 1 VerbStrG-E bedarf es nach der Begründung der Entwurfsverfasser nicht, da sich eine Bestrafung unabhängig vom Sitz des Verbandes aus den allgemeinen Vorschriften ergebe. Vgl. Gesetzesentwurf, S. 49.

673 Zu der Frage, ob der deutsche Gesetzgeber zu der Einführung einer solchen Regelung aufgrund internationaler Vorgaben überhaupt verpflichtet ist, vgl. *Rönnau/Wegner*, ZRP 2014, 158, 160 f.

674 *Eser* in: Schönke/Schröder, StGB, § 3 Rn. 1.

675 *Werle/Jeßberger* in: Leipziger Kommentar, StGB, § 3 Rn. 6.

maßgeblich, dass entweder der Ort der strafrechtlich relevanten Handlung oder der Ort, an dem der tatbestandliche Erfolg eintritt, im Inland liegt.[676] Nicht für ausreichend betrachtet wird nach dem Völkerrecht, dass die Handlung nur irgendeine Wirkung, z.B. tatsächlicher Art, im Hoheitsgebiet des Staates hat.[677] Wird nun eine Zuwiderhandlung im Ausland begangen, so ist nach dem Territorialitätsprinzip zu hinterfragen, ob der tatbestandliche Erfolg im Inland eintreten kann. Wäre dies der Fall, dann könnte ein Verstoß gegen den in § 3 StGB verankerten Grundsatz nicht pauschal angenommen werden.[678] Dafür ist anhand der Tatbestandsvoraussetzungen des § 2 Abs. 2 VerbStrG-E zu prüfen, ob eine solche Konstellation denkbar ist. Begeht nun also im Ausland ein Entscheidungsträger eines Verbandes, der seinen Sitz in Deutschland hat, eine Zuwiderhandlung, z.B. in Form eines Betruges zugunsten des Verbandes in Deutschland, so tritt der tatbestandliche Erfolg, der bei der Verbandsstraftat darin zu sehen ist, dass eine Zuwiderhandlung begangen worden ist und der Verband durch diese bereichert worden ist oder bereichert werden sollte, im Inland ein. Allein die Tatsache, dass die Zuwiderhandlung im Ausland begangen worden ist, kann nicht den von § 2 Abs. 2 VerbStrG-E bezweckten tatbestandlichen Erfolg eintreten lassen. Denn für diesen ist auch notwendig, dass das Merkmal der Verbandsbezogenheit erfüllt ist, welches die Bereicherung des Verbandes oder zumindest eine Bereicherungsabsicht verlangt. Aus diesem Zusammenspiel der Tatbestandsvoraussetzungen des § 2 Abs. 2 VerbStrG-E könnte daher der für die Anwendung des deutschen Strafrechts erforderliche Inlandsbezug hergestellt werden. Wird der Verband in Deutschland also in dem zuvor genannten Beispiel bereichert, so sind für den tatbestandlichen Erfolg sowohl die Zuwiderhandlung im Ausland als auch die Bereicherung des Verbandes für das Merkmal der Verbandsbezogenheit im Inland entscheidend. Diese Sichtweise kann auch dann herangezogen werden, wenn der Verband im Inland bereichert werden sollte, da auch in diesem Fall das Merkmal der Verbandsbezogenheit zu bejahen ist. Problematisch ist allerdings, dass der tatbestandliche Erfolg dennoch nur teilweise im Inland eintritt. Fraglich ist, ob dies für die Anwendung des deutschen Strafrechts als ausreichend erachtet werden kann. Man könnte auf den Gedanken zurückgreifen, dass dies vergleichbar ist mit der Situation mehrerer in Betracht kommender Tatorte, z.B. aufgrund der Tatsache, dass sich das Tatgeschehen auf mehrere Rechtsgebiete erstreckt, weil es sich um ein Dauerdelikt, mehraktiges Delikt oder sog. Distanzdelikt[679] handelt. Dies hätte dann wiederum zur Folge, dass das strengste Strafrecht zur Anwendung käme, welches das deutsche Recht sein könnte, wenn es z.B. einen strengeren Schuld- oder Strafausspruch zulässt.[680] Eine dem Dauerdelikt

---

676 BGHSt 44, 52, 56; *Werle/Jeßberger* in: Leipziger Kommentar, StGB, Vor § 3 Rn. 223 m.w.N.

677 *Werle/Jeßberger* in: Leipziger Kommentar, StGB, Vor § 3 Rn. 223.

678 Anders aber Stellungnahme BDI/BDA, S. 8.

679 *Fischer*, StGB, Vor §§ 3–7, Rn. 26.

680 *Werle/Jeßberger* in: Leipziger Kommentar, StGB, Vor § 3 Rn. 425.

vergleichbare Situation liegt hier nicht vor, da dessen Voraussetzungen fordern, dass der Täter einen von ihm begründeten rechtswidrigen Zustand aufrechterhält oder durch tatbestandserhebliche Handlungen weiter verwirklicht.[681] Fraglich ist, ob es sich bei § 2 Abs. 2 VerbStrG-E um ein mehraktiges Delikt handelt. Ein solches ist in § 2 Abs. 2 VerbStrG-E dann zu sehen, wenn die Tatbestandsverwirklichung durch eine Sequenz von Handlungen, die den Tatbestand zusammengefasst einmal verwirklichen, eintritt.[682] Dies könnte sich bei § 2 Abs. 2 VerbStrG-E daraus ergeben, dass für die Verwirklichung des Tatbestandes zum einen die Zuwiderhandlung und zum anderen die unterlassene Aufsichtsmaßnahme des Entscheidungsträgers erforderlich sind, um dann gegen den Verband eine Verbandsstrafe verhängen zu können. Zwar muss nicht der Verband, der dann letztlich bestraft wird, als Täter mehrere Handlungen begehen, sondern die für den Verband handelnden natürlichen Personen zusammen den Tatbestand des § 2 Abs. 2 VerbStrG-E erfüllen, was sich aus der Besonderheit ergibt, dass der Verband nur wirksam durch die natürlichen Personen im Rechtsverkehr auftreten kann. Dieser Überlegung steht auch nicht entgegen, dass vom Entscheidungsträger lediglich ein Unterlassen einer Aufsichtsmaßnahme gefordert wird, da die Besonderheit der Konstruktion der strafrechtlichen Verantwortlichkeit des Verbandes dies verlangt, um die mit der Organisation eines Verbandes verbundenen Pflichten zu verdeutlichen. Deshalb ist der Anknüpfungspunkt des Unterlassens des Entscheidungsträgers einem Handeln im strafrechtlichen Sinne gleichzustellen. Ein mehraktiges Delikt ist in § 2 Abs. 2 VerbStrG-E zu sehen, da gerade nur durch das Vorliegen mehrerer Handlungen durch verschiedene natürliche Personen, die für den Verband als „Täter" nach außen in Erscheinung treten, erforderlich ist, um den Tatbestand zu erfüllen. In diesen Fällen kann also die Anwendung des deutschen Strafrechts dann auch ohne die Regelung des § 2 Abs. 3 VerbStrG-E begründet werden, wenn das deutsche Strafrecht im Vergleich zu dem ebenfalls anzuwendenden ausländischen Strafrecht strenger ist. Ein Verstoß gegen den Territorialitätsgrundsatz kann in dieser Konstellation nicht per se angenommen werden. Allerdings wird dieser letztlich, wenn das deutsche Strafrecht nicht zur Anwendung gelangen würde, ausgehebelt, indem nach § 2 Abs. 3 VerbStrG-E die Verbandssanktion gegen den Verband verhängt werden kann, sofern dieser seinen Sitz in Deutschland hat. Fraglich ist, ob in den anderen Konstellationen, bei denen das deutsche Strafrecht aufgrund fehlender Mehraktigkeit nicht zur Anwendung gelangt, auch eine Möglichkeit besteht, unter Anwendung der Allgemeinen Grundsätze einen Verstoß gegen das Territorialitätsprinzip auszuschließen. Unter Zugrundelegung der Ubiquitätstheorie[683] kann für die Festlegung des Begehungsortes zu berücksichtigen sein, dass ein Begehungsort im Inland und einer im Ausland liegt, weshalb bei sog. grenzüberschreitenden

681 *Fischer*, StGB, Vor § 52 Rn. 58.
682 *Heintschel-Heinegg* in: MüKo, StGB, § 52 Rn. 26.
683 *Werle/Jeßberger* in: Lepiziger Kommentar, § 9 Rn. 3 m.w.N.

Grenzdelikten gilt, dass eine Tat sowohl Inlands- als auch Auslandstat sein kann.[684] Ist daher ein Handlungsteil im Inland begangen worden oder ein (Teil-) Erfolg eingetreten oder beabsichtigt, so handelt es sich in jedem Fall um eine Inlandstat, auf die das deutsche Strafrecht nach § 3 StGB Anwendung findet. Eine Intention des Gesetzgebers, dass in solchen Fällen eine Aufspaltung erfolgen soll und nur der im Inland begangene Teil dem deutschen Recht unterfallen soll, lässt sich den Vorschriften der §§ 3 ff. StGB gerade nicht entnehmen.[685] Deshalb können sog. Distanzdelikte auch aus völkerrechtlicher Sicht im Hinblick auf das Territorialitätsprinzip unter das deutsche Strafrecht fallen. Allerdings ist jedoch auch hier eine differenzierte Betrachtungsweise zugrunde zu legen, weshalb z.B. eine Auslandstat dann anzunehmen ist, wenn der ins Inland fallende Teil des Tatgeschehens nicht (mehr) zum Straftatbestand gehört.[686] Nach der Rechtsprechung ist für die Bestimmung des Begehungsortes entscheidend, dass der zum Tatbestand gehörende Erfolg eintritt, weshalb das bloße Eintreten irgendeiner Folge oder Wirkung der Tat gerade nicht genügt.[687] Dies hat zur Folge, dass ein im Ausland begangener Betrug nicht allein deshalb zur Inlandstat wird, dass der Täter den erstrebten Vorteil tatsächlich erst im Inland erlangt, oder Veruntreuungen, die ein Verkaufsleiter im Rahmen seiner Auslandstätigkeit bei einer ausländischen Tochtergesellschaft begeht, durch die bei der in Deutschland ansässigen Muttergesellschaft entstehenden Nachteile, als Inlandstaten anzusehen sind.[688] Eine Inlandstat kann jedenfalls nach der Rechtsprechung dann nicht vorliegen, wenn der Verkaufsleiter in letzterem Fall zur rechtlich selbstständigen Tochtergesellschaft im Ausland in einem Treueverhältnis steht.[689] Dafür ist zunächst festzustellen, dass nach dem derzeitigen Gesetzesentwurf eine solche Konstellation von den Vorschriften gar nicht erfasst sein kann, da die Definition der Verbände darauf abzielt, ihre die Rechtsträger der juristischen Personen, nicht rechtsfähigen Vereine und rechtsfähigen Personengesellschaften des privaten und öffentlichen Rechts für die Straftaten verantwortlich zu machen.[690] Es kommt daher dann ein Verstoß gegen den Grundsatz der Territorialität in Betracht, wenn nach den zuvor dargestellten Grundsätzen eine Anwendung des deutschen Strafrechts ausscheidet. Fraglich ist, ob man in § 2 Abs. 3 VerbStrG-E nicht als bloße Einschränkung des Territorialitätsgrundsatzes, wie auch § 5 Nr. 7 StGB, sehen könnte, nach welchem das deutsche Strafrecht unabhängig vom Recht des Tatorts für ausländische Taten Anwendung findet, wenn Betriebs- oder Geschäftsgeheimnisse eines im räumlichen Geltungsbereich des StGB liegenden Betriebs oder Unternehmens, welches dort seinen Sitz hat oder eines Unternehmens mit Sitz im Ausland, das von einem Unternehmen mit Sitz im räumlichen Geltungsbereich des StGB

684 *Werle/Jeßberger* in: Leipziger Kommentar, § 9 Rn. 55.
685 *Werle/Jeßberger* in: Leipziger Kommentar, § 9 Rn. 55.
686 *Werle/Jeßberger* in: Leipziger Kommentar, § 9 Rn. 60.
687 BGHSt 20, 45, 51.
688 *Werle/Jeßberger* in: Leipziger Kommentar, § 9 Rn. 60.
689 OLG Frankfurt, NJW 1989, 675, 676.
690 Vgl. dazu bereits Kapitel 3, A.1.

abhängig ist und mit diesem einen Konzern bildet, verletzt worden sind. Diese Ausnahmeregelung dient dazu, die inländischen staatlichen oder sonstigen öffentlichen Interessen sowie bestimmte Individualinteressen in Form der Wirtschaftsdelikte zu schützen.[691] Dabei fordert die Regelung ebenfalls einen Inlandsbezug, ebenso wie § 2 Abs. 3 VerStrG-E. Es obliegt daher dem Gesetzgeber, in solchen Fällen Ausnahmeregelungen vom Grundsatz des § 3 StGB zu erlassen, wenn auch wie beim Verbandsstrafgesetzbuch ein öffentliches Interesse daran besteht, Verbände für Straftaten strafrechtlich verantwortlich zu machen, um so effektive Regelungen im Bereich der Korruptionsbekämpfung zu schaffen.

11.2 Sitz eines Verbandes i.S.d. § 2 Abs. 3 S. 1 VerbStrG-E

Nach der Norm ist maßgeblich auf den Sitz des Verbandes abzustellen, weshalb sich die Frage stellt, was unter einem Sitz in diesem Sinne zu verstehen ist. In Betracht kommen zum einen der satzungsrechtlich bestimmte Sitz, zum anderen der Verwaltungssitz der Gesellschaft.[692] Da in Deutschland nach der Gründungs- und Sitztheorie[693] beide Anknüpfungspunkte denkbar sind, ist zu klären, welcher Sitz von den Entwurfsverfassern gemeint ist. Da sich in § 2 Abs. 3 VerbStrG-E hierzu keine Anhaltspunkte finden, ist zu hinterfragen, ob die in der Gesetzesbegründung genannten[694] EU-Rahmenbeschlüsse[695], die durch § 2 Abs. 3 VerbStrG-E umgesetzt werden sollen, hierzu Aufklärung leisten können. Auf den ersten Blick tragen die beiden Rahmenbeschlüsse nicht zur Aufschlüsselung des Problems bei, da nach ihnen ebenfalls der Sitz in dem jeweiligen Hoheitsgebiet des Mitgliedsstaates entscheidend sein soll, ohne hierzu eine nähere Konkretisierung vorzunehmen. Allerdings ergibt sich aus den Fassungen in englischer und französischer Sprache, dass es nach Art. 9 Abs. 1 lit. d Rahmenbeschluss 2002/475/JI auf die Niederlassung ankommt, da das tatsächliche Entfalten von einer Tätigkeit gefordert wird.[696] Hingegen wird aus der englischen und französischen Fassung des Art. 7 Abs. 1 lit. c Rahmenbeschluss 2003/568/JI deutlich, dass auf den Sitz der juristischen Person, also wohl auf den satzungsmäßigen Sitz abzustellen ist.[697] Da diese beiden Rahmenbeschlüsse von einem unterschiedlichen Verständnis ausgehen, können sie allein nicht zu einer eindeutigen Lösung des Problems beitragen. *Schneider* bezieht sich daher auf andere Rahmenbeschlüsse, die sowohl auf den satzungsmäßigen Sitz als auch auf den Sitz

---

691 *Werle/Jeßberger* in: Leipziger Kommentar, § 5 Rn. 9.

692 *Schneider*, ZIS 2013, 488, 498.

693 *Weller* in: MüKo, GmbHG, Band 1, Einleitung, Rn. 320 ff.

694 Gesetzesentwurf, S. 48.

695 Rahmenbeschluss des Rates 2002/475/JI vom 13.Juni 2002 zur Terrorismusbekämpfung = ABl. EG 2002 Nr. L164/3; Rahmenbeschluss 2003/568/JI des Rates vom 22.Juli 2003 zur Bekämpfung der Bestechung im privaten Sektor =ABl. EU 2003 Nr. L 192/54.

696 *Schneider*, ZIS 2013, 488, 498.

697 *Schneider*, ZIS 2013, 488, 498.

der Hauptverwaltung abstellen und kommt zu dem Ergebnis, dass sich eine Tendenz dahingehend erkennen lässt, dass die Niederlassung als entscheidend anzusehen ist.[698] Im Hinblick, dass das Strafrecht nur als ultima ratio zur Anwendung kommen kann, reicht eine derartige Tendenz allein nicht aus, um den Geltungsbereich des Verbandsstrafgesetzbuches festzulegen. Wünschenswert wäre es daher, wenn im weiteren Gesetzgebungsverfahren eine Definition für den Sitz eines Verbandes i.S.d. § 2 Abs. 3 S. 1 VerbStrG-E festgelegt wird. Ob es sich dabei um den satzungsmäßigen Sitz oder den Verwaltungssitz handelt, bleibt letztlich dem Gesetzgeber überlassen. Hinsichtlich der europäischen Tendenzen wäre es nach den obigen Ausführungen zu begrüßen auf die Niederlassung abzustellen.

11.3 Anwendbarkeit der §§ 3 bis 7 StGB

In § 2 Abs. 3 S. 2 VerbStrG-E wird bestimmt, dass die Vorschriften der §§ 3 bis 7 StGB unberührt bleiben, also ebenfalls neben dem Verbandsstrafgesetzbuch über den Generalverweis des § 3 Abs. 1 VerbStrG-E zur Anwendung kommen. Für die Anwendung der Normen hinsichtlich des Geltungsbereichs des deutschen Strafrechts ist daher maßgeblich, ob Verbände sinngemäß unter deren Regelungsinhalt subsumiert werden können.[699] Hierbei ist insbesondere auf § 7 StGB einzugehen. Nach dessen Absatz 1 gilt das deutsche Strafrecht für Taten, die im Ausland gegen einen Deutschen begangen werden, wenn die Tat am Tatort mit Strafe bedroht ist oder der Tatort keiner Strafgewalt unterliegt. Die bisherige Ablehnung der grundsätzlichen Anwendbarkeit des § 7 StGB auf juristische Personen[700] dürfte mit der Einführung des Generalverweises in § 3 Abs. 1 VerbStrG-E in der derzeitigen Fassung hinfällig werden.[701] Konsequenterweise ist zu hinterfragen, ob § 7 StGB überhaupt sinngemäß auf Verbände angewendet werden kann. Maßgeblich hierfür ist zunächst zu klären, wann ein Verband im Sinne des § 7 Abs. 1 StGB als deutsch angesehen werden kann.[702] Dies könnte unter Rückgriff auf die Gründungs- oder Sitztheorie erfolgen. Nach der Gründungstheorie ist das Recht des Gründungsortes ausschlaggebend, nach der Sitztheorie kommt es auf das Recht des tatsächlichen Verwaltungssitzes an.[703] In Deutschland wurde lange Zeit die Sitztheorie befürwortet, bis diese durch die Rechtsprechung des EuGH[704] wegen Verstoßes gegen die in Art. 49 AEUV verankerte Niederlassungsfreiheit als diskriminierend hinsichtlich Gesellschaften, die nach fremden Recht gegründet wurden, eingestuft wurde. Fazit dieser Rechtsprechung ist, dass an die Niederlassung in einem fremden Mitgliedstaat

---

698 *Schneider*, ZIS 2013, 488, 498.

699 Zum Generalverweis des § 3 Abs. 1 VerbStrG-E siehe Ausführungen in Kapitel 3,C.1.

700 *Eser* in: Schönke/Schröder, § 7 Rn. 6 m.w.N.; *Schneider*, ZIS 2013, 488, 493 m.w.N.

701 *Schneider*, ZIS 2013, 488, 493.

702 *Schneider*, ZIS 2013, 488, 494.

703 *Weller* in: MüKo, GmbHG, Band 1, Einleitung Rn. 320, 333.

704 EuGH, DStRE 1999, 414; EuGH, NZG 2002, 1164; EuGH, NZI 2003, 676.

keine negativen Rechtsfolgen geknüpft werden dürfen. Durch die Einführung des Verbandsstrafgesetzbuches wären negative Auswirkungen allerdings für Verbände fremder Mitgliedstaaten, die eine Niederlassung in Deutschland gründen wollen, verbunden, indem sie nach der Sitztheorie der Anwendung des deutschen Strafrechts unterfallen würden.[705] Da dies jedoch nach der Rechtsprechung des EuGH unzulässig ist, können deutsche Verbände im Sinne des § 7 Abs. 1 StGB nur solche sein, die in Deutschland gegründet worden sind. Dies sollte jedoch aus Gründen der Rechtssicherheit und der Klarstellung in die Regelung des § 2 Abs. 3 VerbStrG-E durch einen Satz 3 wie folgt aufgenommen werden:

> Ein Verband ist deutsch im Sinne des § 7 Abs. 1 StGB, wenn der Gründungsort die Bundesrepublik Deutschland ist.

11.4 Verstoß gegen Art. 103 Abs. 3 GG

Bei der Anwendung der Vorschrift des § 2 Abs. 3 VerbStrG-E ergeben sich zudem Bedenken hinsichtlich der Einhaltung des Doppelbestrafungsverbots nach Art. 103 Abs. 3 GG.[706] Eine solche doppelte Bestrafung könnte sich aufgrund der Regelung des § 2 Abs. 3 VerbStrG-E ergeben, da der Verband durch diese sowohl in Deutschland als auch im Ausland, sofern es in diesem ein Gesetz über die strafrechtliche Verantwortlichkeit von Verbänden gibt, bestraft werden kann. Nach der von den Entwurfsverfassern gegebenen Begründung wird eine solche Doppelbestrafung durch die Existenz des § 14 Abs. 3 VerbStrG-E verhindert.[707] Nach dieser Vorschrift kann die Staatsanwaltschaft von der Verfolgung einer Verbandsstraftat absehen, wenn die Zuwiderhandlung außerhalb des räumlichen Geltungsbereichs des Gesetzes begangen wurde und wenn wegen der Tat im Ausland schon eine Strafe gegen den Verband rechtskräftig verhängt worden oder zu erwarten ist, die zur Einwirkung auf den Verband und zur Verteidigung der Rechtsordnung ausreichend erscheint. Diese Argumentation vermag nicht zu überzeugen, denn nach § 14 Abs. 3 VerbStrG-E wird die Entscheidung allein in das Ermessen der Staatsanwaltschaft gestellt.[708] Ihr obliegt es nach dem Wortlaut der Vorschrift daher, ob eine Strafe gegen den Verband verhängt werden soll, was auch davon abhängen soll, ob die im Ausland zu erwartende Strafe aus Sicht der Staatsanwaltschaft ausreichend erscheint, um auf den Verband einzuwirken. Deshalb kann es trotz dieser Vorschrift zu einer Doppelbestrafung des Verbandes kommen, wenn die Staatsanwaltschaft diese Voraussetzungen nicht für gegeben hält und der betroffene ausländische Staat ebenfalls

---

705 *Schneider*, ZIS 2013, 488, 495.

706 Aus der Stellungnahme des Deutschen Richterbundes, Nr. 16/14, a.a.O., S. 6 geht hervor, dass ein solcher im Ergebnis wohl nach der derzeitigen Fassung des Gesetzesentwurfs bejaht wird.

707 Gesetzesentwurf, S. 49; *Römermann*, GmbHR 2014, 1, 7 schließt sich dieser Argumentation ohne nähere Begründung an.

708 Stellungnahme BDI/BDA, a.a.O., S. 8.

Vertragspartei des Übereinkommens zur Durchführung des Übereinkommens von Schengen vom 14. Juni 1985[709] ist, dessen Art. 54 das Verbot der Doppelbestrafung für die Vertragsstaaten garantiert. Die Vorschrift des § 14 Abs. 3 VerbStrG-E beruht nach der Gesetzesbegründung auf § 154 StPO, in der der Staatsanwaltschaft ebenfalls ein Ermessen in Bezug auf die Einstellung unwesentlicher Nebenstraftaten eingeräumt wird.[710] Der Sinn und Zweck des § 154 StPO besteht darin, bei größeren Strafverfahren durch Beschränkung des Prozessstoffes zu einer vereinfachten und beschleunigten Verfahrenserledigung zu gelangen.[711] Eine Anwendbarkeit des § 154 StPO auf ausländische Straftaten ist nicht unumstritten, wird jedoch in der Literatur weitestgehend vertreten, sofern es sich um europäische Staaten handelt, da die Mitgliedstaaten im Rahmenbeschluss 2008/675/JI des Rates der Europäischen Union vom 24.7.2008 zum Ausdruck gebracht haben, dass sie die Verurteilung von Straftaten in europäischen Mitgliedstaaten innerhalb der inländischen Strafrechtspflege berücksichtigen werden.[712] Allerdings vermag diese aus dem Vergleich der beiden Vorschriften gezogene Begründung nicht überzeugen, da der Anwendungsbereich des § 14 Abs. 3 VerbStrG-E viel weiter gefasst ist als der des § 154 StPO. Die der Staatsanwaltschaft in § 14 Abs. 3 VerbStrG-E eingeräumte Einschätzungsprärogative im Hinblick auf die Straferwartung im Ausland ist zu weit gefasst und verstößt in Verbindung mit § 2 Abs. 3 VerbStrG-E gegen das Doppelbestrafungsverbot nach Art. 103 Abs. 3 GG.[713] Um die Hürde des Doppelbestrafungsverbots zu überwinden, sind entweder konkrete Regelungen zu treffen, in welchem Fall die Staatsanwaltschaft das Verfahren einzustellen hat, oder von der Einführung der Regelung des § 2 Abs. 3 VerbStrG-E abzusehen. Entscheidet sich der Gesetzgeber für den Erlass des § 2 Abs. 3 VerbStrG-E sollte in einem dritten Satz folgende Regelung ergänzt werden:

> Wird der Verband wegen derselben Zuwiderhandlung bereits außerhalb des räumlichen Geltungsbereichs dieses Gesetzes bestraft, scheidet eine Bestrafung aus.

12. Zusammenfassung

Die Vorschrift des § 2 VerbStrG-E weist in der derzeitigen Fassung erhebliche Rechtsunsicherheit auf und sollte vom Gesetzgeber in dieser Form nicht verabschiedet werden. Die unterschiedliche Ausgestaltung der verbandsbezogenen

---

709 Amtsblatt der EU L 39 vom 22.9.2000, S. 19 ff.

710 Gesetzesentwurf, S. 68.

711 *Diemer* in: KK, StPO, § 154 Rn. 1.

712 Darstellung des Meinungsstandes bei *Diemer* in: KK, StPO, § 154 Rn. 2.

713 Einer Nichtbestrafung des Verbandes in der Konstellation, dass die Staatsanwaltschaft in Deutschland aufgrund einer Straferwartung im Ausland die Strafverfolgung einstellt, ist damit zu entgegnen, dass entweder die Staatsanwaltschaft das Verfahren nach den allgemeinen Grundsätzen wieder aufnimmt oder bei gerichtlicher Einstellung nach § 14 Abs. 3 S. 3 VerbStrG-E die §§ 154 Abs. 3 bis 5 StPO entsprechende Anwendung finden, wonach eine Wiederaufnahme des Verfahrens durch Gerichtsbeschluss möglich ist.

Zuwiderhandlung in § 2 Abs. 1 und Abs. 2 VerbStrG-E sollte vereinheitlicht werden. Dafür sollte in § 2 Abs. 1 VerbStrG-E ebenfalls hinreichend zum Ausdruck gebracht werden, dass die Strafbarkeit des Verbandes aus einer unzureichenden Organisation resultiert. Darüber hinaus entstehen für den Rechtsanwender aufgrund der Verwendung von Rechtsbegriffen in § 2 Abs. 2 VerbStrG-E, die dem Bestimmtheitsgrundsatz nicht genügen, erhebliche Schwierigkeiten bei der Anwendung im konkreten Fall. Eine Konkretisierung der geeigneten Aufsichtsmaßnahmen erscheint aus Gründen der Rechtssicherheit in einem gesonderten Absatz 2 a ratsam. Auf diese Weise wird kein starres, flächendeckendes Kontrollnetz geschaffen, sondern hinreichend konkrete Anhaltspunkte für die Einführung oder Verbesserung eines Compliance-Management-Systems geschaffen. Es handelt sich bei diesem Regelungsvorschlag daher um eine erhebliche Erleichterung für den Rechtsanwender, die dennoch genügend Flexibilisierung zulässt, da es sich um eine beispielhafte Aufzählung handelt. Im Hinblick auf die Regelung des § 2 Abs. 4 VerbStrG-E, sofern an dieser festgehalten werden soll, ist eine Änderung dahingehend notwendig, dass aus der Norm deutlich hervorgeht, auf wessen Kenntnis für die Strafbarkeit des Rechtsnachfolgers abzustellen ist, um auf diese Weise hinreichende Rechtssicherheit gewährleisten zu können. In Bezug auf die Regelung des § 2 Abs. 3 VerbStrG-E zu der Bestrafung im Falle der Begehung von Auslandstaten sollten die Bedenken gegen die Einhaltung des Doppelbestrafungsverbots mit einer eindeutigen wie der vorgeschlagenen Regelung ausgeräumt werden.

C. Allgemeine Bestimmungen, § 3 VerbStrG-E

§ 3 Abs. 1 VerbStrG-E legt im Rahmen einer Generalverweisung fest, dass für Straftaten im Sinne des Absatzes 1 und 2 (Verbandsstraftaten) die Vorschriften des Allgemeinen Teils des Strafgesetzbuches sinngemäß Anwendung finden, soweit sie nicht ausschließlich auf natürliche Personen anwendbar sind und das Verbandsstrafgesetzbuch nichts anderes bestimmt.

1. Generalverweis auf den Allgemeinen Teil des StGB

Fraglich ist, wie der Generalverweis auf den Allgemeinen Teil des StGB zu verstehen ist. Bevor auf einzelne Bestimmungen des Strafgesetzbuches und die damit verbundenen Problematiken bei Anwendung im Rahmen des Verbandsstrafgesetzbuches eingegangen wird, ist die in § 3 Abs. 1 VerbStrG-E gewählte Formulierung zu erörtern. Nach dem Wortlaut der Norm finden die Vorschriften des Allgemeinen Teils des Strafgesetzbuches sinngemäß Anwendung, sofern sie nicht ausschließlich auf natürliche Personen anwendbar sind und im Verbandsstrafgesetzbuch keine andere Regelung getroffen ist.[714] Es ist zweifelhaft, ob diese Formulierung den

---

714 In § 12 VbVG fehlt eine Subsidiaritätsklausel, weshalb in der österreichischen Literatur diskutiert wird, ob Vorschriften des VbVG die allgemeinen Regelungen

Anforderungen des Bestimmtheitsgrundsatzes des Art. 103 Abs. 2 GG genügt, da weder aus dem Wortlaut der Norm noch aus dem Sinn und Zweck der Regelung – auch nicht in Verbindung mit den anderen Regelungen des Verbandsstrafgesetzbuches – ersichtlich wird, was eine sinngemäße Anwendung zu bedeuten hat.[715] Darüber hinaus ist die Formulierung des § 3 Abs. 1 VerbStrG-E in sich widersprüchlich, da dem Anwendungsbereich des Strafgesetzbuches aufgrund des geltenden Individualstrafrechts ausschließlich natürliche Personen unterfallen.[716] In der Begründung des Gesetzesentwurfs wird auf diese Problematik nicht eingegangen, sondern es wird allein darauf verwiesen, dass der siebte Titel des Strafgesetzbuches, in dem der Verfall und die Einziehung zu verorten sind, somit vom Anwendungsbereich des Verbandsstrafgesetzbuches erfasst sei.[717] Wenn dies alleinige Folge des in § 3 Abs. 1 VerbStrG-E formulierten Verweises sein soll, so ist er jedenfalls missglückt, da eine Auslegung der Norm nach ihrem Sinn und Zweck ergibt, dass alle Normen des Allgemeinen Teils des Strafgesetzbuches auf das Verbandsstrafgesetzbuch Anwendung finden[718], sofern diese von ihrer Natur aus, wie z. B. die Vorschriften über die Freiheitsstrafe (§§ 38 f. StGB), nicht für den Verband gelten können.[719] Eine andere Auslegung lässt der Wortlaut nicht zu, da es an einer Einschränkung des Verweises auf bestimmte Straftatbestände des Allgemeinen Teils des Strafgesetzbuches gerade fehlt. Um hinreichend Rechtssicherheit durch die Einführung eines Verbandsstrafgesetzbuches gewährleisten zu können, empfiehlt es sich eine eindeutige Regelung zu schaffen, welche Vorschriften des Allgemeinen Teils des Strafgesetzbuches Anwendung finden sollen. Besteht die Intention der Entwurfsverfasser lediglich darin, dass Verfall und Einziehung neben den Sanktionen des Verbandsstrafgesetzbuches Anwendung finden sollen, so würde ein Verweis auf diese Vorschriften genügen. Zunächst sind jedoch Überlegungen anzustellen, welche Folgen ein Generalverweis bei der Anwendbarkeit des Verbandsstrafgesetzbuches mit sich bringt. Finden z.B. die Regelungen über Täterschaft und Teilnahme nach §§ 25 ff. StGB Anwendung und welche Auswirkungen wären damit verbunden? Bezieht sich der Generalverweis auch auf die Vorschriften der Rechtfertigungs- und Entschuldigungsgründe? Welche Konsequenz zieht der Generalverweis für die Vorschrift des § 14 StGB mit sich? Welche Folgen ergeben sich bei der Anwendung der Irrtumsregelungen? Soll es eine dem § 19 StGB entsprechende Strafmündigkeit auch für Verbände geben? Diese Problemkreise werden im Folgenden näher erörtert.

---

des österreichischen StGB zu verdrängen vermögen. Vgl. *Stärker*, VbVG, § 12 S. 159 ff.

715 *Schneider*, ZIS 2013, 488, 495; *Zieschang*, GA 2014, 91, 100.

716 *Zieschang*, GA 2014, 91, 100.

717 Gesetzesentwurf, S. 51.

718 Auf diese Intention der Entwurfsverfasser deutet auch hin, dass bei der Begründung zu § 4 VerbStrG-E darauf verwiesen wird, dass § 62 StGB auf die Verbandsmaßregeln über den Verweis in § 3 Abs. 1 VerbStrG-E entsprechend anzuwenden sei. Vgl. Gesetzesentwurf, S. 53.

719 Zur österreichischen Regelung ebenso *Hilf*, JSt 2006, 112 ff.

1.1 Geltung der Regelungen über Täterschaft und Teilnahme

Fraglich ist, ob die Regelungen über Täterschaft und Teilnahme gelten sollen und wenn ja, in welchem Umfang. Dafür ist zunächst herauszustellen, welche Konstellationen überhaupt betroffen sein können. In Betracht kommt hier das Verhältnis der Verbandsstraftat zur Individualstraftat. Auch wird von dem Verweis die Konstellation erfasst, dass ein Verband Teilnehmer oder Mittäter an einer Verbandsstraftat eines anderen Verbandes sein kann.[720] Das Verhältnis der Individualstraftat zur Verbandsstraftat ist maßgeblich dafür, welche Beziehung zwischen dem Verband und dem Entscheidungsträger vorliegt, ob diese also beide Täter in Form der Mittäterschaft oder der mittelbaren Täterschaft sind, oder ob es lediglich einen Täter und einen Teilnehmer gibt. Daher ist sich zunächst der Frage zu widmen, ob eine Bestrafung des Individualtäters neben dem Verband nach dem Gesetzesentwurf möglich ist. Eine ausdrückliche Regelung, die besagt, dass eine parallele Bestrafung möglich ist, findet sich in dem Entwurf nicht. In der Begründung geben die Entwurfsverfasser an, dass die Schuld des Verbandes nicht identisch mit der Individualschuld des Entscheidungsträgers sei, weshalb auch gegen diesen wegen der Zuwiderhandlung eine Strafe verhängt werden könne.[721] Ebenso soll durch die Einführung eines Verbandsstrafgesetzbuches die im Ordnungswidrigkeitenrecht geltende Verklammerung aufgegeben[722] und in der Konsequenz die Möglichkeit eröffnet werden, dass die Einleitung des Verfahrens gegen den Verband kein Verfahrenshindernis für das Verfahren gegen den Entscheidungsträger darstellt. Dies wird auch durch die beabsichtigte Einführung eines besonderen Gerichtsstandes für den Verband nach § 15 Abs. 1 VerbStrG-E deutlich, wonach der Gerichtsstand auch bei dem Gericht begründet ist, in dessen Bezirk der Verband seinen Sitz oder eine Zweigniederlassung hat. Von diesem Standpunkt aus betrachtet, handelt es sich bei der Verbandsstraftat und der Individualstraftat um (mindestens) zwei Straftaten.[723] Dies vermag letztlich nicht zu überzeugen, da tatsächlich nur eine Tat vorliegt, nämlich die des Entscheidungsträgers, die dem Verband faktisch doch zugerechnet wird und die vermeintliche zweite Tat allein auf einer zurechnungsbasierten Fiktion beruht.[724] Dies hätte dann zur Folge, dass der Verband im Verhältnis zu Dritten immer dieselbe Position wie der Entscheidungsträger einnimmt. Ist der Entscheidungsträger also Anstifter zur Haupttat eines Dritten, so wird der Verband

---

720 Da diese Konstellation nur dann problematisch erscheint, wenn es sich bei den Verbänden um Mutter- und Tochtergesellschaften handelt, ist insoweit auf die Darstellung zu der Problematik des Konzerndurchgriffs in Kapitel 3, B.8 zu verweisen.

721 Gesetzesentwurf, S. 43.

722 Gesetzesentwurf, S. 68.

723 *Mitsch*, NZWiSt 2014, 1, 4.

724 *Mitsch*, NZWiSt 2014, 1, 4 hält diese Betrachtungsweise nicht für fernliegend, bezieht hierzu aber nicht weiter Stellung; *Witte/Wagner*, BB 2014, 643, 645 weisen lediglich auf die Problematik hin ohne eine mögliche Lösung zu präsentieren.

ebenfalls wegen Anstiftung zur Haupttat des Dritten bestraft. Das Gleiche gilt für die Alleintäterschaft, die Mittäterschaft und die Teilnahme. Da der Gesetzesentwurf jedoch von der Existenz zweier Straftaten ausgeht, ist im Folgenden zu erörtern, welche Beziehung der Verband zum Entscheidungsträger unter Berücksichtigung der Regeln über die Täterschaft und Teilnahme aufweist.[725]

1.1.1 Mittäterschaft nach § 25 Abs. 2 StGB

In Betracht kommt zunächst, dass der Verband und der Individualtäter Mittäter nach § 25 Abs. 2 StGB sind.[726] Der Mittäterschaft liegt die gemeinschaftliche Begehung der Tat zugrunde, die sich im Wesentlichen aus zwei Bestandteilen zusammensetzt, dem gemeinsamen Tatplan und dessen gemeinsame Ausführung.[727] Nach der in der Strafrechtswissenschaft vorherrschenden Tatherrschaftslehre[728] kommt es bei der Mittäterschaft im Ausführungsstadium entscheidend darauf an, ob die Tatherrschaft gemeinsam ausgeübt wird, was sich in der Regel in einem arbeitsteiligen Zusammenwirken niederschlägt.[729] Für das Vorliegen der Tatherrschaft ist eine Mitwirkung am Kerngeschehen nach der Theorie der funktionellen Tatherrschaft nicht notwendig, sondern es reichen auch Vorbereitungs- und Unterstützungshandlungen aus, was anhand einer wertenden Gesamtbetrachtung aller Umstände zu ermitteln ist.[730] Zu hinterfragen ist, ob der Verband unter Zugrundelegung der Voraussetzungen der Tatherrschaftslehre Mittäter an einer Verbandsstraftat sein kann. Hierfür ist zwischen der Verbandsstraftat nach § 2 Abs. 1 VerbStrG-E und der nach § 2 Abs. 2 VerbStrG-E zu differenzieren. Besteht der Vorwurf, der dem Verband im Rahmen des § 2 Abs. 1 VerbStrG-E gemacht wird – wie in der Begründung des Gesetzesentwurfs angeführt[731] – darin, dass eine mangelhafte Personalauswahl getroffen wurde oder der Aufgabenzuschnitt auf der Leistungsebene unzureichend ist, kann nur darin der Tatbeitrag des Verbandes im Rahmen der Mittäterschaft gesehen werden. Ob ein solcher Tatbeitrag für das Merkmal der Tatherrschaft ausreicht, erscheint zweifelhaft. Die fehlerhafte

725 Diese Problemantik würde sich auch stellen, wenn man der hier favorisierten modifizierten Zurechnungslösung folgt, da auch dann zwei Straftaten vorliegen. Allerdings würde die Schuld des Individualtäters der Zuwiderhandlung keine doppelte Verwertung finden. Vgl. hierzu bereits Kapitel 3, B.3.5.

726 Auch wenn die Entwurfsverfasser auf S. 68 des Gesetzesentwurfs davon ausgehen, dass es sich bei der Verbandsstraftat und der Individualstraftat um zwei verschiedene Erscheinungsformen der Teilnahme, im Falle der Fahrlässigkeit um das Vorliegen der Nebentäterschaft, handelt, ist eine Behandlung der Mittäterschaft mangels entgegenstehender Anhaltspunkte im Gesetzesentwurf selbst notwendig.

727 *Schünemann* in: Leipziger Kommentar, StGB, § 25 Rn. 156.

728 *Schünemann* in: Leipziger Kommentar, StGB, § 25 Rn. 7; *Roxin*, Täterschaft und Tatherrschaft, S. 107.

729 *Fischer*, StGB, § 25 Rn. 32; *Wessels/Beulke/Satzger*, Strafrecht AT, Rn. 526.

730 BGHSt 37, 289, 292 f.; BGH NStZ 2009, 25, 26; BGH NStZ-RR 2009, 199; BGH NStZ-RR 2012, 209.

731 Gesetzesentwurf, S. 45.

Personalauswahl, die innerhalb der Organisation eines Verbandes erfolgt, genügt den Anforderungen der Tatherrschaft nicht. Dieser Vorwurf würde zu weit gehen, da zwar ein erhöhter Sorgfaltsmaßstab bei der Auswahl von Entscheidungsträgern anzusetzen ist, bei wertender Betrachtung der Umstände, wie sie die ständige Rechtsprechung[732] vornimmt, jedoch notwendig ist, dass der Täter nach seiner Vorstellung einen wesentlichen Beitrag zu der Straftat leisten wollte. Bei einer Personalentscheidung werden für den Verband wiederum natürliche Personen tätig, weshalb in der Folge maßgeblich ist, ob diese bei ihrer Entscheidung im Rahmen der Personalauswahl oder bei der Vergabe von Aufgaben auf der Leitungsebene bereits einen solchen Tatbeitrag leisten wollen und somit konsequenterweise die Tatherrschaft des Verbandes begründen wollen, welche dem Verband faktisch zugerechnet werden würde. Eine solche Konstellation wäre denkbar, wenn ein Entscheidungsträger durch andere Entscheidungsträger innerhalb des Verbandes in Absprache mit diesen nur eingestellt wird, um dann eine verbandsbezogene Zuwiderhandlung zu begehen. Aber auch in dieser Konstellation würde eine Mittäterschaft im Rahmen des § 2 Abs. 1 VerbStrG-E in jedem Fall ausscheiden, da der Wortlaut der Norm den Anknüpfungspunkt des Vorwurfs aufgrund mangelhafter Personalauswahl nicht hergibt und sich auch sonst keine Anhaltspunkte dafür finden lassen.[733] Zwar würde durch die fehlerhafte Personalauswahl gerade ermöglicht, dass es zu einer verbandsbezogenen Zuwiderhandlung kommt, letztlich reicht diese Begünstigung allein nicht für einen wesentlichen Tatbeitrag aus, der eine Mittäterschaft begründen kann. Durch die in einem Verband herrschenden systemischen Strukturen, deren Organisation mangelhaft ist, wird die Tat des Entscheidungsträgers lediglich in der Form ermöglicht, dass die Begehung aufgrund der bestehenden Lücken im System leichter ist. Wesentlich wäre der Tatbeitrag dann, wenn der Straftatbestand an den Verband als Adressaten in der Weise gerichtet wäre, dass er den Eintritt über die entscheidenden Rechtsgutsverletzungen der Rechtsnorm treffen würde und dadurch deren Eintritt beherrschen könnte.[734] Fraglich ist, ob bei § 2 Abs. 2 VerbStrG-E das Gleiche gilt. Bei diesem ist der Anknüpfungspunkt für den dem Verband zu machenden strafrechtlichen Vorwurf in der nicht vom Entscheidungstäter vorgenommenen Aufsichts- oder Überwachungsmaßnahme zu sehen. Maßgeblich ist also ein gesonderter Vorwurf, der die systemische Fehlentwicklung in dem Verband durch die dahinter stehenden natürlichen Personen zum Ausdruck bringt. Ob dies für einen wesentlichen Tatbeitrag, somit für eine Tatherrschaft, im Rahmen der Mittäterschaft ausreichen kann, erscheint fraglich. Dem steht nicht entgegen, dass der Tatbeitrag des Entscheidungsträgers, der dem Verband faktisch zugerechnet wird, nicht in einem Handeln liegt, da die Tatherrschaft auch durch

732 BGHSt 37, 289, 292 f.; BGH NStZ 2009, 25, 26; BGH NStZ-RR 2009, 199; BGH NStZ-RR 2012, 209.

733 Vgl. hierzu Kapitel 3, B.4.2.

734 *Schünemann* in: Leipziger Kommentar, StGB, § 25 Rn. 38.

Unterlassen begründet werden kann, sofern eine Garantenstellung besteht.[735] In der vorliegenden Konstellation wäre z.B. an die Garantenstellung aufgrund der Herrschaft über eine Gefahrenquelle zu denken, da es dem Verband obliegt, sich durch die für ihn handelnden natürlichen Personen so zu organisieren, dass aus ihm heraus keine Straftaten begangen werden. Allerdings müsste das dem Verband vorgeworfene Unterlassen als so wesentlich angesehen werden, dass es eine Tatherrschaft begründet, und zur Aufgabe hat, den tatbestandlichen Erfolg abzuwenden. Nach der Begründung der Entwurfsverfasser soll durch diesen Anknüpfungspunkt für die Strafbarkeit der Verbände gerade die Errichtung von präventiven Compliance-Management-System gestärkt werden[736], durch die der tatbestandliche Erfolg verhindert werden könnte. Jedoch basiert nach der Gesetzesbegründung die Strafbarkeit des Verbandes gerade darauf, dass sich durch die unterlassene Aufsichtsmaßnahme des Entscheidungsträgers das Risiko zur Begehung von Straftaten erhöht.[737] Durch diese Grundlage für die strafrechtliche Verantwortlichkeit des Verbandes kann die unterlassene Aufsichts- oder Überwachungsmaßnahme nicht als so wesentlich angesehen werden, um eine Tatherrschaft im Rahmen der Mittäterschaft zu begründen. Die Tatsache der Erhöhung des Risikos ist nicht ausreichend, da auch bei der Begründung der Mittäterschaft in Form des aktiven Tuns allein die Risikoerhöhung für eine Tatherrschaft nicht als ausreichend angesehen werden kann. Wird allein durch ein Tun oder Unterlassen das Risiko zur Verwirklichung des Straftatbestandes erhöht, kann nur die Teilnahme an einem Straftatbestand in Betracht kommen, da für diese signifikant ist, dass dem Teilnehmer die Tatherrschaft über das Geschehen fehlt.[738] In der Risikoerhöhung kann nach diesem Verständnis allenfalls eine für die Begründung einer Teilnahme erforderliche Unterstützungshandlung gesehen werden.[739] Die mittäterschaftliche Begehung des § 2 Abs. 2 VerbStrG-E durch den Verband scheidet daher aus.[740] Des Weiteren ist in Betracht zu ziehen, dass es einer Tatherrschaft im Rahmen des Unterlassens gar nicht bedarf, wenn es sich bei der dem Entscheidungsträger obliegenden Aufsichts- und Kontrollpflicht, die dem Verband letztlich fiktiv zugerechnet wird, um eine besondere Pflicht handelt, die eine dem Tatbestand vorgelagerte außerstrafrechtliche Sonderpflicht darstellt. Nach dieser von *Roxin* entwickelten Theorie des Garantensonderdelikts käme es auf eine Tatherrschaft gar nicht an, da allein die Verletzung

735 *Fischer*, StGB, § 25 Rn. 31; ausführliche Darstellung zum neueren Diskussionsstand in der Strafrechtswissenschaft bei *Roxin*, Täterschaft und Tatherrschaft, S. 750 ff.

736 Gesetzesentwurf, S. 2, 48.

737 Gesetzesentwurf, S. 47.

738 *Fischer*, StGB, § 27 Rn. 2; *Wessels/Beulke/Satzger*, Strafrecht AT, Rn. 582.

739 Vgl. hierzu Kapitel 3, C.1.1.4.

740 Von diesem Ergebnis gehen wohl auch die Entwurfsverfasser aus, wenn sie im Rahmen der Erörterung der gerichtlichen Zuständigkeit für die Verbandsstraftat und die Individualstraftat darauf hinweisen, dass sich die beiden Straftaten wie verschiedene Erscheinungsformen der Teilnahme, bzw. im Fall der Fahrlässigkeit, der Nebentäterschaft verhalten, vgl. Gesetzesentwurf, S. 68. Näher wird auf das Verhältnis der beiden Straftaten nicht eingegangen.

einer außerstrafrechtlichen Sonderpflicht für die Verwirklichung des Tatbestandes entscheidend ist.[741] Um eine solche außerstrafrechtliche Sonderpflicht handelt es sich dann, wenn es sich bei § 2 Abs. 2 VerbStrG-E um ein sog. Pflichtdelikt handelt.[742] Nach dieser Lehre reicht es für die Begründung der Täterschaft aus, wenn z.B. bei der Verwirklichung des § 203 Nr. 1 StGB gegen die vorstrafrechtliche ärztliche Schweigepflicht verstoßen wird.[743] Diesem wie auch den anderen Sonderdelikten, z.B. §§ 266, 343 StGB, ist gemein, dass sie nur von demjenigen als Täter verwirklicht werden können, dem die besondere Pflicht im Vorfeld des Straftatbestandes obliegt, also bei den Amtsdelikten nur den Beamten.[744] Fraglich ist, ob die Regelung des § 2 Abs. 2 VerbStrG einem Pflichtdelikt gleichgestellt werden kann. Als vorstrafrechtliche Pflicht für den Verband durch die für ihn handelnden natürlichen Personen käme vorliegend die Errichtung eines Compliance-Management-Systems in Betracht, um so zu vermeiden, dass es zur Begehung von verbandsbezogenen Zuwiderhandlungen kommt, mit der Folge, dass die Entscheidungsträger ihren Aufsichts- und Kontrollpflichten genügen. Dem Wortlaut der Vorschrift nach wird Verbänden diese Pflicht nicht ausdrücklich auferlegt. Die Pflicht könnte jedoch mittelbar daraus abgeleitet werden, dass für die strafrechtliche Verantwortlichkeit entscheidend ist, ob zumutbare Aufsichtsmaßnahmen, insbesondere technischer, organisatorischer oder personeller Art, unterlassen worden sind, die die Zuwiderhandlung wesentlich erschwert hätten. Hierin könnte auch eine außerstrafrechtliche Pflicht zu sehen sein, da die unterlassene Errichtung eines Compliance-Management-Systems allein nicht die Strafbarkeit des Verbandes begründet. Dem Wortlaut ist auch nicht eindeutig zu entnehmen, dass Verbänden die Pflicht zur Errichtung eines Compliance-Managements-Systems obliegt. Sollte dies bezweckt sein, wäre dies z.B. wie in § 33 Abs. 1 S. 2 Nr. 1 WpHG durch die Verwendung des Begriffs der Compliance zum Ausdruck zu bringen. Durch die Formulierung, dass die Aufsichts- bzw. Überwachungsmaßnahmen zumutbar sein müssen, wird verdeutlicht, dass die Entwurfsverfasser dies vom Einzelfall abhängig machen möchten.[745] Würde man hieraus eine allgemeine Pflicht für Verbände zur Errichtung eines Compliance-Managements-Systems ableiten, so würde damit ebenfalls einhergehen, dass alle Verbände, die dies unterlassen, dauerhaft eine Pflichtverletzung begehen würden. Dies kann vom Sinn und Zweck der Norm nicht beabsichtigt sein, weshalb die konkrete Ausgestaltung den Verbänden selbst überlassen werden soll.[746] Ebenso ist eine Vergleichbarkeit zu denen im Strafgesetzbuch geregelten Pflichtdelikten bei der Vorschrift des § 2 Abs. 2 VerbStrG-E nur schwerlich zu begründen. So kann nach § 266 StGB nur derjenige Täter sein, dem eine Vermögensbetreuungspflicht überhaupt obliegt.[747] Bei § 2 Abs. 2 VerbStrG-E hingegen kann

741 *Roxin*, Täterschaft und Tatherrschaft, S. 355.
742 *Mitsch*, NZWiSt 2014, 1, 4.
743 *Schünemann* in: Leipziger Kommentar, StGB, § 25 Rn. 43.
744 *Roxin*, Täterschaft und Tatherrschaft, S. 353.
745 Zu § 130 OWiG: *Sonnenberg*, a.a.O., S. 124.
746 *Bock*, Criminal Compliance, S. 585; *Sonnenberg*, a.a.O., S. 125 m.w.N.
747 *Fischer*, StGB, § 266 Rn. 21.

nicht nur der Verband bestraft werden und damit Täter sein, dem es obliegt, entsprechende Maßnahmen im Vorfeld einzurichten, sondern jeder Verband, unabhängig davon, ob er im Vorfeld ein solches Compliance-Management-System eingerichtet hat oder nicht. Denn die in der Vorschrift geforderten zumutbaren Aufsichtsmaßnahmen vermögen keine eigenständige außerstrafrechtliche Pflicht zu begründen. Vielmehr handelt es sich hierbei lediglich um eine Art Exkulpationsmöglichkeit, die aus den zivilrechtlichen Haftungsvorschriften, wie z.B. § 831 BGB, bekannt sind. Etwas anderes könnte jedoch nach der noch nicht rechtskräftigen Entscheidung des LG München I vom 10. Dezember 2013[748] für die Aktiengesellschaft[749] gelten. In diesem Fall verurteilte das Landgericht München I den Beklagten, ein ehemaliges Vorstandsmitglied der Klägerin (Siemens AG) zur Zahlung von Schadensersatz auf Grundlage des § 93 Abs. 2 S. 1 AktG. Zur Begründung führt das Gericht an, dass der Vorstand Sorge zu tragen habe, dass das Unternehmen so organisiert und beaufsichtigt wird, dass vor allem gegen Strafgesetze nicht verstoßen werde. Diese Überwachungspflicht ergebe sich aus der Vorschrift des § 91 Abs. 2 AktG, in der dem Vorstand die Pflicht auferlegt wird ein Überwachungssystem einzurichten, um Entwicklungen, die den Fortbestand der Gesellschaft gefährden, frühzeitig zu erkennen.[750] Dieser Organisationspflicht kommt der Vorstand nach Überzeugung des Gerichts nach, wenn er bei entsprechender Gefährdungslage eine auf Schadensprävention und Risikokontrolle angelegte Compliance-Organisation errichte. Es komme dabei nicht darauf an, ob sich diese Pflicht unmittelbar aus § 91 Abs. 2 AktG oder aus der Leitungspflicht gem. §§ 76 Abs. 1 S. 1, 93 Abs. 1 AktG ergebe. Maßgeblich für den Umfang seien dafür Art, Größe und Organisation des Unternehmens sowie die zu beachtenden Vorschriften und die Verdachtsfälle aus der Vergangenheit.[751] Die Pflicht zu Errichtung eines Compliance-Management-Systems ergibt sich jedenfalls nicht aus § 91 Abs. 2 AktG, da nach dieser Norm der Vorstand nur dazu verpflichtet ist ein Überwachungssystem einzurichten, welches existenzgefährdende Entwicklungen für die Gesellschaft abwehrt.[752] Dem Wortlaut nach bleibt es daher den Organen selbst überlassen, ob sie hierzu eine Organisation schaffen oder sich selbst für hinreichend informiert und kompetent halten.[753] Dies folgt auch daraus, dass nicht jeder Compliance-Verstoß unmittelbar eine existenzgefährdende Entwicklung mit sich zieht.[754] Auch lässt sich keine Pflicht zur Errichtung eines Compliance-Management-Systems aus der allgemeinen Leitungssorgfalt der Vorstandsmitglieder nach §§ 76 Abs. 1, 93 Abs. 1 S. 1 AktG herleiten. Nach § 76 Abs. 1 S. 1 AktG leitet der Vorstand die Gesellschaft unter

---

748 LG München I, NZG 2014, 345.

749 In der Literatur wird darüber hinaus eine Übertragung dieser Entscheidung auf die GmbH ebenfalls befürwortet. Vgl. *Oppenheim*, DStR 2014, 1063.

750 LG München I, NZG 2014, 345, 346.

751 LG München I, NZG 2014, 345, 347.

752 *Sonnenberg*, a.a.O., S. 124; allgemein ablehnend: *Rotsch* in: Handbuch Wirtschaftsstrafrecht, 1. Teil, Kapitel 4, Rn. 18 m.w.N.

753 *Hauschka*, ZIP 2004, 877, 878; *Petermann*, a.a.O., S. 80.

754 *Hauschka*, ZIP 2004, 877, 878; *Sonnenberg*, a.a.O., S. 124.

eigener Verantwortung, wobei er weisungsfrei ist und seine Entscheidungen nach eigenem Ermessen trifft. § 93 Abs. 1 S. 1 AktG legt lediglich fest, dass die Vorstandsmitglieder bei der Leitung der Geschäfte die Sorgfalt eines ordentlichen und gewissenhaften Geschäftsleiters anzuwenden haben. Zwar können Compliance-Management-Systeme danach durchaus zur Entlastung des Vorstandes führen, allerdings kann den beiden Vorschriften weder eine zwingende Verpflichtung hinsichtlich aller denkbaren Konstellationen noch eine Konkretisierung für einheitliche Anforderungen an ein solches System entnommen werden.[755] Daher besteht auch für die Aktiengesellschaft im Rahmen des § 2 VerbStrG-E keine außerstrafrechtliche Sonderpflicht zur Errichtung eines Compliance-Management-Systems. Letztlich ist festzuhalten, dass eine Mittäterschaft zwischen Verband und Individualtäter aufgrund fehlender Tatherrschaft des Verbandes und mangelnder Charakterisierung des § 2 VerbStrG-E als Pflichtdelikt ausscheidet. Darüber hinaus wäre auch ein gemeinsamer Tatentschluss in den Fällen des § 2 Abs. 1 VerbStrG-E jedenfalls nicht zu konstruieren, da dann der Entschluss des Entscheidungsträgers doppelt zur Begründung eines gemeinsamen Tatentschlusses verwertet werden würde.[756]

1.1.2 Mittelbare Täterschaft nach § 25 Abs. 1 Alt. 2 StGB

Des Weiteren ist zu erörtern, ob sich die Verbandsstraftat und die Individualstraftat in gleicher Weise wie bei der Figur der mittelbaren Täterschaft zueinander verhalten. Grundsätzlich liegt ein Fall der mittelbaren Täterschaft immer dann vor, wenn der Täter die Tat durch einen anderen begeht, sich also für die Verwirklichung der Tatbestandsmerkmale des sog. Tatmittlers bedient, der selbst weder Allein- noch Mittäter ist.[757] Dies zeichnet sich dadurch aus, dass der Tatmittler in der Regel ein Defizit aufweist wie z.B. fehlenden Vorsatz, fehlende Rechtswidrigkeit oder Schuld, wodurch sich die überlegene Stellung des Hintermanns auszeichnet und die steuernde Stellung des Tatmittlers einem eigenen Verhalten des Hintermanns entspricht.[758] Entscheidend ist also, ob eine solche Konstellation im Falle der Strafbarkeit des Verbandes im Vergleich zu der Straftat des Individualtäters denkbar ist. Es stellt sich daher die Frage, ob der Verband Hintermann und der Individualtäter bloßes Werkzeug sein kann. Unter Zugrundelegung des klassischen Verständnisses von der mittelbaren Täterschaft, dass der Tatmittler aufgrund der Tatherrschaft des Hintermanns kraft überlegenen Willens oder Wissens[759] ein Defizit aufweist und daher nicht bestraft werden kann, scheidet eine mittelbare Täterschaft des Verbandes

---

755 *Petermann*, a.a.O., S. 79 m.w.N.; a.A.: *Fleischer*, NZG 2014, 321, 322; *Wecker/Galla* in: Compliance in der Unternehmerpraxis, 19, 36.

756 *Mittelsdorf*, a.a.O., S. 158, lehnt eine Mittäterschaft pauschal mit dem Verweis ab, dass ein gemeinsamer Tatentschluss zwischen Unternehmen und Individuum kaum begründbar erscheint, ohne hierzu näher Stellung zu beziehen.

757 *Fischer*, StGB, § 25 Rn. 5; *Wessels/Beulke/Satzger*, Strafrecht AT, Rn. 535.

758 *Fischer*, StGB, § 25 Rn. 5 f.; *Wessels/Beulke/Satzger*, Strafrecht AT, Rn. 540.

759 *Joecks* in: MüKo, StGB, § 25 Rn. 55.

nach dem vorgeschlagenen Entwurf des § 2 VerbStrG-E aus. Nach der von den Entwurfsverfassern gegebenen Begründung ist es möglich, dass der Individualtäter neben dem Verband ebenfalls bestraft werden kann.[760] Dies hat zur Folge, dass nicht zwingend vorausgesetzt wird, dass ein Defekt bei dem Entscheidungsträger, als für den Verband handelnde Person, vorliegt, sondern es auch möglich ist, dass dieser volldeliktisch handelt. In einem solchen Fall käme eine mittelbare Täterschaft des Verbandes nur dann in Betracht, wenn bei der mittelbaren Täterschaft die Figur des „Täters hinter dem Täter" bei einem volldeliktisch handelnden Tatmittler anerkannt ist. Bereits im Katzenkönig-Fall[761] entschied der BGH, dass wenn sich der Tatmittler in einem vermeidbaren Verbotsirrtum befindet, eine Täterschaft des Hintermannes möglich ist, falls dieser eine von seinem Willen getragene Tatherrschaft aufweise, was im konkreten Einzelfall zu ermitteln ist.[762] Für die Übertragung auf das Verhältnis der Verbandsstraftat zur Individualstraftat ist daher maßgeblich, ob der Verband eine solche Tatherrschaft aufweisen kann. Eine solche Tatherrschaft scheidet jedoch in der Regel aus, da der Verband allein durch die mangelhafte Personalauswahl bzw. die fehlende Kontrolle, die ihm strafrechtlich zum Vorwurf gemacht wird, nicht den für eine Tatherrschaft maßgeblichen Einfluss auf die Zuwiderhandlung ausübt. Fraglich ist, ob sich eine mittelbare Täterschaft des Verbandes begründen lässt, wenn er kraft Organisationsherrschaft die Tatherrschaft hätte.[763] Ein solcher Fall liegt vor, wenn der Hintermann eine in einer vom Recht gelösten staatlichen Organisation aufgrund von Weisungsverhältnissen und Befehlshierarchien bestehende Bereitschaft unmittelbar Handelnder ausnutzt, wobei das Erfordernis einer Befehlsgewalt besteht.[764] Allein die in Verbänden möglicherweise herrschende kriminelle Verbandsattitüde kann mit einem organisatorischen Machtapparat nicht gleichgesetzt werden, da dafür notwendig wäre, dass sich der Verband als Ganzer von den Normen des Rechts gelöst hätte[765], was nicht automatisch durch die Tatsache einer fehlerhaften Organisation angenommen werden kann, die es erleichtert, dass Straftaten begangen werden. Solange sich die leitenden Organe des Verbandes prinzipiell an eine von ihnen unabhängige Rechtsordnung gebunden sehen und dementsprechend handeln, kann selbst eine Anordnung zu Straftaten nicht herrschaftsbegründend wirken.[766] Durch die Einführung eines Verbandsstrafgesetzbuches soll zwar vermieden werden, dass es zu mangelhafter Personalauswahl und damit zu systemischen Fehlentwicklungen kommt, jedoch ist daraus allein nicht

760 Gesetzesentwurf, S. 43.

761 BGHSt 35, 347.

762 BGHSt 35, 347, 353 f.

763 Vgl. zum Meinungsstand bei volldeliktisch handelndem Tatmittler in den Fällen der Tatherrschaft kraft Willens oder Wissens: *Joecks* in: MüKo, StGB, § 25 Rn. 61 f., 105 ff.

764 *Fischer*, StGB, § 25 Rn. 11; *Wessels/Beulke/Satzger*, Strafrecht AT, Rn. 541.

765 *Schünemann* in: Leipziger Kommentar, StGB, § 25 Rn. 123.

766 *Morozinis*, Dogmatik der Organisationsdelikte, S. 71; *Schünemann* in: Leipziger Kommentar, StGB, § 25 Rn. 123.

zu schließen, dass in jedem Verband, in dem sich ein Entscheidungsträger nicht an die gesetzlichen Vorschriften hält, eine solche Organisation herrscht, in der dies aufgrund von Befehlsgewalt geschieht. Vielmehr werden solche Straftaten aus dem Umstand heraus begangen, dass es an einer Kontrolle mangelt. Allerdings können darin keine isolierbaren Handlungen eines Hintermannes gesehen werden.[767] Es fehlt an einem Tatbeitrag des Verbandes, der objektiv so schwer wiegt, dass er eine mittelbare Täterschaft begründen könnte.

1.1.3 Anstiftung nach § 26 StGB

Des Weiteren ist in Betracht zu ziehen, ob sich die Verbandsstraftat zu der Individualstraftat wie bei einer Anstiftung verhält.[768] Unter Anstiftung versteht man das vorsätzliche Bestimmen einer anderen Person zur Begehung einer vorsätzlichen rechtswidrigen Tat, über die der Haupttäter die Tatherrschaft hat.[769] Nach der heute wohl herrschenden Auffassung ist es notwendig, dass zwischen Anstifter und Täter eine geistige kollusive Kommunikation stattfindet.[770] Eine bloße Verursachung eines fremden Tatentschlusses, insbesondere durch Schaffung objektiver Tatanreize, reicht für das Bestimmen eines anderen nicht aus, wenn in ihr nicht zumindest konkludent eine hinreichend bestimmte Gedankenerklärung liegt.[771] Es ist also eine Aufforderung des Anstifters gegenüber dem Täter, z.B. in Form der Überredung, der Beauftragung oder dem Versprechen einer Belohnung, notwendig.[772] Darüber hinaus ist der Anstiftung die Akzessorietät[773] immanent, nach welcher eine vorsätzliche, rechtswidrige, aber nicht schuldhafte Haupttat tatsächlich vorliegen muss. Überträgt man diese Grundsätze auf den Verband, so ergeben sich unter zwei Gesichtspunkten Zweifel an seiner Stellung als Anstifter im Verhältnis zur Tat der natürlichen Person. Zuerst erscheint es problematisch, dass der Verband die natürliche Person zu der Straftat bestimmt hat, da dafür erforderlich wäre, dass eine für den Verband handelnde natürliche Person auf den Täter in einer Art eingewirkt haben müsste, dass dieser den Entschluss zur Tatbegehung gefasst hat, was in der Folge dem Verband zugerechnet werden müsste. In der Praxis wird eine solche Aufforderung wohl schwierig nachzuweisen sein, weshalb eine derartige Konstellation eher abwegig erscheint. Nach dem Verständnis des vorliegenden Gesetzesentwurfs soll es gerade nicht auf das Verhalten einzelner natürlicher Personen ankommen, sondern auf die Strukturen und die in einem Verband herrschende Organisation. Maßgeblich ist daher, ob unter Zugrundelegung dieses Verständnisses ein Bestimmen zu einer Straftat

767 *Mittelsdorf*, a.a.O., S. 159.

768 *Mitsch*, NZWiSt 2014, 1, 4.

769 *Fischer*, StGB, § 26 Rn. 2; *Wessels/Beulke/Satzger*, Strafrecht AT, Rn. 567.

770 *Schünemann* in: Leipziger Kommentar, StGB, § 26 Rn. 2.

771 *Fischer*, StGB, § 26 Rn. 3 m.w.N.; *Heine/Weißer* in: Schönke/Schröder, StGB, § 26 Rn. 3.

772 *Heine/Weißer* in: Schönke/Schröder, StGB, § 26 Rn. 4.

773 *Joecks* in: MüKo, StGB, § 26 Rn. 1; *Wessels/Beulke/Satzger*, Strafrecht AT, Rn. 551.

durch den Verband konstruierbar ist. Feststellen lässt sich, dass durch systemische Fehlentwicklungen, die die Straftatbegehung erleichtern, nur objektive Anreize geschaffen werden. Für die im Rahmen des Bestimmens notwendige Aufforderung genügen solche Anreize nicht, da sich der Täter aufgrund der mangelnden Kontrollen oder Aufsichtsmaßnahmen vielmehr dazu veranlasst sieht, durch die bestehende Situation eine Straftat zu verüben. Eine geistige Kommunikation bzw. vergleichbare Einwirkung durch den Verband auf den Individualtäter ist darin nicht zu sehen. Des Weiteren bestehen Bedenken hinsichtlich der Akzessorietät der Anstiftung, denn nach der Auffassung der Entwurfsverfasser bedarf es bei § 2 Abs. 2 VerbStrG-E gerade im Rahmen der Zuwiderhandlung keines Nachweises, wer diese begangen hat, sofern die Verbandsbezogenheit feststeht und zum anderen soll das Vorliegen des Vorsatzes nur notwendig festgestellt werden müssen, wenn nur die vorsätzliche Begehungsweise strafbar ist.[774] Würde die Verbandsstraftat eine Anstiftung zur Straftat des Individualtäters darstellen, so wäre denknotwendig der Nachweis des Vorsatzes im Rahmen der Zuwiderhandlung immer erforderlich, da nur dann auch der Verband bestraft werden könnte. Dies stünde dann aber im Widerspruch zu dem von den Entwurfsverfassern beabsichtigten Zweck der Erleichterung der Beweisbarkeit in einem etwaigen Prozess. Da die Beweisprobleme nicht durch das materielle Strafrecht gelöst werden können[775] und sowohl der Nachweis des Vorsatzes als auch der Rechtswidrigkeit erforderlich sind, kann der so bestehende Widerspruch gelöst und die Bedenken diesbezüglich ausgeräumt werden. Allerdings ist weiterhin fraglich, ob die bei der Anstiftung notwendige Akzessorietät durch das von den Entwurfsverfassern vorgeschlagene Modell eingehalten werden kann. Dies erscheint im Hinblick auf die Ausgestaltung des Strafverfahrens in Bezug auf die Verbandsstraftat äußerst zweifelhaft. Nach den Regelungen des Verbandsstrafgesetzbuches ist eine Verbindung der Verfahren gegen den Verband und der natürlichen Person nicht erforderlich, da die verbandsbezogene Zuwiderhandlung nur eine objektive Bedingung der Strafbarkeit sein soll, und ihr daher die Qualität einer Haupttat gerade nicht zugesprochen werden kann.[776] Durch die Aufgabe des Prinzips der Verklammerung[777] kann eine solche Teilnahme nur schwerlich bewiesen werden. Diese Problematik kann nur durch das oben favorisierte Zurechnungsmodell gelöst werden.[778] Soll das von den Entwurfsverfassern befürwortete Modell gesetzlich verankert werden, so ist das Verhältnis der Verbandsstraftat zur Individualstraftat gründlich zu überdenken. Für den Fall, dass ein Entscheidungsträger durch eine andere für den Verband handelnde natürliche Person zu der Zuwiderhandlung bestimmt worden ist, kann der Verband aufgrund einer Zurechnung des Bestimmens

774 Gesetzesentwurf, S. 46; Stellungnahme zum Erfordernis des Nachweises des Vorsatzes bereits in Kapitel 3, B.4.2.
775 Vgl. Kapitel 3, B.4.2.
776 *Löffelmann*, JR 2014, 185, 193.
777 Gesetzesentwurf, S. 68.
778 Siehe Ausführungen in Kapitel 3, B.3.5.

Anstifter sein. In allen anderen Fällen scheidet eine Anstiftung hingegen aus den oben genannten Gründen aus.

1.1.4 Beihilfe nach § 27 StGB

Fraglich ist, ob der Verband als Gehilfe an der Straftat des Individualtäters anzusehen ist. Nach § 27 Abs. 1 StGB ist derjenige Gehilfe, der einem anderen zu dessen vorsätzlich begangener rechtswidriger Tat Hilfe geleistet hat. Für die Beihilfe kommt jeder Tatbeitrag in Betracht, der weder für eine Täterschaft noch eine Anstiftung als ausreichend angesehen werden kann.[779] Der Beitrag des Gehilfen zur Haupttat beschränkt sich auf die Förderung der Haupttat durch deren physische oder psychische Unterstützung.[780] Ein Hilfeleisten ist in der Folge immer dann gegeben, wenn die Haupttat durch den Tatbeitrag des Gehilfen ermöglicht oder erleichtert wird oder die vom Täter begangene Rechtsgutsverletzung durch ihn verstärkt wird.[781] Durch mangelnde Kontroll- und Aufsichtsmaßnahmen innerhalb eines Verbandes wird es dem Einzelnen erleichtert, strafbare Handlungen zu begehen, worin grundsätzlich ein ausreichender Tatbeitrag im Rahmen der Beihilfe gesehen werden kann. Allerdings kann dies nur im Rahmen des § 2 Abs. 2 VerbStrG-E gelten, da der erste Absatz der Vorschrift nicht erkennen lässt, dass die strafrechtliche Verantwortlichkeit des Verbandes aufgrund systemischer Fehlentwicklungen wie der fehlerhaften Personalauswahl beruht.[782] Konsequenz dieser so vorgeschlagenen Regelungen ist, dass sich die Verbandsstraftat zur Individualstraftat innerhalb des § 2 VerbStrG-E unterschiedlich zueinander verhält, da im Rahmen des § 2 Abs. 1 VerbStrG-E ein Gehilfenbeitrag des Verbandes nicht in der systemischen Fehlentwicklung gesehen werden kann. Eine Stellung des Verbandes als Gehilfe im Rahmen des § 2 Abs. 1 VerbStrG-E kommt nur dann in Betracht, wenn der Entscheidungsträger durch eine andere für den Verband handelnde natürliche Person bei seiner Tat unterstützt worden ist. Diese durch die in der Vorschrift des § 2 Abs. 1 und 2 VerbStrG-E getroffene Differenzierung würde in der Praxis zu nicht zu rechtfertigenden unterschiedlichen Ergebnissen führen, wenn der Gehilfenbeitrag der für den Verband handelnden natürlichen Person nicht nachgewiesen werden kann. In diesem Falle würde eine Bestrafung des Verbandes ausscheiden, wohingegen bei § 2 Abs. 2 VerbStrG-E allein der Umstand genügt, dass es im Verband an einer hinreichenden Organisation mangelt. Da eine solche Differenzierung von den Entwurfsverfassern offensichtlich nicht beabsichtigt ist[783], erscheint es ratsam, in dieser Hinsicht eine Korrektur der Regelung des § 2 VerbStrG-E vorzunehmen, um die im Rahmen des § 3 Abs. 1 VerbStrG-E i.V.m. § 27 StGB unterschiedlichen

779 *Schünemann* in: Leipziger Kommentar, StGB, § 27 Rn. 1; *Heine/Weißer* in: Schönke/Schröder, StGB, § 27 Rn. 1.
780 *Wessels/Beulke/Satzger*, Strafrecht AT, Rn. 581 m.w.N.
781 *Joecks* in: MüKo, StGB, § 27 Rn. 6 ff.
782 Vgl. hierzu Kapitel 3, B.4.2.
783 Gesetzesentwurf, S. 45, 68.

Ergebnisse zu vermeiden. Der Grundsatz der Akzessorietät ist auch bei der Beihilfe zu beachten, weshalb sich die gleichen Bedenken wie bei der Anstiftung ergeben. Auf die bei der Anstiftung gemachten Ausführungen wird deshalb an dieser Stelle Bezug genommen.[784] Des Weiteren ist fraglich, ob der Gehilfenbeitrag des Verbandes für den Erfolg der Straftat der natürlichen Person kausal geworden sein muss. Dies ist grundsätzlich in der strafrechtswissenschaftlichen Literatur umstritten[785], wird teilweise bejaht, teilweise wird auch eine Risikoerhöhung für das durch die Haupttat angegriffene Rechtsgut für ausreichend betrachtet. Die Rechtsprechung lässt es genügen, wenn der Gehilfenbeitrag die Haupttat irgendwie fördert, wobei eine bloße Anwesenheit, Kenntnisnahme und Billigung der Tat nicht ausreicht.[786] Dem ist sich anzuschließen, da die Vorschrift des § 27 StGB bereits das Hilfeleisten unter Strafe stellt und eine Strafbarkeit der Beihilfe nicht zwingend von der im Täterschaftsbereich vorausgesetzten Kausalbeziehung abhängt.[787] Eines Nachweises, dass die systemischen Fehlentwicklungen zu der verbandsbezogenen Zuwiderhandlung der natürlichen Person geführt haben, bedarf es daher nicht. Der doppelte Gehilfenvorsatz des Verbandes lässt sich im Rahmen des § 2 Abs. 1 VerbStrG-E nur dann begründen, wenn die für den Verband handelnde natürliche Person mit Vorsatz bzgl. der Unterstützung oder Erleichterung der Zuwiderhandlung gehandelt hat, welcher dann dem Verband zugerechnet werden muss. Bei § 2 Abs. 2 VerbStrG-E kann der Vorsatz des Verbandes nur dann festgestellt werden, wenn dem Entscheidungsträger, der die Aufsichts- oder Kontrollmaßnahme unterlassen hat, Vorsatz nachgewiesen werden kann. Dieses Erfordernis des Vorsatzes läuft der von den Entwurfsverfassern beabsichtigten Beweiserleichterung zuwider. Auch wenn das materielle Recht Beweisprobleme nicht lösen kann, so ist dennoch zu erwägen, die Vorschrift des § 3 Abs. 1 VerbStrG-E dahingehend zu modifizieren, dass nur auf bestimmte Vorschriften des Allgemeinen Teils des Strafgesetzbuches ausgenommen der über Täterschaft und Teilnahme verwiesen wird.

1.1.5 Nebentäterschaft

Da nicht in allen Fällen des § 2 VerbStrG-E eine Anstiftung oder Teilnahme des Verbandes in Betracht kommt und auch in Fällen der Fahrlässigkeit eine solche ausscheidet, ist zu hinterfragen, in welchem Verhältnis die Verbandsstraftat und die Individualstraftat dann stehen könnten. Zu erwägen ist, dass die beiden Straftaten unabhängig voneinander, aber nebeneinander, stehen und somit unter die Figur der Nebentäterschaft zu fassen sind.[788] Nebentäterschaft liegt immer dann

---

784 Vgl. Kapitel 3, C.1.1.3.

785 Darstellung des Streitstandes bei: *Joecks* in: MüKo, StGB, § 27 Rn. 23 ff.; *Schünemann* in: Leipziger Kommentar, StGB, § 27 Rn. 2 ff.; *Wessels/Beulke/Satzger*, Strafrecht AT, Rn. 582.

786 BGH wistra 2010, 98; BGH StV 2012, 287; BGH StV 2013, 214.

787 *Wessels/Beulke/Satzger*, Strafrecht AT, Rn. 582.

788 *Mitsch*, NZWiSt 2014, 1, 4.

vor, wenn mehrere Personen unabhängig voneinander den tatbestandlichen Erfolg herbeiführen ohne Mittäter zu sein.[789] Dieser Gedanke könnte sich deshalb auf das Verhältnis der Verbandsstraftat zur Individualstraftat übertragen lassen, da es sich um zwei Straftaten handelt. Fraglich ist allerdings, ob diese tatsächlich unabhängig nebeneinanderstehen. Dies ist hier zweifelhaft, da sowohl für die Strafbarkeit des Verbandes als auch für die der natürlichen Person der gleiche Anknüpfungspunkt besteht. Der BGH entschied zuletzt in der Eissporthallen-Entscheidung[790], dass bei Fahrlässigkeitsdelikten dann Nebentäterschaft gegeben sein kann, wenn sich in der Pflichtwidrigkeit des einen auch die Pflichtwidrigkeit des anderen verwirklicht. Notwendig hierfür ist jedoch, dass die Mitursächlichkeit eines jeden Tatbeitrags erwiesen sein muss. Problematisch erscheint in der vorliegenden Konstellation, dass der Verband den Taterfolg nur durch die für ihn handelnden natürlichen Personen herbeiführen kann. Eine Mitursächlichkeit kann deshalb nur dann bejaht werden, wenn man dieses strafrechtlich relevante Verhalten dem Verband zurechnet. Auch wenn man die Mitursächlichkeit in der im Verband existenten fehlerhaften Organisation sehen mag, so ist diese auch wieder auf die hinter dem Verband stehenden natürlichen Personen zurückzuführen. Eine Mitursächlichkeit des Verbandes lässt sich daher allenfalls durch das Verhalten der für ihn handelnden natürlichen Personen begründen, welches allerdings zur Folge hätte, dass das strafrechtlich relevante Verhalten des Entscheidungsträgers nach § 2 Abs. 1 VerbStrG-E sowohl für dessen Strafbarkeit als auch für die des Verbandes verwertet werden würde. Diese Konstruktion erscheint im Hinblick auf den Schuldgrundsatz nicht haltbar.[791] Gleiches gilt für die Fälle, in denen nur eine Strafbarkeit wegen fahrlässigen Unterlassens in Betracht kommt, da auch dann an den gleichen strafrechtlich relevanten Vorwurf für den Taterfolg, nämlich das Unterlassen der für den Verband handelnden natürlichen Personen, angeknüpft wird, mit der Konsequenz der doppelten Verwertung der Schuld.

1.1.6 Stellungnahme

Die Diskussion über das Verhältnis von der Verbandsstraftat zur Individualstraftat hat verdeutlicht, dass der Generalverweis in § 3 Abs. 1 VerbStrG-E erhebliche Schwierigkeiten im Bereich der Täterschaft und Teilnahme hervorruft. Der von den Entwurfsverfassern präferierte Ansatz, dass sich die Verbandsstraftat und die Individualstraftat wie verschiedene Erscheinungsformen der Teilnahme zueinander verhalten[792], überzeugt nach den obigen Ausführungen nicht. Zwar könnte durch die Beihilfe nach § 27 StGB das Verhältnis der beiden Straftaten zueinander aus dogmatischer Sicht am ehesten nachvollziehbar beschrieben werden, jedoch lassen sich die

---

789 *Schünemann* in: Leipziger Kommentar, StGB, § 25 Rn. 221; *Wessels/ Beulke/ Satzger*, Strafrecht AT, Rn. 525.
790 BGH NJW 2010, 1087.
791 Siehe hierzu bereits Kapitel 3, B.3.5.
792 Gesetzesentwurf, S. 68.

Bedenken aufgrund der Ausgestaltung der verbandsbezogenen Zuwiderhandlung in verfahrensrechtlicher Hinsicht nicht ausräumen. Um diese Unstimmigkeiten zu vermeiden, ist es unerlässlich in einem etwaigen Verbandsstrafgesetzbuch das Verhältnis der Verbandsstraftat zur Individualstraftat konkret in einer gesonderten Vorschrift zu regeln. Die von *Alwart*[793] entwickelte Figur des „Täters über dem Täter" vermag im Hinblick auf das Verhältnis der Verbandsstraftat zur Individualstraftat nach den §§ 25 ff. StGB keine Lösung für die Problematik beizutragen. Es handelt sich vielmehr um den Versuch einer Deskription, die Gestalt des Verbandes aufgrund seiner fehlenden Körperlichkeit und Abstraktheit als Täter erfassen zu können, ohne dabei auf die Vorschriften über Täterschaft und Teilnahme angewiesen zu sein. *Alwart* kommt zu dem Ergebnis, dass eine Täterschaft des Verbandes jedenfalls nur über Zurechnung konstruiert werden könnte, indem im Einzelfall die kollektiven Anteile „des Unternehmens" denen individueller Verantwortlichkeit gegenüber gestellt werden.[794] Mangels einer möglichen Einordnung in die bekannten Täterschaftsstrukturen empfiehlt es sich nach der von den Entwurfsverfassern vorgestellten Möglichkeit der Bestrafung des Verbandes neben dem Individuum, die Vorschrift des § 3 Abs. 1 VerbStrG-E im Hinblick auf die Regelungen der Täterschaft und Teilnahme zu überprüfen und in einer gesonderten Vorschrift exakt das Verhältnis der Straftaten zueinander festzulegen. Die Strafbarkeit des Verbandes neben der natürlichen Person ist nach obigen Ausführungen im Hinblick auf den Schuldgrundsatz nur zu konstruieren, wenn man dem Verband einen von der natürlichen Person verschiedenen Schuldvorwurf machen kann. Die Berufung auf präventive Gesichtspunkte und eine ungerechtfertigte Besserstellung des Individualtäters im Verband gegenüber dem Individualtäter außerhalb des Verbandes[795] vermögen die dogmatischen Bedenken gegen eine doppelte Verwertung des Schuldvorwurfs nach dem vorgeschlagenen Modell nicht auszuräumen. Da das von den Entwurfsverfassern vorgeschlagene Modell faktisch auf eine Zurechnung der Schuld hinausläuft[796], wäre deshalb eine alternative Bestrafung, also entweder die des Verbandes oder die der natürlichen Person, zu bevorzugen. Eine entsprechende Vorschrift könnte wie folgt formuliert werden:

> Die strafrechtliche Verantwortlichkeit des Verbandes schließt die strafrechtliche Verantwortlichkeit des Entscheidungsträgers aus.[797]

---

793 *Alwart* in: ders., Verantwortung und Steuerung, S. 75, 83; *ders.*, HFR 5-2000, 7.
794 *Alwart*, HFR 5-2000, 7.
795 *Mittelsdorf*, a.a.O., S. 20 f.
796 Vgl. Kapitel 3, B.3.5.
797 Sollte sich hingegen trotz der angeführten Bedenken bei dem vorgeschlagenen Modell für eine parallele Bestrafung von Verband und Individualtäter entschieden werden, so sollte auch dies in einer gesonderten Vorschrift geregelt werden. Als Vorbild könnte hier die Regelung in § 3 Abs. 4 VbVG herangezogen werden, nach der die Verantwortlichkeit eines Verbandes für eine Tat und die Strafbarkeit von Entscheidungsträgern oder Mitarbeitern wegen derselben Tat einander

Bedenken ergeben sich bei einem Nebeneinander von Verbandsstraftat und Individualstraftat im Hinblick auf die im Rechtsstaatsprinzip verankerte[798] und durch Art. 6 Abs. 2 EMRK als Bestandteil des positiven Rechts im Rang eines Bundesgesetzes[799] geltende Unschuldsvermutung.[800] Diese sind darauf zu stützen, dass in einem Strafverfahren gegen den Verband die verbandsbezogene Zuwiderhandlung des Entscheidungsträgers nachgewiesen werden muss, wodurch zwar dessen Schuld nicht zwingend festgestellt wird, aber die Funktion der Unschuldsvermutung, dass in einem prozessordnungsgemäßen Verfahren der Beweis der Schuld erzwungen wird, unterlaufen.[801] Nur durch ein solches Verfahren können die Grundrechte des einer Straftat Beschuldigten gewährleistet und dieser vor Nachteilen, die einem Schuldspruch oder einer Strafe gleichkommen, geschützt werden.[802] Denn nur durch die Unschuldsvermutung wird es dem Beschuldigten ermöglicht, den staatlichen Strafanspruch in einem rechtsstaatlichen und fairen Verfahren abzuwehren, sich also zu verteidigen. Um eine solche ausreichende Verteidigung des Beschuldigten zu ermöglichen, werden ihm in den §§ 230 ff. StPO zahlreiche prozessuale Rechte wie das der grundsätzlichen Anwesenheit des Angeklagten in der Hauptverhandlung eingeräumt. Ein solches Anwesenheitsrecht wird dem Entscheidungsträger oder anderen natürlichen Personen, die als Täter der Individualtat in Betracht kommen im Verbandsstrafgesetzbuch nicht eingeräumt. Auch die Regelung des § 18 Abs. 1 VerbStrG-E, wonach Entscheidungsträger oder andere Personen i.S.d. § 2 Abs. 2 VerbStrG-E im Verfahren gegen den Verband als Beschuldigte zu vernehmen sind, gleicht das Defizit nicht aus, dass die Staatsanwaltschaft kein Ermittlungsverfahren gegen sie einleiten muss, und deshalb nicht gezwungen ist, alle be- und entlasteten Gesichtspunkte zu ermitteln.[803] Eine dauernde Anwesenheitspflicht des Entscheidungsträgers oder der anderen natürlichen Person ist damit ebenfalls nicht verbunden. Denn die Vorschrift des § 18 Abs. 1 VerbStrG-E legt nur fest, dass die Vernehmung des Entscheidungsträgers so zu erfolgen hat wie die eines Beschuldigten und dieser sich nur in diesem Rahmen auf die einem Beschuldigten zustehenden Rechte berufen kann. Auf weitere Beschuldigtenrechte kann die Vorschrift weder

---

nicht ausschließen. Da nach dem österreichischen Modell eine schuldhafte Straftat eines Entscheidungsträgers oder Mitarbeiters notwendig ist, liegt auch hier die Zurechnung zugrunde, weshalb nicht ersichtlich ist, worin der unterschiedliche Schuldvorwurf bestehen soll, den *Stärker*, VbVG, § 3 S. 112 f., hervorhebt und somit die parallele Bestrafung rechtfertigt.

798 BVerfG, NJW 1967, 2151; BVerfGE 82, 106.

799 BVerfG NJW 1966, 243; BVerfG, NJW 1987, 2427.

800 *Löffelmann*, JR 2014, 185, 192; *Rübenstahl/Tsambikakis*, ZWH 2014, 8, 12, haben Zweifel daran, dass der Zweifelsgrundsatz durch das VerbStrG-E eingehalten wird, weshalb anzunehmen ist, dass sie auch auf diese Problematik Bezug nehmen wollen.

801 BVerfGE 82, 106, 114; BVerfGE 74, 358, 371; *Löffelmann*, JR 2014, 185, 193.

802 BVerfGE 82, 106, 115; BVerfGE 74, 358, 371.

803 *Löffelmann*, JR 2014, 185, 193.

ihrem Wortlaut noch ihrem Sinn und Zweck nach bezogen werden. Sinn und Zweck dieser Vorschrift ist es nach der von den Entwurfsverfassern gegebenen Begründung, dass die Entscheidungsträger sich, sofern sie zur Aussage gezwungen sind, nicht in eine Konfliktlage aufgrund des bestehenden Abhängigkeits- und Loyalitätsverhältnis zum Verband geraten.[804] Diese Begründung vermag jedoch nur insoweit zu überzeugen, als dass der Entscheidungsträger als Zeuge tatsächlich zur Aussage gezwungen wäre. Dies scheint jedoch im Hinblick auf § 55 StPO, der dem Zeugen für den Fall der Selbstbelastung ein Auskunftsverweigerungsrecht einräumt, ausgeschlossen. Die von den Entwurfsverfassern angeführte Argumentation, dass zumeist ein Zwang zur Aussage bestehen werde, da die verbandsbezogene Zuwiderhandlung selbst nicht notwendigerweise Straftaten der natürlichen Person darstellen müsse, sorgt dabei nicht für Klarheit. Wenn damit gemeint sein soll, dass nur der äußere Geschehensablauf feststehen müsse, so kann dies nicht überzeugen, da dies darüber hinweghelfen soll, dass gerade kein Entscheidungsträger ausfindig gemacht werden kann, der für die Zuwiderhandlung verantwortlich ist. Ist dies nicht der Fall, so kann er wohl auch nicht als Zeuge vernommen werden. Es könnte der Fall des § 2 Abs. 2 VerbStrG-E gemeint sein, in dem der Entscheidungsträger nicht zwingend eine Straftat begangen haben muss, da für die verbandsbezogene Zuwiderhandlung das Verhalten einer sonstigen natürlichen Person entscheidend ist. In den übrigen Fällen käme eine Berufung auf § 55 StPO nahezu immer in Betracht, da eine verbandsbezogene Zuwiderhandlung ja gerade fordert, dass rechtswidrig und vorsätzlich gegen ein Strafgesetz verstoßen wird, wodurch er sich der Gefahr der Strafverfolgung aussetzen würde. Wenn er nicht gegen ein Strafgesetz verstoßen hätte, so würde es bereits an einer tauglichen Grundlage für die verbandsbezogene Zuwiderhandlung fehlen und ein dringender Tatverdacht, der für die Eröffnung des Hauptverfahrens gegen den Verband nach § 13 Abs. 1 VerbStrG-E i.V.m. §§ 170 Abs. 1, 203 StPO notwendig ist, würde sich nicht festmachen lassen. Auf diese Differenzierung wird in der Literatur nicht eingegangen, sondern es wird der pauschalen Begründung der Gesetzesbegründung gefolgt.[805] Der von den Entwurfsverfassern in den Mittelpunkt gestellte Schutz des Entscheidungsträgers durch die Beschuldigtenstellung[806] vermag an der unzureichenden Möglichkeit der Verteidigung nichts ändern, da auch durch die Möglichkeit, sich eines Verteidigers als Beistand zu bedienen, nicht erzwungen wird, gegen den Entscheidungsträger oder die andere natürliche Person in einem prozessordnungsgemäßen Verfahren vorzugehen. Eine Erweiterung des Schutzes durch die Beschuldigtenstellung scheint äußerst fraglich, da zwar, wie von den Entwurfsverfassern betont, den Entscheidungsträgern auch das Recht nach § 136 StPO zukommt[807], faktisch werden sie jedoch in einer Hauptverhandlung gegen den Verband in die Aufmerksamkeit der Öffentlichkeit gestellt und könnten

804 Gesetzesentwurf, S. 75 f.
805 *Römermann*, GmbHR 2014, 1, 11; *Witte/Wagner*, BB 2014, 643, 648.
806 Gesetzesentwurf, S. 75 f.
807 Gesetzesentwurf, S. 76.

so auch als mutmaßliche Straftäter wahrgenommen werden.[808] Eine solche Prangerwirkung für die Entscheidungsträger ist von den Entwurfsverfassern gerade nicht beabsichtigt, da der Verband als solches in den Mittelpunkt gestellt werden soll und ihn vorrangig auch die damit verbundenen Reputationsschäden treffen sollen.[809]

Darüber hinaus ist zu hinterfragen, ob es sich im materiellen Strafrecht auswirkt, in welchem Verhältnis Verbandsstraftat und Individualstraftat zueinander stehen. Zu denken ist hier daran, dass wenn es sich bei Verband und Individualperson um mehrere Beteiligte handeln sollte, im Rahmen eines Rücktritts eines Entscheidungsträgers vom Versuch der Straftat auf die Vorschrift des § 24 Abs. 2 StGB abzustellen wäre.[810] Die in § 24 Abs. 2 S. 1 StGB gestellten Anforderungen an den Rücktritt sind grundsätzlich strenger als die des § 24 Abs. 1 StGB[811], da allein das Rückgängigmachen des eigenen Tatbeitrags nicht genügt, sondern ein Aufgeben der weiteren Beteiligung oder die Rücknahme des bisherigen Tatbeitrags die Vollendung der Tat tatsächlich verhindert.[812] Diese verschärften Anforderungen werden jedoch durch § 24 Abs. 2 S. 2 StGB gelockert, da das Rückgängigmachen des eigenen Tatbeitrags, selbst wenn es die Vollendung nicht verhindert, häufig als ernsthaftes Bemühen anzusehen sein wird.[813] In der Folge zeigen sich hier keine schwerwiegenden Unterschiede, weshalb eine Einordnung des Verhältnisses von Verbands- und Individualstraftat innerhalb des § 24 StGB nicht so entscheidend erscheint.[814] Fraglich

---

808 *Löffelmann*, JR 2014, 185, 193; *Schmitz* in: Kempf, Unternehmensstrafrecht, S. 311, 317.

809 Gesetzesentwurf, S. 2, 26; Nach *Schünemann*, ZIS 2014, 1, 16 steht eine solche Prangerwirkung des Verbandes mit den zentralen Zwecken des Strafrechts in Gestalt des Rechtsgüterschutzes und der sich anschließenden Resozialisierung im evidenten Widerspruch.

810 *Mitsch*, NZWiSt 2014, 1, 4.

811 Ob dieser in seinen beiden Alternativen uneingeschränkt auf die Verbandsstraftat anzuwenden sein kann, erscheint zweifelhaft, da die Entscheidung über die weitere Ausführung der Tat der verbandsbezogenen Zuwiderhandlung, die maßgeblicher Anknüpfungspunkt für die Verbandsstraftat ist, allein bei dem Entscheidungsträger liegt. Eine andere für den Verband handelnde natürliche Person kann die weitere Ausführung der Tat nicht für den Verband zurechenbar aufgeben. Ein Rücktritt nach § 24 Abs. 1 S. 1 Alt. 1 StGB wäre daher nur in den Fällen konstruierbar, in denen der Entscheidungsträger von der weiteren Ausführung der Tat selbst absieht. Bei der Verhinderung der Tat durch Zutun eines Dritten nach § 24 Abs. 1 S. 2 StGB wäre hingegen durch Eingreifen eines weiteren, für den Verband handelnden Entscheidungsträgers, ein Rücktritt von der Verbandsstraftat denkbar. Zur grundsätzlichen Möglichkeit der Anwendung des persönlichen Strafaufhebungsgrundes im österreichischen Recht: *Hilf*, JSt 2006, 112 ff.

812 *Lilie/Albrecht* in: Leipziger Kommentar, StGB, § 24 Rn. 393 m.w.N.

813 *Fischer*, StGB, § 24 Rn. 41.

814 *Mitsch*, NZWiSt 2014, 1, 4. Der Anwendung des § 24 StGB über die Generalklausel des § 3 Abs. 1 VerbStrG-E steht auch keine speziellere Regelung des Verbandsstrafgesetzbuches entgegen. Hier wäre allenfalls an § 5 VerbStrG-E zu denken. Diese

ist, wie schwerwiegend die Auswirkungen sind, wenn eine Verbandsstraftat eine Anschlusstat z.B. im Sinne der §§ 257 ff. StGB darstellen würde. Das Verhältnis der Verbandsstraftat zur Individualstraftat ist in diesen Fällen deshalb entscheidend, da eine Täterschaft des Verbandes bei der Hehlerei ausscheidet, wenn er bereits an der Vortat täterschaftlich beteiligt gewesen ist.[815] Ob eine Bestrafung aufgrund der Stellung des Verbandes per se bei Anschlussdelikten möglich ist, kann als erheblich angesehen werden, da die Strafbarkeit der Verbände dadurch deutlich eingeschränkt werden würde. Eine solche Einschränkung ist von den Entwurfsverfassern offensichtlich nicht beabsichtigt, da die Vorschrift des § 3 Abs. 1 VerbStrG-E weit gefasst ist und es auch an einem abschließenden Deliktskatalog in dem Entwurf fehlt. Daraus lässt sich im Umkehrschluss ableiten, dass eine solche Einschränkung der Strafbarkeit auch nicht mittelbar durch die Regelungen des § 3 Abs. 1 VerbStrG-E i.V.m. § 25 StGB erfolgen sollte. Nach alledem können die Bedenken gegen eine parallele Bestrafung des Verbandes neben dem Individualtäter nicht ausgeräumt werden. Das Nebeneinander der Verbands- und Individualstraftat ist daher nach dem, dem Verbandstrafgesetzbuch zugrundeliegenden Modell, im Ergebnis nicht zu befürworten.

1.2 Geltung der Regelungen über die Rechtfertigung

Des Weiteren stellt sich die Frage, ob sich Verbände über die Vorschrift des § 3 Abs. 1 VerbStrG-E auf die Regelungen der Rechtfertigung berufen können.[816] Der in § 3 Abs. 1 VerbStrG-E geregelte Generalverweis, nach dem die Vorschriften des Allgemeinen Teils des Strafgesetzbuches nur angewendet werden können, soweit sie nicht ausschließlich auf natürliche Personen anwendbar sind, ist nach dem Sinn und Zweck der Vorschrift so zu verstehen, dass sich der Verweis trotz der widersprüchlichen Formulierung auf alle Vorschriften des Allgemeinen Teils des Strafgesetzbuches bezieht, da die Vorschrift sonst leerlaufen würde.[817] Deshalb ist zu hinterfragen, ob Fälle vorstellbar sind, in denen sich der Verband auf die Notwehr oder den Notstand berufen kann. Grundsätzlich kann nur bestraft werden, wer rechtswidrig gehandelt hat, sodass eine Bestrafung ausscheidet, wenn die Voraussetzungen des § 32 oder 34 StGB vorliegen. Mangels entgegenstehender Anhaltspunkte im Gesetzesentwurf oder in der Gesetzesbegründung kann nur davon ausgegangen werden, dass das Erfordernis der Rechtswidrigkeit auch für die Verbandsstraftat Geltung erlangt. Um eine möglichst gleichlaufende Bestrafung der Verbände im Vergleich zum Individualstrafrecht zu erhalten, ist zu erörtern, ob eine Berufung auf die Rechtfertigungsgründe überhaupt möglich erscheint. Dafür ist die Betrachtung der allgemeinen Voraussetzungen des Vorliegens des Rechtfertigungsgrundes am

Vorschrift gewährt allerdings kein dem § 24 StGB gleichrangigen persönlichen Strafaufhebungsgrund, da es sich lediglich um eine Ermessensvorschrift handelt.

815 *Fischer*, StGB, § 259, Rn. 31; *Mitsch*, NZWiSt 2014, 1, 4.

816 *Zieschang*, GA 2014, 91, 101.

817 Vgl. Kapitel 3, C.1.

Beispiel der Notwehr erforderlich. Eine Straftat ist dann gerechtfertigt, wenn eine Notwehrlage, also ein gegenwärtiger rechtswidriger Angriff auf ein notwehrfähiges Rechtsgut des Täters, vorliegt und der Täter mit dem Willen zur Verteidigung handelt.[818] Die vom Täter vorgenommene Notwehrhandlung muss sich dabei gegen den Angreifer richten, da Eingriffe in Rechtsgüter unbeteiligter Dritter nur nach § 34 StGB oder § 904 BGB gerechtfertigt oder nach § 35 StGB entschuldigt sein können.[819] Fraglich ist daher, in welcher Konstellation eine Berufung des Verbandes auf den Rechtfertigungsgrund in Betracht kommt. Da für den Verband nur natürliche Personen handeln können, erscheint eine Rechtfertigung nur infrage zu kommen, wenn die für den Verband handelnde natürliche Person ebenfalls in Notwehr handelt. Nach der Gesetzesbegründung ist erforderlich, dass die Zuwiderhandlung rechtswidrig begangen worden ist[820], was in der Folge bedeutet, dass der Verband auch nur dann rechtswidrig handeln kann, wenn diese Voraussetzung vorliegt. Dies ist vor allem dadurch begründet, dass durch die Anknüpfung an der Individualstraftat die Verbandsstraftat lediglich eine Fiktion dieser darstellt. Handelt also der Entscheidungsträger aus Notwehr, so ist die verbandsbezogene Zuwiderhandlung gerechtfertigt und der Verband kann deshalb nicht wegen dieser strafrechtlich verantwortlich gemacht werden. In diesem Fall ist es also unerheblich, ob der Entscheidungsträger auch aus Nothilfe für den Verband gehandelt hat oder nicht, da eine Strafbarkeit ohnehin ausscheidet. Es bedarf daher der Erörterung, wie es sich verhält, wenn der Entscheidungsträger sich selbst nicht auf einen Rechtfertigungsgrund berufen kann, die Straftat aber begeht, um einen Angriff auf die Individualrechtsgüter des Verbandes abzuwehren. Grundsätzlich ist auch Nothilfe im Rahmen des § 32 StGB, also für einen Dritten als natürliche oder juristische Person möglich.[821] Das heißt, dass auch der Verband als juristische Person Inhaber von Individualrechtsgütern sein kann, deren Schutz gewährleistet werden soll. Denkbar wäre hier das Eigentum eines Verbandes, nicht hingegen Kollektivrechtsgüter[822]. Begeht der Entscheidungsträger daher die Tat, um einen Angriff auf das Eigentum des Verbandes abzuwehren, so ist aufgrund der fiktiven Zurechnung der Tat hier ebenfalls eine Rechtfertigung auf dieser Grundlage vorzunehmen. Nur auf diese Weise wird der Gedanke konsequent fortgeführt, dass der Verband nur durch die hinter ihm stehenden natürlichen Personen handeln und in Erscheinung treten kann und deren Verhalten den Anknüpfungspunkt für die Bestrafung des Verbandes darstellt. Bei dieser Differenzierung drängt sich die Frage auf, ob eine Rechtfertigung der Verbandsstraftat auch möglich erscheint, wenn der Individualstraftäter rechtswidrig

818 *Fischer*, StGB, § 32 Rn. 4, 25; *Rönnau* in: Leipziger Kommentar, StGB, Vor § 32 Rn. 127.

819 *Fischer*, StGB, § 32 Rn. 24; *Rönnau/Hohn* in: Leipziger Kommentar, StGB, § 32 Rn. 155.

820 Gesetzesentwurf, S. 40.

821 *Fischer*, StGB, § 32 Rn. 11; *Rönnau/Hohn* in: Leipziger Kommentar, StGB, § 32 Rn. 81.

822 *Fischer*, StGB, § 32 Rn. 11.

gehandelt hat. Man könnte diesen Ansatz darauf stützen, dass die Individualstraftat und die Verbandsstraftat nach den Vorstellungen der Entwurfsverfasser völlig unabhängig voneinander stehen, woraus auch die Möglichkeit der Rechtfertigung der Verbandsstraftat bei rechtswidriger Individualstraftat folgen müsste. Im Rahmen des § 2 Abs. 1 VerbStrG-E ist dem jedoch entscheidend entgegenzutreten, da durch die fiktive Zurechnung ein Abhängigkeitsverhältnis zwischen der Individualstraftat und der Verbandsstraftat besteht und keine Möglichkeit ersichtlich ist, wie sich der Verband, außer als über den für ihn handelnden Entscheidungsträger, auf das Vorliegen eines Rechtfertigungsgrundes berufen können soll. Fraglich ist, ob etwas anderes im Rahmen des § 2 Abs. 2 VerbStrG-E gelten kann, da bei diesem Straftatbestand sowohl die verbandsbezogene Zuwiderhandlung – als objektive Bedingung der Strafbarkeit[823] – durch eine für den Verband handelnde Person als auch eine unterlassene Aufsichtsmaßnahme durch einen Entscheidungsträger notwendig ist. Es wäre also denkbar, dass der Entscheidungsträger in Nothilfe für den Verband die Aufsichtsmaßnahme unterlassen hat und die Verbandsstraftat in der Folge nicht rechtswidrig durch den Verband begangen worden ist. Für diese Differenzierung im Vergleich zu § 2 Abs. 1 VerbStrG-E würde sprechen, dass in § 2 Abs. 2 VerbStrG-E gerade der Gedanke zum Ausdruck kommt, dass Verbandsstraftaten durch das Zusammenwirken mehrerer Personen, also das hinter dem Verband stehende System, begangen werden und daher auch im Rahmen der Rechtswidrigkeit das Verhalten eines jeden Einzelnen, für den Verband Handelnden, zu berücksichtigen ist. Denn die Aufsichtspflichtverletzung soll bei diesem Straftatbestand gerade einen wesentlichen Anknüpfungspunkt für die Strafbarkeit des Verbandes bilden.[824] Dagegen spricht jedoch, dass durch diese Differenzierung unterschiedliche Anforderungen an die Rechtswidrigkeit der Verbandsstraftat gestellt werden. Das Abhängigkeitsverhältnis zwischen Verbands- und Individualstraftat kann jedoch nicht durch das weitere wesentliche Erfordernis der unterlassenen Kontrollmaßnahme eines Entscheidungsträgers ausgehebelt werden. Darüber hinaus hätte diese Differenzierung in der Praxis zur Folge, dass sich Verbände der Strafbarkeit nach § 2 Abs. 2 VerbStrG-E entziehen könnten, indem die Entscheidungsträger in Situationen, in denen ein Individualrechtsgut des Verbandes angegriffen wird, Mitarbeiter zur verbandsbezogenen Zuwiderhandlung anstiften, eine entsprechende Kontrollmaßnahme bewusst unterlassen und sich dann auf Nothilfe berufen würden, um wenigstens die Bestrafung des Verbandes zu vermeiden. Eine solche Umgehungsmöglichkeit der Bestrafung der Verbände kann von den Entwurfsverfassern nicht gewollt sein. Sollte man dennoch der Auffassung sein, dass eine Rechtfertigung des Verbandes in dieser Konstellation möglich ist, so empfiehlt es sich, die Vorschrift des § 2 Abs. 1

823 Ebenso ist zu empfehlen die verbandsbezogene Zuwiderhandlung in beiden Straftatbeständen des § 2 VerbStrG-E als objektive Bedingung der Strafbarkeit auszugestalten, um Wertungswidersprüche zu vermeiden, vgl. hierzu Kapitel 3, B.4.2.

824 *Zieschang*, GA 2014, 91, 101.

VerbStrG-E ebenfalls mit einem Zusatz zu versehen, der erkennen lässt, dass die Verbandsstraftat eine Auswirkung von systemischer Fehlorganisation ist.[825]

1.3 Geltung des § 35 StGB

Darüber hinaus ist auch zu befürchten, dass sich Probleme bei der Anwendung des entschuldigenden Notstandes nach § 35 StGB ergeben können, da dieser eine Situation beschreibt, in der ein Täter handelt, um die Gefahr für Leib, Leben oder Freiheit von sich oder einem Angehörigen abzuwenden. Eine solche Situation scheint im Unternehmen nicht konstruierbar, weshalb § 35 StGB gar nicht auf den Verband anwendbar wäre, was wiederum gegen den Gleichheitssatz verstoßen würde.[826] Zu dieser Problematik ist indes nur kurz Stellung zu beziehen, da der Gesetzesentwurf auf das Schulderfordernis völlig verzichtet und § 35 StGB per se nicht zur Anwendung kommen würde. Die Bedenken gegen die Einhaltung des Gleichbehandlungsgrundsatzes können nicht gänzlich ausgeräumt werden, da eine absolute Gleichbehandlung des Verbandes und des Individualtäters aufgrund der Struktureigenheiten des Verbandes nicht erreicht werden kann. Um eine möglichen Annäherung der Bestrafung von Verbänden an das Individualstrafrecht erhalten zu können, sollte hinterfragt werden, ob es möglich erscheint § 35 StGB entsprechend anzuwenden oder eine dem § 35 StGB angenäherte Vorschrift zu erlassen. Gegen eine entsprechende Anwendung des § 35 StGB spricht nicht schon das im Strafrecht geltende Analogieverbot zu Ungunsten des Täters[827], sondern eine fehlende vergleichbare Interessenlage, da ein Verband nicht in die Situation gelangen kann, in der Angehörige i.S.d. § 11 Abs. 1 Nr. 1 StGB in Gefahr geraten. Dem Sinn nach könnte man überlegen, ob es für eine vergleichbare Interessenlage ausreichend ist, dass mit einem Verband verbundene Verbände, z.B. bei verbundenen Unternehmen, in eine Gefahr in Form der Insolvenz geraten. Dieser Ansatz ist jedoch weder vom Wortlaut noch vom Sinn und Zweck der Norm erfasst, der darin besteht, den Täter deshalb nicht zu bestrafen, weil eine plötzlich über ihn hereinbrechende Katastrophe ihn in eine Zwangslage bringt, die zu einer für ihn kaum lösbaren Konfliktlage führt.[828] Eine Zwangslage in dieser Form besteht in dem zuvor beschrieben Beispiel für den Verband im Falle der drohenden Insolvenz eines verbundenen Verbandes gerade nicht, da nicht die fundamentalen von § 35 StGB geschützten Rechtsgüter betroffen sind. Es sind vielmehr Sach- und Vermögenswerte betroffen, die nicht notstandsfähig sind. Eine Ausdehnung des Anwendungsbereichs hätte eine Aufweichung des strafrechtlichen Rechtsgüterschutzes zur Folge, weil die Strafandrohung

825 Formulierungsvorschlag in Kapitel 3, B.4.2.

826 *Zieschang*, GA 2014, 91, 101.

827 *Fischer*, StGB, § 1 Rn. 21; *Lenckner/Eser/Stree/Eisele/Heine/Perron/Sternberg-Lieben* in: Schönke/Schröder, § 1 Rn. 26; *Schmitz* in: MüKo, StGB, § 1 Rn. 60.

828 *Müssig* in: MüKo, StGB, § 35 Rn. 2.

im Fall der Entschuldigung ins Leere liefe und damit deren Ernst in Frage gestellt werden würde.[829]

Fraglich ist daher, ob die Einführung einer gesonderten Vorschrift möglich ist. In den derzeitigen Gesetzesentwurf könnte eine solche Norm nicht eingefügt werden, da dieser auf ein Schulderfordernis völlig verzichtet. Dennoch soll kurz darauf eingegangen werden, ob überhaupt eine Regelung denkbar ist, die einen entschuldigenden Notstand für einen Verband enthält. Da es sich bei § 35 StGB um einen Entschuldigungsgrund handelt, wäre für den Regelungsgehalt einer solchen speziellen Norm maßgeblich an den dem Verband gemachten Schuldvorwurf anzuknüpfen. Nach oben vertretener Auffassung kann für die Schuld des Verbandes nur das Organisationsdefizit entscheidend sein, um so eine Identität der Schuld des Individualtäters mit der des Verbandes zu verhindern. In der Norm müsste daher zum Ausdruck kommen, welche Anforderungen an das Handeln desjenigen Mitarbeiters, der für die Organisation zuständig ist zu stellen sind und welche Rechtsgüter vom Schutz erfasst sein sollen. Es müssten daher die für den Verband fundamentalsten Rechtsgüter geschützt werden, also vor allem diejenigen, die zur Existenz notwendig sind. Deshalb ist es jedenfalls notwendig, dass das Vermögen des Verbandes als geschütztes Rechtsgut mit aufgenommen wird, da dieses vergleichbar dem Leben bei natürlichen Personen, das wichtigste Rechtsgut darstellt um „wirtschaftlich überleben" zu können. Der Mitarbeiter des Verbandes müsste also bei seiner Organisationsentscheidung einen groben Fehler begehen, der dann zu einer Zuwiderhandlung führt, um das Vermögen des Verbandes zu schützen. Bei seiner Entscheidung müsste er also in eine Lage geraten bei der der Schutz zweier Rechtsgüter in Konflikt steht und eine rationale Wahl aufgrund des Verhältnisses zu einem Rechtsgut nicht möglich ist. Eine derartige Zwangslage erscheint in der Praxis kaum denkbar, weshalb auch die Einführung einer gesonderten Norm nicht in Betracht zu ziehen ist. Die damit einhergehende Ungleichbehandlung von Verband und Individualtäter ist aufgrund der Besonderheit des Verbandes als juristische Person hinzunehmen.

1.4 Handeln für einen anderen nach § 14 StGB

Des Weiteren erscheint problematisch, wie sich der Generalverweis des § 3 Abs. 1 VerbStrG-E auf die Regelung des § 14 StGB auswirkt. Dafür sind zunächst die Grundsätze der Vorschrift darzustellen, um anschließend den Anwendungsbereich der Regelungen im Rahmen eines möglichen Verbandsstrafrechts zu diskutieren.

1.4.1 Grundsätze

Nach § 14 StGB ist auf denjenigen, der als vertretungsberechtigtes Organ einer juristischen Person handelt, ein Gesetz, dass das Vorliegen besonderer persönlicher Merkmale für die Strafbarkeit fordert, ebenfalls anzuwenden, selbst wenn diese

829 *Zieschang* in: Leipziger Kommentar, StGB, § 35 Rn. 9.

Merkmale nur beim Vertretenen vorliegen. Die Vorschrift dient der Erweiterung der Anwendbarkeit von Straftatbeständen des Besonderen Teils des Haupt- und Nebenstrafrechts und soll so Strafbarkeitslücken schließen, weshalb sie auch als „allgemeiner Strafausdehnungsgrund“ bezeichnet wird.[830] Vom Regelungsgehalt des § 14 StGB sind vor allem Straftatbestände wie z.B. § 266 a StGB erfasst, die von den Normadressaten eine bestimmte Eigenschaft oder das Obliegen einer Sonderpflicht in Form eines strafbarkeitsbegründenden Merkmals für deren Erfüllung verlangen. Dem unmittelbar handelnden Täter fehlt dieses Merkmal jedoch, wie z.B. dem Geschäftsführer einer GmbH die in § 266 a StGB erforderliche Eigenschaft Arbeitgeber zu sein, weshalb er den Straftatbestand nicht verwirklichen kann.[831] Darüber hilft § 14 Abs. 1 Nr. 1 StGB hinweg, indem über die Anwendung der Vorschrift in dem zuvor genannten Beispiel dem Geschäftsführer die Eigenschaft der hinter ihm stehenden GmbH, die das Merkmal des Arbeitgebers erfüllt, zugerechnet wird. Die durch die Vorschrift des § 14 StGB zu schließende Strafbarkeitslücke nach dem bisher geltenden Recht würde darin bestehen, dass nach § 266 a StGB weder der Geschäftsführer noch die GmbH als juristische Person bestraft werden können, da letztere nach der bestehenden Rechtslage keine Straftat begehen kann.[832] Hingegen soll die Vorschrift nicht die strafrechtliche Verantwortlichkeit des Vertretenen, sofern diese nach dem geltenden Recht möglich ist, ausschließen, sondern eine parallele Bestrafung ermöglichen, was sich vor allem dem Wortlaut entnehmen lässt („auch“).[833]

1.4.2 Auswirkungen der Regelungen im VerbStrG-E auf die Zurechnungsnorm des § 14 StGB

Fraglich ist, ob durch den Erlass eines Verbandsstrafgesetzbuches in der vorliegenden Form der Regelungsgehalt des § 14 StGB in irgendeiner Art und Weise beeinträchtigt oder seine Wirkung sogar ausgehebelt wird. *Mitsch* ist der Auffassung, dass die Einführung einer Verbandsstraftat einen Bedeutungsverlust bzw. Bedeutungswandel für § 14 StGB zur Folge hat.[834] Dies ergebe sich seiner Ansicht nach daraus, dass eine Strafbarkeitslücke gar nicht mehr entstehen könne, wenn der Verband selbst strafbar sei, weshalb gar kein Bedürfnis für eine Zurechnung des besonderen persönlichen Merkmals zu dem handelnden Organ bestehe, um eine Strafbarkeit zu ermöglichen. Einer Strafbarkeit des Organs bedürfe es daher nicht, da der Verband bereits strafrechtlich verantwortlich gemacht werde. Darin sieht *Mitsch* einen Zirkelschluss, da für die Strafbarkeit des Verbandes die „Zurechnung“ der vom Entscheidungsträger begangenen verbandsbezogenen Zuwiderhandlung voraussetze und das Verhalten des Entscheidungsträgers ohne das besondere persönliche

830 *Radtke* in: MüKo, StGB, § 14 Rn. 1.
831 *Radtke* in: MüKo, StGB, § 14 Rn. 6.
832 *Mitsch*, NZWiSt 2014, 1, 4 f.
833 *Perron* in: Schönke/Schröder, StGB, § 14 Rn. 7 m.w.N.
834 *Mitsch*, NZWiSt 2014, 1, 5.

Merkmal den Straftatbestand nicht erfülle, weshalb § 14 StGB erst die Feststellung ermögliche, dass das Handeln des Entscheidungsträgers tatbestandsmäßig sei.[835] Dem kann so nicht zugestimmt werden, denn der Vorschrift des § 14 StGB bedarf es für die Begründung der Strafbarkeit des Verbandes gerade nicht, da sich diese ausschließlich nach § 2 Abs. 1 VerbStrG-E richtet. Dies ist darauf zurückzuführen, dass es sich bei § 2 Abs. 1 VerbStrG-E um eine zu § 14 StGB speziellere Vorschrift handelt, weshalb es eines Rückgriffs gerade nicht bedarf. Dies kann auch aus § 3 Abs. 1 VerbStrG-E gefolgert werden, wonach die Vorschriften des Allgemeinen Teils des StGB nur dann sinngemäß gelten sollen, wenn im Verbandsstrafgesetzbuch nichts anderes bestimmt ist. Damit soll zum Ausdruck gebracht werden, dass zum einen die Regelungen des Allgemeinen Teils des Strafgesetzbuches nicht zur Anwendung kommen sollen, wenn das Verbandsstrafgesetzbuch etwas anderes, möglicherweise auch gegenteiliges, regelt. Zum anderen ist dies dem Sinn und Zweck der Vorschrift nach so zu verstehen, dass die Vorschriften des Allgemeinen Teils des Strafgesetzbuches auch dann keine Anwendung finden, wenn das Verbandsstrafgesetzbuch speziellere Regelungen trifft, da diesem durch § 3 Abs. 1 VerbStrG-E vorrangige Geltung eingeräumt wird. Um das oben erörterte Beispiel des § 266 a StGB aufzugreifen, ist für die Bestrafung des Entscheidungsträgers ein Rückgriff auf § 14 StGB weiterhin nötig, da dieser das strafbegründende besondere persönliche Merkmal „Arbeitgeber" nicht aufweist und sonst nicht bestraft werden kann.[836] Für die Bestrafung des Verbandes ist eine Zurechnung nach § 14 StGB nicht nötig, da dieser zum einen das besondere persönliche Merkmal des Arbeitgebers selbst erfüllt und zum anderen § 2 Abs. 1 VerbStrG-E eine speziellere Regelung enthält. Auch vermag der Ansatz, dass eine Strafbarkeitslücke durch die Einführung einer strafrechtlichen Verantwortlichkeit der Verbände nicht mehr entstehen würde, nicht zu überzeugen, da der Sinn und Zweck des § 14 StGB nicht allein darin besteht die natürliche Person zu bestrafen, weil die dahinter stehende juristische Person nicht bestraft werden kann, sondern darin, dass die natürliche Person bestraft werden kann aufgrund eines strafbegründenden besonderen persönlichen Merkmals, welches sie selbst nicht erfüllt. Durch den von *Mitsch* vorgenommenen Kunstgriff des „Hin- und Her-Zurechnens" scheint dieser die Vorschrift des § 14 StGB so zu verstehen, dass der alleinige Sinn darin besteht, eine Strafbarkeit der natürlichen Person zu ermöglichen, da eine Strafbarkeit der juristischen Person ausscheidet. § 14 StGB lässt, wie bereits oben festgestellt, die Strafbarkeit des Vertretenen, sofern eine solche möglich ist, unberührt und ermöglicht eine parallele Bestrafung. Die Vorschrift des § 2 Abs. 1 VerbStrG-E hebelt § 14 StGB in keinem Fall aus, sondern ergänzt diesen vielmehr in der Hinsicht, dass die Strafbarkeit vom Vertretenen als juristische Person ebenfalls möglich wird.

Des Weiteren problematisiert *Mitsch* die Konstellation, in der bei dem Entscheidungsträger ein besonderes persönliches Merkmal vorliegt, das der Verband nicht

835 *Mitsch*, NZWiSt 2014, 1, 5.
836 A.A.: *Mitsch*, NZWiSt 2014, 1, 5.

aufweist. Als Beispiel führt er an, dass der Entscheidungsträger Mitglied einer Bande ist und sich mit einem anderen Bandenmitglied zur Begehung eines gewerbsmäßigen Betruges nach §§ 263 Abs. 5, 30 Abs. 2 Alt. 3 StGB verabredet.[837] Da es sich bei der Bandenmitgliedschaft nach der h.M. um ein strafschärfendes besonderes persönliches Merkmal handelt[838], kann dieses nach § 14 StGB, gerade entgegen der Ansicht von *Mitsch*[839], nicht dem Entscheidungsträger zugerechnet werden, da sich diese Vorschrift nur auf strafbegründende besondere persönliche Merkmale bezieht. Insoweit ist dieses Beispiel für die vorliegend geübte Kritik nicht geeignet. Um seine Kritik nachvollziehen zu können, soll folgendes Beispiel gebildet werden: Der Entscheidungsträger E entschließt sich, innerhalb des Verbandes einer neuen Geschäftsidee nachzugehen und gewerbsmäßig einen Betrieb zu unterhalten, in dem Personen der Prostitution nachgehen und dabei in wirtschaftlicher Abhängigkeit gehalten werden. Der E erfüllt damit den Straftatbestand des § 180 a StGB. Vorausgesetzt es liegen die übrigen Voraussetzungen einer Verbandsstraftat vor, so wird dem Verband das strafbegründende besondere persönliche Merkmal der Gewerbsmäßigkeit[840] „zugerechnet". Handelt es sich bei der Gewerbsmäßigkeit, wie z.B. bei § 263 Abs. 3 Nr. 5 StGB, um ein strafschärfendes besonderes persönliches Merkmal, was beim Entscheidungsträger vorliegt, so wird dieses dem Verband ebenfalls über § 2 Abs. 1 VerbStrG-E angelastet. Hingegen könnte über § 14 StGB eine Zurechnung weder zum Entscheidungsträger noch umgekehrt von diesem zum Verband erfolgen. Die Vorschrift des § 2 Abs. 1 VerbStrG-E im Gegenzug ermöglicht daher, dem Verband ein besonderes persönliches Merkmal, egal ob es strafbegründend oder strafschärfend ist, durch die fiktive Zurechnung aufgrund des Vorliegens beim Entscheidungsträgers anzulasten. Dies wird von *Mitsch* kritisiert, da es dem Wesen des besonderen persönlichen Merkmales entspreche, dass es nur denjenigen belaste, bei dem es vorliege und denjenigen entlaste, bei dem es fehle.[841] Im Rahmen von § 28 StGB ist dieser Auffassung zuzustimmen, da die Akzessorietät für den Teilnehmer gelockert wird, hingegen im Rahmen von § 14 StGB wird der natürlichen Person eine Eigenschaft der juristischen Person zugerechnet[842] und dieser in der Folge dadurch ebenfalls belastet. Aus dogmatischer Sicht ist der Gedanke, dass ein besonderes persönliches Merkmal einen anderen auch belasten kann, keineswegs fremd. Die von *Mitsch* vorgenommene Differenzierung, dass Verhaltensmerkmale eines Tatbestandes, wie die des § 266 a StGB, keine besonderen persönlichen Merkmale und daher aus dem Anwendungsbereich des § 2 Abs. 1 VerbStrG-E herauszunehmen seien[843], vermag ebenfalls nicht zu überzeugen. An dem Beispiel des „Arbeitgebers" in § 266 a StGB lässt sich nur exemplarisch zeigen, dass es sich um ein persönliches

837 *Mitsch*, NZWiSt 2014, 1, 5.
838 *Fischer*, StGB, § 28 Rn. 9.
839 *Mitsch*, NZWiSt 2014, 1, 5.
840 *Lackner* in: Lackner/Kühl, StGB, § 28 Rn. 5.
841 *Mitsch*, NZWiSt 2014, 1, 5.
842 *Fischer*, StGB, § 14 Rn. 2; *Joecks* in: MüKo, StGB, § 28 Rn. 19.
843 *Mitsch*, NZWiSt 2014, 1, 5.

Merkmal handelt, was aus einer bestimmten, den Täter charakterisierenden Eigenschaft bzw. Stellung stammt. Da der Verband nicht jedes strafbegründendes persönliches Merkmal selbst auch erfüllen kann, erscheint eine Differenzierung innerhalb eines Straftatbestandes nicht praktikabel. Darüber hinaus soll durch die Regelung des § 2 Abs. 1 VerbStrG-E eine möglichst gleichlaufende Bestrafung des Verbandes zu der des Individuums gewährleistet werden.

1.5 Irrtumsregelungen

Des Weiteren stellt sich die Frage, ob die Irrtumsregelungen ebenfalls über den Generalverweis des § 3 Abs. 1 VerbStrG-E auf Verbände anwendbar sind. Zu der Formulierung, dass die Vorschriften des Allgemeinen Teils des Strafgesetzbuches sinngemäß angewendet werden, soweit sie nicht ausschließlich auf natürliche Personen anwendbar sind, gilt das zuvor Ausgeführte. Um die Auswirkungen von Irrtümern auf die Verbandsstraftat näher erörtern zu können, bedarf es der Differenzierung zwischen Irrtümern auf Tatbestandsebene und solchen, die die Schuld des Täters ausschließen.

1.5.1 Tatbestandsirrtum

Ein Irrtum über den objektiven Tatbestand lässt nach § 16 StGB den Vorsatz des Täters entfallen, wobei sowohl der Fall erfasst ist, in dem der Täter sich falsche Vorstellungen über Tatsachen macht als auch der Fall, in dem der Täter gar keine Vorstellungen hat.[844] Deshalb ist zu untersuchen, welche Auswirkungen sich aus dem fehlenden Vorsatz des Individualtäters auf die strafrechtliche Verantwortlichkeit des Verbandes ergeben. Nach der derzeitigen Fassung des Gesetzgebungsvorschlags in § 2 Abs. 1 VerbStrG-E wird statuiert, dass die verbandsbezogene Zuwiderhandlung vorsätzlich oder fahrlässig begangen worden sein muss.[845] Dies hat zur Folge, dass eine vorsätzliche Verwirklichung der verbandsbezogenen Zuwiderhandlung bei Vorliegen eines Irrtums nach § 16 StGB ausscheidet. Fraglich ist jedoch, ob der Verband dennoch wegen einer vorsätzlichen Verbandsstraftat bestraft werden kann, der Irrtum des Individualtäters für diesen also unerheblich ist. Dies ist wiederum abhängig davon, in welchem Verhältnis die Individualstraftat zur Verbandsstraftat steht. Geht man wie die Entwurfsverfasser davon aus, dass sich die beiden Straftaten wie verschiedene Formen der Teilnahme zueinander verhalten[846], so hat das Fehlen des Vorsatzes bei der verbandsbezogenen Zuwiderhandlung

844 *Joecks* in: MüKo, StGB, § 16 Rn. 2. Die nachstehenden Ausführungen gelten auch für den Erlaubnistatbestandsirrtum, sofern man der eingeschränkten Schuldtheorie folgt, die in entsprechender Anwendung des § 16 Abs. 1 StGB den Vorsatz entfallen lässt. Vgl. zur Darstellung des Meinungsstandes *Joecks* in: MüKo, StGB, § 16 Rn. 113 ff.

845 Vgl. zum Sinn dieses doppelten subjektiven Erfordernisses bereits Kapitel 3, B.4.2.

846 Gesetzesentwurf, S. 68.

für den Verband zur Folge, dass es an einer vorsätzlichen und rechtswidrigen Haupttat fehlt, derer es aufgrund der Akzessorietät der Teilnahme für die Strafbarkeit des Teilnehmers[847] bedarf und dieser nicht bestraft werden kann. Geht man hingegen davon aus, dass es sich bei Verband und Individualtäter um Nebentäter handelt, so hätte das Fehlen einer vorsätzlichen verbandsbezogenen Zuwiderhandlung keinerlei Auswirkungen auf den Vorsatz des Verbandes. Allerdings ist dies in der Hinsicht problematisch, dass der Anknüpfungspunkt für die Verbandsstraftat nach dem Vorschlag der Entwurfsverfasser gerade die verbandbezogene Zuwiderhandlung ist, welche gerade mit natürlichem Vorsatz begangen worden sein muss. Dadurch wird der Vorsatz des Individualtäters dem Verband fiktiv zugerechnet, weshalb bei Vorliegen eines Tatbestandsirrtums eine vorsätzliche Strafbarkeit des Verbandes jedenfalls auch ausscheiden muss. Da in der Regelung des § 2 Abs. 1 VerbStrG-E gerade nicht der Vorwurf zum Ausdruck gebracht wird, dass die verbandsbezogene Zuwiderhandlung aufgrund fehlender oder mangelhafter Organisation des Verbandes begangen worden ist, bietet sich für die Begründung des Vorsatzes für den Verband kein anderer Anknüpfungspunkt. Anders könnte sich dies im Rahmen des § 2 Abs. 2 VerbStrG-E darstellen. Zum einen wird in dieser Vorschrift nur der natürliche Vorsatz in Bezug auf die verbandsbezogene Zuwiderhandlung gefordert, da sich kein Zusatz „vorsätzlich oder fahrlässig“ vergleichbar zu § 2 Abs. 1 VerbStrG-E findet. Zum anderen ist die Bestrafung des Verbandes an eine vorsätzliche oder fahrlässig unterlassene Aufsichtsmaßnahme eines Entscheidungsträgers geknüpft. Für eine vorsätzliche Bestrafung des Verbandes nach § 2 Abs. 2 VerbStrG-E kämen daher zwei Anknüpfungspunkte in Betracht, die Zuwiderhandlung und die unterlassene Aufsichtsmaßnahme. Fraglich ist jedoch, ob eine vorsätzliche Bestrafung des Verbandes überhaupt in Betracht kommen kann, wenn doch das Erfordernis der verbandsbezogenen Zuwiderhandlung ist, dass diese mit natürlichem Vorsatz begangen worden ist. Grundsätzlich kann auch das zuvor Ausgeführte für die Überlegungen herangezogen werden, da nach § 11 Abs. 2 StGB, der über § 3 Abs. 1 VerbStrG-E ebenfalls anwendbar ist, vorsätzliches Handeln notwendig ist und ein Tatbestandsirrtum nach § 16 StGB diesen entfallen lassen würde. Für die Regelung des § 2 Abs. 2 VerbStrG-E kann nichts anderes gelten als für § 2 Abs. 1 VerbStrG-E, wenn wie von den Entwurfsverfassern begründet, der Grund für die strafrechtliche Verantwortlichkeit des Verbandes in beiden Fällen systemische Fehlentwicklungen sein sollen[848]. Zwar spielt gerade bei § 2 Abs. 2 VerbStrG-E die fehlende Organisationsstruktur im Verband durch die für den Straftatbestand erforderliche unterlassene Aufsichtsmaßnahme eine wesentliche Rolle, jedoch kann über eine fiktive Zurechnung der vorsätzlichen unterlassenen Aufsichtsmaßnahme allein die vorsätzliche Bestrafung des Verbandes nicht begründet werden. Dadurch würden zwei

847 Das Gleiche gilt auch, wenn man davon ausgeht, dass der Verband Anstifter ist, da nach § 26 StGB ebenfalls eine vorsätzliche und rechtswidrige Haupttat für die Bestrafung des Anstifters erforderlich ist.

848 Gesetzesentwurf, S. 43, 45.

unterschiedliche Bewertungsmaßstäbe angelegt. Ob dies von den Entwurfsverfassern tatsächlich bezweckt werden soll, scheint fragwürdig. Jedenfalls würde es erhebliche Rechtsunsicherheit mit sich bringen. Fraglich erscheint, ob bei fehlendem Vorsatz des Individualstraftäters trotz der bestehenden Bedenken eine vorsätzliche Strafbarkeit des Verbandes konstruiert werden kann, da sonst die Vorschrift des § 2 Abs. 2 VerbStrG-E ins Leere laufen würde. Denn würde der Entscheidungsträger, der zu Aufsichtsmaßnahmen verpflichtet ist, diesen nicht hinreichend nachkommen, klärt er z.B. nicht über die mit den betrieblichen Tätigkeiten verbundenen Risiken auf oder unterlässt Maßnahmen zur Informationsweitergabe, so würde er von der Unkenntnis des Zuwiderhandelnden profitieren.[849] In Betracht zu ziehen ist daher, dass eine Fiktion des subjektiven Elements der Zuwiderhandlung weiterhilft, wenn es sich um einen organisationsbedingten Irrtum handelt.[850] Begeht also ein Mitarbeiter eine verbandsbezogene Zuwiderhandlung, weil er vorher auf eine bestehende Pflicht vom zur Aufklärung verpflichteten Entscheidungsträger nicht hingewiesen worden ist, so ist diese maßgeblich für den Irrtum des Mitarbeiters und könnte eine Fiktion rechtfertigen.[851] Dafür könnte sprechen, dass der Irrtum des Mitarbeiters gerade die spezifische Folge der unterlassenen Aufklärung bzw. Aufsichtsmaßnahme ist und deshalb nicht zu seiner Entlastung führen dürfe. Wenn ein solcher Organisationsmangel in einem Verband besteht und es zu einer Verletzung eines durch diese Norm geschützten Rechtsguts kommt, so ist das Bedürfnis der Bestrafung des Verbandes die logische Konsequenz, da dem Sinn und Zweck der strafbewehrten Norm nach solchen Zuwiderhandlungen entgegengewirkt werden soll.[852] Ob eine solche Fiktion des subjektiven Elements der Zuwiderhandlung in dogmatischer Hinsicht auch im Strafrecht überzeugend begründet werden kann, lässt Zweifel aufkommen. Möglicherweise können für eine Argumentation die zu § 63 StGB oder § 323 a StGB entwickelten Lösungsansätze herangezogen werden. Bei dem Straftatbestand des § 63 StGB ist der krankheitsbedingte Irrtum über ein Tatbestandsmerkmal nach der überwiegenden Meinung nach § 16 StGB unbeachtlich.[853] Diese Unbeachtlichkeit des Tatbestandsirrtums ergibt sich aus der kriminalpolitischen Notwendigkeit, den Täter auch in solchen Fällen bestrafen zu können.[854] Auch könnten nur so dem Schutzzweck entsprechend, nämlich der Schutz der Öffentlichkeit, sachgerechte Ergebnisse erlangt werden, was sich aus einem Vergleich

849 *Buchholz*, a.a.O., S. 57.

850 *Buchholz*, a.a.O., S. 56 ff.

851 Ausführliches Beispiel zu § 130 OWiG und dem dort ebenfalls auftretenden Problem bei *Buchholz*, a.a.O., S. 57 ff.

852 *Buchholz*, a.a.O., S. 60.

853 BGH, NStZ-RR 2003, 11; BGH, NStZ-RR 2008, 334; *Schöch* in: Leipziger Kommentar, StGB, § 63 Rn. 48; *Stree/Kinzig* in: Schönke/Schröder, StGB, § 63 Rn. 9; *van Gemmeren* in: MüKo, StGB, § 63 Rn. 14.

854 *Stree/Kinzig* in: Schönke/Schröder, StGB, § 63 Rn. 9; *van Gemmeren* in: MüKo, StGB, § 63 Rn. 14.

mit den Fahrlässigkeitsdelikten ergebe.[855] Fehlt bei diesen aufgrund von Fehlvorstellungen, die auf seelische Störungen zurückgehen, das subjektive Versagen, so hindert dies die Anwendbarkeit von § 63 StGB gerade nicht, weshalb bei Vorsatzdelikten nichts anderes gelten könne.[856] Des Weiteren würden sich in der Praxis auch erhebliche Beweisschwierigkeiten ergeben.[857] Vereinzelte Stimmen in der Literatur wenden sich gegen diese Ansicht und lassen auch bei krankheitsbedingten Irrtümern den Tatbestandsvorsatz der Anlasstat nach § 16 StGB entfallen und lehnen damit eine Anwendung des § 63 StGB ab.[858] Dies sei darauf zu stützen, dass die strafrechtliche Intervention entfalle, wenn die Tat nicht objektiv strafbar sei und daraus in der Folge nicht automatisch auf die zukünftige Begehung einer Straftat geschlossen werden könne. Durch eine solche Ausdehnung des Anwendungsbereichs des § 63 StGB würde es auf eine empirische Abgrenzung des Strafbereichs durch den Sachverständigen ankommen und nicht auf eine normative, die aber gerade durch die subjektiven Tatbestands- und Rechtswidrigkeitselemente im Strafrecht erfolgt.[859] Darüber hinaus wird kritisiert, dass die überwiegende Ansicht in sich widersprüchlich ist, da sie zur Begründung maßgeblich das Argument verwende, dass nur die Schuld der Bestrafung im Weg stehen dürfe und nichts anderes, auch keine krankheitsbedingten Fehlvorstellungen. Dies könne jedoch dahingehend nicht überzeugen, als dass auch materiell rechtliche Voraussetzungen, wie z.B. der strafbefreiende Rücktritt nach § 24 StGB, die Anordnung der Maßregel nach § 63 StGB ausschließen sollen.[860] Um eine exakte Aussage treffen zu können, ob eine der Argumentationen zu § 63 StGB auf § 2 Abs. 2 VerbStrG-E übertragen werden kann, ist zunächst noch zu erörtern, ob zu § 323 a StGB die gleichen Ansichten vertreten werden. Nach früheren Entscheidungen des BGH[861] sind Fehlvorstellungen, denen der Täter aufgrund seines rauschbedingten Zustandes unterliegt, grundsätzlich unbeachtlich, es sei denn, die Erfüllung des Tatbestandes ist von besonderen

855 *Stree/Kinzig* in: Schönke/Schröder, StGB, § 63 Rn. 9.

856 Diese Argumentation vermag jedoch dahingehend nicht zu überzeugen, als dass es sich bei der subjektiven Fahrlässigkeit nach überwiegender Ansicht um ein Element der Schuld handelt, weshalb deren Fehlen nicht auf Tatbestandsebene relevant wird und auch nicht von einem etwaigen Tatbestandsirrtum erfasst sein kann.

857 *Schöch* in: Leipziger Kommentar, StGB, § 63 Rn. 49.

858 *Loos* in: FS Schöch, 681, 690 f.; *Pollähme* in: NK, StGB, § 63 Rn. 62.

859 *Pollähme* in: NK, StGB, § 63 Rn. 62.

860 *Loos* in: FS Schöch, 681, 689; diesen Widerspruch erkennt *Schöch* in: Leipziger Kommentar, StGB, § 63 Rn. 54 argumentiert aber, dass bei vermindert Schuldfähigen ebenfalls die Unterbringung regelmäßig neben die Strafe trete und dieser sich auch eine Straffreiheit nach § 24 StGB verschaffen könne und es damit an einer für § 63 StGB indizierten Anlasstat fehle, weshalb in der Folge für den Schuldunfähigen nichts anders gelten könne.

861 BGH NJW 1953, 1442; BGH NJW 1963, 667.

Willensmerkmalen, wie z.B. der Absicht rechtswidriger Zueignung, abhängig.[862] In der Literatur hingegen wird überwiegend davon ausgegangen, dass ein Tatbestandsirrtum auch im rauschbedingten Zustand stets beachtlich sei, da dies über die Wortlautgrenzen des § 323 a StGB hinausgehe, der gerade die Begehung einer rechtswidrigen Tat i.S.d. § 11 Abs. 1 Nr. 5 StGB verlange und eine solche stets die Verwirklichung des objektiven und subjektiven Tatbestandes voraussetze.[863] Eine solche Fiktion widerspreche darüber hinaus auch dem Erfordernis, dass der Wille zur Tatbestandsverwirklichung die Kenntnis sämtlicher tatbestandsrelevanter Umstände enthalte. Diese unterschiedliche Behandlung des § 16 StGB bei krankheits- und rauschbedingtem Irrtum wird in der Literatur vor allem damit gerechtfertigt, dass es bei § 63 StGB nicht um die Bestrafung des Täters, sondern um die Sicherung der Allgemeinheit vor gefährlichen Tätern gehe.[864]

Wie zuvor gezeigt, gibt es verschiedene Ansichten zur Handhabung des Tatbestandsirrtums beim krankheits- und rauschbedingten Irrtum, weshalb es für die Übertragung der Argumentationsstrukturen für die Fiktion beim organisationsbedingten Irrtum einer gewissen Vorsicht bedarf. Zwar könnte man darauf abstellen, dass es sich bei der Zuwiderhandlung gerade nicht um eine rechtswidrige Tat im Sinne des § 11 Abs. 1 Nr. 5 StGB handelt und deshalb auch eine Beachtlichkeit des Tatbestandsirrtums nicht relevant sein kann. Dafür würde sprechen, dass es sich eben nicht um Synonyme handele, sondern der Begriff der Zuwiderhandlung gerade weiter gefasst ist.[865] Fraglich ist jedoch, ob dies mit den Grenzen des Wortlauts der §§ 2 Abs. 2, 1 Abs. 2 VerbStrG-E zu vereinbaren ist. Nach diesen handelt es sich gerade dann um eine Zuwiderhandlung, wenn ein Verstoß gegen ein Strafgesetz vorliegt. Da es nach den Ausführungen der Entwurfsverfasser notwendig ist, dass die Zuwiderhandlung wie jede strafbare Handlung auch rechtswidrig begangen worden ist[866], wofür es auch einer Verwirklichung des objektiven sowie subjektiven Straftatbestandes bedarf, spricht dafür, dass der Vorsatz in Bezug auf die Zuwiderhandlung vorliegen muss. Da allerdings der Wortlaut des § 1 Abs. 2 VerbStrG-E dahingehend nicht ganz eindeutig ist, lassen sich beide Ansätze vertreten. Um Rechtsunsicherheit zu vermeiden, sollte die Zuwiderhandlung als rechtswidrige und schuldhaft begangene Straftat definiert werden.[867] Dies hätte dann zur Folge, dass auch ein organisationsbedingter Irrtum nach § 16 StGB beachtlich wäre, da eine Ausweitung des Straftatbestandes dann gegen das Analogieverbot verstoßen würde. Allein das rechtspolitische Bedürfnis nach Bestrafung des Verbandes in einem solchen Fall kann eine Fiktion nicht rechtfertigen. Aus dogmatischer Sicht überzeugt

862 *Geisler* in: MüKo, StGB, § 323 a Rn. 37, der ebenfalls anzweifelt, dass der BGH dies gegenwärtig so entscheiden würde.

863 *Geisler* in: MüKo, StGB, § 323 a Rn. 39 m.w.N.

864 *Stree/Kinzig* in: Schönke/Schröder, StGB, § 63 Rn. 9.

865 *Buchholz*, a.a.O., S. 60.

866 Gesetzesentwurf, S. 40; vgl. zum Begriff der Zuwiderhandlung und deren Anforderungen bereits Darstellungen in Kapitel 3, A.2.

867 Vgl. bereits in Kapitel 3, A.2.

dies nicht, da dies zur Folge hätte, dass die die Strafbarkeit begrenzende Funktion von Vorsatz- und Rechtswidrigkeitselementen völlig leerlaufen würde. Nach alledem ist nach den vorherigen Ausführungen auch ein Ausschluss der Bestrafung bei Vorliegen eines organisationsbedingten Irrtums wegen § 16 StGB in der derzeitigen Fassung der §§ 2 Abs.2, 1 Abs. 2 VerbStrG-E zu befürworten. Zu stützen ist dies vor allem auf die Tatsache, dass nur aufgrund von Beweisschwierigkeiten eine Fiktion des subjektiven Elements nicht in Betracht kommt, da es gerade nicht Aufgabe des materiellen Strafrechts ist solche Schwierigkeiten zu lösen.

1.5.2 Irrtum nach § 17 StGB

Des Weiteren ist zu erörtern, welche Konsequenzen ein unvermeidbarer Verbotsirrtum des Individualtäters für die Verbandsstraftat nach sich zieht.[868] Handelt der Entscheidungsträger bei § 2 Abs. 1 VerbStrG-E also in Unkenntnis eines strafrechtlichen Verbots (direkter Verbotsirrtum[869]) oder nimmt irrtümlich an, sein Verhalten sei ausnahmsweise erlaubt (indirekter Verbotsirrtum[870]) oder legt ein Tatbestandsmerkmal eines Straftatbestandes falsch aus (Subsumtionsirrtum[871]) und dieser Irrtum ließ sich für ihn nicht vermeiden, so handelt er ohne Schuld. Fraglich ist, ob dies automatisch zur Folge hat, dass der Verband auch wegen fehlender Schuld nicht bestraft werden kann. Nach der Gesetzesbegründung ist ein schuldhaftes Handeln des Individualstraftäters für die Bestrafung des Verbandes gerade nicht maßgeblich, da eine solche auch dann möglich sein soll, wenn der Individualstraftäter nicht mit einer Strafe belegt werden kann, denn es handele sich nicht um die bloße Zurechnung.[872] Folgt man dem, so hat ein beim Entscheidungsträger vorliegender Verbotsirrtum nach § 17 StGB bei der Bestrafung des Verbandes nach § 2 Abs. 1 VerbStrG-E keine Auswirkungen, da der Verband unabhängig von der Schuld des Entscheidungsträgers für das originäre Verbandsunrecht, die systemischen Fehlentwicklungen, bestraft wird. Einen Irrtum des Verbandes selbst nach § 3 Abs. 1 VerbStrG-E i.V.m. § 17 StGB zu konstruieren, scheint bei der Verbandsstraftat nach § 2 Abs. 1 VerbStrG-E nur schwer denkbar, da ein solcher gerade nur durch die für den Verband handelnden natürlichen Personen auf diesen übertragen werden könnte. Ein anderer Anknüpfungspunkt, in dem die systemischen Fehlentwicklungen

868 *Zieschang*, GA 2014, 91, 101; Die Ausführungen gelten ebenfalls für den Erlaubnistatbestandsirrtum, sofern man der rechtsfolgenverweisenden eingeschränkten Schuldtheorie folgt, die entsprechend § 16 Abs. 1 StGB die Vorsatzschuld entfallen lässt.

869 *Joecks* in: MüKo, StGB, § 17 Rn. 30.

870 *Joecks* in: MüKo, StGB, § 17 Rn. 31.

871 *Joecks* in: MüKo, StGB, § 17 Rn. 33.

872 Gesetzesentwurf, S. 43, womit sich an den Begriff der Zuwiderhandlung im Ordnungswidrigkeitenrecht angeschlossen wird, der ebenfalls kein Unrechtsbewusstsein bzw. das Vorliegen von Schuld erfordert, vgl. Buchholz, a.a.O., S. 66 m.w.N.

zum Ausdruck kommen, lässt sich, entgegen der Ansicht der Entwurfsverfasser[873], dem Wortlaut des § 2 Abs. 1 VerbStrG-E nicht entnehmen.[874] Anderes könnte bei § 2 Abs. 2 VerbStrG-E gelten, da bei diesem Straftatbestand die verbandsbezogene Zuwiderhandlung als objektive Bedingung der Strafbarkeit ausgestaltet ist und bei dieser Rechtsfigur ein schuldhaftes Handeln gerade nicht erforderlich ist[875], weshalb auch ein Irrtum des Individualtäters irrelevant wäre. Dies kann jedoch so nicht überzeugen, da ansonsten unterschiedliche Anforderungen an die Voraussetzungen der Verbandsschuld gestellt werden. Nur wenn man die verbandsbezogene Zuwiderhandlung in § 2 Abs. 1 VerbStrG-E ebenfalls als objektive Bedingung der Strafbarkeit ausgestalten würde, könnten gleichlaufende Ergebnisse erzielt werden, die gleiche Anforderungen an die Verbandsschuld stellen. Denn nach dem derzeitigen Vorschlag der Entwurfsverfasser basiert die Bestrafung des Verbandes auf einer fiktiven Zurechnung[876] des strafbaren Verhaltens der für ihn handelnden natürlichen Personen, wofür auch das Unrechtsbewusstsein der natürlichen Person zwingend erforderlich ist, um den Schuldgrundsatz wahren zu können. Dies hätte zur Folge, dass ein unvermeidbarer Verbotsirrtum des Entscheidungsträgers bei § 2 Abs. 1 VerbStrG-E eine Bestrafung des Verbandes wegen fehlender Schuld ausschließen würde. Nach dem unterbreiteten Vorschlag die Schuld des Verbandes maßgeblich auf das Organisationsdefizit zu stützen, würde eine unvermeidbarer Verbotsirrtum des Individualtäters ebenfalls keine Auswirkungen auf die Schuld des Verbandes haben. Allerdings wäre dann Voraussetzung, dass derjenige Mitarbeiter, der für das Organisationsdefizit verantwortlich ist schuldhaft gehandelt hat.

1.6 Strafmündigkeit, § 19 StGB

Nach § 19 StGB ist nicht strafmündig, wer bei Begehung der Tat noch nicht 14 Jahre alt ist. Diese Bestimmung wird sich über den Generalverweis des § 3 Abs. 1 VerbStrG-E nicht auf Verbände übertragen lassen, da es für eine sinngemäße Anwendung der Vorschrift an der Vergleichbarkeit der Situation des Verbandes mit der einer natürlichen Person gänzlich fehlt. Darüber hinaus fallen unter den Anwendungsbereich des Verbandsstrafgesetzbuches nach § 1 Abs. 2 VerbStrG-E auch sog. Vorgesellschaften[877], weshalb eine Strafunmündigkeitsgrenze aufgrund der spezielleren Regelungen im Verbandsstrafgesetzbuch ausscheidet. Allerdings lässt diese extensive Möglichkeit der Bestrafung von Verbänden von Anfang an gegenüber dem Individualstrafrecht Bedenken aufkommen. Sollte „Start-Up-Unternehmen“[878] nicht ebenfalls wie Kindern ein sog. „Welpenschutz“ zugesprochen werden? Dies ist im

873 Gesetzesentwurf, S. 45.
874 Siehe hierzu bereits Kapitel 3, B.4.2.
875 Vgl. Kapitel 3, B.4.1.
876 Siehe hierzu bereits Kapitel 3, B.3.5.
877 Siehe hierzu Kapitel 3, A.1.1.
878 *Kempf*, KJ 2003, 462, 471.

Ergebnis zu verneinen.[879] Eine tragfähige Begründung kann darin gefunden werden, dass für Unternehmen strafmündige natürliche Personen handeln, die bereits die Fähigkeit besitzen, zwischen Recht und Unrecht zu unterscheiden. Zwar kann so die möglichst gleichlaufende Bestrafung von Verband und Individuum nicht erreicht werden, dies folgt aber aus den bei einem Verband existierenden Besonderheiten.

1.7 Zusammenfassung

Der Generalverweis des § 3 Abs. 1 VerbStrG-E sollte nach den vorigen Ausführungen von den Entwurfsverfassern noch einmal überdacht werden. Die Vorschrift wird in der derzeitigen Fassung erhebliche Schwierigkeiten verursachen. Um die Anwendung der Vorschrift im Bereich der Täterschaft und Teilnahme zu erleichtern, sollte zuvorderst das Verhältnis der Verbandsstraftat zur Individualstraftat durch eine gesetzliche Regelung festgelegt werden. Darüber hinaus ist auch die verbandsbezogene Zuwiderhandlung konkreter zu formulieren, um die Schwierigkeiten, die sich für die Bestrafung des Verbandes im Rahmen der Rechtswidrigkeit und Schuld beim Vorliegen von beachtlichen Irrtümern beim Individualstraftäter ergeben, zu vermeiden. Auch kommt es durch den Generalverweis auf den Allgemeinen Teil des Strafgesetzbuches zu verschiedenen Interpretationsmöglichkeiten bei der Anwendung des § 14 StGB, weshalb die Entwurfsverfasser sich deswegen über die Norm erneut Gedanken machen sollten. Insgesamt wäre es daher zu bevorzugen von einem derartigen Generalverweis abzusehen.

2. Verjährung

In § 3 Abs. 2 VerbStrG-E wird die Verjährung der Verbandsstraftat an die Strafandrohung ohne Rücksicht auf Schärfungen oder Milderungen des Tatbestandes angeknüpft, der durch die verbandsbezogene Zuwiderhandlung verwirklicht worden ist. Der Beginn der Verjährung wird auf den Zeitpunkt der Beendigung der Zuwiderhandlung festgelegt. Der Zeitpunkt wird nach hinten verlagert, wenn ein zum Tatbestand der Zuwiderhandlung gehörender Erfolg erst später eintritt.

879 Bei Befürwortung einer solchen der Strafunmündigkeit gleichlaufenden Regelung müsste eine Grenze gefunden werden, ab der eine Bestrafung der Unternehmen möglich ist. An der Altersgrenze von 14 Jahren kann sich wohl nicht orientiert werden, da aufgrund der wirtschaftlichen Schnelllebigkeit „Start-Up-Unternehmen" häufig ihre Tätigkeit nach kurzer Zeit wieder einstellen. Eine Unternehmensgründung dauert in Deutschland durchschnittlich 14,5 Tage, weshalb insgesamt eine Zeitspanne von drei Monaten als angemessen zu erachten wäre, um so den „Start-Up-Unternehmen" hinreichend Möglichkeit zu geben ihr Geschäftsmodell zu entwickeln und sich auf dem Markt zu etablieren. (siehe zur durchschnittlichen Gründung Statistik über die Dauer einer Unternehmensgründung in Deutschland von 2003 bis 2014 unter: http://de.statista.com/statistik/daten/studie/159857/umfrage/dauer-einer-unternehmensgruendung-in-deutschland-seit-2003/zuletzt abgerufen am 5.3.2015).

Unterbrochen wird die Verjährung durch die in § 78 c Abs. 1 StGB aufgeführten Handlungen gegenüber dem Verband. Diese Regelung orientiert sich im Wesentlichen an den Verjährungsregelungen der § 78 a ff. StGB. Die Entwurfsverfasser haben den Regelungsgehalt des § 78 a StGB fast wortlautgetreu übernommen. In diesem heißt es: „Die Verjährung beginnt, sobald die Tat beendet ist. Tritt ein zum Tatbestand gehörender Erfolg erst später ein, so beginnt die Verjährung mit diesem Zeitpunkt.“. Diese Formulierung wird in der Literatur vielfach kritisiert und als missglückt angesehen, da sie sprachlich zwischen dem Tatbestand und dem Erfolg differenziert.[880] Diese Formulierung steht mit dem technischen Begriff der Tatbestandsverwirklichung nach § 11 Abs. 1 Nr. 5 StGB nicht in Einklang, der auch den Eintritt des tatbestandsmäßigen Erfolges voraussetzt. Es ist daher grundsätzlich nicht denkbar, dass der Erfolg erst nach der Beendigung der Tat eintreten kann. Eine Ausnahme besteht nur bei erfolgsqualifizierten Delikten.[881] Die Regelung des § 78 a S. 2 StGB geht somit ins Leere und ist überflüssig.[882] Zurückgeführt wird die missglückte Formulierung auf die Entstehungsgeschichte der Vorschrift, da diese in ihrer vorherigen Fassung in S. 1 auf die Beendigung des strafbaren Verhaltens abstellte und S. 2 nur zur Klarstellung dienen sollte. Die redaktionelle Änderung in Art. 18 Nr. 46 EGStGB durch Ersetzung des Begriffs des strafbaren Verhaltens durch den Begriff der Tat verwirklichte die ursprüngliche gesetzgeberische Intention der Beendigung der Tat.[883] Fraglich ist, ob diese Kritik auf § 3 Abs. 2 VerbStrG-E übertragen werden kann. Da die Differenzierung durch die Entwurfsverfasser für die Zuwiderhandlung, die einen Verstoß gegen ein Strafgesetz darstellt, übernommen worden ist, wäre die Vorschrift nach dem vorliegenden Vorschlag ebenfalls missglückt. Die Zuwiderhandlung gehört zum Tatbestand der Verbandsstraftat, weshalb der tatbestandliche Erfolg ebenfalls nur mit deren rechtswidriger Verwirklichung eintreten kann. Eine Konstellation, in der der Erfolg erst nach der Beendigung eintreten kann, ist nicht denkbar, da zur Erfüllung des Tatbestandes eines Strafgesetzes der Erfolg eingetreten sein muss.[884] Es wäre daher zu raten, entweder die missglückte Formulierung aus § 3 Abs. 2 S. 3 VerbStrG-E zu streichen oder eine andere Formulierung zu wählen, die wie folgt lauten könnte:

880 *Lackner/Kühl*, StGB, § 78 a Rn. 1; *Schmid* in: Leipziger Kommentar, StGB, § 78 a Rn. 1; *Sternberg-Lieben/Bosch* in: Schönke/Schröder, StGB, § 78 a Rn. 1.
881 *Sternberg-Lieben/Bosch* in: Schönke/Schröder, StGB, § 78 a Rn. 1.
882 *Schmid* in: Leipziger Kommentar, StGB, § 78 a Rn. 1.
883 *Schmid* in: Leipziger Kommentar, StGB, § 78 a Rn. 1.
884 Diese Auffassung scheinen die Entwurfsverfasser nicht zu teilen, da sie in der Gesetzesbegründung von einer Differenzierung zwischen Beendigung und tatbestandsmäßigem Erfolg der Zuwiderhandlung ausgehen, ohne dies jedoch näher zu erörtern. Vgl. Gesetzesentwurf, S. 52.

Die Verfolgungs- und Vollstreckungsverjährung der Verbandsstraftat richtet sich nach der Verjährung der verbandsbezogenen Zuwiderhandlung.[885]

Auch das Abstellen auf die Zuwiderhandlung für die Verjährung der Verbandsstraftat verdeutlicht, dass die unterlassene Aufsichtsmaßnahme in § 2 Abs. 2 VerbStrG-E, die ebenfalls einen Straftatbestand verwirklichen kann, für die Verjährung keine Rolle spielt. Maßgeblich ist allein die Zuwiderhandlung, was im Hinblick auf die unterschiedliche Ausgestaltung der zwei Straftatbestände des § 2 VerbStrG-E zu sachgerechten Ergebnissen führt, da in beiden die Zuwiderhandlung für die Verwirklichung des Straftatbestandes erforderlich ist. Würde § 2 Abs. 1 VerbStrG-E jedoch so ausgestaltet werden, dass im Tatbestand deutlich wird, dass die Strafbarkeit auf systemischen Fehlentwicklungen beruht, könnte für die Verjährung ebenfalls das Organisationsdefizit im Verband entscheidend sein. Maßgeblich hierfür wäre also die von einem Entscheidungsträger oder handelnden Organ des Verbandes unterlassene Aufsichts- oder Kontrollmaßnahme. Diese als Anknüpfungspunkt zu wählen, erscheint jedoch deshalb problematisch, da diese zeitlich deutlich vorgelagert sein kann. Folge wäre dann, dass der Verband und der Individualstraftäter unterschiedlich lange für denselben Sacherhalt strafrechtlich zur Verantwortung gezogen werden könnten. Aufgrund der engen Verknüpfung der verbandsbezogenen Zuwiderhandlung mit der Verbandsstraftat ist zu befürworten, dass der Verband genauso lange wie der Individualstraftäter strafrechtlich zur Verantwortung gezogen werden kann.[886]

Des Weiteren ist in § 3 Abs. 2 S. 4 VerbStrG-E geregelt, dass die Verjährung unterbrochen wird, wenn eine in § 78 c StGB aufgeführte Handlung gegenüber dem Verband ausgeführt wird. Fraglich ist, ob es dennoch ausreichen kann, wenn eine der Handlungen in § 78 c StGB gegen den Entscheidungsträger durchgeführt wird.[887] Möglicherweise kann sich eine solche Betrachtungsweise durch Auslegung der Vorschrift ergeben. Dem Wortlaut des § 3 Abs. 2 S. 4 VerbStrG-E lässt sich eine solche Ausnahme, dass auch eine Untersuchungshandlung gegenüber dem Entscheidungsträger ausreicht, nicht entnehmen, denn die Vorschrift fordert eindeutig, dass diese gegenüber dem Verband selbst zu erfolgen hat. Dennoch könnte nach dem Sinn und Zweck der Vorschrift auch eine Maßnahme gegen den Entscheidungsträger als ausreichend erachtet werden. Nach den Grundsätzen zu § 78 c StGB ist nicht erforderlich, dass der Täter bereits namentlich bekannt ist, sondern es ist vielmehr ausreichend, dass er individualisierbar ist, sei es z.B. durch das Vorliegen

885 Angelehnt an: *Engelhart*, a.a.O., S. 722. Eines weiteren Verweises auf die §§ 78 a ff. StGB bedürfte es nach der hier vertretenen Ansicht zum Generalverweis in § 3 Abs. 1 VerbStrG-E nicht, da durch diesen die Vorschriften ohnehin Anwendung finden, sofern nichts anderes geregelt ist.

886 *Engelhart*, a.a.O., S. 457.

887 *Witte/Wagner*, BB 2014, 643, 645 erkennen diese Möglichkeit an, wenn die Maßnahme zugleich als Maßnahme anzusehen ist, die sich gegen den Verband als weiteren Tatverdächtigen richtet.

eines Fotos.[888] Allein eine Begrenzung des möglichen Personenkreises soll nach der Rechtsprechung hingegen nicht genügen.[889] Fraglich ist daher, ob eine solche Individualisierung des Verbandes gegeben ist, wenn bereits gegen den Entscheidungsträger eine Maßnahme gerichtet ist. Denkbar ist dies in der Konstellation, indem bereits gegen einen bestimmten Entscheidungsträger ein konkreter Tatverdacht besteht und deshalb im Rahmen der Ermittlungen dessen Büro durchsucht wird. Diese Durchsuchung kann sich zugleich – zumindest mittelbar – gegen den Verband richten, da so gewonnene Erkenntnisse ebenfalls für die Verbandsstraftat von Bedeutung sein können. Zwischen der Verbandsstraftat und der Zuwiderhandlung besteht jedenfalls in dieser Hinsicht ein Abhängigkeitsverhältnis, was auch in § 3 Abs. 2 VerbStrG-E dadurch zum Ausdruck kommt, dass der Beginn der Verjährung an die Zuwiderhandlung selbst angeknüpft wird. Durch diese Regelung wird darüber hinaus suggeriert, dass dieses Abhängigkeitsverhältnis ebenfalls für die Maßnahmen nach § 78 c StGB entscheidend sein kann. Maßnahmen gegenüber dem Entscheidungsträger können dann auch als Maßnahmen gegenüber dem Verband angesehen werden, wenn dieser dadurch als Täter individualisierbar ist.[890] Dies ist nach der von den Entwurfsverfassern gegebenen Begründung auch beabsichtigt.[891] Fehlt es an einer solchen Individualisierung, z.B. wenn noch keine bestimmte Person, die die Zuwiderhandlung begangen haben könnte im Verdacht steht und ein Ermittlungsverfahren gegen unbekannt geführt wird, dann scheidet eine solche mittelbare Wirkung für den Verband aus. Eine solche Auslegung würde dem Sinn und Zweck der Vorschrift entsprechen und steht auch mit dem Grundsatz der Bestimmtheit nach Art. 103 Abs. 2 GG in Einklang, da es für den Rechtsanwender erkennbar ist, dass auch Maßnahmen erfasst sein können, die nur mittelbar an ihn gerichtet sind. Die Wortlautgrenze der Norm wird durch diese Auslegung nicht überschritten, weil keine Differenzierung zwischen einer Maßnahme, die sich unmittelbar an den Verband richtet, und einer, die sich nur mittelbar an ihn richtet, differenziert wird und eine solche extensive Auslegung deshalb geboten ist. Fraglich ist, ob das Gleiche gelten kann, wenn zunächst gegen einen Entscheidungsträger ermittelt wird, der die verbandsbezogene Zuwiderhandlung nicht begangen hat. Im Ordnungswidrigkeitenrecht wird auch in einem solchen Fall die Verjährungsunterbrechung teilweise bejaht und zur Begründung auf die Einheit der Tat auf der Leitungsebene verwiesen.[892] Da sich die Ermittlungen gegen eine Leitungsperson des Verbandes gerichtet haben, wird daraus gefolgert, dass auch derjenige Entscheidungsträger von den Ermittlungsmaßnahmen miterfasst ist, der die verbandsbezogene Zuwiderhandlung tatsächlich begangen hat. In der Literatur

888 *Lackner/Kühl*, StGB, § 78 c Rn. 22; *Schmid* in: Leipziger Kommentar, StGB, § 78 c Rn. 4.

889 BGHSt 24, 321, 323; BGH wistra 1991, 217.

890 *Witte/Wagner*, BB 2014, 643, 645.

891 Gesetzesentwurf, S. 52.

892 *Gürtler* in: Göhler, OWiG, § 30 Rn. 43b.

wird dieser Auffassung entgegengehalten, dass die Verjährungsunterbrechung nur gegenüber demjenigen wirken könne, gegen den oder dessen Verfahren sie sich richte.[893] Darüber hinaus wird auf die Inkonsequenz der Gegenansicht hingewiesen, da die Verjährung dann nicht an die individuelle Anknüpfungstat, sondern vielmehr an unternehmensbezogene Elemente anknüpfen würde.[894] Fraglich ist, ob die Argumentationslinien auf das Verbandsstrafgesetzbuch lückenlos übertragen werden können. Auf den ersten Blick erscheint dies möglich. Allerdings ergeben sich bei näherer Betrachtung bei der Auffassung, die auf die Einheitlichkeit der Leitungsebene abstellt Schwierigkeiten. Dieser Auffassung ist zuzugestehen, dass der Verband als Täter individualisierbar ist, unabhängig davon gegen welches Organmitglied sich die Ermittlungen richten. Wird die Strafverfolgung jedoch gegen einen Entscheidungsträger i.S.d. § 1 Abs. 3 lit. d VerbStrG-E eingeleitet, so erscheint die Tragfähigkeit des Arguments der Einheitlichkeit der Leitungsebene äußerst fragwürdig. Entscheidungsträger i.S.d. § 1 Abs. 3 lit. d VerbStrG-E sind Personen, denen nur eine begrenzte Leitungsfunktion übertragen worden ist. Eine Einbindung in die Leitungsebene, vergleichbar der eines Organmitglieds, ist zu verneinen, da diese Entscheidungsträger nicht dieselben Entscheidungsbefugnisse haben. Ihr für den Verband nach außen sehr eingeschränkt mögliches Auftreten rechtfertigt es nicht gegen einen fälschlicherweise Verdächtigten eingeleitete Ermittlungen auch als solche gegenüber dem Verband anzusehen. Darüber hinaus gilt auch in einem etwaigen Verbandsstrafrecht über § 3 Abs. 1 VerbStrG-E die Vorschrift des § 78 c Abs. 4 StGB sinngemäß, da keine speziellere Regelung im Verbandsstrafgesetzbuch vorgesehen ist. Nach dieser wirkt die Unterbrechung nur gegenüber demjenigen, auf den sich die Handlung bezieht. Wird also zunächst gegen den falschen Entscheidungsträger ermittelt, scheidet eine Individualisierbarkeit des Verbandes als Täter über diesen und damit die Erstreckung der Verjährung auf den Entscheidungsträger, der die Zuwiderhandlung tatsächlich begangen hat, aus. Die Verjährung kann erst durch eine Ermittlungsmaßnahme gegenüber dem tatsächlichen Entscheidungsträger auch gegenüber dem Verband unterbrochen werden.

3. Weitere Strafverfolgungshindernisse

§ 3 Abs. 3 VerbStrG-E enthält folgende Regelung: Wenn die verbandsbezogene Zuwiderhandlung nur auf Antrag, mit Ermächtigung oder auf Strafverlangen verfolgbar ist, so können die entsprechenden Rechte gegenüber dem Verband nicht gesondert ausgeübt werden. Die in dieser Vorschrift aufgezählten Strafverfolgungshindernisse hindern eine Bestrafung des Verbandes, wenn der Verstoß des Individualstraftäters gegen das Strafgesetz nur bei Vorliegen dieser Voraussetzungen verfolgt wird. Auch wenn die von den Entwurfsverfassern gewählte Formulierung in dieser Hinsicht etwas „umständlich" ist, da sich dem Wortlaut der Vorschrift nicht

893 *Bohnert*, OWiG, § 33 Rn. 4; *Rogall* in: KK, OWiG, § 30 Rn. 191.
894 *Engelhart*, a.a.O., S. 458.

ausdrücklich entnehmen lässt, dass eine Bestrafung des Verbandes dann ausscheidet, so kann die Norm nur so verstanden werden. Diese Intention kann vor allem mit der von den Entwurfsverfassern gegebenen Begründung belegt werden.[895] In dieser heißt es allerdings auch, dass für alle übrigen Strafverfolgungshindernisse und Verfahrensvoraussetzungen das Prinzip der Verklammerung von Verbandsstraftat und Individualstraftat aufgegeben werde. Die Regelung ist für den Strafantrag nur konsequent, da dieser gerade das öffentliche Interesse an der Strafverfolgung hinter den individuellen Interessen des Antragsberechtigten zurückstehen lässt, da die Tat hinter dem Normalmaß zurückbleibt.[896] Ist daher die verbandsbezogene Zuwiderhandlung, die maßgeblicher Anknüpfungspunkt für die Verbandsstraftat ist, nur auf Antrag verfolgbar, kann für die Verbandsstraftat nur das Gleiche gelten. Auch wird so versucht, dass die Bestrafung des Verbandes der des Individuums möglichst angeglichen wird. Fraglich ist jedoch, warum dies nach der Gesetzesbegründung nur für den Antrag, die Ermächtigung oder das Strafverlangen gelten soll. Da für die Verjährung in § 3 Abs. 2 VerbStrG-E bereits eine spezielle Regelung existiert, die ebenfalls ein Abhängigkeitsverhältnis statuiert[897], ist zu erörtern, ob die Aufgabe des Prinzips der Verklammerung bei anderen möglichen Verfahrenshindernissen, wie z.B. dem der anderweitigen Rechtshängigkeit oder der entgegenstehenden Rechtskraft, gerechtfertigt ist. Nach dem von den Entwurfsverfassern vorgeschlagenen Modell stehen die Individualstraftat und Verbandsstraftat – vermutlich – unabhängig nebeneinander, weshalb z.B. keine anderweitige Rechtshängigkeit besteht, wenn gegen den Entscheidungsträger wegen der verbandsbezogenen Zuwiderhandlung ein Verfahren eröffnet worden ist oder dieser sogar verurteilt worden ist. Dies scheint nur konsequent, da weiterhin ein öffentliches Interesse an der Strafverfolgung des Verbandes besteht. Geht man hingegen davon aus, dass die Bestrafung des Verbandes auf einer fiktiven Zurechnung des strafbaren Verhaltens des Individualtäters beruht, so kann für die weiteren Verfahrenshindernisse nichts anders gelten als beim Strafantrag, der Ermächtigung und der Strafverfolgung, da nur so die bestehende Akzessorietät zum Ausdruck kommen kann. Wird der Individualstraftäter in einem Strafverfahren daher freigesprochen, muss dies dazu führen, dass der Verband mangels verbandsbezogener Zuwiderhandlung ebenfalls freigesprochen wird. Sollten die Entwurfsverfasser an ihrem Modell der originären Verbandsschuld festhalten, so könnte man die Vorschrift eindeutiger und zwar wie folgt formulieren:

> Ist die verbandsbezogene Zuwiderhandlung nur auf Antrag, mit Ermächtigung oder auf Strafverlangen verfolgbar, so kann der Verband nur bestraft werden, wenn diese bei der Verfolgung der verbandsbezogenen Zuwiderhandlung ordnungsgemäß ausgeübt worden sind.

---

895 Gesetzesentwurf, S. 53.
896 *Mitsch* in: MüKo, StGB, Vorb. §§ 77 ff. Rn. 17.
897 Vgl. Kapitel 3, C.2.

D. Verbandssanktionen, § 4 VerbStrG-E

In § 4 VerbStrG-E sind die Verbandssanktionen, die bei Vorliegen einer Verbandsstraftat verhängt werden können, geregelt. Hierbei wird zwischen Verbandsstrafen in § 4 Abs. 1 VerbStrG-E und Verbandsmaßregeln in § 4 Abs. 2 VerbStrG-E unterschieden. Verbandsstraftaten sind nach der Vorschrift die Verbandsgeldstrafe (§ 6 VerbStrG-E), die Verbandsverwarnung mit Strafvorbehalt (§ 7 VerbStrG-E) und die öffentliche Bekanntmachung der Verurteilung (§ 9 VerbStrG-E). Als Verbandsmaßregeln sind der Ausschluss von Subventionen (§ 11 VerbStrG-E), der Ausschluss von der Vergabe öffentlicher Aufträge (§ 10 VerbStrG-E) und die Verbandsauflösung (§ 12 VerbStrG-E) vorgesehen. Bevor im Einzelnen die verschiedenen Möglichkeiten der Sanktionierung erörtert werden, werden die allgemeinen Grundsätze des Sanktionensystems nach dem Strafgesetzbuch dargestellt.

1. Sanktionensystem in Deutschland

Im Strafgesetzbuch werden in den §§ 38 ff. StGB die Strafen und in den §§ 61 ff. StGB die Maßregeln der Besserung und Sicherung als Sanktionen geregelt. Diese Zweispurigkeit[898] der Kriminalsanktionen im deutschen Strafrecht ist auf die Einführung der Maßregeln der Besserung und Sicherung durch das „Gesetz gegen gefährliche Gewohnheitsverbrecher und über Maßregeln der Besserung und Sicherung“[899] vom 24.11.1933 zurückzuführen.[900] Als Strafen können die Geld- oder Freiheitsstrafe (§§ 38 ff. StGB), als Maßregeln der Besserung und Sicherung die Unterbringung in einem psychiatrischen Krankenhaus, einer Entziehungsanstalt, in der Sicherungsverwahrung, die Führungsaufsicht, die Entziehung der Fahrerlaubnis oder das Berufsverbot verhängt werden (§ 61 StGB). Bei der Bemessung der Strafen ist die Schuld des Täters maßgeblich. In der Strafe ist daher eine repressive Reaktion auf das vom Täter begangene Unrecht zu sehen.[901] Durch das in der Menschenwürde wurzelnde Schuldprinzip wird die Dauer der Freiheitsstrafe in seiner strafzumessungsleitenden Funktion auf das Tatschuld-Angemessene begrenzt.[902] Die Maßregeln der Besserung und Sicherung sind durch die zu erwartende zukünftige Gefährlichkeit des Täters legitimiert und dienen unter Berücksichtigung des

---

898 *Streng*, Strafrechtliche Sanktionen, Rn. 335; *Roxin*, Strafrecht AT, I, § 3 Rn. 65 ff. hingegen interpretiert diesen Begriff als Einspurigkeit, da den Folgen der Straftat in unserem modernen Strafrecht ebenfalls präventive Zielsetzung innewohnt und sich der Zweck der Strafen somit nicht von dem der Maßregeln der Besserung und Sicherung unterscheide; kritisch zur Differenzierung zwischen Strafen und Maßregeln: *Jung*, Was ist Strafe?, S. 33 ff.

899 RGBl I S. 995.

900 *Radtke* in: MüKo, StGB, Vorb. §§ 38 ff. Rn. 69.

901 BVerfGE 9, 167, 169; BVerfGE 20, 323, 331; BVerfGE 25, 269, 285 f.; BVerfGE 105, 135, 153; BVerfGE 109, 133, 173; *Radtke* in: MüKo, StGB, Vorb. §§ 38 ff. Rn. 69; *Stree/Kinzig* in: Schönke/Schröder, StGB, Vorb. §§ 38 ff. Rn. 22.

902 BVerfGE 123, 267, 413; BVerfGE 128, 326, 376.

Verhältnismäßigkeitsgrundsatzes der präventiven Abwehr der vom Täter ausgehenden Gefahren.[903] Würden die präventiven Sanktionen „unter dem Deckmantel der Strafe noch miterledigt", so würde das die Strafe begrenzende Schuldprinzip unterlaufen werden und die rechtsstaatlichen Garantien geschwächt.[904] Die eingriffsintensiven, freiheitsentziehenden Maßregeln finden ihre Rechtfertigung in der Schutzpflicht des Staates zugunsten der Rechtsgüter des Einzelnen, die durch die Gefährlichkeit des Täters beeinträchtigt werden könnten.[905] Die Entscheidung über die Erforderlichkeit und Bemessung der Maßregeln der Besserung und Sicherung erfolgt schuldunabhängig und der Schutz der Allgemeinheit steht im Vordergrund.[906] Die im Verbandsstrafgesetzbuch vorgesehenen Sanktionsmöglichkeiten orientieren sich an dem im Strafgesetzbuch geltenden Sanktionensystem. Ob eine Bestrafung der Verbände auf dieselben Strafzwecke gestützt werden kann wie im Individualstrafrecht, wird in der Literatur immer wieder diskutiert und überwiegend verneint. Da die Schuldfähigkeit des Verbandes bejaht worden ist, können auch die bereits oben geschilderten Strafzwecke erreicht werden.[907]

Von der unternehmerischen Seite wird teilweise diskutiert, ob es sich in § 4 VerbStrG-E um eine kumulative oder alternative Aufzählung handelt. Gefordert wird daher eine Anpassung mit der Maßgabe der Klarstellung.[908] Dieser Standpunkt überzeugt nicht, da sich das Verhältnis von den Strafen zu den Maßregeln aus den zwei nachfolgenden Aspekten ergibt. Zum einen ist dies auf die Zweispurigkeit der Sanktionen auch in einem etwaigen Verbandsstrafrecht zu stützen, da Strafen und Maßregeln unterschiedliche Anknüpfungspunkte bieten und daher auch nebeneinander verhängt werden können. Zum anderen ergibt sich das Verhältnis der Strafen untereinander aus dem Gesetz selbst. Die in § 7 VerbStrG-E Verwarnung mit Strafvorbehalt vorgesehene Strafe wird neben einer Geldstrafe, soweit deren Vollstreckung vorbehalten wird, ausgesprochen. Die in § 9 VerbStrG-E geregelte Bekanntgabe der Verurteilung kann dem Sinn und Zweck der Strafe nach auch neben einer Verbandsgeldstrafe ausgesprochen werden, sofern die zusätzlichen Voraussetzungen vorliegen. Bei § 4 VerbStrG-E handelt es sich demnach nur um eine Übersicht der im Verbandsstrafgesetzbuch enthaltenen Strafen und Maßregeln. Im Folgenden werden die einzelnen Regelungen zu den vorgesehenen Strafen und Maßregeln erörtert.

---

903 BVerfGE 128, 326, 376 ff.; *Streng*, Strafrechtliche Sanktionen, Rn. 334.

904 *Hassemer* in: FS Samson, S. 31, 33.

905 BVerfGE 109, 133, 151, 159; BVerfGE 128, 326, 376 ff.; *Radtke* in: MüKo, StGB, Vorb. §§ 38 ff. Rn. 69 m.w.N.

906 *Streng*, a.a.O., Rn. 334.

907 Vgl. Darstellungen in Kapitel 2, A.

908 Stellungnahme Clearingstelle Mittelstand des Landes NRW bei IHK NRW, S. 16, abrufbar unter: http://clearingstelle-mittelstand.de/wp-content/uploads/2014/04/Stellungnahme-Unternehmensstrafrecht.pdf (zuletzt abgerufen am 5.2.2015).

2. Verbandsgeldstrafe, § 6 VerbStrG-E

In § 6 VerbStrG-E sind die Modalitäten der Verbandsgeldstrafe geregelt. Die Vorschrift orientiert sich an dem Tagessatzsystem des Allgemeinen Teils des Strafgesetzbuches (§ 40 StGB). Der Strafrahmen beträgt nach § 6 Abs. 1 VerbStrG-E 5 bis 360 Tagessätze. Der Tagessatz ist gem. § 6 Abs. 4 S. 1 VerbStrG-E nach der Ertragslage des Verbandes zu bestimmen. Er ist nach § 6 Abs. 4 S. 2 VerbStrG-E mit einem Betrag festzusetzen, der dem 360. Teil des Jahresertrages entspricht, mindestens jedoch mit 100 Euro. § 6 Abs. 4 S. 3 VerbStrG-E legt fest, dass die Verbandsgeldstrafe insgesamt 10 von Hundert des durchschnittlichen Gesamtumsatzes des Unternehmens oder der Unternehmensvereinigung nicht übersteigen darf. Dabei soll nach der Gesetzesbegründung der Betrag zugrunde gelegt werden, der dem Verband nach notwendigen Finanzierungsaufwendungen sowie dem Abzug aller Steuern verfügbar ist.[909] Bei der Strafzumessung sind nach § 6 Abs. 3 VerbStrG-E vom Gericht die Umstände zu berücksichtigen, die für und gegen den Verband sprechen. Kriterien sind dabei das Gewicht und die Auswirkungen der verbandsbezogenen Zuwiderhandlung, Art, Schwere und Dauer des Organisationsmangels im Verband, etwaige Vorkehrungen des Verbandes zur Vermeidung vergleichbarer Taten, die Gefahr der Wiederholung sowie das Verhalten des Verbandes nach der Tat, insbesondere das Bemühen der Schadenswiedergutmachung.

2.1 Allgemeines zur Einführung einer Verbandsgeldstrafe

Die Vorschrift des § 6 VerbStrG-E findet ihre grundlegenden Gedanken in den Vorschriften der §§ 40, 46 StGB und versucht dabei, die besonderen Anforderungen der Geldstrafe gegenüber einem Verband zu berücksichtigen. Bevor auf die konkrete Ausgestaltung der Vorschrift eingegangen wird, erfolgt eine kurze Darstellung der allgemeinen Grundsätze der Geldstrafe im Individualstrafrecht. In der Literatur wird die Geldstrafe gegenüber Verbänden von den Befürwortern der Einführung der strafrechtlichen Verantwortlichkeit von Verbänden bevorzugt, da dieser Sanktion eine hohe Präventionswirkung zugesprochen und ihre Flexibilität in der Ausgestaltung betont wird.[910] Das in § 40 StGB verankerte Tagessatzsystem spaltet die Strafzumessung der Geldstrafe in zwei Teilakte auf, zum einen in die Ermittlung der

---

909 Gesetzesentwurf, S. 57; zu den Begriffen der Ertragslage und des Gesamtumsatzes siehe Ausführungen in Kapitel 3, D.2.2.3.2.

910 *Dannecker*, GA 2001, 101, 124; *Ehrhardt*, a.a.O., S. 247; *Hirsch*, ZStW 1995, 285, 316; *Kindler*, a.a.O., S. 303; *Wohlers* in: Kempf, Unternehmensstrafrecht, 231, 239; *Kirch-Heim*, a.a.O., S. 198, der diese allerdings als Sanktionsgeld bezeichnet, um so zum Ausdruck zu bringen, dass diese Sanktion nicht auf der Grundlage von Schuld gemessen wird. Allerdings kann eine andere Bezeichnung der Sanktion allein deren Zweck nicht ändern; zum umgekehrten Fall *Leipold*, ZRP 2013, 34, 37; *Schmoller* in: FS Otto, 453, 468.

Anzahl der Tagessätze, zum anderen in die Festlegung der Höhe des Tagessatzes.[911] Die Anzahl der Tagessätze bemisst sich nach dem Unrechts- bzw. Schuldgehalt der zur Verurteilung führenden Tat und wird innerhalb dem nach der Spielraumtheorie zulässigen Umfang nach individualpräventiven Gesichtspunkten festgelegt.[912] Die Höhe des Tagessatzes richtet sich gem. § 40 Abs. 2 S. 1 StGB nach den persönlichen und wirtschaftlichen Verhältnissen des Täters (Nettoeinkommen). Durch die Berücksichtigung dieser Kriterien bei der Strafzumessung soll der Grundsatz der Opfergleichheit gewahrt werden.[913] Zwar kann nur eine strikte Trennung dieser zwei Teile zu einer gerechten Strafe führen, jedoch können vom Gericht auch bei beiden Prüfungsstufen die Strafzumessungskriterien des § 46 Abs. 1 S. 2 StGB berücksichtigt werden.[914] Im Folgenden wird anhand dieser Grundlagen die konkrete Ausgestaltung des Regelungsvorschlags der Geldstrafe für Verbände diskutiert.

2.2 Konkrete Ausgestaltung des § 6 VerbStrG-E

Im Rahmen der Vorschrift ergeben sich auf der Grundlage des vorliegenden Gesetzesentwurfs an verschiedenen Stellen einige Schwierigkeiten, die nachfolgend näher erörtert werden.

2.2.1 Keine Freiheitsstrafe?

Zunächst statuiert § 6 Abs. 1 VerbStrG-E, dass gegen den Verband eine Geldstrafe in Tagessätzen verhängt wird. Im Hinblick darauf, dass der Verband nach dem derzeitigen Gesetzesentwurf alle Straftatbestände des Strafgesetzbuches verwirklichen kann, scheint es zwingend sich mit der Frage auseinanderzusetzen, wie eine Strafe gegen einen Verband auszusehen hat, nach der ein Individualstraftäter nur mit einer Freiheitsstrafe belegt werden kann, z.B. bei der Begehung eines gewerbsmäßigen Betruges nach § 263 Abs. 5 StGB. Diese Thematik wird weder in der Vorschrift des § 6 VerbStrG-E bzw. den gesamten Vorschriften des Gesetzesentwurfs noch in der Gesetzesbegründung erwähnt oder diskutiert. Zunächst lässt sich feststellen, dass es dem Wesen der juristischen Person innewohnt, dass eine Freiheitsstrafe gegen sie nicht vollstreckt werden kann, da man diese nicht wie natürliche Personen einsperren kann.[915] Selbst wenn die Entwurfsverfasser dies als selbstverständlich vorausgesetzt haben sollten, so ist aufgrund dieser Tatsache zu fragen, wie ein Verband bestraft werden könnte, wenn der Straftatbestand zwingend eine Freiheitsstrafe voraussetzt bzw. der Verstoß gegen den Straftatbestand so schwer

---

911 *Häger* in: Leipziger Kommentar, StGB, Vor §§ 40 bis 43 Rn. 51 f.; *Lackner/Kühl*, StGB, § 40 Rn. 3; *Radtke* in: MüKo, StGB, § 40 Rn. 1.

912 *Radtke* in: MüKo, StGB, § 40 Rn. 1.

913 *Häger* in: Leipziger Kommentar, StGB, Vor §§ 40 bis 43 Rn. 52 m.w.N.; *Radtke* in: MüKo, StGB, § 40 Rn. 2; *Streng*, a.a.O., Rn. 125.

914 *Häger* in: Leipziger Kommentar, StGB, Vor §§ 40 bis 43 Rn. 52.

915 *Leipold* in: FS Gauweiler, 375, 385; *Trüg*, StraFo 2011, 471, 477.

wiegt, dass bei einer wahlweisen Verhängung einer Geld- oder Freiheitsstrafe nur letztere in Betracht kommt. Eine Möglichkeit bestünde darin, bei allen Straftatbeständen im Strafgesetzbuch, bei denen die Verhängung einer Geld- oder Freiheitsstrafe oder einer zwingenden Freiheitsstrafe vorgesehen ist, eine Ergänzung vorzunehmen, die wie folgt lauten könnte: *„Ist der Täter ein Verband i.S.d. § 1 Abs. 1 VerbStrG, kann nur eine Geldstrafe verhängt werden."*[916] Um eine solche aufwendige Gesetzesänderung des Strafgesetzbuches zu vermeiden, erscheint es sinnvoller eine solche Regelung – unabhängig von ihrer Vereinbarkeit mit der Rechtsordnung im Übrigen – in einem möglichen Verbandsstrafgesetzbuch aufzunehmen. Eine weitere Möglichkeit bestünde darin, die Vorschrift des § 6 Abs. 1 VerbStrG-E um einen dritten Satz zu ergänzen, der festlegt wie die Geldstrafe zu verhängen ist, wenn nach dem Straftatbestand eigentlich eine Freiheitsstrafe verhängt werden müsste. Es müsste also ein Maßstab gefunden werden, nach dem ermittelt werden kann, wie viele Monate Freiheitsstrafe wie vielen Tagessätzen entsprechen und wie hoch eine Geldstrafe sein darf, wenn im Individualstrafrecht eine lebenslange Freiheitsstrafe verhängt werden würde. Nach *Engelharts* Vorschlag könnte eine solche Regelung wie folgt aussehen: „Die Höchstzahl der Tagessätze bemisst sich nach der im jeweiligen Tatbestand vorgesehenen höchsten Freiheitsstrafe. Ein Monat Freiheitsstrafe entspricht 30 Tagessätzen. Eine lebenslange Freiheitsstrafe entspricht 5.400 Tagessätzen."[917] In § 4 Abs. 3 des österreichischen VbVG findet sich eine differenziertere Regelung, in der die Höchstgrenze der zu verhängenden Tagessätze abhängig von der zu erwartenden Freiheitsstrafe festgelegt wird. Fraglich ist, ob diese zuvor dargestellten Varianten die Freiheitsstrafe hinreichend zu ersetzen vermögen. Bedenken bestehen in der Literatur, sofern diese Problematik überhaupt diskutiert wird, gegen den Gleichbehandlungsgrundsatz, da bei der Existenz der strafrechtlichen Verantwortlichkeit von Verbänden diese gegenüber den Individualstraftätern besser gestellt würden.[918] Diesen verfassungsrechtlichen Bedenken ist damit zu begegnen, dass eine völlige Gleichstellung von Verband und Individuum aufgrund des besonderen Wesens juristischer Personen schlichtweg nicht möglich ist. Ein völliger Gleichlauf in der strafrechtlichen Verfolgung ist von vornherein ausgeschlossen, kann jedoch annähernd durch ein an das Individualstrafrecht angepasstes Verbandsstrafrecht erfolgen.[919] Deshalb scheint der Vorschlag von *Engelhart,* eine Entsprechung für die Freiheitsstrafe zu suchen, nicht ganz abwegig. Um eine äquivalente Entsprechung zu finden, hat sich *Engelhart* an der Regelung des § 43 StGB orientiert, nach der an die Stelle einer uneinbringlichen Geldstrafe Freiheitsstrafe tritt. Dabei entspricht ein Tag Freiheitsstrafe einem Tagessatz. Der Gedanke, dass eine Strafe an die Stelle einer andern tritt, ist also auch dem Strafgesetzbuch

916 Vgl. *Leipold* in: FS Gauweiler, 375, 385.

917 *Engelhart,* a.a.O., S. 723.

918 *Leipold* in: FS Gauweiler, 375, 385; *Trüg,* StraFo 2011, 471, 477.

919 *Böse* ZStW 2014, 132, 135 betont das Erfordernis von abweichenden oder weitergehenden Regelungen.

nicht fremd. Zu hinterfragen ist, ob die Kritik in der Literatur[920] bzgl. der Umrechnung in einem Verhältnis eins zu eins auf die Ersetzung in umgekehrter Richtung übertragen werden kann. Es wird als problematisch erachtet, dass die Ersatzfreiheitsstrafe immer ein Mehr an Übelseinwirkung als die Geldstrafe enthalte. Dies folge daraus, dass Freiheitsstrafe und Geldstrafe inkomparabel seien und die Ersatzfreiheitsstrafe für den Täter ein zusätzliches Übel darstelle, da dieser in der Regel durch Verbüßung der Ersatzfreiheitsstrafe nicht nur seine Tageseinkünfte verliere, sondern auch dem Übel der Freiheitsentziehung ausgesetzt sei.[921] Diese Argumentation kann auf den vorliegenden Vorschlag der Ersetzung der Freiheitsstrafe durch die Geldstrafe gerade nicht übertragen werden, da das mit der Geldstrafe verbundene Übel geringer ist als das der Freiheitsstrafe. Deshalb kann von einer äquivalenten Entsprechung nicht gesprochen werden. Konsequenterweise stellt sich die Frage, ob es ein solches Äquivalent überhaupt gibt. Zu denken ist hier an die Auferlegung von Tätigkeitsverboten, eine vorübergehende Betriebsstilllegung oder die Verbandsauflösung[922]. Diese werden in der Literatur wie auch in dem Entwurf des Verbandsstrafgesetzbuches (§§ 10, 12 VerbStrG-E) häufig als Maßregeln vorgeschlagen.[923] Es scheint denkbar, diese Sanktionen auch als Strafen einzuordnen, da eine Orientierung an der Schuld nach den obigen Ausführungen nicht ausgeschlossen ist. So ist in Frankreich die Auflösung des Verbandes in Art. 131–39 code penal als Strafe ausgestaltet.[924] Auch obliegt es grundsätzlich dem Gesetzgeber, ob er bestimmte Sanktionen repressiv, also als Strafe, oder präventivrechtlich, also in Form einer Maßregel, ausgestaltet.[925] Die Verbandsauflösung könnte daher als Äquivalent für die lebenslange Freiheitsstrafe angesehen werden. Dies könnte man darauf zu stützen versuchen, dass bei der lebenslangen Freiheitsstrafe der Täter bis zu seinem Tod die Strafe verbüßen muss, sich also nicht mehr frei bewegen kann, und der Verband nach der Auflösung in keiner Weise mehr wirtschaftlich tätig sein kann. Dem ist jedoch entgegenzuhalten, dass dies eine Gleichwertigkeit der Verbandsauflösung zur lebenslangen Freiheitsstrafe nicht zu begründen vermag, da bei letzterer die Möglichkeit der Aussetzung des Strafrestes nach § 57 a StGB besteht. In der Praxis endet daher die Verbüßungsdauer bei zu lebenslanger Freiheitsstrafe Verurteilten bei der Mehrheit nach 15 bis 19 Jahren.[926] Die lebenslange Freiheitsstrafe kommt durch die Aussetzungsmöglichkeit daher einer zeitigen Freiheitsstrafe quasi gleich[927], weshalb diese für die natürliche Person nicht so schwer wiegt wie die

920 *Fischer*, StGB, § 43 Rn. 4a; *Häger* in: Leipziger Kommentar, StGB, § 43 Rn. 6; *Stree/Kinzig* in: Schönke/Schröder, StGB, § 43 Rn. 6.

921 *Fischer*, StGB, § 43 Rn. 4a; *Häger* in: Leipziger Kommentar, StGB, § 43 Rn. 6.

922 Siehe hierzu ausführlich Kapitel 3, D.7.

923 *Ehrhardt*, a.a.O., S. 253 m.w.N.; *Kindler*, a.a.O., S. 305 f.; *von Freier*, a.a.O., S. 185 m.w.N.

924 Ausführliche Darstellung in Kapitel 3, D.7.1.

925 *Kirch-Heim*, a.a.O., S. 199.

926 *Radtke* in: MüKo, StGB, § 38 Rn. 8.

927 *Häger* in: Leipziger Kommentar, StGB, § 38 Rn. 28.

Auflösung für den Verband. Eine Strafe für den Verband, die eine lebenslange Freiheitsstrafe ersetzt, existiert daher nicht. Vielmehr wäre die Verbandsauflösung der in Deutschland nicht mehr existierenden Todesstrafe gleichzusetzen, da dieser in seiner Existenz vernichtet wird.[928] Fraglich ist, ob Tätigkeitsbeschränkungen für den Verband oder eine vorübergehende Betriebsstillegung die zeitige Freiheitsstrafe im Individualstrafrecht gleichwertig ersetzen können. In § 10 VerbStrG-E ist der gänzliche oder teilweise Ausschluss des Verbandes von der Vergabe öffentlicher Aufträge vorgesehen, der insoweit eine Tätigkeitsbeschränkung darstellt. Die Ausschlussfrist darf dabei ein Jahr nicht unterschreiten. Fraglich ist, ob dies in der Wertigkeit der Verhängung einer zeitigen Freiheitsstrafe überhaupt entsprechen kann, da diese nach § 38 Abs. 2 StGB eine Dauer von einem Monat bis zu 15 Jahren betragen kann. Das Mindestmaß der zeitigen Freiheitsstrafe von einem Monat zeigt eine deutliche Diskrepanz zu dem Mindestmaß des Ausschlusses der Vergabe öffentlicher Aufträge auf, weshalb Bedenken gegen eine Gleichwertigkeit bestehen. Zu hinterfragen ist daher, ob die angeordnete Höhe im Mindestmaß überhaupt vergleichbar sein kann. Auch wenn es schwierig erscheint einen konkreten Maßstab zu finden, durch den ermittelt werden kann, ob die Übelszufügung gegenüber dem Individuum genauso schwer wiegt wie die gegenüber dem Verband, so ist eine Abweichung des Mindestmaßes um das Zwölffache enorm. Wird ein Verband, sofern dieser nur in der von § 10 VerbStrG-E erfassten spezifischen Branche der Liefer-, Bau- oder Dienstleistungsaufträge im öffentlichen Bereich tätig ist, für einen so langen bzw. noch längeren Zeitraum in seiner Tätigkeit beschränkt, so ist nicht auszuschließen, dass eine Insolvenz droht.[929] Damit käme der Ausschluss der Vergabe öffentlicher Aufträge quasi einer Auflösung des Verbandes gleich. Ist nur eine von mehreren Branchen, in der der Verband wirtschaftlich tätig ist, durch eine derartige Sanktion betroffen, scheint eine Insolvenz eher abwegig, es sei denn, dass es sich bei der Tätigkeit in der Liefer-, Bau- oder Dienstleistungsbranche im öffentlichen Bereich um den Schwerpunkt des Verbandes handelt, also dadurch z.B. der wichtigste und größte Betrieb des Verbandes quasi stillgelegt wird.[930] Richtet man den Blick nun auf den Individualtäter, so lässt sich feststellen, dass auch bei der Verbüßung einer kurzen Freiheitsstrafe soziale Bindungen des Täters und seine soziale Existenz durch das Herausreißen aus dem Familien- und Berufsleben gefährdet werden können.[931] Zur Gleichwertigkeit des Mindestmaßes der zeitigen Freiheitsstrafe und dem des Ausschlusses von der Vergabe öffentlicher Aufträge lässt sich aufgrund der vorherigen Ausführungen keine verlässliche Aussage treffen, da die Folgen, die den Individualtäter und den Verband treffen, in ihrer Härte eine

928 *Ehrhardt*, a.a.O., S. 253; *Rübenstahl/Tsambikakis*, ZWH 2014, 8, 12.

929 *Kindler*, a.a.O., S. 305; *Kirch-Heim*, a.a.O., S. 210; *Löffelmann*, JR 2014, 185, 195; *Schmitt*, a.a.O., S. 168 f.; *Schünemann*, ZIS 2014, 1, 16; *ders.* in: Stiftung Familienunternehmen, Verfassungswidrigkeit Unternehmensstrafrecht, S. 28; *Seiler*, a.a.O., S. 148 f.

930 *Kirch-Heim*, a.a.O., S. 211.

931 *Streng*, a.a.O., Rn. 158 m.w.N.

Diskrepanz aufweisen, die nicht messbar in ein Verhältnis zueinander gesetzt werden können. Nach alledem ist festzuhalten, dass es kein Äquivalent gibt, welches der lebenslangen oder zeitigen Freiheitsstrafe entspricht, weshalb sich die Bedenken gegen den Gleichbehandlungsgrundsatz nicht völlig ausräumen lassen. Allerdings kann eine völlig gleiche Ausgestaltung der strafrechtlichen Verantwortlichkeit von Verbänden nach den obigen Ausführungen aufgrund des besonderen Wesens des Verbandes nicht erreicht werden, weshalb eine Lösung zu wählen ist, die dem Individualstrafrecht so nahe wie möglich kommt. Die von *Engelhart* vorgeschlagene Vorschrift, eine Umrechnung der Freiheitsstrafe in eine Geldstrafe aufzustellen, scheint daher eine sehr naheliegende Lösung[932], von der im vorliegenden Gesetzesentwurf kein Gebrauch gemacht worden ist. Auch von der im österreichischen § 4 Abs. 3 VbVG abgestuften Regelung haben die Entwurfsverfasser abgesehen. Dies überzeugt insoweit, als dass eine derartige Regelung vom Individualstrafrecht in erheblicher Weise abweicht.[933] Zwar soll durch diese Ausgestaltung der Besonderheit genüge getan werden, dass es Straftatbestände gibt, die nur die Verhängung einer Freiheitsstrafe vorsehen. Indes überzeugt die Umrechnung nicht, weil eine äquivalente Umrechnung nach den obigen Ausführungen nicht möglich ist. Eine Höchstgrenze von 180 Tagessätzen (bzw. in Deutschland in Höhe von 360 Tagessätzen) für eine lebenslange Freiheitsstrafe oder ein Freiheitsstrafe von 15 Jahren ist nicht angemessen und missachtet zudem den Grundsatz des § 43 StGB. Da die im Gesetzesentwurf vorgeschlagenen Maßregeln, wie der Ausschluss von der Vergabe öffentlicher Aufträge oder die Verbandsauflösung nach den vorstehenden Ausführungen jedenfalls kein Äquivalent zur Freiheitsstrafe darstellen, drängt sich die Frage auf, ob es alternative Sanktionsmöglichkeiten gibt, die der Freiheitsstrafe möglichst nahe kommen. Würde man die Tätigkeitsbeschränkungen der Verbände als Strafe ausgestalten, so würden diese der im Individualstrafrecht bestehenden zeitigen Freiheitsstrafe allerdings sehr nahe kommen. Dann wäre jedoch notwendig, dass aus den Regelungen eine solche „Ersetzung" auch kenntlich gemacht wird.[934] Die im derzeitigen Gesetzesentwurf vorgeschlagenen Regelungen des § 10 VerbStrG-E und § 11 VerbStrG-E, die dann Verbandsstrafen wären, könnten um folgenden § 11a Abs. 1 ergänzt werden:

---

932 Dennoch weist auch dieser Umrechnungsmaßstab gewisse Schwierigkeiten, insbesondere bei der Berechnung von Verwirkungsgrenzen auf, vgl. hierzu Ausführungen in Kapitel 3, D.3.1.2 und Kapitel 3, E.1.

933 Darüber hinaus müsste man in Deutschland, um eine möglichst exakte Annäherung an das Individualstrafrecht erreichen zu können, als höchsten zu verhängenden Tagessatz auch bei einem abgestuften Regelungssystem 360 Tagessätze zugrunde legen.

934 Dieser Regelungsvorschlag ist allein dahingehend konzipiert eine möglichst an das Individualstrafrecht angenäherte Freiheitsstrafe zu konstruieren. Außer Acht gelassen wird hierbei die grundsätzlich gegen Tätigkeitsbeschränkungen vorgebrachte Kritik. Vgl. dazu Ausführungen in Kapitel 3, D.5.1/5.2 und D.6.1/6.2.

> Der vorübergehende Ausschluss von der Vergabe öffentlicher Aufträge und der Ausschluss von Subventionen bis zu sechs Monaten ersetzen die in den Vorschriften des Strafgesetzbuches vorgesehene zeitige Freiheitsstrafe. Ist ein Verband ausschließlich im öffentlichen Dienstleistungsgewerbe tätig, darf der Ausschluss drei Monate nicht überschreiten.

Um für die lebenslange Freiheitsstrafe ebenfalls eine an das Individualstrafrecht angenäherte Strafe verhängen zu können, sollte die einzufügende Vorschrift des § 11a um einen zweiten Absatz ergänzt werden, der wie folgt formuliert werden könnte:

> Der vorübergehende Ausschluss von der Vergabe öffentlicher Aufträge und der Ausschluss von Subventionen von sechs Monaten bis zu zwei Jahren ersetzen die in den Vorschriften des Strafgesetzbuches vorgesehene lebenslange Freiheitsstrafe. Ist ein Verband ausschließlich im öffentlichen Dienstleistungsgewerbe tätig, darf der Ausschluss ein Jahr nicht überschreiten.

Die vorgeschlagenen zeitlichen Grenzen gewährleisten den Gerichten bei der Verhängung die notwendige Flexibilität bei der Bemessung der Strafe. Zugleich soll durch die Kürze der zeitlichen Grenzen versucht werden eine dauerhafte Auflösung des Verbandes in diesen Fällen zu verhindern. Da es Verbände, die ausschließlich im öffentlichen Dienstleistungsbereich wirtschaftlich tätig sind, eine härtere Sanktion darstellt, je länger der Ausschluss andauert und die Gefahr der Verbandsauflösung wahrscheinlicher ist, ist eine kürzere zeitliche Grenze sinnvoll. Die damit einhergehende „Besserstellung" dieser Verbände ist aufgrund des eingeschränkten wirtschaftlichen Tätigkeitsfeldes hinzunehmen.

2.2.2 Strafzumessung nach § 6 Abs. 3 VerbStrG-E

Nach § 6 Abs. 3 VerbStrG-E, der eine speziellere Strafzumessungsnorm im Vergleich zu § 46 StGB darstellt[935], hat das Gericht bei der Strafzumessung, das Gewicht und die Auswirkungen der verbandsbezogenen Zuwiderhandlung, Art, Schwere und Dauer des Organisationsmangels im Verband, etwaige Vorkehrungen des Verbandes zur Vermeidung vergleichbarer Taten, die Gefahr der Wiederholung sowie sein Verhalten nach der Tat, besonders sein Bemühen, den Schaden wiedergutzumachen, zu berücksichtigen. In der Gesetzesbegründung wird ausgeführt, dass durch diese Regelung der Besonderheit Rechnung getragen wird, dass die Strafe aufgrund eines im Verband existierenden Organisationsmangels verhängt wird, weshalb dieser auch im Fokus bei der Strafzumessung stehen soll und dem Handlungsunrecht eines Individualtäters entspreche.[936] Das Erfolgsunrecht der Verbandsstraftat werde hingegen durch die Auswirkungen der Zuwiderhandlung auf einzelne Rechtsgüter geprägt, weshalb unter Berücksichtigung der wirtschaftlichen Gesamtsituation des Verbandes auch der durch die Tat erlangte Vorteil eine Rolle spiele.[937] Die Berücksichtigung der

935 Gesetzesentwurf, S. 57.
936 Gesetzesentwurf, S. 58.
937 Gesetzesentwurf, S. 58.

Wiedergutmachungsbemühungen dient nach der Gesetzesbegründung vor allem dem Opferschutz, der nach der Anwaltschaft im Rahmen der Diskussion um die Erhöhung des Bußgeldrahmens in §§ 130, 30 OWiG bei der Zumessung der Geldbuße als vernachlässigt angesehen worden ist.[938] Letztere wird in der Literatur teilweise stark kritisiert, da sie Verbände quasi zwänge ein Compliance-Management-System einzuführen[939], findet jedoch auch positive Beachtung in der Literatur[940], wobei jedoch im Hinblick auf die nähere Ausgestaltung im vorliegenden Gesetzesentwurf eine fehlende Regelung hinsichtlich der Anforderungen an solche Systeme gerügt wird.[941] Dem ist zuzustimmen, da transparentere Regelungen zu einer höheren Rechtssicherheit in der Praxis führen würden. Auch ist eine gesetzliche Verankerung von Compliance-Management-Systemen grundsätzlich begrüßenswert, da diese nicht allein dazu dient, Anwaltskanzleien neue Mandate oder solche von größerem Umfang zu verschaffen[942], sondern vor allem dazu, Schäden durch Straftaten im Verband zu vermeiden.[943] Betrachtet man die übrigen Zumessungskriterien, so drängen sich nach der Ansicht von *Zieschang* Bedenken gegen die Einhaltung des im Individualstrafrecht geltenden Grundsatzes auf, dass die Schuld des Täters nach § 46 Abs. 1 S. 1 StGB Grundlage für die Zumessung der Strafe ist.[944] Dem kann so nicht zugestimmt werden, denn in der Regelung des § 6 Abs. 3 S. 2 VerbStrG-E werden die Zumessungskriterien nicht abschließend aufgeführt („namentlich"). Ein gänzlicher Bezug zum (fiktiven) Zurechnungsgrund, und zwar der Zuwiderhandlung der natürlichen Person, die Grundlage der strafrechtlichen Verantwortung des Verbandes ist[945], fehlt nicht, da auch das Gewicht und die Auswirkungen der verbandsbezogenen Zuwiderhandlung zu beachten sind. Somit ist ein bei der Strafzumessung zu berücksichtigender Aspekt die verbandsbezogene Zuwiderhandlung, die nach dem vorliegenden Entwurf den einzigen Anknüpfungspunkt für die Schuld des Verbandes darstellen kann.[946] Dennoch ist der Vorschlag der Regelung dahingehend zu kritisieren, dass es in der Praxis nur schwer umzusetzen scheint, die Auswirkungen und das Gewicht der verbandsbezogenen Zuwiderhandlung zu bestimmen, sofern es sich nicht allein um finanzielle Folgen handelt. An welchen Maßstäben hat sich das Gericht bei der Abwägung zu orientieren? Wie hätte das Gericht z.B. personelle Umstrukturierungen, die Folge einer verbandsbezogenen Zuwiderhandlung sind, bei der Strafzumessung zu berücksichtigen? Denn solche Umstrukturierungen könnten sowohl einen Umstand darstellen, der zugunsten des Verbandes als auch zu seinen Lasten zu berücksichtigen ist. Dies ist darauf zurückzuführen, dass eine

938 Gesetzesentwurf, S. 58.
939 *Schünemann*, ZIS 2014, 1, 17 f.; *ders.* in: Stiftung Familienunternehmen, Verfassungswidrigkeit Unternehmensstrafrecht, S. 29 f.
940 *Hoven/Wimmer/Schwarz/Schumann*, NZWiSt 2014, 241, 243.
941 Siehe hierzu Ausführungen in Kapitel 3, B.7.3.4 und Kapitel 3, E.2.1.
942 So aber *Schünemann* ZIS 2014, 1, 17.
943 Hoven/Wimmer/Schwarz/Schumann, NZWiSt 2014, 241, 243.
944 *Zieschang*, GA 2014, 91, 104.
945 *Ehrhardt*, a.a.O., S. 247.
946 Siehe hierzu bereits die Darstellung in Kapitel 3, B.3.

personelle Umstrukturierung mit finanziellen Einbußen verbunden, aber auch in der Zukunft der Vermeidung von Straftaten nützlich sein kann. Dies zum Zeitpunkt der Verhängung der Strafe zu beurteilen, könnte dem Gericht einige Schwierigkeiten bereiten, da die mit der personellen Umstrukturierung verbundenen Folgen erst in nicht absehbarer Zukunft eintreten werden. Aufgrund der Unabsehbarkeit des Eintritts ist zu fragen, wie das Gericht solche Umstände berücksichtigen kann. Hierzu finden sich weder im Gesetzesentwurf des Verbandsstrafgesetzbuches noch in der Gesetzesbegründung Vorschläge oder Anhaltspunkte zur praktischen Handhabung. Letztlich überschreitet die Vorschrift des § 6 Abs. 3 VerbstrG-E somit die Grenzen des Bestimmtheitsgrundsatzes nach Art. 103 Abs. 2 GG, da diese Begriffe zwar grundsätzlich der Auslegung zugänglich sind, im Rahmen des vorliegenden Regelungsvorschlags jedoch mangels Konkretisierung oder bereits zu vergleichbaren Regelungen übertragbarer Rechtsprechung zu weit gefasst sind und daher für den Rechtsanwender nicht ersichtlich wird, welche Fälle im Rahmen der Strafzumessung entscheidend sein sollen. § 6 Abs. 2 VerbStrG-E könnte wie folgt geändert werden:

> Bei der Zumessung wägt das Gericht die Umstände, die für und gegen den Verband sprechen, gegeneinander ab. Maßgeblich hierbei ist in welchem Umfang die Zuwiderhandlung Ausdruck eines Organisationsdefizites im Verband ist. Umstände, die für den Verband sprechen können, sind insbesondere
>
> 1. das Ergreifen von Aufsichtsmaßnahmen im Sinne des § 2 Abs. 2a dieses Gesetzes zum Zeitpunkt der verbandsbezogenen Zuwiderhandlung,
> 2. das Ergreifen von Aufsichtsmaßnahmen im Sinne des § 2 Abs. 2a dieses Gesetzes für die Vermeidung zukünftiger ähnlicher Straftaten oder die Verbesserung solcher bestehenden Maßnahmen,
> 3. die Mitwirkung des Verbandes an der Aufklärung der Verbandsstraftat,
> 4. die Wiedergutmachung des aus der Tat entstanden Schadens,
> 5. bereits erheblich erlittene Nachteile für den Verband durch die Verbandsstraftat,
> 6. die Förderung der Verbandsstraftat durch nationale oder supranationale Behörden oder geltendes Recht.
>
> Umstände, die gegen den Verband sprechen können, sind insbesondere
>
> 1. die Verursachung eines Schadens,
> 2. das Erlangen von Vorteilen durch die Verbandsstraftat,
> 3. das Ergreifen unzureichender Maßnahmen im Sinne des § 2 Abs. 2a dieses Gesetzes, um Rechtsbrüche zu verschleiern oder das offensichtlich unzureichende Ergreifen solcher Maßnahmen,
> 4. das Hervorrufen einer besonders schweren Form des Vorsatzes und eines gesteigerten Grades an Fahrlässigkeit bei der Begehung der verbandsbezogenen Zuwiderhandlung durch das Organisationsdefizit im Verband,
> 5. das Vorliegen relevanter Vorstrafen des Verbandes.[947]

---

947 Angelehnt an die Vorschrift des § 5 VbVG und den Vorschlag bei *Engelhart*, a.a.O., S. 723 f.

2.2.3 Bestimmung der Höhe eines Tagessatzes

Die Bestimmung eines Tagessatzes richtet sich nach § 6 Abs. 4 und 5 VerbStrG-E. Danach ist der Tagessatz nach der Ertragslage des Verbandes unter Berücksichtigung seiner sonstigen wirtschaftlichen Leistungsfähigkeit zu bemessen, wobei ein Mindestbetrag von 100 € vorgesehen ist. Die Höchstgrenze der Verbandsgeldstrafe orientiert sich prozentual am durchschnittlichen Gesamtumsatz des Unternehmens. Der Regelungsvorschlag bzgl. der Bestimmung der Höhe des Tagessatzes weist in seiner konkreten Ausgestaltung einige Ungenauigkeiten und Probleme auf, die im Folgenden erörtert werden.

2.2.3.1 Mindest- und Höchstgrenze des Tagessatzes

In § 6 Abs. 4 S. 2 VerbStrG-E ist vorgesehen, dass der Mindestbetrag eines Tagessatzes dem 360. Teil des Jahresertrages, mindestens jedoch mit 100 € festzusetzen ist. Dieser Regelungsvorschlag weicht von der Regelung des § 40 Abs. 2 S. 3 StGB ab, in dem lediglich ein Mindestbetrag von einem Euro, unabhängig vom Jahreseinkommen des Täters, vorgesehen ist. Wenn sich an dem Tagessatzsystem des Individualstrafrechts orientiert werden soll, so ist zu empfehlen, lediglich einen Betrag als Mindestgrenze eines Tagessatzes anzugeben. Zudem kann der Tatrichter innerhalb des Mindest- und Höchstbetrages der wirtschaftlichen Leistungsfähigkeit bei der Höhe der Festlegung ausreichend Berücksichtigung schenken. Zudem würde sich die Mindestgrenze eines Tagessatzes bei einem Unternehmen mit einem Jahresgewinn von 3,6 Mrd. € auf 10 Mio. € belaufen, was unter Rechtsstaatsgesichtspunkten unhaltbar ist.[948] Zwar gesteht auch *Schünemann* ein, dass es nicht viele Unternehmen mit einem so hohen Jahresertrag gibt, allerdings wird durch dieses abstrakte Beispiel deutlich, welche einschneidende Wirkung einer Verbandsgeldstrafe nach dem vorgeschlagenen Gesetzesentwurf zukommt.

Auch die in § 6 Abs. 4 S. 3 VerbStrG-E vorgesehene prozentuale Höchstgrenze des Tagessatzes in Höhe von 10 % des durchschnittlichen Gesamtumsatzes des Unternehmens weicht von der Regelung im Individualstrafrecht ab.[949] In § 40 Abs. 2 S. 3 StGB ist ein Höchstbetrag von 30.000 € vorgesehen. Deshalb stellt sich die Frage, ob es einen überzeugenden Grund gibt, weshalb die Entwurfsverfasser von einer Summe als Höchstbetrag abgesehen haben. In der Gesetzesbegründung finden sich zu dieser Thematik keine konkreten Ausführungen, sondern es wird lediglich darauf hingewiesen, dass sich der rechtliche Rahmen für die Verhängung der Verbandsgeldstrafe an den Vorschriften des § 40 StGB und § 81 Abs. 4 GWB orientiert.[950] In

---

948 *Schünemann* ZIS 2014, 1, 15; *ders* in: Stiftung Familienunternehmen, Verfassungswidrigkeit Unternehmensstrafrecht, S. 25.

949 *Hoven/Wimmer/Schwarz/Schumann*, NZWiSt 2014, 241, 242, wobei die Vermengung der im Individualstrafrecht geltenden Aspekte beim Tagessatzsystem und dem Tagessatzsystem der Geldbuße im GWB ohne tiefergehende Erörterung erwähnt wird.

950 Gesetzesentwurf, S. 57.

§ 81 Abs. 4 S. 2 2. HS GWB findet sich eine vergleichbare Regelung, die sich für die Bestimmung des Höchstbetrages prozentual am Gesamtumsatz des Unternehmens orientiert, weshalb für die weitere Untersuchung dieses Regelungsvorschlags auf die Literatur zu § 81 GWB zurückzugreifen ist. In dieser wird vor allem kritisiert, dass der weite Spielraum bei der Verhängung der Geldbuße rechtsstaatlich nicht hinnehmbar sei.[951] Wenn ein Unternehmen einen Gesamtumsatz von 10 Mrd. € hat, so beläuft sich der Rahmen der Geldbuße von 5 € bis zu 1 Mrd. €. Bei einem so großen Spielraum sei für den Rechtsanwender nicht ersichtlich, auf welche Höhe er sich einstellen müsse, was wiederum mit dem Bestimmtheitsgrundsatz nach Art. 103 Abs. 2 GG nicht zu vereinbaren sei. Insoweit werden Parallelen zu der vom Bundesverfassungsgericht ergangenen Rechtsprechung zur Vermögensstrafe[952] gezogen. Nach dieser Entscheidung hat der Gesetzgeber hinsichtlich des Maßes der in Frage kommenden Strafe einen Strafrahmen zu bestimmen, dem sich grundsätzlich das Mindestmaß einer Strafe ebenso wie eine Sanktionsobergrenze entnehmen lässt. Diesem Vergleich wird von anderen Stimmen in der Literatur entgegengehalten, dass es an einer solchen Vergleichbarkeit hier gerade fehle, da es sich bei der Geldbuße eben um keine strafrechtliche Sanktion handele.[953] Darüber hinaus sei kein fester Rahmen der Geldbuße von vornherein notwendig, da es für die Einhaltung des Bestimmtheitsgrundsatzes genüge, wenn der Rahmen im Einzelfall bestimmbar sei. Der Gesamtumsatz sei ein hinreichender Indikator für die wirtschaftlichen Verhältnisse des Unternehmens, woran sich der „wandernde Rahmen“ zu orientieren habe.[954] Der BGH entschied am 26. Februar 2013[955], dass die Vorschrift nicht verfassungswidrig sei und den Anforderungen des Bestimmtheitsgrundsatzes gerecht werde, da es sich um eine umsatzbezogene Höchstgrenze und nicht um eine Kappungsgrenze handele, die der Anpassung des deutschen Rechts an das Unionsrecht diene. Auch die Argumentationslinie der in der Literatur vielfach vorgebrachten oben bereits genannten Entscheidung des BVerfG zur Vermögensstrafe wird durch den BGH dahingehend entkräftet, dass es sich bei der Vermögensstrafe und der Geldbuße um zwei völlig unterschiedliche Rechtsinstitute handelt, weshalb eine Übertragung ausscheidet.[956] Darüber hinaus bedürfe es einer für das Unternehmen empfindlichen Geldbuße, da bei einem Kartellverstoß der wirtschaftliche Vorteil, der häufig das marktwirtschaftliche Gefüge in ganz erheblichem Umfang störe und große volkswirtschaftliche Schäden anrichte, bei dem Unternehmen selbst eintrete. Um dieser Besonderheit gerecht werden zu können, sei ein weiter Rahmen notwendig, da Geldbußen sowohl gegen kleine als auch große Unternehmen verhängt werden können.[957] Nur so könne ein flexibles Ahndungssystem geschaffen werden, welches

951 *Bechtold*, GWB, § 81 Rn. 29 m.w.N; *Gürtler* in: Göhler, OWiG, § 17 Rn. 48c.
952 BVerfGE 105, 135.
953 *Raum* in: Langen/Bunte, Kartellrecht, § 81 Rn. 164.
954 *Raum* in: Langen/Bunte, Kartellrecht, § 81 Rn. 164.
955 BGHSt 58, 158, 172 ff.
956 BGHSt 58, 158, 176.
957 BGHSt 58, 158, 176.

auf kleinere Unternehmen nicht sofort eine überhöhte Abschreckungswirkung entfalte wie dies bei einer betragsmäßig sehr hohen Obergrenze der Fall wäre.[958]

Bei der Betrachtung des § 6 Abs. 4 S. 3 VerbStrG-E können die zu § 81 Abs. 4 S. 2 GWB entwickelten Gedanken ebenfalls als taugliche Argumentationsgrundlage herangezogen werden. Insoweit bestehen gegen die vorgeschlagene Ausgestaltung für die Bestimmung der Höhe des Tagessatzes durch eine prozentuale Höchstgrenze aufgrund des durchschnittlichen Gesamtumsatzes erhebliche Bedenken gegen den Bestimmtheitsgrundsatz nach Art. 103 Abs. 2 GG. Dies ist vor allem auf die Rechtsprechung des BVerfG zur Vermögensstrafe[959] zu stützen, nach der bei einer Strafe ein bestimmter Strafrahmen anzugeben ist, der eine Obergrenze zu enthalten hat. Nach diesen Grundsätzen können auch bei der Einführung einer Verbandsgeldstrafe keine anderen bzw. schwächeren Anforderungen gestellt werden. Insbesondere kann die vom BGH zuvor genannte Entscheidung ihrer Argumentation nach nicht auf die Verbandsgeldstrafe übertragen werden, da die Verbandsgeldstrafe als Rechtsinstitut Strafe mit der Vermögensstrafe vergleichbar ist. Zwar kann durch die vorgeschlagene Regelung eine flexible Gestaltung der Verbandsgeldstrafe am jeweiligen Gesamtumsatz erreicht werden, ist jedoch in verfassungsrechtlicher Hinsicht so nicht hinnehmbar. Dennoch bleibt die Frage offen, wie hoch eine etwaige Höchstgrenze für die Bemessung des Tagessatzes ausfallen müsste, um eine hinreichend abschreckende Wirkung zu entfalten, aber dennoch keinen „Overkill“[960] darstellen würde. Um eine passende Höchstgrenze zu finden, sind zwei Ansätze möglich. Zum einen könnte man den derzeit nach § 30 OWiG geltenden Bußgeldrahmen als Orientierung heranziehen, um eine Höchstgrenze eines Tagessatzes zu bestimmen. Zum anderen könnte man bei der konkreten Ausgestaltung einen Blick auf die in § 4 Abs. 4 österreichisches VbVG geregelten Höchstgrenze von 10.000 € werfen. Die erste Alternative scheint wenig geeignet, da die Vorschrift den Rahmen der gesamten zu verhängenden Geldbuße beinhaltet und bei der Festsetzung einer Höchstgrenze eines Tagessatzes nach dem Verbandsstrafgesetzbuch auf einen Betrag von 10 Mio. €, also die Höchstgrenze einer möglichen Geldbuße, wiederum von einer übergroßen Abschreckungswirkung zu sprechen ist. Denn bei einer Höchstgrenze eines Tagessatzes von 10 Mio. € beträgt die Höchststrafe bei 360 Tagessätzen 3,6 Mrd. €. Eine solch hohe Strafe ist unverhältnismäßig und ihr ist auch immanent, dass selbst große Unternehmen in die Insolvenz getrieben werden könnten.[961]

958 BGHSt 58, 158, 177; *Mundt*, WuW 2007, 458, 465, der bei einer starren Höchstgrenze gegenüber kleinen und großen Unternehmen vor allem die Einhaltung des Gleichheitsgrundsatzes als nicht erfüllt ansieht.

959 BVerfGE 105, 135.

960 So *Schünemann* in ZIS 2014, 1, 15 bereits zur Mindestgrenze der Verbandsgeldstrafe. *Willems*, ZIS 2015, 40, 43 betont die existenzbedrohende Wirkung der Größenordnung von 10 % des Gesamtumsatzes und die damit verbundene Verwundbarkeit von mittelständischen Unternehmen und Branchen mit geringen Gewinnmargen.

961 Im Ergebnis wohl auch *Rübenstahl*, ZRFC 2014, 26, 33, der diese Bedenken im Zusammenspiel mit der Verhängung der Maßregel der Verbandsauflösung anführt.

Darüber hinaus trifft die Strafe Verbände schwer, wenn eine Straftat begangen wird, die keinen Gewinn nach sich zieht oder nicht mit Gewinnerzielungsabsicht begangen wird, wie z.B. schwere Arbeitsunfälle oder Produkthaftungsfälle mit Körperverletzungs- oder Todesfolgen.[962] Da solche Taten vom Gesetzesentwurf ebenfalls erfasst sind, müssten diese ebenfalls zu sehr hohen Strafen führen, was sich jedoch wohl nicht mit dem Willen der Entwurfsverfasser deckt.[963] Auch die Heranziehung der Höchstgrenze nach der österreichischen Vorschrift von 10.000 € kann nicht auf das deutsche Recht übertragen werden. Zwar ist eine Höchstgrenze zu begrüßen, jedoch ist diese Höchstgrenze zu gering und genügt nicht den Anforderungen eines effektiven Abschreckungseffektes. Dies ist vor allem daraus zu folgern, dass dann eine mögliche Höchststrafe bei 3,6 Mio. € liegen würde, was deutlich unter der nach § 30 OWiG zu verhängenden höchsten Geldbuße in Höhe von 10 Mio. € liegt. Darüber hinaus ist der im Individualstrafrecht zu verhängende Höchsttagessatz in § 40 Abs. 2 S. 2 StGB auf einen Betrag von 30.000 € festgesetzt.[964] Die Höchstgrenze in einem möglichen Verbandsstrafgesetzbuch kann keinesfalls darunter liegen, kann jedoch auch nicht gleich sein, da sonst die Abschreckungswirkung nicht effektiv genug wäre. Auch sind Unternehmen in der Regel wirtschaftlich leistungsfähiger als natürliche Personen, weshalb sich dies in der Höchstgrenze widerspiegeln muss. Die Höchstgrenze ist daher aus dem Rahmen zwischen 30.000 € und 10 Mio. € zu ermitteln. Eine ausreichende Abschreckungswirkung würde meiner Ansicht nach ein Tageshöchstsatz in Höhe von 1 Mio. € darstellen, so dass die Höchststrafe 360 Mio. € betragen würde. Innerhalb eines Rahmens von 100 € und 1 Mio. € bleibt dem Tatrichter ein angemessener Beurteilungsspielraum, in dem er die wirtschaftliche Leistungsfähigkeit des Verbandes berücksichtigen kann. Sowohl für Verbände, die wirtschaftlich sehr leistungsfähig sind als auch solche, die nicht so leistungsfähig sind, kann ein Tagessatz bestimmt werden, der an die jeweilige Leistungsfähigkeit angepasst ist. Nach den vorstehenden Ausführungen sollte § 6 Abs. 4 VerbStrG-E wie folgt formuliert werden:

> Die Höhe eines Tagessatzes bestimmt das Gericht unter Berücksichtigung der wirtschaftlichen Leistungsfähigkeit des Verbandes. Dabei geht es in der Regel von der Ertragslage[965] des Verbandes von einem Jahr des vor der Verurteilung liegenden Zeitpunktes aus, um zu ermitteln, welcher Betrag dem Verband an einem Tag zustünde. Ein Tagessatz wird auf mindestens 100 Euro und höchstens 1 Mio. Euro festgesetzt.

---

962 *Rübenstahl*, ZRFC, 26, 29 f.

963 *Rübenstahl*, ZRFC, 26, 30.

964 Auch wenn die Grenze von 30.000 € in der Literatur umstritten ist, vgl. *Radtke* in: MüKo, StGB, § 40 Rn. 54; *Heintschel-Heinegg* in: BeckOK, StGB, Vor. § 40 Rn. 7, so kann durch einen so hohen Betrag im Rahmen der Strafzumessung die wirtschaftliche Leistungsfähigkeit besser berücksichtigt werden.

965 Siehe hierzu sogleich in Kapitel 3, D.2.2.3.2.

Durch die so vorgeschlagene Regelung ist eine hinreichend flexible Bemessung eines Tagessatzes möglich und die Einhaltung des Bestimmtheitsgrundsatzes wird ebenfalls gewahrt.[966]

Darüber hinaus sollte, angelehnt an die österreichische Regelung in § 4 Abs. 4 S. 3 VbVG, eine Regelung vorgesehen werden, die für die Bemessung des Tagessatzes für Verbände, die nicht auf Gewinn ausgerichtet sind, Grenzen festlegt. Hierbei ist z.B. an nicht rechtsfähige Vereine zu denken, die ebenfalls vom Anwendungsbereich des Verbandsstrafgesetzbuches erfasst sein sollen[967] und zu gemeinnützigen oder kirchlichen Zwecken tätig sind. Für die Begrifflichkeiten der Gemeinnützigkeit und der Kirche kann auf die §§ 51 ff. AO Bezug genommen werden. Bei einer solchen Norm kann innerhalb eines bestimmten Ermessensspielraums ermöglicht werden, dass auch die Herkunft und die Zweckwidmung von Einkünften oder Vermögen des Verbandes eine Rolle spielen, bei der Bemessung der Geldstrafe berücksichtigt werden können.[968] Um eine angemessene Mindest- und Höchstgrenze finden zu können, bedürfte es einer statistischen Datenerhebung, die Auskunft darüber gibt, wie hoch das durchschnittliche Vermögen aller in Deutschland existierenden nicht rechtsfähigen Vereine ist. Mangels vorhandener empirischer Daten hierzu, sollte jedenfalls folgende Formulierung in einem vierten Satz des § 6 Abs. 4 VerbStrG-E mit aufgenommen werden:

> Bei nicht rechtsfähigen Vereinen ist bei der Bestimmung der Höhe des Tagessatzes das dem Verein frei zur Verfügung stehende Vermögen als Grundlage heranzuziehen.[969]

2.2.3.2 Begriffe Ertragslage und Gesamtumsatz

In § 6 Abs. 4 und 5 VerbStrG-E werden die Begriffe der Ertragslage und des Gesamtumsatzes verwendet, ohne diese näher zu definieren. Der Gesetzesbegründung ist diesbezüglich zu entnehmen, dass Grundlage für die Bemessung der Geldstrafe der Betrag sein soll, der dem Verband nach den notwendigen Finanzierungsaufwendungen sowie dem Abzug aller Steuern zusteht.[970] Dieser Verweis trägt jedoch nicht zur Klärung bei, da im Folgenden die Begriffe der Ertragslage und des Gesamtumsatzes nebeneinander verwendet werden. Da sich dadurch keine konkrete Definition der Begrifflichkeiten festmachen lässt, ist auf die im Steuerrecht bzw. in der Betriebswirtschaftslehre existierenden Definitionen zurückzugreifen. Die Ertragslage gibt Auskunft darüber, wie sich das Reinvermögen eines Unternehmens innerhalb eines bestimmten Zeitraums unter Berücksichtigung von Anschaffungen,

---

966 Dem stimmen *Hoven/Wimmer/Schwarz/Schumann*, NZWiSt 2014, 241, 242 nur eingeschränkt zu, da sie diese Lösung zwar für dogmatisch sauberer, aber praxisuntauglicher halten.

967 Siehe Ausführungen in Kapitel 3, A.1.2 zur Problematik, ob nicht rechtsfähige vom Anwendungsbereich des Verbandsstrafgesetzbuches erfasst sein sollen.

968 *Stärker*, VbVG, S. 126.

969 Formulierung angelehnt an *Engelhart*, a.a.O., S. 723.

970 Gesetzesentwurf, S. 57.

Einlagen und Entnahmen verändert hat.[971] Der Gesamtumsatz eines Unternehmens zeigt hingegen nur wieviel Ware oder Dienstleistungen ein Unternehmen in einem bestimmten Zeitraum verkauft hat, ohne dabei etwaige Aufwendungen oder Kosten zu berücksichtigen.[972] Aufgrund der unterschiedlichen Bedeutung der Begriffe ist unklar, wieso in § 6 Abs. 4 VerbStrG-E der Begriff der Ertragslage für die Festlegung der Mindestgrenze verwendet wird und der Gesamtumsatz für die Festsetzung der Obergrenze eines Tagessatzes entscheidend sein soll. Dadurch werden aufgrund der uneinheitlichen Verwendung der Begriffe unterschiedliche Bemessungsgrundlagen gewählt.[973] Anhaltspunkte, warum der Gesamtumsatz maßgeblich sein soll, lassen sich in der Vorschrift § 81 Abs.4 GWB finden, bei der ebenfalls der Gesamtumsatz für die Geldbuße zugrunde zu legen ist. Allerdings überzeugt eine Verwendung des Begriffes des Gesamtumsatzes in diesem Kontext nicht, da im Individualstrafrecht ebenfalls das Nettoeinkommen des Täters bestimmend ist. Um eine möglichst genaue Annäherung an das Individualstrafrecht zu erhalten, kann vorliegend allein die Ertragslage taugliche Grundlage für die Bemessung der Tagessatzhöhe sein. Bei dieser wird nämlich allein der Betrag betrachtet, über den der Verband nach Abzug aller Verbindlichkeiten tatsächlich verfügen kann. Eine andere Sichtweise ist auch nicht damit zu begründen, dass nur bei der Berücksichtigung des Gesamtumsatzes[974] bei der Berechnung der Höchstgrenze eines Tagessatzes eine Abschreckungswirkung gegenüber dem Verband erzielt werden kann. Denn gerade durch diesen kommt erneut die „Overkill"-Wirkung des vorliegenden Gesetzesentwurfs zum Ausdruck. Des Weiteren könnten der von den Entwurfsverfassern beabsichtigte Zweck, den Verbänden die Überschüsse zu entziehen, die nicht die Betriebsgrundlage darstellen, um so eine indirekte Beeinträchtigung von Arbeitnehmern oder Lieferanten möglichst zu vermeiden, in der Praxis zu erheblichen Schwierigkeiten führen.[975] Wie sollen Staatsanwälte oder Richter genau bestimmen, welche Überschüsse zur Betriebsgrundlage zählen und welche nicht?[976] Die Verwendung der Begrifflichkeiten ist in sich unschlüssig, da die Grundlage eines Betriebes in der Regel durch solche Einnahmen gewährleistet ist, die zuvor getätigte Kosten decken. Überschüsse hingegen sind Gewinne und gehen über die Grundlage hinaus.[977] Die Entwurfsverfasser bleiben in dieser Hinsicht eine Erklärung schuldig, was sie genau unter diesen Begrifflichkeiten verstehen und erwecken beim Rechtsanwender den

---

971 *Winkeljohann/Schellhorn* in: BeBIKo, HGB, § 264 Rn. 37.
972 *Thomas* in: Immenga/Mestmäcker, Wettbewerbsrecht, GWB § 38 Rn. 10.
973 Stellungnahme BDI/BDA, a.a.O., S. 9.
974 *Hetzer*, ZRFC 2014, 18, 21 hält hingegen die umsatzorientierte Berechnung angemessener, um größere Unternehmen in Zukunft konditionieren zu können und kleinere Unternehmen nicht in ihrer Existenz zu vernichten. Dies überzeugt nicht, da auch bei Abstellen auf die Ertragslage ein angemessener Spielraum zugeschnitten auf die jeweilige Größe des Verbandes ermöglicht wird.
975 Gesetzesentwurf, S. 57.
976 *Römermann*, GmbHR 2014, 1,9.
977 *Römermann*, GmbHR 2014, 1,9.

Eindruck, mit ihrer Erklärung noch mehr Verwirrung stiften zu wollen. Wird bei der Bemessung eines Tagessatzes nach überzeugender Auffassung die Ertragslage als Maßstab herangezogen, stellt sich die Folgefrage, wie es sich auswirkt, wenn die Ertragslage des Verbandes negativ ist. Eine dem § 41 Abs. 2 S. 2 Alt. 2 StGB vergleichbare Vorschrift in einem Verbandsstrafrecht einzuführen, ist aufgrund der Komplexität der Vermögensstruktur von Gesellschaften kaum denkbar. Den Gerichten würde die Aufgabe auferlegt zu bestimmen, was ein Verband hätte erwirtschaften können. Eine derartige Entscheidung kann unter Berücksichtigung aller innerhalb eines Geschäftsjahres in einem Verband getroffenen Maßnahmen tatsächlich unmöglich getroffen werden. Daher sollte in einem gesonderten Abs. 4a in § 6 VerbStrG-E eine Regelung vorgesehen werden, die im Falle der negativen Ertragslage des der Verbandsstraftat vorangehenden Geschäftsjahres vorsieht, dass der durchschnittliche Jahresertrag des Verbandes der vorhergehenden drei Jahre[978], in dem ein positiver Jahresertrag erzielt worden ist, herangezogen wird. Der Verband gerät durch diese Bemessung auch nicht in eine existenzgefährdende Lage, da über § 3 Abs. 1 VerbStrG-E die Norm des § 42 StGB bzgl. Zahlungserleichterungen sinngemäß Anwendung findet. Um eine Insolvenz des betroffenen Verbandes zu verhindern, können Zahlungserleichterungen gewährt werden. Hierbei ist insbesondere an die Zahlung von Teilbeträgen oder an die Einräumung von verlängerten Zahlungsfristen zu denken. Auf diese Weise läuft die Verhängung einer Verbandsgeldstrafe nicht leer und gefährdet den Verband zugleich nicht in seiner Existenz. § 6 Abs. 4a VerbStrG-E sollte in der nachfolgenden Fassung eingefügt werden:

> Ist die Ertragslage des Verbandes i.S.d. § 6 Abs. 4 S. 2 dieses Gesetzes negativ, so ist zur Bemessung des Tagessatzes der durchschnittliche Ertrag des Verbandes in den vorangegangenen drei Geschäftsjahren zugrunde zu legen, sofern dieser positiv ist. Ist dies nicht der Fall verschiebt sich der Zeitraum um jeweils ein weiteres Geschäftsjahr nach vorn, bis der durchschnittliche Ertrag positiv ist.

2.2.3.3 Schätzung der Ertragslage und des Gesamtumsatzes

Nach § 6 Abs. 5 VerbStrG-E können Ertragslage und Gesamtumsatz durch eine Schätzung seitens des Gerichts ermittelt werden. Hierbei ist der weltweite Umsatz aller natürlichen und juristischen Personen der letzten drei Geschäftsjahre, die der Entscheidung vorausgegangen sind, zugrunde zu legen, soweit diese als wirtschaftliche Einheit operieren. Gegen diese Vorschrift bestehen unter Beachtung verschiedener Aspekte Bedenken. Zum einen wird durch diese Regelung ein Konzerndurchgriff ermöglicht, der nach der Gesetzesbegründung zu § 2 VerbStrG-E[979] gerade ausgeschlossen werden soll und somit ein Verstoß gegen das Verbot der Doppelbestrafung begründet.[980] Darüber hinaus scheint die Schätzung der Ertragslage

978 Jahresdauer angelehnt an *Engelhart*, a.a.O., S. 723.
979 Gesetzesentwurf, S. 47.
980 Siehe hierzu bereits Ausführungen in Kapitel 3, B.8.

und des Gesamtumsatzes in der Praxis nur schwer realisierbar und erhebt Bedenken gegen die Einhaltung des in Haftsachen zu beachtenden Beschleunigungsgrundsatzes.[981] Gerade hier besteht ein so offensichtlicher Unterschied zum Individuum, dass eine gerechte Bestrafung kaum gewährleistet werden kann, denn dafür würde das Gericht nachvollziehbare, überprüfbare Unterlagen benötigen, was mit den bisherigen strafprozessualen Möglichkeiten eine erhebliche Herausforderung darstellen dürfte.[982] Zu denken ist hierbei an einen international tätigen Großkonzern, bei dem allein zur Ermittlung aller notwendigen strafzumessungsrelevanten Tatsachen Rechtshilfeersuchen an Länder mit eingeschränktem Rechtshilfeverkehr erforderlich wären, was insgesamt das Verfahren verlangsamen würde, ebenso wie mögliche langwierige juristische Auseinandersetzungen im Rahmen der Hauptverhandlung oder eines etwaigen Rechtsmittelverfahrens.[983] Sollte dennoch an der Möglichkeit der Schätzung festgehalten werden, ist die Ertragslage des jeweiligen Verbandes in den letzten drei Geschäftsjahren als Grundlage der Schätzung heranzuziehen. Um eine möglichst exakte Schätzung erreichen zu können, die sich auch an der wirtschaftlichen Entwicklung des Verbandes orientiert, ist eine rückblickende Betrachtung der Ertragslage von drei Jahren angemessen. In der Praxis wären dem Gericht die Jahresabschlüsse der vorherigen drei Geschäftsjahre vorzulegen, aus denen sich die Ertragslage ergibt.

Darüber hinaus ist zu erörtern, was unter dem Begriff der wirtschaftlichen Einheit zu verstehen ist, da es an einer Definition im Gesetzesentwurf selbst fehlt. Möglicherweise kann auf die kartellrechtliche Vorschrift des § 81 Abs. 4 GWB zurückgegriffen werden, in der der Begriff der wirtschaftlichen Einheit seine Wurzeln findet. Der deutsche Gesetzgeber hat den Begriff aufgrund der Verwendung desselben im europäischen Kartellrecht eingeführt.[984] Jedoch ergibt sich auch aus § 81 Abs. 4 GWB nicht eindeutig, wann genau eine wirtschaftliche Einheit vorliegt, denn man könnte diese immer dann annehmen, wenn ein Konzern vorliegt oder jedoch fordern, dass Einschränkungen möglich sind. Letzteres ist wohl nach dem objektiven Willen des Gesetzgebers gewollt, da dieser sonst auch den Begriff der verbundenen Unternehmen aus § 36 Abs. 2 GWB hätte übernehmen können.[985] Dennoch ist zu hinterfragen, in welchen Konstellationen tatsächlich eine wirtschaftliche Einheit vorliegt. Nach der Rechtsprechung des EuGH[986] ist diese an drei Voraussetzungen geknüpft: Zum einen muss eine enge kapitalmäßige Verflechtung zwischen Mutter- und Tochtergesellschaft vorliegen. Zweitens ist erforderlich, dass eine einheitliche Leitung ausgeübt wird. Drittens muss für den Eintritt der Verhängung der Geldbuße das kartellrechtswidrige Verhalten unter dem Einflussbereich der einheitlichen Leitung

---

981 *Hoven/Wimmer/Schwarz/Schumann*, NZWiSt 2014, 241, 242.
982 *Hoven/Wimmer/Schwarz/Schumann*, NZWiSt 2014, 241, 242.
983 *Hoven/Wimmer/Schwarz/Schumann*, NZWiSt 2014, 241, 242.
984 *Raum* in: Lange/Bunte, GWB, § 81 Rn. 167.
985 *Bechtold*, GWB, § 81 Rn. 33.
986 EuGH, EuZW 2009, 816.

erfolgt sein.[987] Dennoch handelt es sich hierbei nicht um einen abschließenden Katalog, was der EuGH selbst klarstellt[988], da für die tatsächliche Einflussnahme immer die tatsächlichen Gegebenheiten entscheidend sind, die im Einzelfall zu ermitteln sind. Es kann daher keine eindeutige Aussage darüber getroffen werden, wann eine tatsächliche Einflussnahme der Muttergesellschaft im Rahmen der wirtschaftlichen Einheit vorliegt. Dies zeigt auch die aktuellste Entscheidung des EuGH aus dem Jahr 2013[989], in welcher sich der EuGH erneut mit der tatsächlichen Einflussnahme im Rahmen der wirtschaftlichen Einheit auseinandersetzt. Auch in der Literatur wird die Behandlung des Begriffs der wirtschaftlichen Einheit im Hinblick auf die tatsächliche Einflussnahme aufgrund keiner exakten Definition immer wieder diskutiert.[990] Daher birgt dieser Rechtsbegriff eine große Rechtsunsicherheit in sich, die nicht ins Strafrecht transportiert werden sollte. Nur so kann der damit verbundene Verstoß gegen den Bestimmtheitsgrundsatz nach Art. 103 Abs. 2 GG vermieden werden.[991] Darüber hinaus würde durch die Verwendung des Begriffs der wirtschaftlichen Einheit im Rahmen der Strafzumessung eine (schuldhafte) Beteiligung aller Gesellschaften eines Gesamtkonzerns fingiert werden, was mit dem Schuldgrundsatz nicht zu vereinbaren ist.[992] Nach den obigen Ausführungen zur Zurechnung der Schuld der natürlichen Personen kann diese nur einmal zugerechnet werden und nicht mehreren Unternehmensträgern, da dies einer mehrfachen Verwertung der Schuld gleichkäme und somit gegen das Verbot der Doppelbestrafung verstoßen würde. Nach alledem sollte der Begriff der wirtschaftlichen Einheit im Rahmen der Strafzumessung bei Verbandsstrafen nicht maßgeblich sein.

Es ist daher zu empfehlen § 6 Abs. 5 VerbStrG-E wie folgt abzuändern:

> Die Ertragslage des Verbandes für die Bemessung des Tagessatzes kann geschätzt werden. Grundlage hierfür kann die Ertragslage des Verbandes in den letzten drei Geschäftsjahren sein, die der Entscheidung vorangegangen sind.

2.3 Verhältnis zur Vermögensabschöpfung

Zudem ist zu beleuchten, wie das Verhältnis der Geldstrafe zu der Vermögensabschöpfung gem. § 73 StGB nach dem Gesetzesvorschlag des Verbandsstrafgesetzbuches ausgestaltet ist. Da sich in der Vorschrift des § 6 VerbStrG-E keine ausdrückliche Regelung findet, ist auf den Generalverweis in § 3 Abs. 1 VerbStrG-E zurückzugreifen. Nach diesem findet § 73 StGB grundsätzlich neben der Verhängung einer Verbandsgeldstrafe Anwendung, weshalb sich die Frage aufdrängt, was dies

987 *Raum* in: Lange/Bunte, § 81 Rn. 167.
988 EuGH, EuZW 2009, 816, 822.
989 EuGH, BeckRS 2013, 82068.
990 Zuletzt ausführlich *Aberle*, Sanktionsdurchgriff und wirtschaftliche Einheit im deutschen und europäischen Kartellrecht, § 5.
991 *Rübenstahl*, ZRFC 2014, 26, 30.
992 *Rübenstahl*, ZRFC 2014, 26, 30.

für Konsequenzen mit sich zieht. Eine Folge ist, dass das im Strafrecht geltende Bruttoprinzip auch im Verbandstrafrecht zur Anwendung gelangt.[993] Dies stellen die Entwurfsverfasser lediglich in der Gesetzesbegründung kurz klar, indem sie darauf verweisen, dass Verfallsanordnungen keinen Strafcharakter haben, weshalb Ahndungs- und Abschöpfungsteil in einem Urteil getrennt auszusprechen sind, da sie einer getrennten steuerlichen Behandlung unterliegen.[994] Weitere Aussagen zu dem Verhältnis zwischen der Verbandsgeldstrafe und der Vermögensabschöpfung lassen sich in der Gesetzesbegründung jedoch nicht finden.[995] Allerdings haben die Entwurfsverfasser mit der so vorgeschlagenen Regelung nichts gewonnen, da in der Rechtsprechung zwischen dem 1. und 5. Strafsenat des BGH umstritten ist, was genau unter dem Bruttoprinzip im Rahmen des Erlangten Etwas zu verstehen ist.[996] Nach der Auffassung des ersten Strafsenats kommt es für den Umfang des Erlangten auf das Bruttoprinzip an, nach welchem ausreicht, dass die Vermögenswerte zu irgendeinem Zeitpunkt, wenn auch nur für einen kurzen Zeitraum, zugeflossen sind.[997] Der fünfte Senat ist hingegen der Ansicht, dass dem Bruttoprinzip allein bei der Frage Bedeutung zukommt, dass bei der Bemessung der Höhe des Erlangten gewinnmindernde Abzüge unberücksichtigt bleiben, also keine Rolle bei der Ermittlung des Vorteils spielt.[998] In der Literatur wird die Anordnung des Verfalls durch die Anwendung des Bruttoprinzips häufig als eine Maßnahme mit Strafcharakter kritisiert, die zu unbilligen Ergebnissen führe.[999] Nach den vorgeschlagenen Regelungen verliert die Geldstrafe daher ihre Funktion zur Abschöpfung der illegalen Vermögensvorteile[1000] und verstärkt damit den bereits benannten „Overkill-Faktor“.[1001] Letzteres spiegelt sich vor allem dadurch wider, dass nach dem derzeitigen § 30 Abs. 5 OWiG die Anordnung des Verfalls neben der Verhängung der Geldbuße nicht möglich ist. Dies ist vor allem darauf zurückzuführen, dass es sich bei der Geldbuße um die umfassendere Maßnahme handelt.[1002] Wird der Verfall zuvor angeordnet, so kann dennoch eine Geldbuße nach § 30 OWiG verhängt werden, es wird jedoch bei der Bemessung derselben der zuvor angeordnete Verfall berücksichtigt.[1003] Im Verbandsstrafrecht besteht durch die Möglichkeit der parallelen

---

993 *Schünemann*, ZIS 2014, 1, 15; Stellungnahme BDI/BDA, a.a.O., S. 9.

994 Gesetzesentwurf, S. 52.

995 *Görtz*, WiJ 2014, 8, 14.

996 *Joecks* in: MüKo, StGB, § 73 Rn. 30 ff.; Ausführliche Darstellung bei *Schlösser*, NStZ 2011, 121 ff.; *Fischer*, StGB, § 73 Rn. 8b ff.

997 BGH, NStZ 2011, 83.

998 BGHSt 47, 260, 269; BGHSt 50, 299, 310.

999 *Dannecker*, NStZ 2006, 683; *Eser* in: Schönke/Schröder, StGB, Vorb. Siebenter Teil des StGB, Rn. 19; *Görtz*, WiJ 2014, 8, 14; *Lackner/Kühl*, StGB, § 73 Rn. 4b; *Schlösser*, NStZ 2011, 121; *Streng*, a.a.O., Rn. 369.

1000 *Schünemann*, ZIS 2014, 1, 15.

1001 *Rübenstahl*, ZRFC 2014, 26, 31.

1002 *Gürtler* in: Göhler, OWiG, § 30 Rn. 37.

1003 *Gürtler* in: Göhler, OWiG, § 30 Rn. 37.

Anordnung des Verfalls nach § 73 Abs. 1 StGB neben der Verhängung einer Verbandsgeldstrafe für einen Verband eine erhebliche Gefahr in den wirtschaftlichen Ruin getrieben zu werden. Es wird daher eine „Auflösung des Verbandes durch die Hintertür" ermöglicht.[1004] Diese Gefahr bleibt ebenfalls bestehen, wenn im Strafverfahren nur noch ein geringer Verfallbetrag übrig bleibt, da im Ermittlungsverfahren bereits nach §§ 111 b Abs. 2, 11 d StPO der dingliche Arrest für den größten Teil des Verfallbetrages angeordnet worden ist.[1005] Bei der Einführung einer Verbandsgeldstrafe sollte daher seitens des Gesetzgebers das Bruttoprinzip erneut überdacht – evtl. sogar eine dem Ordnungswidrigkeitenrecht vergleichbare Regelung eingeführt werden – und eine Lösung für den zwischen den Senaten des BGH bestehenden Streit präsentiert werden. Dies könnte beispielsweise in der Form erfolgen, dass über die Anerkennung bestimmter abzugsfähiger Posten nachgedacht wird.[1006] Um einer einschneidenden Wirkung der Verbandsgeldstrafe entgegenzuwirken und ausreichend Rechtssicherheit gewährleisten zu können, sollte folgender Absatz 7 in § 6 VerbStrG-E eingefügt werden:

> Wird neben der Verbandsgeldstrafe der Verfall angeordnet, sind vom Erlangten Etwas nur die Vermögensvorteile erfasst, auf die der Verband durch die Verbandsstraftat als Gewinn zugreifen kann.

2.4 Verhältnis zur Geldbuße nach § 30, 130 OWiG

Des Weiteren ist zu hinterfragen, in welchem Verhältnis die Verbandsgeldstrafe zur Geldbuße bei der Einführung einer strafrechtlichen Verantwortlichkeit von Verbänden steht. Im Gesetzesentwurf findet sich hierzu keine Regelung. Auch in der Gesetzesbegründung wird diese Thematik nicht erörtert.[1007] Ebenfalls ist dem Gesetzesvorschlag keine Änderung der §§ 30, 130 OWiG zu entnehmen. Es entsteht daher für den Rechtsanwender eine erhebliche Rechtsunsicherheit, in welchen Fällen eine Geldbuße und in welchen eine Geldstrafe gegenüber einem Verband verhängt werden soll. Nach den Regelungen des Verbandsstrafgesetzbuches soll dieses nur bei Verstößen gegen Strafgesetze Anwendung finden, weshalb im Umkehrschluss der Anwendungsbereich der Vorschriften §§ 30, 130 OWiG auf Fälle der Begehung von Ordnungswidrigkeiten begrenzt sein muss. Die Verbandsstrafe ist also spezieller als die Geldbuße nach §§ 30, 130 OWiG und geht dieser vor.[1008] Zur Begründung hierfür ist vor allem anzuführen, dass im Verbandsstrafrecht nach § 14 VerbStrG-E der Legalitätsgrundsatz gelten soll, im Ordnungswidrigkeitenrecht hingegen das

1004 *Hoven/Wimmer/Schwarz/Schumann*, NZWiSt 2014, 241, 245; *Willems*, ZIS 2015, 40, 43.

1005 Stellungnahme BDI/BDA, a.a.O., S. 9.

1006 *Hoven/Wimmer/Schwarz/Schumann*, NZWiSt 2014, 241, 245.

1007 Fehlende Ausführungen zu diesem Verhältnis bemängelt vor allem die Bundesrechtsanwaltskammer in ihrer Stellungnahme Nr. 15/2014, a.a.O., S. 6.

1008 *Mansdörfer*, ZIS 2015, 23.

Opportunitätsprinzip gilt.[1009] Sollten jedoch die Vorschriften §§ 30, 130 OWiG nicht geändert werden, so bleibt das Verhältnis der Verbandsgeldstrafe zur Geldbuße nach §§ 30, 130 OWiG intransparent. Deshalb sollte beim Erlass des vorliegenden Gesetzesentwurfs entweder § 30 OWiG dahingehend geändert werden, dass die Straftat als taugliche Anknüpfungstat aus dem Anwendungsbereich herausgenommen wird oder eine Regelung in das Verbandsstrafgesetzbuch eingefügt werden, die das Verhältnis der beiden Sanktionen zueinander regelt. Für den letzteren Fall könnte ein § 12 a VerbStrG-E eingefügt werden, der wie folgt lauten müsste:

> Bei der Verhängung einer Verbandsgeldstrafe ist die Verhängung einer Geldbuße nach § 30 OWiG ausgeschlossen.

Nur so kann verdeutlicht werden, dass die Verbandsgeldstrafe gegenüber der Geldbuße nach § 30 OWiG spezieller ist. Darüber hinaus bestehen bei der Verhängung beider Sanktionen gegen den Verband erhebliche verfassungsrechtliche Bedenken im Hinblick auf das Verbot der Doppelbestrafung nach Art. 103 Abs. 3 GG. Aufgrund dieses Umstandes ist daher eine Regelung in Bezug auf das Verhältnis der beiden Sanktionen zueinander oder eine Änderung des § 30 OWiG zwingend geboten.

2.5 Verhältnis zur Geldbuße nach § 81 Abs. 4 GWB

Zusätzlich ist zu betrachten, wie sich die Verbandsgeldstrafe zu einer Geldbuße nach § 81 Abs. 4 GWB verhält. Hierzu findet sich weder eine Regelung im Gesetzesentwurf noch wird auf diese Thematik in der Gesetzesbegründung eingegangen. Fraglich ist allerdings, ob diesbezüglich überhaupt Regelungsbedarf besteht. In der Stellungnahme der Bundesrechtsanwaltskammer[1010] findet sich zu der Thematik lediglich die Aussage, dass der Gesetzesentwurf keine Ausführungen zu dem Verhältnis enthält, ohne hierzu näher Stellung zu beziehen. Aus dieser Aussage lässt sich daher nicht herleiten, warum eine Regelung des Verhältnisses der beiden Sanktionen zueinander notwendig ist. Es lässt sich auch nicht der gleiche Ansatz wie beim Verhältnis der Verbandsgeldstrafe zur Geldbuße nach § 30 OWiG wählen, da die Geldbuße nach § 81 GWB nur verhängt werden kann, wenn die Anknüpfungstat eine Ordnungswidrigkeit ist. Da die Verbandsgeldstrafe nur beim Verstoß gegen Strafgesetze verhängt werden kann, bestehen insofern zwei völlig unterschiedliche Anknüpfungspunkte. Das Verhältnis der beiden Sanktionen zueinander ist daher aufgrund ihres Regelungsinhalts selbst so klar, dass es keiner klarstellenden Regelung bedarf.

1009 *Görtz*, WiJ 2014, 8, 14; dieser Argumentation schließen sich *Hoven/Wimmer/Schwarz/Schumann*, NZWiSt 2014, 241, 245 an.

1010 Stellungnahme BRAK Nr. 15/2014, a.a.O., S. 6.

2.6 Abwälzung der Verbandsgeldstrafe auf den Entscheidungsträger

Diskussionsbedürftig ist, ob es nach dem derzeitigen Gesetzesentwurf möglich ist, dass der Verband Regress bei dem Entscheidungsträger wegen der verhängten Geldstrafe nehmen kann. Eine Vorschrift gibt es hierzu im Gegensatz zu dem als Vorbild dienenden österreichischen Verbandsverantwortlichkeitsgesetz nicht. In diesem ist in § 11 VbVG geregelt, dass für Sanktionen und Rechtsfolgen, die den Verband aufgrund dieses Bundesgesetzes treffen, ein Rückgriff auf Entscheidungsträger oder Mitarbeiter ausgeschlossen ist. Dieses Regressverbot soll verhindern, dass Sanktionen nach dem Verbandsverantwortlichkeitsgesetz auf natürliche Personen umgeleitet werden, die an der Anlasstat beteiligt waren.[1011] Diese Vorschrift dient daher der Klarstellung, sofern ein Rückgriff nicht bereits aus zivilrechtlichen Vorschriften, z.B. wegen Sittenwidrigkeit, unzulässig wäre.[1012] Erfasst von dem Regressverbot sind sowohl die Geldbuße nach dem Verbandsverantwortlichkeitsgesetz, Kosten von auferlegten Weisungen als auch Verteidigerkosten.[1013] Zivilrechtliche Schadensersatzansprüche bleiben hingegen von dieser Vorschrift unberührt, da diese nicht auf einer Anordnung des Verbandsverantwortlichkeitsgesetzes beruhen.[1014] Fraglich ist, ob eine solche Regelung auch bei dem Erlass eines Verbandsstrafgesetzbuches in Deutschland eingeführt werden sollte. Dafür ist zunächst zu hinterfragen, ob die derzeitige Rechtslage unter Zugrundelegung des Ordnungswidrigkeiten- bzw. Kartellrechts eine Antwort auf diese Frage liefert. Nach einer kürzlich ergangenen, noch nicht rechtskräftigen Entscheidung des LAG Düsseldorf[1015] soll eine Unternehmenskartellbuße nicht auf den ehemaligen Geschäftsführer der Gesellschaft, gegen die die Geldbuße verhängt worden ist, abgewälzt werden können. Eine Erstattung ist nach Auffassung des Gerichts aufgrund der Funktion der Unternehmensgeldbuße nicht möglich. Denn durch diese könne beim Unternehmen auch der durch den Kartellverstoß erzielte Vorteil beim Unternehmen abgeschöpft werden, was durch einen Regress bei der natürlichen Person unterlaufen werden würde.[1016] Legt man diese Entscheidung zugrunde, müsste wegen der ebenfalls bestehenden Abschöpfungsmöglichkeit nach dem vorliegenden Gesetzesentwurf eine Abwälzung auf den Entscheidungsträger ausscheiden. In der Literatur hingegen wird ein Rückgriff auf das Organ wegen der Verhängung einer Geldbuße als zulässig erachtet, da die Geldbuße ihren höchstpersönlichen Charakter verloren habe und deshalb auch einen ersatzfähigen Schaden darstellen könne.[1017] Dabei wird die Haftung des Organs teilweise

---

1011 *Steininger*, VbVG, § 11 Rn. 1.

1012 *Stärker*, VbVG, S. 158.

1013 *Steininger*, VbVG, § 11 Rn. 2.

1014 *Steininger*, VbVG, § 11 Rn. 3.

1015 LAG Düsseldorf – 16 Sa 458/14, becklink 1036720.

1016 Hinsichtlich dieser Frage hat das Gericht betreffend des Teilurteils die Revision zugelassen.

1017 *Böse*, ZStW 2014, 132, 158 f. m.w.N.; a.A.: *Kröger*, Korruptionsschäden, Unternehmensgeldbußen und Imageschäden, S. 221 ff., 233.

der Höhe nach auf den für das Organ geltenden Bußgeldrahmen begrenzt.[1018] Begründet wird dies unter Heranziehung der Rechtsprechung des BGH, nach der ein vertraglicher Schadensersatzanspruch auf Erstattung einer Geldstrafe besteht, wenn die vertragliche Verpflichtung darauf gerichtet ist, den Anspruchssteller vor der Begehung einer Straftat durch Warnungen und Hinweise zu schützen und die Legalitätspflicht des Organs als eine derartige Pflicht angesehen wird[1019]. Ob diese Argumentationslinie auf ein gesondertes Verbandsstrafrecht übertragbar ist, erscheint bedenklich. Zwar ist auch im Individualstrafrecht anerkannt, dass ein Dritter die Geldstrafe des Täters begleichen kann, ohne sich nach § 258 Abs. 2 StGB strafbar zu machen, da der Täter das Strafübel selbst gespürt habe.[1020] Dennoch besteht ein gravierender Unterschied des Individualstrafrechts zum Verbandsstrafrecht. Dieser ergibt sich daraus, dass bei einer Regressmöglichkeit im Verbandsstrafrecht eine doppelte Belastung des Entscheidungsträgers bestünde. Durch den Regress würde die für den Verband festgesetzte Sanktion auf den Entscheidungsträger umverteilt, was in der Folge zu einer Belastung des Entscheidungsträgers führt, die nicht im Verhältnis zu dem individuellen Schuldvorwurf steht.[1021] Diese doppelte Belastung verstößt zwar nicht gegen den Grundsatz „ne bis in idem", da es sich bei der Inanspruchnahme im Wege des Regresses nicht um eine staatliche Sanktionierung handelt[1022]. Dennoch sind nach der instanzgerichtlichen Rechtsprechung[1023] die gegenseitigen Auswirkungen bei der Bemessung der Sanktion zu berücksichtigen. Dieser Gedanke müsste ebenfalls auf die Verbandsstrafe übertragen werden, was zur Konsequenz hätte, dass die Verbandsgeldstrafe und die gegen den Entscheidungsträger zu verhängende Strafe derart aufeinander abgestimmt werden müssten, dass der Entscheidungsträger im Falle des Regresses nicht überfordert werden würde.[1024] Eine solche wechselseitige Beziehung würde aber voraussetzen, dass getrennte Verfahren gegen den Verband und den Entscheidungsträger nicht möglich wären. Dies ist nach dem vorliegenden Gesetzesentwurf nicht beabsichtigt. Vielmehr soll durch § 15 Abs. 1 VerbStrG-E, der einen Gerichtsstand in dem Bezirk, in welchem der Verband oder eine Zweigniederlassung einen Sitz hat, begründet, zum Ausdruck gebracht werden, dass eine gemeinsame Verfahrensführung in Zukunft nicht

1018 *Fleischer*, BB 2008, 1070, 1073; *Koch* in: FS Winter, 327. 329 m.w.N.; *Thole*, ZHR 2009, 504, 533 f.

1019 *Böse*, ZStW 2014, 132, 159; *Fleischer*, BB 2008, 1070, 1073.

1020 BGHSt 37, 226; *Cramer/Pascal* in: MüKo, StGB, § 258 Rn. 35; *Lackner/Kühl*, StGB, § 258 Rn. 1; *Stree/Hecker* in: Schönke/Schröder, StGB, § 258 Rn. 29; anders sieht dies *Tricot*, ZStW 2014, 55, 63 zu der Regressmöglichkeit im französischen Recht, die bei einer solchen Rückgriffsmöglichkeit den Grundsatz der Persönlichkeit der Strafe als verletzt ansieht.

1021 *Böse*, ZStW 2014, 132, 159. Zur Geldbuße ebenso *Kröger*, a.a.O., S. 222.

1022 *Koch* in: FS Winter, 327, 336.

1023 OLG Hamm, NJW 1973, 1854; OLG Frankfurt a.M., wistra 2012, 203 204.

1024 *Thole*, ZHR 2009, 504, 534 bezeichnet diese Situation als eine Form der „Übermaßhaftung".

mehr erforderlich ist.[1025] Eine solche Regressmöglichkeit würde daher dem Sinn und Zweck des Verbandsstrafgesetzbuches widersprechen. Darüber hinaus besteht bei einer Regressmöglichkeit immer die Gefahr, dass der im Strafrecht geltende Grundsatz der Unschuldsvermutung des Individualtäters unterlaufen werden würde, wenn dieser mangels Beweisen vom Gericht nicht für schuldig befunden worden ist, dann aber aufgrund desselben Sachverhalts mit zivilrechtlichen Ansprüchen zu rechnen hätte.[1026] Um diese möglichen Verstöße von Anfang zu vermeiden und somit die nötige Rechtssicherheit gewährleisten zu können, sollte in ein Verbandsstrafgesetzbuch eine dem § 11 VbVG entsprechende Regelung als Absatz 8 in § 6 VerbStrG-E aufgenommen werden, die wie folgt lauten könnte:

> Wird gegen den Verband eine Verbandsgeldstrafe oder eine andere Rechtsfolge, die die Zahlung einer bestimmten Geldsumme anordnet, verhängt, ist ein Rückgriff auf Entscheidungsträger und taugliche Täter der verbandsbezogenen Zuwiderhandlung im Sinne dieses Gesetzes ausgeschlossen.

2.7 Zusammenfassung

Zusammenfassend lässt sich zu dem Regelungsvorschlag der Verbandsgeldstrafe in § 6 VerbStrG-E festhalten, dass er einige gute Ansätze enthält, im Ergebnis jedoch grundlegender Überarbeitung bedarf. Herauszustellen sind vor allem die inkonsequente Ausgestaltung des Tagessatzsystems und die damit verbundene Rechtsunsicherheit bei der Bemessung der Tagessatzhöhe. Ebenfalls ist abzusehen, dass sich bei der Anwendung des § 6 VerbStrG-E in der Praxis erhebliche Schwierigkeiten ergeben werden, weshalb die Vorschrift bestimmter zu fassen ist. Insbesondere im Hinblick auf das Merkmal des Gewichts und der Auswirkungen der verbandsbezogenen Zuwiderhandlung im Rahmen der Strafzumessung bedarf es hinreichender Konkretisierung. Mangels Rechtsprechung zu einem vergleichbaren Tatbestandsmerkmal bedürfte es hier einer Klarstellung, in welchem Maße die Auswirkungen der verbandsbezogenen Zuwiderhandlung zu berücksichtigen sind, also ob hiervon z.B. lediglich finanzielle Einbußen erfasst sein sollen. Sollten die Entwurfsverfasser eine derartige Einschränkung nicht vornehmen, so ist für den Rechtsanwender nicht ersichtlich, inwiefern Folgen einer Zuwiderhandlung, die wie bereits oben aufgezeigt auch aufgrund personeller Umstrukturierungen eintreten können, bei der Strafzumessung eine Rolle spielen. Zu bevorzugen wäre allerdings eine beispielhafte Aufzählung von Umständen, die im Rahmen der Strafzumessung zugunsten und zulasten des Verbandes berücksichtigt werden können. Auch zeigt die Verwendung der Begriffe der Ertragslage und des Gesamtumsatzes, dass sich die Entwurfsverfasser nicht vertieft damit auseinandergesetzt haben, welche Konsequenzen dies mit sich zieht. Insbesondere die Tatsache, dass der Gesamtumsatz maßgeblich für die Höchstgrenze eines Tagessatzes sein soll, vermag aus strafrechtsdogmatischen

1025 Gesetzesentwurf, S. 68.
1026 *Böse*, ZStW 2014, 132, 160.

Gesichtspunkten nicht zu überzeugen, da so vom geltenden Nettoprinzip abgewichen wird. Darüber hinaus ist festzuhalten, dass es zwingend einer Vorschrift bedarf, die das Verhältnis der Verbandsgeldstrafe gegenüber der Geldbuße nach § 30 OWiG regelt, um den jeweiligen Anwendungsbereich klar zu definieren und die bestehenden Bedenken gegen die Einhaltung des Doppelbestrafungsverbots nach Art. 103 Abs. 3 GG auszuräumen. Ebenfalls sollte das Verbandsstrafgesetzbuch eine Regelung enthalten, die einen Regress des Verbandes im Falle der Verhängung einer Verbandsgeldstrafe oder sonstiger Rechtsfolgen, die mit der Zahlung einer bestimmten Geldsumme verbunden sind, gegenüber dem Entscheidungsträger ausschließen.

3. Verbandsverwarnung mit Strafvorbehalt

Nach § 7 VerbStrG-E kann eine Verbandsverwarnung mit Strafvorbehalt in solchen Fällen verhängt werden, in denen das Ausmaß des Schadens die Bestrafung erforderlich macht, die Verantwortlichkeit des Verbandes insgesamt aber als gering einzustufen ist. Dabei ist nach § 7 Abs. 1 Nr. 1 VerbStrG-E eine Gesamtwürdigung der Tat vorzunehmen, bei der die Art und das Ausmaß der Pflichtverletzung des Verbandes und die Verlässlichkeit der Entscheidungsträger zu berücksichtigen ist. § 7 Abs. 1 Nr. 2 VerbStrG-E eröffnet die Möglichkeit, dem Verband Auflagen oder Weisungen nach § 8 VerbStrG-E aufzuerlegen, wenn dadurch Verbandsstraftaten in Zukunft vermieden werden können. Zudem ist nach § 7 Abs. 1 Nr. 3 VerbStrG-E notwendig, dass die Verteidigung der Rechtsordnung die Verurteilung zur Strafe nicht gebietet. In § 7 Abs. 2 VerbStrG-E wird festgelegt, dass neben der Verwarnung auf Verfall, Einziehung oder Unbrauchbarmachung erkannt und die öffentliche Bekanntmachung der Verurteilung angeordnet werden kann. Im Folgenden wird die konkrete Ausgestaltung der Vorschrift, vor allem im Vergleich zu der im Individualstrafrecht geltenden Norm des § 59 StGB, erörtert.

3.1 Konkrete Ausgestaltung des § 7 VerbStrG-E

Die in § 7 VerbStrG-E vorgesehene Verbandsverwarnung mit Strafvorbehalt orientiert sich an der Regelung des § 59 StGB und findet sein Vorbild in § 6 des österreichischen VbVG.[1027] In der Ausgestaltung des § 7 VerbStrG-E ergeben sich einige Schwierigkeiten, die im Folgenden vertieft werden.

3.1.1 Rechtsnatur

Zunächst stellt sich die Frage nach der Rechtsnatur der Ermessensvorschrift. § 4 Abs. 1 Nr. 2 VerbStrG-E legt fest, dass es sich bei der Verbandsverwarnung mit Strafvorbehalt um eine Strafe handeln soll. Zu untersuchen ist daher, ob die Charakterisierung der Verbandsverwarnung mit Strafvorbehalt als Strafe sinnvoll erscheint. Um diese Charakterisierung einordnen zu können, bietet sich ein Vergleich

1027 Gesetzesentwurf, S. 58.

zu der des § 59 StGB und des § 6 VbVG an. § 59 StGB wird in der Literatur weder als Strafe noch als Maßregel angesehen, sondern vielmehr als strafrechtliches Reaktionsmittel eigener Art mit maßnahmeähnlichem Charakter.[1028] Auf den ersten Blick scheint die Verwarnung mit Strafvorbehalt dem Institut der Strafaussetzung zur Bewährung zu ähneln. Der entscheidende Unterschied zwischen den beiden Instituten besteht darin, dass der Täter bei der Strafaussetzung zu der verwirkten Strafe verurteilt wird und lediglich der Vollzug der erkannten Strafe ausgesetzt wird, bei der Verwarnung mit Strafvorbehalt wird der Täter lediglich schuldig gesprochen, ist aber im Falle der Bewährung nicht vorbestraft.[1029] Bei der Regelung des österreichischen § 6 VbVG, der bedingten Nachsicht der Geldbuße, handelt es sich um eine Regelung, die nicht die Strafe selbst, sondern lediglich den Vollzug derselben betrifft.[1030] Sinn und Zweck der österreichischen Regelung besteht darin, vergleichbar zu § 59 StGB, den Verband zu einer bestimmten Strafe zu verurteilen, diese aber dann unter bestimmten Voraussetzungen nicht zu vollziehen.

Demzufolge scheint eine Einordnung der Verbandsverwarnung mit Strafvorbehalt als Strafe recht fraglich, es sei denn, man versteht sie als eine Art „Bewährungsstrafe".[1031] Eine solche Sichtweise überzeugt angesichts der dogmatischen Ansätze im Individualstrafrecht nicht, da zwischen der Verwarnung mit Strafvorbehalt und der Bewährungsstrafe gerade der Unterschied besteht, dass der Täter bei ersterer nicht als vorbestraft gelten soll. Würde man die Verbandsverwarnung mit Strafvorbehalt jedoch als Strafe einordnen, so wäre der Verband bei Ausspruch einer solchen vorbestraft. Dies ist mit dem Sinn und Zweck nicht vereinbar, der darin besteht, den Täter vor jeglichem Strafmakel zu bewahren.[1032] Eine derartige Vermischung der im Strafrecht geltenden Grundsätze schafft zudem Unsicherheit beim Rechtsanwender, wenn man das Institut mit derselben Bezeichnung wie im Individualstrafrecht versieht, mit diesem jedoch völlig andere Rechtsfolgen verbunden sind. Vor Inkrafttreten des Gesetzes sollte die Charakterisierung der Verbandsverwarnung mit Strafvorbehalt von den Entwurfsverfassern überdacht werden. Entweder ist die Bezeichnung der Vorschrift zu ändern und mit dem Titel *„Aussetzung der Verbandsgeldstrafe zur Bewährung"* zu versehen oder bei Beibehaltung der Bezeichnung § 4 Abs. 1 Nr. 2 VerbStrG-E zu streichen, um so klarzustellen, dass es sich bei der Verbandsverwarnung mit Strafvorbehalt keinesfalls um eine Strafe handelt. Der erste Vorschlag verstößt auch nicht gegen den im Individualstrafrecht geltenden Grundsatz, dass nur Freiheitsstrafen zur Bewährung ausgesetzt werden können, da gegen Verbände nach den obigen Ausführungen[1033]

1028 *Groß* in: MüKo, StGB, Vor. zu den §§ 59 ff., Rn. 1; *Hubrach* in: Leipziger Kommentar, StGB, Vor § 59 Rn. 4; *Lackner/Kühl*, StGB, § 59 Rn. 2.

1029 *Groß* in: MüKo, StGB, Vor. zu den §§ 59 ff., Rn. 1; *Hubrach* in: Leipziger Kommentar, StGB, Vor § 59, Rn. 3.

1030 *Steininger*, VbVG, § 6 Rn. 2.

1031 *Schünemann*, ZIS 2014, 1, 15.

1032 *Hubrach* in: Leipziger Kommentar, StGB, § 59 Rn. 3.

1033 Siehe Kapitel 3, D.2.2.1.

nur Geldstrafen verhängt werden können. Eine Differenzierung scheidet in einem Verbandsstrafrecht konsequenterweise aus. Die Bezeichnung der Vorschrift wurde von den Entwurfsverfassern aller Wahrscheinlichkeit nach ausgewählt, um den Anschein der Einheitlichkeit der Rechtsordnung zu wahren. Wie bereits gezeigt, wird dem jedoch gleichzeitig durch die Charakterisierung der Verbandsverwarnung mit Strafvorbehalt als Strafe entgegengewirkt.

3.1.2 Verwirkungsgrenze

Des Weiteren stellt sich die Frage, warum die Entwurfsverfasser bei der Ausgestaltung des § 7 VerbStrG-E auf eine Verwirkungsgrenze verzichtet haben. Weshalb es an einer solchen fehlt, wird in der Gesetzesbegründung nicht diskutiert. In der im Individualstrafrecht geltenden Regelung des § 59 StGB ist Voraussetzung, dass der Täter eine Geldstrafe bis zu 180 Tagessätzen verwirkt hat. In dem Vorbild des § 6 VbVG ist ebenfalls eine Verwirkungsgrenze festgelegt, und zwar von 70 Tagessätzen. Deshalb ist zu hinterfragen, weswegen in den Vorschriften eine Höchstgrenze als formelle Voraussetzung für notwendig erachtet wird. Aus dem „Zweiten Schriftlichen Bericht des Sonderausschusses"[1034] für die Strafrechtsreform zum Zweiten Gesetz zur Änderung des Strafrechts im Jahr 1969 geht hervor, dass die Verwirkungsgrenze von 180 Tagessätzen gewählt wurde, da sie im Bereich der Freiheitsstrafe der 6-Monats-Grenze entspricht.[1035] Dem liegt der Gedanke zugrunde, dass bei der Verhängung einer kurzen Freiheitsstrafe unter 6 Monaten eine Strafaussetzung zur Bewährung nach § 56 Abs. 3 StGB obligatorisch ist und nach dem des Sonderausschusses zugrunde liegenden Verständnisses 180 Tagessätze einer Freiheitsstrafe von 6 Monaten entsprechen.[1036] Mit dieser Grenze soll daher zum Ausdruck gebracht werden, dass wenn ein bestimmter Strafrahmen der Geldstrafe nicht ausgeschöpft wird, über eine Verwarnung mit Strafvorbehalt zwingend nachzudenken ist, um die einschneidenden Folgen einer Bestrafung für den Täter bei niedrigen Strafen so gering wie möglich zu halten. Fehlt es hingegen an einer solchen Verwirkungsgrenze, womit eine Verbandsverwarnung mit Strafvorbehalt nach dem vorliegenden Entwurf auch bei der Verhängung der Höchststrafe möglich ist, wird der Sinn und Zweck einer solchen Regelung völlig unterlaufen. Die Tatsache, dass eine Verbandsverwarnung mit Strafvorbehalt mit ihrem präventiven Charakter, aufgrund des dem Gericht in der Vorschrift des § 7 VerbStrG-E eingeräumten Ermessens, unabhängig von der Höhe der Verbandsgeldstrafe und bei Vorliegen der übrigen Voraussetzungen des § 7 VerbStrG-E verhängt werden kann, läuft damit auch dem Gedanken zuwider, einen möglichen Gleichlauf

---

1034 Zweiter Schriftlicher Bericht des Sonderausschusses für die Strafrechtsreform, Drucksache V/4095, abrufbar unter: http://dipbt.bundestag.de/doc/btd/05/040/0504095.pdf (zuletzt abgerufen am 22.10.2014).

1035 Zweiter Schriftlicher Bericht des Sonderausschusses für die Strafrechtsreform, a.a.O., S. 25.

1036 Zu dem problematischen Verhältnis einer Entsprechung der Freiheitsstrafe zur Geldstrafe siehe bereits Kapitel 3, D.2.2.1.

zwischen der strafrechtlichen Verantwortlichkeit der Verbände und des Individuums zu erreichen. Die Einführung einer Verwirkungsgrenze erscheint daher unerlässlich. Fraglich ist allerdings, ob die Verwirkungsgrenze ebenfalls wie im Individualstrafrecht 180 Tagessätze betragen sollte. Dafür würde wiederum eine Annäherung des Verbandsstrafrechts an das Individualstrafrecht sprechen. Jedoch könnte entgegengehalten werden, dass im Verbandsstrafrecht die Geldstrafe eine andere Bedeutung hat, da eine Freiheitsstrafe gegen Verbände gerade nicht verhängt werden kann. Aufgrund dieser Tatsache, dass die Geldstrafe im Verbandsstrafrecht eine viel gewichtigere Bedeutung hat, ist eine Übertragung der Verwirkungsgrenze aus dem Individualstrafrecht nicht möglich. Es müsste daher eine niedrigere Verwirkungsgrenze festgesetzt werden. Allerdings stellen sich bei der Festlegung einer geringeren Verwirkungsgrenze Schwierigkeiten ein, da ein Umrechnungsmaßstab gefunden werden muss. Auch auf die Verwirkungsgrenze in § 6 Abs. 1 VbVG von 70 Tagessätzen kann nicht zurückgegriffen werden, da dem österreichischen Verbandsverantwortlichkeitsgesetz ein anderes Tagessatzsystem zugrunde liegt. Diesem Umstand ist es geschuldet, dass hier nur eine Grenze festgelegt werden kann, die in das Ermessen des Gesetzgebers zu stellen ist. Um dem Charakter dieser Norm gerecht werden zu können, den „Ersttäter" zu warnen, sollte die Verwirkungsgrenze dies auch zum Ausdruck bringen. Um diesem Sinn gerecht werden zu können, sollte eine Verwirkungsgrenze im Rahmen des § 7 VerbStrG-E wie folgt berechnet werden: Die im Individualstrafrecht festgelegte von Verwirkungsgrenze von 180 Tagessätzen, ist zur Höchststrafe der zeitigen Freiheitsstrafe von 15 Jahren ins Verhältnis zu setzen. Sie entspricht daher 1/30.[1037] Dieser Betrag ist mit der im Verbandsstrafrecht geltenden Höchststrafe von 360 Tagessätzen zu multiplizieren. Im Ergebnis ist daher eine Verwirkungsgrenze von 12 Tagessätzen im Verbandsstrafrecht festzusetzen. Zudem sollte darüber nachgedacht werden, eine dem § 7 österreichisches VbVG vergleichbare Regelung zu erlassen. In dieser Vorschrift ist die bedingte Nachsicht eines Teils der Verbandsgeldbuße vorgesehen. Danach ist eine Verbandsgeldbuße bedingt nachzusehen, wenn die Voraussetzungen des § 6 VbVG für einen Teil der Strafe vorliegen, jedoch mindestens in Höhe von einem Drittel und höchstens fünf Sechsteln der Gesamtstrafe. Diese Regelung dient dazu, einen Anreiz zu schaffen, dass die vom Gericht gleichzeitig angeordneten Weisungen befolgt werden.[1038] Die Vorschrift des § 7 VerbStrG-E könnte unter Berücksichtigung der österreichischen Regelung als Vorbild wie folgt lauten:

> Das Gericht kann neben dem Schuldspruch den Verband verwarnen, eine Verbandsgeldstrafe bestimmen und die Verurteilung zu dieser Strafe, mindestens jedoch zu einem Drittel und höchstens zu fünf Sechsteln der Strafe vorbehalten, wenn...
> 1.-3. (...)
> Der Verband darf eine Verbandsgeldstrafe von nicht mehr als 12 Tagessätzen verwirkt haben.

1037 Bei der Berechnung wird unterstellt, dass ein Jahr Freiheitsstrafe 360 Tagessätzen entspricht unabhängig von der tatsächlichen Anzahl von Tagen im Jahr.

1038 *Steininger*, VbVG, § 7 Rn. 5.

3.1.3 Voraussetzungen des § 7 Abs. 1 Nr. 1 VerbStrG-E

In § 7 Abs. 1 Nr. 1 VerbStrG-E ist geregelt, dass eine Verbandsverwarnung mit Strafvorbehalt vom Gericht dann verhängt werden kann, wenn bei Gesamtwürdigung der Tat unter Berücksichtigung von Art und Ausmaß der Pflichtverletzung des Verbandes und der Verlässlichkeit der Entscheidungsträger eine Verhängung der Geldstrafe entbehrlich ist. Mit dieser Regelung wird in der Praxis vor allem das Problem einhergehen, wie die Verlässlichkeit eines Entscheidungsträgers festzustellen ist. Das Gesetz selbst trifft hierzu keine Regelung. Fraglich ist, ob der Begriff durch den aus dem Gaststättengesetz bekannten Begriff der „Zuverlässigkeit" unter dem Gesichtspunkt der Einheitlichkeit der Rechtsordnung so genau bestimmt werden kann, dass den Anforderungen des Art. 103 Abs. 2 GG genüge getan ist. Darunter versteht man nach einhelliger Auffassung, dass unzuverlässig ist, wer nicht die Gewähr dafür bietet, dass er sein Gewerbe in Zukunft ordnungsgemäß führen wird.[1039] Als Maßstab werden hierbei insbesondere die wirtschaftliche und kaufmännische Leistungsfähigkeit des Individuums herangezogen. Die Übertragung dieser Grundsätze auf den Begriff der Verlässlichkeit der Entscheidungsträger ist zu befürworten, da auch nach der von den Entwurfsverfassern gegebenen Begründung gerade solche Fälle erfasst sein sollen, in denen ein Entscheidungsträger mit seinen Aufgaben überfordert ist, sei es weil diese für ihn völlig neu sind oder er nicht die erforderlichen Kenntnisse für seinen Tätigkeitsbereich besitzt. Nach der Gesetzesbegründung soll jedoch auch der Fall erfasst sein, dass „im Grundsatz geeignete Aufsichts- und Überwachungsmaßnahmen vorhanden waren, diese aber mit krimineller Energie durch die Zuwiderhandelnden umgangen werden konnten"[1040]. Diese Aussage der Entwurfsverfasser scheint nicht stringent und lässt Zweifel aufkommen, wann die Verbandsverwarnung mit Strafvorbehalt überhaupt die geeignete Sanktion ist. Hat ein Verband nämlich nach § 2 Abs. 2 VerbStrG-E bereits ihm zumutbare Aufsichts- und Überwachungsmaßnahmen getroffen, durch die die Zuwiderhandlung wesentlich erschwert worden wäre, so kann er wegen der verbandsbezogenen Zuwiderhandlung nicht bestraft werden. Im Rahmen des § 2 Abs. 2 VerbStrG-E können jedoch von einem Verband lediglich geeignete Maßnahmen verlangt werden, da aufgrund von fehlenden einheitlichen Vorgaben für ein Compliance-Management-System[1041] die Anforderungen an ein solches nicht überstrapaziert werden dürfen.[1042] „Schwarze Schafe" gibt es in jedem Unternehmen, weshalb auch jedes Compliance-Management-System systemimmanenten Grenzen unterliegt und teilweise nicht alle Regelverstöße verhindern kann.[1043] Grundsätzlich besteht durch die Aufwendung krimineller Energie immer die Möglichkeit Kontrollen

1039 *Metzner*, GaststättenG, § 4 Rn. 10.
1040 Gesetzesentwurf, S. 59.
1041 Siehe dazu Kapitel 3, B.7.3.4.
1042 *Hein*, CCZ 2014, 75, 79.
1043 IDW Prüfungsstandard 980 vom 11.3.2011, A 12 zitiert nach *Hein*, CCZ 2014, 75, 79; *Moosmayer* in: Rotsch, Criminal Compliance, § 34, Teil B, Rn. 84.

zu umgehen, was die Verbände dazu verleiten könnte, auf eine vorgeschaltete Kontrolle im Rahmen der Compliance zu verzichten. Die von den Entwurfsverfassern gegebene Begründung vermag daher nicht zu überzeugen, da durch diese gegen den vorher erläuterten Regelungszweck des Gesetzes argumentiert wird und daher unschlüssig ist. Zudem ist abzusehen, dass sich in der Praxis durch das Fehlen einheitlicher Vorgaben erhebliche Schwierigkeiten bei der Geeignetheit der Anforderungen an ein Compliance-Management-System ergeben. Um eine möglichst einheitliche Handhabung gewährleisten zu können, bedürfte es daher einer speziellen Schulung der Strafrichter, die mangels praktischer Erfahrungen ohne eine nähere Anleitung Schwierigkeiten bei der Überprüfung von Compliance-Management-Systemen haben dürften.[1044]

3.1.4 Voraussetzungen des § 7 Abs. 2 VerbStrG-E

In § 7 Abs. 2 VerbStrG-E ist vorgesehen, dass neben der Verwarnung auf Verfall, Einziehung oder Unbrauchbarmachung erkannt und auch die öffentliche Bekanntmachung der Verurteilung angeordnet werden kann. Durch die Möglichkeit der Einziehung kommt die, dem Gesetz zugrunde liegende „Overkill-Wirkung“ erneut zum Ausdruck, da auch in diesem Rahmen das Bruttoprinzip zur Anwendung gelangt. Um dem vorzubeugen, ist auch hier eine Regelung für den Fall zu treffen, in dem die Verbandsverwarnung mit Strafvorbehalt nach § 59 b Abs. 1 StGB i.V.m. § 56 f StGB widerrufen wird. Es ist also sicherzustellen, dass bei Anordnung des Verfalls und gleichzeitigem Widerruf der Verbandsverwarnung das Bruttoprinzip nicht zur Anwendung gelangt. Dies könnte durch die Einfügung eines Satzes 3a in § 8 Abs. 3 VerbStrG-E erfolgen, der auf die Anwendung der Regelungen zum Widerruf Bezug nimmt:

> Im Fall des Widerrufs der Verbandsverwarnung sind die bei einem angeordneten Verfall berücksichtigten Vermögensvorteile auf die Verbandsgeldstrafe anzurechnen.

Darüber hinaus scheint fraglich, warum die öffentliche Bekanntmachung der Verurteilung, die ebenfalls eine Strafe nach dem Verbandsstrafgesetzbuch darstellt, neben einer Verwarnung angeordnet werden können soll. Eine Begründung der Entwurfsverfasser lässt sich im Gesetzesentwurf nicht finden. Da es im Individualstrafrecht an einer solchen Anordnungsmöglichkeit gerade fehlt, ist zu hinterfragen, ob eine solche Ungleichbehandlung gerechtfertigt ist. Im Individualstrafrecht ist eine Anordnung einer Strafe neben einer Verwarnung mit Strafvorbehalt nicht möglich, was sich unmittelbar aus § 59 c Abs. 2 StGB ergibt.[1045] Es soll sich vorliegend bei der Verbandsverwarnung mit Strafvorbehalt um eine Strafe handeln, weshalb diese Argumentationsgrundlage nicht herangezogen werden kann. Allerdings ist eine solche unterschiedliche Behandlung dennoch nicht gerechtfertigt, was sich aus dem Sinn und Zweck der Vorschrift ergibt, der gerade darin besteht, den Täter durch

1044 *Görtz*, WJ 2014, 8, 13.
1045 *Hubrach* in: Leipziger Kommentar, StGB, § 59 Rn. 3.

die Verwarnung vor jeglichem Strafmakel zu bewahren. Es ist nicht ersichtlich, warum dies bei einem Verband als Täter anders sein sollte als beim Individuum, da dem Verband durch diese Regelung gerade eine Chance eingeräumt werden soll, solche Zuwiderhandlungen in Zukunft vermeiden zu können. Bedenken bestehen gegen diese Anordnungsmöglichkeit insbesondere in der Hinsicht, dass durch eine öffentliche Bekanntmachung der Verurteilung die sog. Prangerwirkung verstärkt wird, der Individualtäter daher in den Mittelpunkt gestellt wird. Ob dies mit rechtsstaatlichen und datenschutzrechtlichen Anforderungen in Einklang gebracht werden kann, ist höchst zweifelhaft.[1046] Die Entwurfsverfasser mag der Gedanke getrieben haben, dass die Veröffentlichung bei den Verbänden eine erhöhte Normakzeptanz hervorruft[1047], um so Reputationsschäden zu vermeiden. Ein solches aus dem britischen Recht bekanntes „naming and shaming" lässt sich jedoch mit den modernen kontinentaleuropäischen Grundsätzen nicht vereinbaren.[1048] Darüber hinaus ist in der Praxis ein solches Bedürfnis nach den bisherigen Erfahrungen nicht notwendig, da Unternehmen Ermittlungsverfahren vermeiden wollen. Sollte dennoch ein solches eingeleitet werden, stellen die betroffenen Unternehmen in der Regel alle erforderlichen Unterlagen zusammen und ermitteln im Rahmen interner Untersuchungen selbst, übernehmen damit also – jedenfalls teilweise – die Arbeit der Strafverfolgungsbehörden.[1049] Durch diese aus der Praxis bekannte und übliche Reaktion der Unternehmen ist eine existierende Normakzeptanz bereits im geltenden Ordnungswidrigkeitenrecht nicht von der Hand zu weisen. Warum diese neben der Einführung einer strafrechtlichen Verantwortlichkeit zusätzlich durch die Bekanntgabe der Verurteilung im Rahmen der Verbandsverwarnung erhöht werden soll, ist nicht nachvollziehbar.

3.2 Bewährungszeit nach § 8 Abs. 1 VerbStrG-E

Nach § 8 Abs. 1 VerbStrG-E darf die vom Gericht zu bestimmende Bewährungszeit ein Jahr nicht unter- und drei Jahre nicht überschreiten. Der von den Entwurfsverfassern gewählte zeitliche Rahmen entspricht demjenigen in § 6 österreichisches VbVG. Erstaunlich ist jedoch, dass im Individualstrafrecht der Bewährungszeitraum nach § 59 a Abs. 1 StGB zwischen einem und zwei Jahren liegt. Bedenken könnten sich insoweit ergeben, dass es zu einer Ungleichbehandlung des Verbandes im

1046 *Rübenstahl*, ZRFC 2014, 26, 32.
1047 Gesetzesentwurf, S. 26.
1048 DAV Stellungnahme, Nr. 54/2013, S. 4; abrufbar unter: http://anwaltverein.de/downloads/DAV-SN54-13.pdf; *Rübenstahl*, ZRFC 2014, 26,32.
1049 *Bittmann* in: Rotsch, Criminal Compliance, § 35, Teil B, Rn. 10 f., der sowohl auf die Vorteile dieser Kooperation als auch auf die Nachteile eingeht, insgesamt aber zu einem positiven Ergebnis hinsichtlich der Kooperation kommt. Allgemein zum Erfordernis der Kooperation *Hoven*, WiJ 2014, 28, 29 f.; Zur damit einhergehenden Privatisierung des Ermittlungsverfahrens vgl. *Zapfe*, Compliance und Strafverfahren, S. 101 m.w.N.

Vergleich zum Individuum kommt. Dazu ist jedoch anzumerken, dass zum einen das zulässige Höchstmaß der Bewährungsdauer im Individualstrafrecht durch das Zweite Justizmodernisierungsgesetz vom 22.12.2006 von drei auf zwei Jahre herabgesetzt worden ist, um der geringen Anwendung der Vorschrift in der Praxis gerecht zu werden und zugleich durch die damit einhergehende Verringerung des Aufwands bei der Bewährungsüberwachung die Bereitschaft zu fördern, von der Verwarnung mit Strafvorbehalt häufiger Gebrauch zu machen.[1050] Da dem § 7 VerbStrG-E eine erhöhte Bedeutung zukommen soll, vor allem unter Berücksichtigung des Aspekts, dass es sich bei der Vorschrift quasi um die sog. „Bewährungsgeldstrafe"[1051] handelt, ist ein Höchstmaß von drei Jahren durchaus angemessen. Hinzukommt, dass bei einer Bewährungsstrafe im Individualstrafrecht nach § 56 a StGB der Bewährungszeitraum zwischen zwei und fünf Jahren liegt. Die Verbände sind nach der Intention der Entwurfsverfasser sogar besser gestellt als der Individualtäter. Eine Ungleichbehandlung ist gegeben, jedoch aufgrund der anderen Bedeutung bei der strafrechtlichen Verantwortlichkeit der Verbände gerechtfertigt.[1052]

3.3 Auflagen und Weisungen nach § 8 Abs. 2 VerbStrG-E

§ 8 Abs. 2 VerbStrG-E legt Fälle fest, in denen das Gericht dem Verband Auflagen und Weisungen erteilen kann. Dem Verband kann daher auferlegt werden, den aus der Tat entstandenen Schaden wiedergutzumachen, einen Geldbetrag zugunsten einer gemeinnützigen Einrichtung oder der Staatskasse zu zahlen oder organisatorische oder personelle Maßnahmen zu treffen, um vergleichbare Verbandsstraftaten in Zukunft zu vermeiden und dem Gericht oder einem vom Gericht zu bestimmenden Sachverständigen in regelmäßigen Abständen über diese Maßnahmen zu berichten. Letztere Weisung darf gem. § 8 Abs. 3 S. 1 VerbStrG-E nur mit der Einwilligung des verurteilten Verbandes erteilt werden. Gegen diesen Regelungsvorschlag bestehen unter verschiedenen Aspekten Bedenken.

3.3.1 Schadenswiedergutmachung

Soweit der Entwurf vorsieht, dass dem Verband auferlegt werden kann, den aus der Tat entstandenen Schaden wiedergutzumachen, ergeben sich Berührungspunkte mit dem Zivilrecht. Im Verbandsstrafrecht ist die Schadenswiedergutmachung mangels Persönlichkeit nicht wie im Individualstrafrecht darauf ausgerichtet, im persönlichen Bereich einen Ausgleich mit dem Verletzten zu erreichen. Vielmehr kann hier der Schaden nur durch Zahlung von Schadensersatz wiedergutgemacht werden. Hierbei ist jedoch zu berücksichtigen, dass dem Verband eine solche

---

1050 *Hubrach* in: Leipziger Kommentar, StGB, § 59 a Rn. 2.
1051 Siehe hierzu Kapitel 3, D.3.1.1.
1052 A.A.: Stellungnahme BDI/BDA, a.a.O., S. 10, wonach die dreijährige Bewährungszeit jeglicher Grundlage entbehrt. Eine Begründung wird hierzu allerdings nicht abgegeben.

Wiedergutmachung nur auferlegt werden kann, wenn er nicht bereits in einem Zivilprozess zur Zahlung eines Schadensersatzes verurteilt worden ist. Im Falle, dass kein Schadensersatzprozess vor den Zivilgerichten anhängig ist, darf dem Verband jedoch keine höhere Zahlung auferlegt werden als er im Rahmen eines Schadensersatzes verpflichtet wäre.[1053] Dies gebietet allein schon der Grundsatz der Einheitlichkeit der Rechtsordnung. Um dies in der Vorschrift auch ausreichend zum Ausdruck zu bringen und dem Grundsatz der Gesetzesbestimmtheit gerecht zu werden, sollte der derzeitige Vorschlag wie folgt ergänzt werden:

> Das Gericht kann den verwarnten Verband anweisen,
>
> 1. den aus der Tat entstandenen Schaden wiedergutzumachen, wobei die Höhe eines alternativen Schadensersatzanspruches nicht überschritten werden darf,
> 2. ...

3.3.2 Zahlung eines Geldbetrages

In § 8 Abs. 2 Nr. 2 VerbStrG-E ist vorgesehen, dass das Gericht den Verband anweisen kann, eine Zahlung an eine gemeinnützige Einrichtung oder die Staatskasse zu leisten. Nicht festgelegt wird in der Norm, wie die Höhe dieser Zahlungen bestimmt werden soll. Auch in der Gesetzesbegründung wird sich mit dieser Thematik nicht auseinandergesetzt. Deshalb besteht die Gefahr, dass sich die Gerichte nach der Praxis zu § 153 a StPO und § 59 a StGB an der Bestimmung der Höhe der Verbandsgeldstrafe orientieren könnten.[1054] Dies hätte zur Konsequenz, dass das Tagessatzsystem indirekt zur Anwendung gelangen würde, was angesichts der Möglichkeit des Gerichts, neben der Verwarnung auf Verfall oder Einziehung zu erkennen, überzogen erscheint.[1055] Der Verband würde dadurch genauso hart wie bei der Verhängung einer Geldstrafe getroffen, was jedoch dem Sinn und Zweck der Verbandsverwarnung mit Strafvorbehalt zuwiderlaufen würde, wenn man davon ausgeht, dass es sich hierbei um eine Sanktion einer eigenen Art handelt. Sinn und Zweck der Vorschrift besteht gerade darin, den Verband von jeglichem Strafmakel freizusprechen und ihn zu warnen. Bestünde jedoch die Möglichkeit den Verband zu einer Zahlung anzuweisen, die in ihrer Höhe einer Verbandsgeldstrafe entspricht, so würde ihn die Verbandsverwarnung mit Strafvorbehalt mit einem Gewicht treffen, welches die Bedeutung dieser Sanktionsart erheblich übersteigt. Auch wenn in dem Gesetzesentwurf vorgesehen ist, dass es sich bei der Verbandsverwarnung mit Strafvorbehalt um eine Strafe handeln soll[1056], so käme der Verbandsverwarnung mit Strafvorbehalt die gleiche Wirkung wie im Individualstrafrecht zu, was aufgrund der unterschiedlichen Zwecke gerade nicht gewollt sein kann. Aufgrund der Möglichkeit dieser unangemessenen Wirkung durch eine fehlende Regelung zur

---

1053 *Steininger*, VbVG, § 8 Rn. 8.
1054 *Rübenstahl*, ZRFC 2014, 26, 32.
1055 *Rübenstahl*, ZRFC 2014, 26, 32.
1056 Siehe Darstellung in Kapitel 3, D.3.1.1.

Bestimmung der Höhe der Zahlungen sollte bei § 8 Abs. 2 Nr. 2 VerbStrG-E eine „Grenze“ eingefügt werden. Hierbei muss es sich nicht um eine konkrete Höchstgrenze handeln, da eine solche nur schwer zu bestimmen wäre. Insbesondere die Festlegung der Bemessungsgrundlage bereitet Schwierigkeiten: Soll für die Bestimmung der Gesamtumsatz des Verbandes oder die Ertragslage maßgeblich sein? Um diese Probleme zu vermeiden, empfiehlt es sich, die Vorschrift nach dem Vorbild des § 59 a Abs. 2 S. 2 StGB zu formulieren, wonach keine unzumutbaren Anforderungen an die „Lebensführung des Verwarnten“ gestellt werden dürfen. Orientiert man sich an diesem Gedanken, so könnte § 8 Abs. 2 Nr. 2 VerbStrG-E wie folgt lauten:

> Das Gericht kann den verwarnten Verband anweisen
> 2. einen Geldbetrag zugunsten einer gemeinnützigen Einrichtung oder der Staatskasse zu zahlen, der für den Verband nicht unzumutbar sein und nicht außer Verhältnis zu der Verbandsstraftat stehen darf

3.3.3 Personelle Maßnahmen und „Compliance-Monitor“

Des Weiteren ist in § 8 Abs. 2 Nr. 3 VerbStrG-E vorgesehen, dass das Gericht den verwarnten Verband anweisen kann, organisatorische oder personelle Maßnahmen zu treffen, um vergleichbare Verbandsstraftaten in Zukunft zu vermeiden und dem Gericht oder einen vom Gericht zu bestimmenden Sachverständigen in regelmäßigen Abständen über diese Maßnahmen zu berichten. Gegen diesen Regelungsvorschlag bestehen in zweierlei Hinsicht Bedenken. Zum einen könnte es aus arbeitsrechtlicher Sicht problematisch sein, wenn ein Strafrichter oder eine Strafkammer einen Verband anweisen kann, personelle Maßnahmen zu treffen. Zum anderen könnten sich Schwierigkeiten bei der Anordnung der Kontrolle von Compliance-Maßnahmen durch das Gericht oder einen Sachverständigen ergeben. Diese zwei Problemfelder sollen im Folgenden näher erörtert werden.

Zunächst ist auf den Konflikt der möglichen Weisung personelle Maßnahmen zu treffen mit dem Arbeitsrecht einzugehen. Stellt man sich z.B. vor, dass das Gericht anordnet, demjenigen, sei es ein Entscheidungsträger oder ein sonstiger Mitarbeiter, der die verbandsbezogene Zuwiderhandlung begangen hat, zu kündigen, so drängt sich die Frage auf, welche Rechtsgrundlage für eine solche Kündigung maßgeblich sein soll. In Betracht käme eine Kündigung nach den zivilrechtlichen Regelungen, wie z.B. der Ausspruch einer Verdachtskündigung nach § 626 BGB, wenn die Straftat nicht zweifelsfrei nachgewiesen werden kann, aber konkrete Anhaltspunkte bestehen, die auf eine solche schließen lassen. Fraglich ist aber, ob ein Strafgericht einen Verband zur Vornahme einer solchen personellen Maßnahme überhaupt anweisen kann, da dadurch ein erheblicher Einfluss der Justiz auf die Unternehmensführung gegeben wäre und ein erheblicher Eingriff in den Geschäftsbetrieb des Verbandes und somit in die in Art. 12, 14 GG verankerte unternehmerische Freiheit ermöglicht werden würde.[1057] Maßgeblich ist daher die Frage, wie sich das Verbandsstrafrecht

1057 Stellungnahme BDI/BDA, a.a.O., S. 10.

zum Arbeitsrecht verhält. Hierzu findet sich weder eine Regelung im Gesetzesentwurf noch wird diese Thematik in der Gesetzesbegründung diskutiert. Es ist also unklar, ob eine solche dem Verband erteilte Weisung eine Kündigung gegenüber dem Entscheidungsträger oder einem sonstigen Mitarbeiter, der die verbandsbezogene Zuwiderhandlung begangen hat, auszusprechen zwingenden Charakter hat, oder ob der Verband dennoch frei in seiner Entscheidung ist personelle Maßnahmen zu treffen. Für den zwingenden Charakter dieser Regelung spricht, dass nach § 8 Abs. 3 S. 2 VerbStrG-E die Vorschrift des § 59 b StGB, der wiederum auf § 56 f StGB verweist, entsprechend anzuwenden ist. Dies hat zur Folge, dass die Verbandsverwarnung widerrufen und der Verwarnte verurteilt werden kann, wenn er gröblich oder beharrlich gegen Weisungen oder Auflagen verstößt. Weigert sich daher der Verband z.B. eine Kündigung gegenüber einem Entscheidungsträger auszusprechen, da er eine Abmahnung für ausreichend erachtet, so besteht die Gefahr, dass er zu einer Verbandsgeldstrafe verurteilt wird. Noch offensichtlicher wird die Problematik jedoch, wenn man sich vor Augen hält, dass das Gericht den Verband anweisen könnte, dem Entscheidungsträger mit sofortiger Wirkung zu kündigen, dies jedoch aufgrund des Ablaufs der Ausschlussfrist nach § 626 Abs. 2 BGB gar nicht mehr möglich ist. Es müsste daher in eine derartige Regelung zumindest der Zusatz eingefügt werden, dass das Gericht den Verband nur anweisen kann eine personelle Maßnahme zu treffen, sofern diese nach Maßgabe der zivilrechtlichen Vorschriften überhaupt vorgenommen werden kann.

Darüber hinaus ist anzumerken, dass es sich bei dieser Weisung vielmehr um eine Sanktion handelt, die im Individualstrafrecht anzusiedeln wäre, da durch diese nicht der Verband als solches betroffen ist. Vielmehr wird in die Berufsfreiheit des betroffenen Entscheidungsträgers oder Mitarbeiters eingegriffen.[1058] Arbeitnehmer würden durch diese Weisung also zusätzlich zu einer möglichen Verurteilung wegen der Begehung der Anknüpfungstat Nachteile erleiden, ohne dass dies von dem Gericht als Nebenfolge gegenüber dem Arbeitnehmer angeordnet werden müsste.[1059] Fraglich ist, ob es eine Möglichkeit gibt diesen Konflikt zu lösen. Würde man sich an der Regelung des § 8 österreichisches VbVG orientieren, so könnte man überlegen, auch diesbezüglich einen Zustimmungsvorbehalt für den Verband einzuführen. So würde zumindest die vorgenannte Kritik, dass die Justiz erheblichen Einfluss auf den jeweiligen Verband nehmen und in den Geschäftsbetrieb erheblich eingreifen kann, ausgeräumt werden. Allerdings blieben die Problematiken hinsichtlich des Verhältnisses des Verbandsstrafrechts zum Arbeitsrecht und die mögliche doppelte Belastung der Arbeitnehmer bestehen. Andere Ausgestaltungsmöglichkeiten, die solche vermeiden, sind nicht ersichtlich, weshalb davon abzuraten ist, eine derartige Weisungsmöglichkeit in einem etwaigen Verbandsstrafgesetzbuch vorzusehen. Unabhängig von der zuvor dargestellten Problematik kann gegen diese Weisungsmöglichkeit seitens des Gerichts angeführt werden, dass dadurch der Individualtäter

1058 *Bock*, Criminal Compliance, S. 432; *Kirch-Heim*, a.a.O., S. 220.
1059 Stellungnahme BDI/BDA, a.a.O., S. 10.

in den Mittelpunkt gerückt und somit zum Sündenbock gemacht wird.[1060] Dies hat zur Konsequenz, dass der von der Gesetzesbegründung genannte Zweck, dass Situationen vermieden werden sollen[1061], in denen das Individuum zum Bauernopfer gemacht wird, konterkariert. Um dem mit dem Verbandsstrafgesetzbuch verfolgten Ziel gerecht zu werden, den Verband in den Mittelpunkt der Strafverfolgung zu rücken, sollten die Entwurfsverfasser die Möglichkeit der gerichtlichen Anordnung, personelle Maßnahmen im Rahmen der Verbandsverwarnung mit Strafvorbehalt durchführen zu können, überdenken.

Im Hinblick auf die Möglichkeit der Kontrolle der Compliance-Maßnahmen durch das Gericht oder einen von diesem zu bestimmenden Sachverständigen ergeben sich in der Praxis erhebliche Schwierigkeiten. Dieser sog „Compliance-Monitor“[1062], der aus dem amerikanischen Rechtssystem bekannt ist, kann in Deutschland mit der von *Schünemann* vorgeschlagenen Unternehmenskuratel[1063] verglichen werden, bei der der Verband von einem Dritten kontrolliert wird, um so zukünftige Straftaten zu vermeiden. Durch den Einwilligungsvorbehalt des Verbandes in § 8 Abs. 3 S. 2 VerbStrG-E wird dem Verband unter faktischer Ausnutzung der bestehenden Zwangslage quasi freiwillig ein solcher „Compliance-Monitor“ aufgezwungen, was einen tiefen Eingriff in die grundrechtlich verankerte unternehmerische Freiheit darstellt.[1064] In der Praxis ergeben sich vergleichbar zu der Maßregel der Unternehmenskuratel Probleme in Bezug auf fundiertes Wissen des Gerichts oder des Sachverständigen. In der Regel wird kein deutsches Gericht solche vertieften Kenntnisse haben, die für eine derartige Kontrolle eines Verbandes notwendig wären.[1065] Daher wird das Gericht letztlich auf Sachverständige zurückgreifen müssen, wobei hier in der Praxis die Auswahl an solchen, die sich mit der Thematik vertieft auseinandersetzen, begrenzt sein dürfte. Darüber hinaus wird in der Literatur kritisiert, dass durch den bei dieser Weisung zu erwartenden erhöhten Einsatz von Sachverständigen für diese ein weites Tätigkeitsfeld geöffnet werden würde.[1066] Diese würden nun nicht mehr nur, wie es aktuell der Fall ist, im Nachgang von staatsanwaltschaftlichen Ermittlungen tätig werden, sondern die Compliance-Management-Systeme der Verbände bereits im Vorfeld auf Risiken überprüfen. Darüber hinaus sind solche Kontrollen in Verbänden in der Regel nicht gerne gesehen, werden sogar von manchen Unternehmen als „schlichte Zumutung“ erachtet.[1067] Es wird daher

1060 *Dannecker*, GA 2001, 101, 128; *Ehrhardt*, a.a.O., 133 f.
1061 Gesetzesentwurf, S. 1 f., 24, 56.
1062 *Rübenstahl*, ZRFC 2014, 26, 32; Stellungnahme BDI/BDA, a.a.O., S. 10; *Witte/Wagner*, BB 2014, 643, 646.
1063 Vgl. dazu Darstellung in Kapitel 3, B.3.4.
1064 *Rübenstahl*, ZRFC 2014, 26, 32; *Willems*, ZIS 2015, 40, 44; im Ergebnis wohl ebenso, unter Hinweis auf die sonstige Inkaufnahme einer höheren Strafe *Römermann*, GmbHR 2014, 1, 9.
1065 *Römermann*, GmbHR 2014, 1, 9.
1066 *Römermann*, GmbHR 2014, 1, 9.
1067 *Witte/Wagner*, BB 2014, 642, 646.

in der Praxis mit erheblichem Widerstand seitens der Unternehmen zu rechnen sein, sich einer solchen Kontrolle zu unterziehen, auch wenn diese im Falle einer solchen Weisung kaum eine Wahl haben werden. Zudem wird sich in der Praxis die Frage aufdrängen wer die Kosten des Einsatzes eines solchen Sachverständigen tragen wird. Hierzu finden sich weder im Regelungsvorschlag selbst noch in der Gesetzesbegründung Anhaltspunkte.[1068] Bei der im Individualstrafrecht geregelten Therapieweisung nach § 59 a Abs. 2 Nr. 4 StGB hat in der Regel der Täter bzw. seine Krankenkasse die dafür entstehenden Kosten zu tragen.[1069] Diesen Gedanken könnte man grundsätzlich auf das Verbandsstrafrecht übertragen. Allerdings werden die Kosten eines „Compliance-Monitors" nicht von Versicherungen des Verbands übernommen, weshalb dieser die Kosten für diese Weisung letztlich selbst tragen müsste. Diese Ansicht wird in der Literatur zu § 8 österreichisches VbVG vertreten mit dem Argument, dass mangels einer Regelung oder im Verbandsverantwortlichkeitsgesetz nicht vorgesehenen Ausnahmen von einer Kostentragungspflicht des Verbandes auszugehen sei.[1070] Eine solche Kostentragungspflicht würde jedoch gegen die Einhaltung des zuvor befürworteten Kriteriums der Unzumutbarkeit verstoßen. Denn durch eine regelmäßige Kontrolle der Compliance-Maßnahmen von Sachverständigen fallen in der Praxis enorme Kosten an, die der Verband neben eines etwaig angeordneten Verfalls oder einer Einziehung zu tragen hätte. Dadurch würde der „Overkill-Effekt" des Gesetzes wiederum verstärkt werden. Deswegen ist zu hinterfragen, unter welchen Voraussetzungen die Kosten für diese Weisung der Staatskasse auferlegt werden könnten. Als Argumentationsgrundlage könnte man vergleichbar zu der vom OLG Dresden ergangenen Entscheidung zur Kostentragung beim regelmäßigen Drogenscreening im Rahmen der Führungsaufsicht[1071] den Präventionsaspekt bei dieser Weisung, zukünftige Straftaten zu vermeiden, heranziehen. Wenn dieser Präventionseffekt im Vordergrund steht und die Anordnung zu der Kontrolle durch einen sog. „Compliance-Monitor" von einem Gericht angeordnet worden ist, so hat die Staatskasse die dafür anfallenden Kosten zu tragen. Diese Ansicht überzeugt, da nur so dem Gedanken Rechnung getragen werden kann, dass an den Verband keine unzumutbaren Anforderungen gestellt werden dürfen. Hierbei ist insbesondere zu berücksichtigen, dass dem Verband diese Weisung faktisch aufgezwängt wird, da dieser im Falle der Verweigerung der Einwilligung[1072] mit einer Verurteilung zur vorbehaltenen Geldstrafe rechnen muss und damit, mit

1068 Stellungnahme BDI/BDA, a.a.O., S. 10.

1069 *Groß* in: MüKo, StGB, § 56 c Rn. 32.

1070 *Steininger*, VbVG, § 8 Rn. 16.

1071 OLG Dresden, NStZ 2009, 268.

1072 Ein solches Zustimmungserfordernis ist aus Gründen des starken Eingriffs in die nach Art. 12 GG geschützte unternehmerische Freiheit aus rechtspolitischer Sicht begrüßenswert. Vgl. zu § 8 Abs. 3 österreichisches VbVG: *Steininger*, VbVG, § 8 Rn. 13. Der Unterschied zur österreichischen Regelung besteht darin, dass die Einwilligung entsprechend der Rechtsprechung zu der Vorschrift des § 56 c StGB im Individualstrafrecht jederzeit widerrufen werden kann (BGHSt 36, 97, 99).

einem Strafmakel belastet zu sein.[1073] Zudem wären die Kosten des Sachverständigen von der Kostengrundentscheidung des Urteils mit erfasst, was zur Folge hätte, dass diese in Rechtskraft erwachsen und ein selbstständiges Vorgehen gegen diese nicht möglich ist. Die Kosten des Sachverständigen sind nicht wie im Individualstrafrecht ungefähr abschätzbar, was ebenfalls verdeutlicht, dass eine solche Kostentragungspflicht für den Verband unzumutbar wäre.[1074] Um in der Praxis Unsicherheiten bei der Kostenfrage bei der Weisung der Kontrolle der Compliance-Maßnahmen des Verbandes durch einen vom Gericht zu bestimmenden Sachverständigen vorzubeugen, empfiehlt es sich die Kostentragung direkt im Verbandsstrafgesetzbuch zu regeln. § 8 Abs. 3 VerbStrG-E könnte um folgenden Satz ergänzt werden:

> Im Falle der Anweisung nach Absatz 2 Nummer 3 fallen die damit verbundenen Kosten der Staatskasse zur Last.

3.4 Zusammenfassung

Abschließend lässt sich zu der Verbandsverwarnung mit Strafvorbehalt festhalten, dass die von den Entwurfsverfassern beabsichtigten flexiblen Sanktionsmöglichkeiten[1075] einiger Korrekturen bedürfen, um auch tatsächlich den gewünschten Effekt zu erreichen. Dieser soll gerade darin bestehen, dass den Verbänden mit einer Verwarnung aufgezeigt wird, was sie in Zukunft verbessern sollen, ohne dabei mit einem Strafmakel belastet zu sein. Nach der bisherigen Ausgestaltung der §§ 7 und 8 VerbStrG-E wird diesem Ziel, wie aufgezeigt, nicht entsprochen. Bei der Überarbeitung des Gesetzesentwurfs sollte berücksichtigt werden, dass das Verhältnis des Verbandsstrafrechts zum Zivilrecht einmal in Hinsicht auf die Schadenswiedergutmachung und zum anderen im Hinblick auf die Anordnung personelle Maßnahmen zu treffen – sofern diese Weisung weiterhin enthalten sein soll – im Gesetz selbst erläutert wird. Auch die Ausgestaltung der Weisung, dass Verbände über die getroffenen Compliance-Maßnahmen regelmäßig dem Gericht oder einem von diesem zu bestimmenden Sachverständigen zu berichten haben, sollte überdacht werden, da diese mit schwerwiegenden Eingriffen in die grundgesetzlich verankerte unternehmerische Freiheit des Verbandes verbunden ist. Auch die Frage der Kostentragungspflicht eines Sachverständigen zur Überwachung von Compliance-Maßnahmen sollte in einer überarbeiteten Version des Verbandsstrafgesetzbuches ausdrücklich geregelt sein, um so eine unzumutbare Belastung der Verbände bei dieser Sanktion als sog. „Warnschuss" zu vermeiden.

1073 Diese Argumentation stützt sich auf die in Kapitel 3, D.3.1.1 vertretene Auffassung, dass es sich bei der Verbandsverwarnung mit Strafvorbehalt nicht um eine Strafe, sondern um eine maßnahmeähnliche Sanktion handelt.

1074 *Napp*, Unternehmensstrafbarkeit und Unternehmenskuratel, S. 222.

1075 Gesetzesentwurf, S. 59.

4. Öffentliche Bekanntmachung der Verurteilung

Als dritte Strafe ist in § 4 Abs. 1 Nr. 3 VerbStrG-E die öffentliche Bekanntmachung der Verurteilung vorgesehen, die in § 9 VerbStrG-E geregelt ist. Nach dieser Vorschrift kann das Gericht die öffentliche Bekanntmachung der Verurteilung anordnen, wenn durch eine Verbandsstraftat eine große Zahl von Personen geschädigt worden ist, wobei die Art der Bekanntmachung im Urteil zu bestimmen ist.

4.1 Regelungsgehalt

Die öffentliche Bekanntmachung der Verurteilung soll nach der Gesetzesbegründung immer dann als Strafe in Betracht kommen, wenn nur auf diesem Wege die Belange der Allgemeinheit wirksam gewahrt werden können.[1076] Angeknüpft werden soll hierbei zum einen an § 200 StGB und zum anderen an die verbraucherschützende Norm des § 12 Abs. 3 UWG. Fraglich ist jedoch, ob diese beiden Vorschriften überhaupt taugliche Anknüpfungspunkte im Rahmen eines Verbandsstrafrechts sein können. Nach § 200 StGB kann die Verurteilung dann bekanntgegeben werden, wenn die Beleidigung öffentlich oder durch Verbreitung von Schriften begangen worden ist. Sinn und Zweck dieser Regelung ist ebenso wie bei der öffentlichen Bekanntgabe der Verurteilung bei falscher Verdächtigung nach § 165 StGB der Opferschutz und die Rehabilitierung des Verletzten.[1077] Insofern fehlt es bei § 9 VerbStrG-E, der als Strafe charakterisiert ist, an einer vergleichbaren Situation mit § 200 StGB, da dieser eine öffentliche Prangerwirkung des verurteilten Verbandes statuiert.[1078] Im Verbandsstrafrecht fehlt es gerade an der im Individualstrafrecht notwendigen Korrelation zwischen öffentlicher Begehung der Straftat und der Bekanntgabe der Verurteilung.[1079] Die öffentliche Bekanntmachung der Verurteilung im Individualstrafrecht ist gerechtfertigt, weil der Täter die Rechtsgutsverletzung in der Öffentlichkeit begangen hat und deshalb für das betroffene Opfer ein legitimes Interesse an einer breit gestreuten Bekanntgabe der Bestrafung des Täters besteht.[1080] In der Gesetzesbegründung lassen sich allerdings nur Anhaltspunkte dafür finden, dass darauf abgezielt wird, die Rechtsfolgen gegen Verbände so öffentlich und tadelnd wie möglich auszugestalten, um so eine erhöhte Normakzeptanz bei den Verbänden zu erreichen, da diese im Hinblick auf ihre Reputation schädliche Auswirkungen vermeiden möchten.[1081] Diese Auffassung der Entwurfsverfasser

---

1076 Gesetzesentwurf, S. 60.

1077 *Fischer*, StGB, § 200 Rn. 1; *Lackner/Kühl*, StGB, § 200 Rn. 1; *Lenckner/Bosch* in: Schönke/Schröder, StGB, § 165 Rn. 1; *Zopfs* in: MüKo, StGB, § 165 Rn. 1.

1078 *Hoven/Wimmer/Schwarz/Schumann*, NZWiSt 2014, 241, 243; Stellungnahme BDI/BDA, a.a.O., S. S. 11; Stellungnahme DAV Nr. 54/2013, a.a.O., S. 26; *Witte/Wagner*, BB 2014, 643, 646; *Zieschang*, GA 2014, 91, 104.

1079 *Hoven/Wimmer/Schwarz/Schumann*, NZWiSt 2014, 241, 243.

1080 *Hoven/Wimmer/Schwarz/Schumann*, NZWiSt 2014, 241, 243.

1081 Gesetzesentwurf, S. 26.

und die Kategorisierung der Sanktion als Strafe zeigen eindeutig, dass es aufgrund des Sinns und Zwecks dieses Regelungsvorschlags an einer Vergleichbarkeit zu § 200 StGB fehlt. Diese Vorschrift kann daher nicht als tauglicher Anknüpfungspunkt für die Legitimation einer solchen Sanktion dienen. Möglicherweise kann jedoch § 12 Abs. 3 UWG verdeutlichen, warum die öffentliche Bekanntmachung als Strafe notwendig sein soll. Bei dieser Regelung besteht der Normzweck darin, Störungen in der Öffentlichkeit zu beseitigen.[1082] Dieser Gedanke kann grundsätzlich auf das Verbandsstrafrecht übertragen werden, wenn es darum geht, dass Personen durch die Verbandsstraftat unmittelbar oder mittelbar betroffen sind und dadurch einen Schaden, insbesondere in finanzieller Hinsicht, erleiden.[1083] Durch eine etwaige öffentliche Bekanntmachung der Verurteilung wird es Verbrauchern erleichtert, ihre zivilrechtlichen Ansprüche durchzusetzen.[1084] Allerdings stellt sich nun die Folgefrage, ob eine solche Regelung in einem etwaigen Verbandsstrafgesetzbuch tatsächlich notwendig ist. Eine Erforderlichkeit einer solchen Norm wird in der Literatur, soweit diese überhaupt vertieft erörtert wird, verneint.[1085] Zur Begründung wird auf die Möglichkeit der Rückgewinnungshilfe durch die Beschlagnahme seitens der Ermittlungsbehörden verwiesen, sofern der beschuldigte Verband zum Zeitpunkt der Aufnahme der Ermittlungen noch über ein pfändbares Vermögen verfügt. Die Beschlagnahme ist dann nach § 111 e Abs. 3 StPO, der mangels spezieller Regelung nach § 13 Abs. 1 VerbStrG-E entsprechende Anwendung findet, dem Verletzten der Tat gegenüber bekannt zu machen, wobei dies gem. § 111 e Abs. 4 S. 1 StPO auch durch einmalige Bekanntmachung im Bundesanzeiger erfolgen kann. Im Ergebnis sieht das *Engelhart* ähnlich, der eine Publikationspflicht nur bejaht, wenn diese dazu dient, die betroffenen Opfer zu informieren.[1086] Als Beispiel führt er an, dass in Ausnahmefällen die Opfer über eine Veröffentlichung in der Tageszeitung erreicht werden können. Der vorliegende Regelungsvorschlag verfolgt jedoch, wie aus den vorstehenden Ausführungen ersichtlich wird, einen anderen Zweck, weshalb die Auffassung *Engelharts* vorliegend nicht zum Tragen kommt. Daher besteht kein Bedürfnis für die Regelung des § 9 VerbStrG-E.[1087] Eine solche Strafe unterstützt lediglich die Prangerwirkung, die dem Verbandsstrafgesetzbuch

---

1082 *Köhler/Bornkamm*, UWG, § 12 Rn. 4.2.

1083 *Hoven/Wimmer/Schwarz/Schumann*, NZWiSt 2014, 241, 243.

1084 Gesetzesentwurf, S. 60; *Hoven/Wimmer/Schwarz/Schumann*, NZWiSt 2014, 241, 243.

1085 *Hoven/Wimmer/Schwarz/Schumann*, NZWiSt 2014, 241, 243.

1086 *Engelhart*, a.a.O., S. 699.

1087 *Hoven/Wimmer/Schwarz/Schumann*, NZWiSt 2014, 241, 244; im Ergebnis ebenso Stellungnahme BDI/BDA, a.a.O., S. 11, wobei die Argumentation zum einen auf die Eintragung der Geldbuße nach § 30 OWiG ins Gewerbezentralregister und zum anderen auf die Akteneinsichts- und Auskunftsrechte des Verletzten nach § 406 e StPO i.V.m. § 46 Abs. 3 S. 3 OWiG gestützt wird.

zugrunde liegt.[1088] Eine verhältnismäßige Sanktionierung kann in der öffentlichen Bekanntmachung der Verurteilung nicht gesehen werden, da sie dem eigentlichen Ziel des Opferschutzes nicht gerecht wird. Wenn sie, was die von den Entwurfsverfassern gegebene Begründung vermuten lässt, darauf abzielt, dass aufgrund des mit der Veröffentlichung verbundenen Imageschadens der Absatz des Verbandes zurückgeht, so handelt es sich hierbei um einen unzulässigen Formenmissbrauch, da die Geldstrafe die Aufgabe hat, eine Vermögenseinbuße zu bezwecken.[1089]

4.2 Unbestimmter Rechtsbegriff „große Zahl von Personen“

Sollten die Entwurfsverfasser sich trotz der zuvor genannten Kritik für die Einführung einer solchen Strafe entscheiden, so ergeben sich bei Erlass der Norm in der derzeitigen Fassung dennoch einige Probleme, die im Folgenden erörtert werden. In § 9 Abs. 1 VerbStrG-E wird bestimmt, dass Voraussetzung für die öffentliche Bekanntmachung der Verurteilung ist, dass eine große Zahl von Personen geschädigt worden ist. Was genau unter diesem Begriff zu verstehen ist, definiert das Gesetz nicht[1090], weshalb Zweifel an der Einhaltung des in Art. 103 Abs. 2 GG verankerten Bestimmtheitsgrundsatzes bestehen. Es ist daher zu erörtern, ob der Begriff der Vielzahl von Personen durch Auslegung ermittelt werden kann. In der Gesetzesbegründung wird hierzu auf die Rechtsprechung zu dem Begriff der großen Zahl von Menschen, die zu den individualstrafrechtlichen Vorschriften, wie z.B. bei § 263 Abs. 3 S. 1 Nr. 2 StGB, eine tatbestandsspezifische Auslegung befürwortet, verwiesen, wobei der im Rahmen der Zuwiderhandlung verwirklichte Straftatbestand maßgeblich sein soll.[1091] In der Literatur zu den individualstrafrechtlichen Vorschriften wird eine große Zahl von Menschen zwischen 10 bis zu 50 Personen angenommen.[1092] Bei einer besonders schweren Brandstiftung ließ der BGH es ausreichen,

1088 Im amerikanischen Recht ist die öffentliche Bekanntmachung der Verurteilung als Bewährungsstrafe geregelt, wobei in der dazu existierenden Literatur angenommen wird, dass die Abschreckungswirkung besonders hoch sei. *Engelhart*, a.a.O., S. 214 m.w.N. Eine solche wird wohl auch im deutschen Recht bejaht werden können, allerdings darf die Abschreckung nicht alleiniger Zweck der Strafe sein. Vielmehr ist auch zu berücksichtigen, dass der Strafe eine repressive Wirkung zukommen soll, welche hier nur durch die mittelbare Vermögenseinbuße erreicht werden kann. Allerdings ist die Verbandsgeldstrafe auf die Vermögenseinbuße ausgerichtet (siehe dazu sogleich).

1089 *Bock*, Criminal Compliance, S. 431; *Zieschang*, GA 2014, 91, 105; *ders.*, Das Sanktionensystem in der Reform des französischen Strafrechts im Vergleich mit dem deutschen Strafrecht, S. 404 f.; im Ergebnis ebenso: *Engelhart*, a.a.O., S. 698.

1090 *Römermann*, GmbHR 2014, 1, 9; Stellungnahme BDI/BDA, a.a.O., S. 11; *Witte/Wagner*, BB 2014, 643, 646.

1091 Gesetzesentwurf, S. 60.

1092 *Hefendehl* in: MüKo, StGB, § 263 Rn. 854; *Tiedemann* in: Leipziger Kommentar, StGB, § 263 Rn. 299.

wenn 14 Bewohner eines mittelgroßen Wohnhauses betroffen sind.[1093] Daraus wird ersichtlich, dass auch im Individualstrafrecht unterschiedliche Anforderungen, je nach dem Sinn und Zweck der Norm gestellt werden. Deshalb soll nach den Entwurfsverfassern auf den jeweiligen Einzelfall abgestellt werden. Dies vermag bei der strafrechtlichen Verantwortlichkeit von Verbänden nicht zu überzeugen. Der Begriff einer großen Zahl von Personen birgt nämlich eine erhebliche Rechtsunsicherheit in sich, da durch die Verwendung des Begriffs „Personen", worunter sowohl natürliche als auch juristische Personen fallen[1094], eine Vielzahl von Konstellationen denkbar ist. Reicht es z.B. aus, dass durch die begangene Verbandsstraftat ein anderer Verband unmittelbar geschädigt ist, wodurch dessen Mitglieder mittelbar auch geschädigt worden sind, da sie aufgrund eines Umsatzrückgangs entlassen werden mussten? Wann ist hier die Grenze erreicht, die für die Schädigung einer großen Zahl an Personen ausreicht? Diese besondere Konstellation ist mit den im Individualstrafrecht bestehenden Ansätzen zu einer großen Zahl von Menschen nicht vergleichbar, weshalb die dazu existierende Rechtsprechung auch nicht im Rahmen der Auslegung herangezogen werden kann.[1095] In der Gesetzesbegründung wird zwar die Problematik der mittelbaren Betroffenheit erkannt, eine Lösung hierzu, z.B. durch Konkretisierung einer Grenze, jedoch nicht diskutiert. Es wird allein darauf abgestellt, dass in der Praxis häufig nicht alle Opfer bekannt sind, was dann eine öffentliche Bekanntgabe der Verurteilung rechtfertigen soll. Zudem wird durch das notwendige Tatbestandsmerkmal der Schädigung einer großen Zahl von Personen der Opferschutzgedanke nicht ausreichend berücksichtigt. Dieser im Individualstrafrecht vorherrschende Gedanke, z.B. bei § 200 StGB, ist nur dann gewahrt, wenn auch bei der Schädigung eines Opfers durch die Begehung einer Straftat in der Öffentlichkeit die Bekanntgabe der Verurteilung möglich ist. Zwar ist eine solche Regelung in einem Verbandsstrafgesetzbuch nicht notwendig[1096], dennoch sollte bei dem Erlass einer solchen Norm der Opferschutzgedanke in den Tatbestandsmerkmalen hinreichende Berücksichtigung finden. Sollten die Entwurfsverfasser an einer öffentlichen Bekanntgabe der Verurteilung festhalten, so sollte jedenfalls der Begriff einer großen Zahl von Personen näher definiert oder gestrichen werden.

1093 BGH NJW 1999, 299, 300.

1094 Der Umfang wird im Gesetzesentwurf, S. 60 hervorgehoben, was auf die Besonderheiten der strafrechtlichen Verantwortung von Verbänden zurückzuführen ist.

1095 Sollte man anderer Auffassung sein, so würden die bei den im Individualstrafrecht bestehenden Straftatbeständen existierenden Auslegungsschwierigkeiten in das Verbandsstrafrecht übertragen werden. *Witte/Wagner*, BB 2014, 643, 646. Diese Rechtsunsicherheit kann mit der Einführung eines neuen Gesetzes beseitigt werden.

1096 Siehe Darstellung in Kapitel 3, D.4.1.

4.3 Art der Bekanntmachung

Nach § 9 Abs. 2 VerbStrG-E ist die Art der Bekanntmachung im Urteil zu bestimmen. Nicht geregelt ist hingegen, welche Arten der Bekanntmachung dem Gericht zur Verfügung stehen. Bereits in der älteren Literatur findet sich der Hinweis auf die Sanktion der öffentlichen Bekanntmachung der Verurteilung, wobei leidglich ohne einen konkreten Vorschlag der Ausgestaltung einer Regelung darauf hingewiesen wird, dass eine solche Veröffentlichung z. B. in überregionalen Tageszeitungen, im Fernsehen oder im Internet in Erwägung zu ziehen ist.[1097] Ob diese Art der Veröffentlichung von dem Regelungsvorschlag in § 9 VerbStrG-E gemeint ist, wird aus dem Wortlaut der Norm nicht ersichtlich. Es fehlt nämlich an einer Festlegung des Umfangs der Bekanntgabe, dem Ort und der Form der Veröffentlichung.[1098] In der Gesetzesbegründung findet sich lediglich der Hinweis, dass sich die Bekanntgabe auf ein Medium beschränken kann, welches eine gezielte Ansprache der von der Verbandsstraftat Betroffenen erwarten lässt.[1099] Mit dieser Aussage lässt sich jedoch keine hinreichende Konkretisierung treffen. Fraglich ist, ob diese Regelung den Anforderungen des Bestimmtheitsgrundsatzes nach Art. 103 Abs. 2 GG entspricht. Es ist äußerst fraglich, ob der Rechtsanwender anhand der von den Entwurfsverfassern vorgeschlagenen Formulierung erkennen kann, was er zu erwarten hat. So lässt sich bei *Engelhart*, der sich ebenfalls mit dieser Thematik auseinandersetzt, ein ähnlicher Regelungsvorschlag finden.[1100] Dies ist jedoch darauf zurückzuführen, dass dieser Vorschlag sich an den im amerikanischen Recht existierenden Vorschriften orientiert. Nach dem amerikanischen Recht kann das Gericht im Rahmen der Bewährungsstrafe die Veröffentlichung der Verurteilung anordnen, ohne dass hierbei genauer bestimmt ist, auf welche Art und Weise diese vorgenommen werden soll, weshalb sowohl die postalische Mitteilung als auch öffentliche Aushänge oder Anzeigen in den Medien in Betracht kommen.[1101] Teilweise wird auch vorgeschlagen, dass die Unternehmen auf ihre Verurteilung in sämtlichen Geschäftspapieren und Dokumenten durch einen Hinweis aufmerksam machen sollen.[1102] Allerdings sollten die auch damit, mangels näherer Konkretisierung der Art der Veröffentlichung, verbundenen Unsicherheiten nicht in ein deutsches Verbandsstrafrecht übertragen werden. Die Arten der öffentlichen Bekanntmachung der Verurteilung sollten daher näher bestimmt werden, jedoch, um eine gewisse Flexibilität zu bewahren, nicht starr festgelegt werden. § 9 Abs. 2 VerbStrG-E könnte daher wie folgt gefasst werden:

1097 *Dannecker*, GA 2001, 101, 126.

1098 Positionspapier Deutsches Aktieninstitut, a.a.O., S. 14; Stellungnahme BDI/BDA, a.a.O., S. 11.

1099 Gesetzesentwurf, S. 61.

1100 *Engelhart*, a.a.O., S. 725.

1101 *Ehrhardt*, a.a.O., S. 138, 251 m.w.N.; *Engelhart*, a.a.O., S. 154, 570.

1102 *Ehrhardt*, a.a.O., S. 251 m.w.N.

Die Art der Bekanntmachung ist im Urteil zu bestimmen. Bei der Wahl des Mediums stehen dem Gericht insbesondere die öffentlichen Medien zur Verfügung, sofern nicht eine Beschränkung auf ein bestimmtes Medium zur Erreichung der Betroffenen geboten ist.

4.4 Stellungnahme zur vorgeschlagenen Regelung

Insgesamt sollte von einer wie derzeit von den Entwurfsverfassern vorgeschlagenen Regelung abgesehen werden, da durch eine solche lediglich eine erhöhte Stigmatisierung der Verbände erreicht würde und ein Regelungsbedürfnis gerade aufgrund der Beschlagnahmemöglichkeit nach §§ 111 e StPO nicht besteht[1103]. Sollte dennoch an der öffentlichen Bekanntmachung der Verurteilung festgehalten werden, so sollte in die Überlegungen mit einbezogen werden, den Sinngehalt dieser Strafe zu ändern und den Opferschutzgedanken in den Vordergrund zu stellen. Nur so wäre die von den Entwurfsverfassern gegebene Begründung für eine solche Vorschrift auch zutreffend. Hierbei sollte jedoch berücksichtigt werden, dass eine öffentliche Bekanntmachung der Verurteilung davon abhängig gemacht werden sollte, ob diese erforderlich ist, um die Opfer der Tat von der Verurteilung zu informieren.[1104] Nur dann kann dem Opferschutzgedanken genüge getan werden. Zudem sollte in Erwägung gezogen werden, die Vorschrift des § 9 Abs. 1 VerbStrG-E dem Individualstrafrecht weitestgehend anzugleichen. Zwar ist ein völliger Gleichlauf der beiden Strafrechtssysteme aufgrund der unterschiedlichen Subjektsqualität von Mensch und Verband nicht möglich, es sollte dennoch versucht werden, im Verbandsstrafgesetzbuch eine dem Individualstrafrecht vergleichbare Korrelation zwischen der Verbandsstraftat und der Veröffentlichung herzustellen. Es sollte daher versucht werden, den Öffentlichkeitsbezug bereits bei der Verbandsstraftat herzustellen. Zu denken ist hier insbesondere an Verbandsstraftaten, die in der Öffentlichkeit besonders viel Aufmerksamkeit erregen und dadurch die Opfer der Verbandsstraftat in der Öffentlichkeit bekannt werden. Darüber hinaus sollte auf den Begriff der „großen Zahl von Personen verzichtet werden, um so auch die Konstellation erfassen zu können, in der unmittelbar nur eine juristische Person Opfer der Straftat geworden ist. Unter Berücksichtigung der vorgenannten Kritikpunkte ist folgende Formulierung des § 9 Abs. 1 VerbStrG-E vorzuschlagen:

> Ist eine Verbandsstraftat in der Öffentlichkeit begangen worden oder dieser nachträglich bekannt geworden, so kann das Gericht die öffentliche Bekanntmachung der Verurteilung anordnen, sofern diese zur Information der Opfer der Tat erforderlich ist.

5. Ausschluss von Subventionen

Nach § 4 Abs. 2 Nr. 1 VerbStrG-E soll als Verbandsmaßregel der Ausschluss von Subventionen möglich sein. Dieser ist in § 11 VerbStrG-E geregelt. Nach Absatz 1 dieser

---

1103 Siehe Ausführungen in Kapitel 3, D.4.1.
1104 *Engelhart*, a.a.O., S. 725.

Vorschrift kann das Gericht anordnen, dass der Verband bei Verurteilung zu einer Geldstrafe von mehr als 180 Tagessätzen wegen einer nach § 2 Abs. 1 VerbStrG-E begangenen vorsätzlichen Zuwiderhandlung von Subventionen nach § 264 StGB ganz oder teilweise ausgeschlossen wird, es sei denn, dass auf die beantragte Subvention ein Rechtsanspruch besteht. Nach § 11 Abs. 2 VerbStrG-E darf die Ausschlussfrist ein Jahr nicht unterschreiten. Für die Höchstfrist gilt § 46 BZRG entsprechend. Bei Betrachtung dieser Vorschrift drängen sich vier Fragen auf: Muss ein Verbandsstrafgesetzbuch eine solche Regelung notwendigerweise enthalten? Handelt es sich bei dem Ausschluss tatsächlich um eine Maßregel oder nicht vielmehr um eine Strafe? Sind die deutschen Strafgerichte überhaupt dazu befugt, den Ausschluss von Subventionen anzuordnen? Könnte die Ausnahmeregelung des § 11 Abs. 1 VerbStrG-E von Verbänden durch vertraglich eingeräumte Subventionsansprüche nicht bewusst umgangen werden? Diese Problematiken werden im Folgenden erörtert.

5.1 Notwendigkeit der Regelung

Zunächst ist zu hinterfragen, ob es sinnvoll erscheint eine Vorschrift wie § 11 VerbStrG-E in einem Verbandsstrafgesetzbuch aufzunehmen. Dagegen könnte sprechen, dass bereits vergleichbare Vorschriften existieren, die einen Ausschluss von Subventionen vorsehen. Fraglich ist jedoch, ob diese Regelungen ebenso effektive Sanktionen darstellen und genügend Konstellationen erfassen. Hierfür bedarf es zuerst einer näheren Betrachtung der einzelnen Vorschriften. Eine vergleichbare Maßregel ist in der Vorschrift des § 98 b AufenthG, an der sich die Entwurfsverfasser bei der Formulierung des § 11 VerbStrG-E orientiert haben[1105], vorgesehen.[1106] Nach § 98 b AufenthG kann ein Unternehmen dann von Subventionen ausgeschlossen werden, wenn gegen dieses eine Geldbuße wegen der Beschäftigung ausländischer Arbeitnehmer ohne Arbeitsgenehmigung oder wegen des Einsatzes eines Nachunternehmers, der ausländische Arbeitnehmer ohne Arbeitsgenehmigung beschäftigt, verhängt worden ist. Diese Vorschrift ist im Jahr 2011 durch Art. 1 Ziff. 55 des RLUmsG 2011 zur Umsetzung der Richtlinie 2009/52/EG vom 18.6.2009 eingeführt worden und dient der Bekämpfung, von illegaler Beschäftigung zu profitieren.[1107] Von dieser Regelung sind jedoch nur die oben genannten Konstellationen erfasst, in denen ein Arbeitnehmer illegal beschäftigt wird. Wegen anderer Verstöße kann ein Subventionsausschluss nicht erfolgen, weshalb es zunächst nicht abwegig erscheint, eine weit gefasstere Norm, die den Verstoß gegen sämtliche Strafvorschriften erfasst, zu erlassen. Allerdings ist es nicht geboten, eine solche Vorschrift durch ein Verbandsstrafgesetzbuch einzuführen. Zum einen spricht gegen die Einführung einer solchen Maßregel, dass der Rechtsgüterschutz auch auf andere Weise erreicht werden kann und das „schärfste Schwert des Staates“[1108] nicht eingesetzt werden

1105 Gesetzesentwurf, S. 62.
1106 *Römermann*, GmbHR 2014, 1, 10.
1107 *Wunderle* in: Bergmann/Dienelt, AufenthG, § 98 a Rn. 1 f.
1108 *Wessels/Beulke/Satzger*, Strafrecht AT, Rn. 9.

muss. Dies folgt zum einen daraus, dass es im verwaltungsrechtlichen Instrumentarium Möglichkeiten gibt, Verbände von Subventionsverfahren auszuschließen. Zum anderen fehlt es an der Erforderlichkeit einer solchen Regelung, da es nach bisher geltendem Recht möglich ist, Auskünfte über die Zuverlässigkeit von Unternehmen vor der Vergabe von Subventionen aus dem Gewerbezentralregister nach § 150 a GewO einzuholen.[1109] Darüber hinaus ist anzumerken, dass im wirtschaftsverwaltungsrechtlichen Bereich wesentlich schneller und effektiver auf Entwicklungen im Bereich der Wirtschaftskriminalität reagiert werden kann, was am Beispiel der BaFin, die während der Finanzkrise per Allgemeinverfügung ungedeckter Leerkäufe in Bezug auf systemrelevante Finanzinstitute untersagt hatte, statuiert werden kann.[1110] Auch hätte eine strafrechtliche Regelung in Strafverfahren zur Folge, dass die Verbandsmaßregeln den am härtesten zu verhandelnden Teil des Verfahrens darstellen würden, da der Ausschluss von Subventionen in letzter Konsequenz zur Auflösung des Verbandes führen kann[1111], was es aus Sicht des Verbandes zu verhindern gilt. Ob dies dann mit dem im Strafverfahren geltenden Beschleunigungsgrundsatz zu vereinbaren ist, erscheint höchst zweifelhaft.[1112]

Durch die im Gesetzesentwurf ebenfalls vorgesehene Änderung des Bundeszentralregistergesetzes, durch die Einfügung eines § 9 Abs. 3 BZRG, können auch die in der Gewerbeordnung genannten Behörden Auskunft für ihre Aufgabenwahrnehmung erlangen.[1113] Durch diese Regelung wird bereits ausreichend sichergestellt, bei der Vergabe von Subventionen den ersuchenden Verband auf seine Zuverlässigkeit hin überprüfen zu können. Einen solchen Subventionsausschluss zusätzlich noch als Maßregel in einem Verbandsstrafgesetzbuch auszugestalten, ist nicht notwendig. Dafür spricht darüber hinaus die Ähnlichkeit der Subventionsvergabe mit dem Vergabeverfahren bei öffentlichen Aufträgen, dessen Ausschluss im Vergaberecht zu regeln ist, für eine Regelung eines Subventionsausschlusses ausschließlich im Subventionsrecht.[1114] Fraglich ist, ob deshalb nicht die Eintragung in ein anderes, vom Bundeszentralregister zu unterscheidendes Register vorgenommen werden sollte. Es wird vertreten, dass die Eintragung in ein bundesweites Unternehmensregister, vergleichbar dem Vorschlag ein Korruptionsregister im Vergabeverfahren einzuführen[1115], vorgenommen werden sollte. Hierbei ist jedoch umstritten, ob nur eine rechtskräftige Verurteilung in ein solches Register eingetragen werden kann oder ob an die Eintragung geringere Anforderungen zu stellen sind.[1116] Gegen das

---

1109 Stellungnahme BDI/BDA, a.a.O., S. 11.

1110 Stellungnahme DAV Nr. 54/2013, a.a.O., S. 12 f.

1111 *Willems*, ZIS 2015, 40, 44.

1112 *Hoven/Wimmer/Schwarz/Schumann*, NZWiSt 2014, 241, 244.

1113 Gesetzesentwurf, S. 19.

1114 *Kirch-Heim*, a.a.O., S. 208; *Kuhlmann*, a.a.O., S. 148.

1115 Zuletzt wurde Ende des Jahres 2012 ein Gesetzesentwurf vom Bündnis 90/Die Grünen vorgelegt (BT-Drucks. 17/11415; abrufbar unter: http://dip21.bundestag.de/dip21/btd/17/114/1711415.pdf; zuletzt abgerufen am 6.11.2014).

1116 *Kirch-Heim*, a.a.O., S. 206; *Kuhlmann*, a.a.O., S. 149.

Erfordernis einer rechtskräftigen Verurteilung würde sprechen, dass im Hinblick auf die spezialpräventive Ausrichtung eines solchen Unternehmensregisters eine effektive Gefahrenabwehr nicht mehr möglich wäre, weshalb in der Literatur vorgeschlagen wird, dass das Vorliegen zweifelsfreier Beweise, dass eine relevante Straftat begangen worden ist, ausreichen soll.[1117] Dieser Ansicht wird entgegengehalten, dass für die Entscheidung der unternehmerischen Zuverlässigkeit in der Praxis nur schwer zu beurteilen sein wird, welche Straftat tatsächlich Rückschlüsse auf die unternehmerische Zuverlässigkeit zulässt.[1118] Um dennoch die Effektivität eines solchen Unternehmensregisters nicht zu gefährden, wird deshalb vorgeschlagen, dass der jeweiligen Behörde eine Vielzahl an Informationen zur Verfügung gestellt werden sollen und es der Entscheidung der Behörde zu überlassen, die daraus folgenden Schlüsse in Bezug auf die Zuverlässigkeit des Unternehmens zu ziehen.[1119] Eine solche Lösung scheint zwar eine flexible Gestaltung bei der Auswahl des zu subventionierenden Verbandes zu ermöglichen, vermag im Ergebnis jedoch nicht zu überzeugen. Werden in das Register auch Straftaten eingetragen, für die zweifelsfreie Beweise nicht vorliegen, so kann damit ein schwerwiegender Eingriff in die Gewerbefreiheit des Verbandes verbunden sein.[1120] Denn in der Praxis könnte eine solche Eintragung für den subventionierten Verband eine Existenzgefährdung zur Folge haben.[1121] Diese Kritikpunkte lassen sich nicht völlig ausräumen. Die Einführung eines eigenständigen Registers ist jedoch aufgrund der Änderung des Bundeszentralregisters nicht notwendig. Allenfalls könnte daran gedacht werden, die Behörden in den jeweiligen vergaberechtlichen Vorschriften zu verpflichten, bei der Vergabe von Subventionen eine Auskunft aus dem Bundeszentralregister einzuholen.

5.2 Charakterisierung als Maßregel oder Strafe?

Unabhängig von der Notwendigkeit einer solchen Regelung ist als Zweites zu untersuchen, ob die Einordnung des Ausschlusses von Subventionen als eine Maßregel überzeugt. Entscheidend hierfür ist der eigentliche Zweck von Maßregeln, der darin besteht, spezialpräventiv auf den Täter einzuwirken und die Allgemeinheit in Zukunft vor der von ihm ausgehenden Gefährlichkeit zu schützen.[1122] Im Gesetzesentwurf wird deshalb klargestellt, dass die im Verbandsstrafgesetzbuch

1117 *Kirch-Heim*, a.a.O., S. 206; *Ruge*, DVP 2005, 96, 98.

1118 *Kuhlmann*, a.a.O., S. 149.

1119 *Kuhlmann*, a.a.O., S. 149.

1120 A.A.: *Lantermann*, ZRP 2013, 107, 109, der jedoch davon ausgeht, dass bei einer Eintragung der Einstellung des Verfahrens nach § 153 a StPO im Vergabeverfahren eine erneute Einzelfallentscheidung ergeht. Im Ergebnis ebenso: *Dann/Dann*, ZRP 2010, 256, die im Rahmen ihrer Begründung das Automatismus-Verbot in den Vordergrund stellen.

1121 Zum Vergaberecht: *Quardt*, BB 1997, 477, 478.

1122 Siehe bereits in Kapitel 3, D.1.

vorgesehenen Maßregeln nur verhängt werden dürfen, wenn ein gravierender Fall von Verbandskriminalität vorliegt.[1123] Dies kommt nach der von den Entwurfsverfassern gegebenen Begründung dadurch zum Ausdruck, dass die Verbandsmaßregeln alle nur im Fall einer Verbandsstraftat nach § 2 Abs. 1 VerbStrG-E, die durch einen Entscheidungsträger selbst begangen worden ist, verhängt werden können.[1124] Zur Begründung wird ausgeführt, dass nur § 2 Abs. 1 VerbStrG-E den Kernbereich der fehlerhaften Verbandsorganisation und die typischen Fälle einer kriminogenen Verbandsattitüde erfassen würde.[1125] Diese Begründung vermag so nicht zu überzeugen, da nach den vorherigen Ausführungen der Entwurfsverfasser[1126] beim Straftatbestand des § 2 Abs. 2 VerbStrG-E ebenfalls ein Organisationsmangel im Verband maßgeblich für die strafrechtliche Verantwortlichkeit ist. Es kann keinen Unterschied machen, dass die fehlerhafte Organisation auf der Ebene unterhalb der Entscheidungsträger existiert, da diesen gerade Überwachungspflichten treffen, dass keine Straftaten begangen werden und somit keine kriminelle Verbandsattitüde herrschen kann. Grundsätzlich ist der Vorwurf, der dem Entscheidungsträger selbst gemacht wird, im Rahmen des § 2 Abs. 2 VerbStrG-E zwar etwas geringer, da nach der vorgeschlagenen Regelung bereits eine Risikoerhöhung ausreichen soll, allerdings kann dies allein nicht das ausschlaggebende Argument sein, warum im Rahmen des § 2 Abs. 2 VerbStrG-E eine geringere Gefährlichkeit vom Verband ausgehen soll. Es ist nicht abwegig, dass gerade aufgrund der mangelnden Kontrolle durch Entscheidungsträger eine viel größere kriminelle Attitüde im gesamten Verband herrscht, als wenn nur einmalig eine Straftat unmittelbar durch einen Entscheidungsträger begangen wird. Die von den Entwurfsverfassern gegebene Argumentation ist daher nicht stringent. Zudem in dem Straftatbestand des § 2 Abs. 1 VerbStrG-E nicht ausreichend zum Ausdruck kommt, dass der Vorwurf, der dem Verband gemacht wird, in einer fehlerhaften Organisation liegt.[1127] Die von einem Verband ausgehende Gefährlichkeit kann daher bei beiden Straftatbeständen des § 2 VerbStrG-E gegeben sein, weshalb eine Differenzierung innerhalb der Maßregeln nicht vorzunehmen ist.

Darüber hinaus scheint der präventive Charakter des Ausschlusses von Subventionen fraglich, da von der Norm keine Voraussetzung aufgestellt wird, die eine naheliegende Gefahr weiterer Straftaten fordert.[1128] Allein die Tatsache, dass nach der Vorschrift Bedingung ist, dass eine Verbandsgeldstrafe von mehr als 180 Tagessätzen verhängt und die Zuwiderhandlung vorsätzlich begangen worden ist, vermag die Gefahr der Begehung weiterer Straftaten nicht zu begründen. Durch diese Anforderungen sind allein in der Vergangenheit abgeschlossene Umstände

1123 Gesetzesentwurf, S. 62.
1124 Gesetzesentwurf, S. 62 f.
1125 Gesetzesentwurf, S. 63.
1126 Gesetzesentwurf, S. 45 f.
1127 Siehe hierzu Ausführungen in Kapitel 3, B.4.2.
1128 *Schünemann*, ZIS 2014, 1, 16; *ders.* in: Stiftung Familienunternehmen, Verfassungswidrigkeit Unternehmensstrafrecht, S. 28; Stellungnahme DAV Nr. 54/2013, S. 26.

maßgeblich. Auf eine zukünftige Prognose kommt es hingegen nicht an. Hierbei muss vergleichbar zu den im Individualstrafrecht geltenden Grundsätzen darauf abgestellt werden, ob bei einer Gesamtwürdigung der Verbandsstraftat und den im Verband herrschenden Organisationsstrukturen davon auszugehen ist, dass in Zukunft von diesem weiterhin die Gefahr ausgeht, dass Mitarbeiter verbandsbezogene Zuwiderhandlungen begehen können. Zwar kann der Umstand, dass die verbandsbezogene Zuwiderhandlung vorsätzlich begangen worden ist, ein Indiz darstellen, welches zur Gefährlichkeit beitragen kann. Allerdings müssen aufgrund der drakonischen Strenge der Vorschrift[1129] alle Umstände des Einzelfalls bei der Gefährlichkeitsprognose berücksichtigt werden können. Ansonsten erweckt § 11 VerbStrG-E den Eindruck einer zusätzlichen Strafe.[1130] Dieser Normcharakter wird zusätzlich dadurch verstärkt, dass Verbände, die sich weitestgehend oder sogar ausschließlich über Subventionen finanzieren, durch die Versagung derselben in den wirtschaftlichen Ruin getrieben werden könnten.[1131] Ordnet ein Gericht also den gänzlichen Ausschluss von Subventionen an, wirkt dies auf den Verband wie eine Geldstrafe, was einen unzulässigen Formenmissbrauch darstellt, da die Vermögenseinbuße allein Aufgabe der Geldstrafe ist.[1132] Der präventive Gedanke, der nach der Gesetzesbegründung hinter dieser Maßregel stecken soll, kommt somit nicht zum Tragen. Wenn das Vorhaben einer Maßregel mit dem Inhalt des Ausschlusses von Subventionen weiterhin verfolgt werden soll, wäre § 11 Abs. 1 VerbStrG-E unter Berücksichtigung der bisher ausgeführten Kritikpunkte wie folgt zu verfassen:

> Wird der Verband wegen einer Verbandsstraftat zu einer Geldstrafe von mehr als 180 Tagessätzen verurteilt, so kann das Gericht unter Berücksichtigung der Gesamtumstände der Verbandsstraftat und der Würdigung der im Verband herrschenden Strukturen und Gewohnheiten, sofern diese die Begehung weiterer Straftaten vermuten lassen, anordnen, dass der Verband von Subventionen im Sinne des § 264 des Strafgesetzbuches ganz oder teilweise ausgeschlossen wird, es sei denn, dass auf die beantragte Subvention ein Rechtsanspruch besteht.

5.3 Kompetenz der Strafgerichte?

Des Weiteren ist zu erörtern, ob die deutschen Strafgerichte überhaupt die Kompetenz besitzen, den Ausschluss von Subventionen anzuordnen. Maßgeblich ist

1129 *Rübenstahl/Tsambikakis*, ZWH 2014, 8, 11; *Schünemann*, ZIS 2014, 1, 16; *ders.* in: Stiftung Familienunternehmen, Verfassungswidrigkeit Unternehmensstrafrecht, S. 27.

1130 *Schünemann*, ZIS 2014, 1, 16; *ders.* in: Stiftung Familienunternehmen, Verfassungswidrigkeit Unternehmensstrafrecht, S. 28.

1131 Siehe Fußnote zuvor.

1132 Vgl. *Zieschang*, GA 2014, 91, 105 in Bezug auf die öffentliche Bekanntgabe der Verurteilung. Dieser Gedanke kommt hier ebenfalls zum Tragen, da beide Sanktionen mittelbar die gleiche Wirkung zur Folge haben.

hierfür zum einen, welche Subventionen alle von der Vorschrift des § 11 VerbStrG-E erfasst sind und zum anderen die Frage, bei wem grundsätzlich die Kompetenz bei der Vergabe solcher Subventionen liegt. Nach dem Wortlaut der Vorschrift ist dem Verbandsstrafgesetzbuch der materielle Subventionsbegriff des § 264 Abs. 7 StGB zugrunde zu legen. Unter diesem sind Leistungen zu verstehen, die aus öffentlichen Mitteln nach Bundes- oder Landesrecht an Betriebe oder Unternehmen gewährt werden, ohne dass dieser teilweise eine marktmäßige Gegenleistung erbracht werden und diese teilweise der Förderung der Wirtschaft dienen soll. Ebenfalls darunter fallen Leistungen aus öffentlichen Mitteln nach dem Recht der Europäischen Gemeinschaften, die wenigstens zum Teil ohne marktmäßige Gegenleistungen gewährt werden. Es fallen jedoch nur direkt gewährte Zuwendungen unter diesen Subventionsbegriff, weshalb indirekte Subventionen, wie z.B. durch Steuernachlässe oder nach steuerrechtlichen Vorschriften gewährte direkte Zahlungen, nicht erfasst sind.[1133] Fraglich ist, ob auch reine unionsrechtliche Vertragssubventionen von der Vorschrift erfasst sind. Da sich weder in der Norm selbst noch in der Gesetzesbegründung Anhaltspunkte dafür finden lassen, dass auch auf Abs. 8 des § 264 StGB Bezug genommen wird, ist die Vorschrift dahingehend auszulegen, dass nur auf den materiellen Subventionsbegriff des § 264 Abs. 7 StGB verwiesen wird. Dies ist vor allem daraus zu schließen, dass sonst der Zusatz „es sei denn, dass auf die beantrage Subvention ein Rechtsanspruch besteht“ überflüssig wäre, da nach § 264 Abs. 8 StGB reine unionsrechtliche Vertragssubventionen nicht von der Vorschrift umfasst wären.[1134] Da aber nur im Falle einer Vertragssubvention ein Rechtsanspruch des Verbandes auf eine Subvention bestehen kann, erlangt dieser Zusatz in Zusammenschau mit dem Verweis auf § 264 StGB nur eigenständige Bedeutung, wenn reine Vertragssubventionen nicht von Anfang an nach § 264 Abs. 8 StGB ausgeschlossen sind. In der Folge ist nun zu erörtern, ob die Gerichte überhaupt einen Ausschluss von Subventionen anordnen können, was sich maßgeblich danach richtet, wem die Kompetenz bei der Vergabe von Subventionen zusteht. Grundsätzlich entscheidet über die Vergabe von den von der Norm erfassten Subventionen die öffentliche Verwaltung durch die jeweils zuständigen Behörden. Im Umkehrschluss bedeutet diese Zuständigkeit, dass über die Rücknahme bzw. den Ausschluss von Subventionen die gleichen Behörden zu entscheiden haben. Wird den Strafgerichten nun durch ein etwaiges Verbandsstrafgesetzbuch die Kompetenz eingeräumt, den Ausschluss von Subventionen anzuordnen, wird der öffentlichen Verwaltung quasi die Zuständigkeit in bestimmten Fällen entzogen. Dies stellt einen Eingriff in die Befugnisse der Behörden und anderer öffentlich-rechtlicher Körperschaften dar.[1135]

1133 *Fischer*, StGB, § 264 Rn. 7; *Perron* in: Schönke/Schröder, StGB, § 264 Rn. 10; *Tiedemann* in: Leipziger Kommentar, StGB, § 264 Rn. 41; *Wohlers/Mühlbauer* in: MüKo, StGB, § 264 Rn. 30.

1134 *Tiedemann* in: Leipziger Kommentar, StGB, § 264 Rn. 17, 46; *Wohlers/Mühlbauer* in: MüKo, StGB, § 264 Rn. 35 m.w.N.

1135 *Grützner*, CCZ 2015, 56, 60; Stellungnahme BDI/BDA, a.a.O., S. 11.

Sollte aus rechtspolitischer Sicht dennoch an einer solchen Maßregel festgehalten werden, wäre eine Zuständigkeit der Strafgerichte zwingend notwendig, um eine effektive Strafverfolgung gewährleisten zu können. Es wäre daher zu empfehlen eine zusätzliche Regelung zu treffen, die das Verhältnis der Zuständigkeit der Behörden und Strafgerichte zueinander regelt, um etwaige Rechtsunsicherheit zu vermeiden. Zudem sollte zusätzlich geklärt werden, wie der Informationsfluss zwischen der öffentlichen Verwaltung und den Strafgerichten in der Praxis ausgestaltet ist, um zu verhindern, dass ein Verband, gegen den die Maßregel des § 11 VerbStrG-E verhängt worden ist, eine Subvention von einer Behörde erhält, da diese von der Anordnung der Maßregel keine Kenntnis hatte. Es empfiehlt sich daher einen dritten Absatz in die Vorschrift einzufügen, der wie folgt lauten könnte:

> Für den Zeitraum der Anordnung nach Absatz 1 entfällt die behördliche Zuständigkeit. Eine während des Zeitraums der Anordnung nach Absatz 1 vergebene Subvention an den Verband ist von Anfang an unwirksam.

Auch muss aufgrund des im Rechtsstaatsprinzip verankerten Vertrauensgrundsatzes[1136] sichergestellt werden, dass nicht in bereits abgeschlossene Subventionsvergabeverfahren nachträglich eingegriffen wird. Fraglich ist, wie sich die Situation darstellt, wenn in einem laufenden Subventionsvergabeverfahren gegen einen Verband die Maßregel nach § 11 VerbStrG-E verhängt wird. Von Stimmen, die diesem Gesetzesentwurf äußert kritisch gegenüber stehen, wird vertreten, dass auch ein Eingriff in laufende Verfahren aus Gründen der Rechtssicherheit nicht erfolgen dürfe.[1137] Diese pauschale Aussage bedarf näherer Betrachtung, da die sog. unechte Rückwirkung bei Gesetzesänderungen, wenn also in noch nicht abgeschlossene Rechtsverhältnisse eingegriffen wird, durchaus zulässig ist.[1138] Dem könnte jedoch das in Art. 103 Abs. 2 GG verankerte Rückwirkungsverbot für Strafen entgegenstehen, wonach ein Täter nur bestraft werden kann, wenn die Strafe vor dem Zeitpunkt der Begehung der Straftat gesetzlich bestimmt war. Allerdings fallen unter das Rückwirkungsverbot Maßregeln der Besserung und Sicherung mangels Strafcharakter nicht.[1139] Dies muss auch im Verbandsstrafrecht gelten, da auch hier grundsätzlich – unabhängig von der konkreten Ausgestaltung der Normen – der Sinn und Zweck der Verbandsmaßregeln darin bestehen soll, auf den Verband spezialpräventiv einzuwirken und die Allgemeinheit vor der Gefahr der weiteren Begehung von Straftaten durch den Verband zu schützen. Dies vermag nur zu überzeugen, solange man den Ausschluss von Subventionen als eine Maßregel charakterisiert. Eine solche Einordnung ist jedoch aufgrund der vorherigen Ausführungen äußerst bedenklich, da der

---

1136 Ausführliche Darstellung zur Differenzierung zwischen echter und unechter Rückwirkung bei Erlass von neuen Gesetzen bei: *Grzeszick* in: Maunz/Düring, GG, Art. 20 Rn. 70 ff.

1137 Stellungnahme BDI/BDA, a.a.O., S. 11.

1138 *Grzeszick* in: Maunz/Düring, GG, Art. 20 Rn. 76.

1139 *Radtke/Hagemeier* in: BeckOK, GG, Art. 103 Rn. 42.

Ausschluss von Subventionen zur Existenzgefährdung eines Verbandes führen kann und somit ebenfalls eine strafende Funktion innehat.[1140] Demzufolge kann auch ein Eingriff in laufende Subventionsvergabeverfahren aus Gründen des Rückwirkungsverbots und der Rechtssicherheit nicht erfolgen. In § 11 VerbStrG-E sollten daher folgende Ergänzungen in einem vierten Absatz aufgenommen werden:

> Laufende Subventionsvergabeverfahren bleiben vom Erlass dieses Gesetzes unberührt.

5.4 Ausnahme: Rechtsanspruch auf Subvention

Das Gericht kann nach § 11 Abs. 1 VerbStrG-E keinen Ausschluss von Subventionen anordnen, wenn ein Rechtsanspruch auf diese besteht. Es gilt daher zu untersuchen, wann ein Rechtsanspruch besteht und welche Auswirkung diese Ausnahme auf den Anwendungsbereich der Vorschrift hat. Die Entwurfsverfasser haben sich auch bei dieser Ausnahmeregelung an der Vorschrift des § 98 b Abs. 2 Nr. 1 AufenthG orientiert.[1141] Da sich zu der Herausnahme von Subventionen, auf die ein Rechtsanspruch besteht, keine Ausführungen in der Gesetzesbegründung finden, ist auf die Literatur zu § 98 b AufenthG zurückzugreifen. In den zu dieser noch jungen Vorschrift existierenden Stellungnahmen wird insbesondere kritisiert, dass durch die Ausnahmeregelung der in der Praxis relevante Anwendungsbereich der vertraglich geregelten Subventionsvergabe von der Vorschrift ausgenommen ist, was zu einer Umgehungsmöglichkeit der Sanktionierung führe.[1142] Die weiterhin vorgetragene Kritik der Unionsrechtswidrigkeit ist vorliegend nicht von Bedeutung, da § 98 b AufenthG aufgrund der Richtlinie 2009/52/EG eingeführt worden ist, welche für ein etwaiges Verbandsstrafgesetzbuch keine Wirkung entfaltet. Der zu § 98 b AufenthG vorgebrachten Kritik der Umgehungsmöglichkeit ist insoweit zuzustimmen, als dass bei der Gewährung vertraglicher Subventionen die Vorschrift des § 11 VerbStrG-E nicht zur Anwendung gelangt. Da zu der Ausnahmeregelung in § 98 b AufenthG noch keine tatsächlichen Erkenntnisse vorliegen, sind zuverlässige Aussagen nicht möglich. Es besteht jedenfalls die Gefahr, dass die Vorschrift in der Praxis umgangen werden kann, indem die Vergabe von Subventionen nur noch vertraglich erfolgt, da aufgrund des Wortlauts der Vorschrift („es sei denn") im Falle des Bestehens eines Rechtsanspruches eine Ermessensreduzierung auf Null vorliegt. Bei der Befürwortung einer solchen Regelung sollte daher auch ein weiter Anwendungsbereich geschaffen werden, weshalb die Entwurfsverfasser eine Herausnahme der Ausnahmeregelung überdenken sollten. Nur dann kann der Sinn und Zweck des Ausschlusses von Subventionen unter Berücksichtigung des Gleichheitssatzes überhaupt erfüllt werden. Andernfalls würden Verbände, die vertragliche Subventionen erhalten, besser gestellt als Verbände, die mit einer Subvention durch

---

1140 Siehe hierzu Kapitel 3, D.5.2.

1141 Gesetzesentwurf, S. 62.

1142 *Huber*, NZA 2012, 477, 479; *Wunderle* in: Bergmann/Dienelt, AufenthG, § 98b Rn. 11.

einen Verwaltungsakt begünstigt wurden. Allerdings hätte eine solche Erweiterung einen noch größeren Eingriff in die Betätigung eines Verbandes zur Folge, der sich (größtenteils) über Subventionen finanziert. Jedoch könnte bei Festhalten an einer solchen Regelung nur auf diese Weise gewährleistet werden, dass der Anwendungsbereich der Vorschrift nicht leerzulaufen droht.

6. Ausschluss von der Vergabe öffentlicher Aufträge

In § 4 Abs. 2 Nr. 2 VerbStrG-E wird als weitere Maßregel der Ausschluss von der Vergabe öffentlicher Aufträge festgesetzt, welcher in § 10 VerbStrG-E geregelt ist. Nach dieser Ermessensvorschrift kann ein Gericht den teilweisen oder gänzlichen Ausschluss von der Vergabe öffentlicher Aufträge anordnen, wenn der Verband wegen einer Straftat nach § 2 Abs. 1 VerbStrG-E zu einer Geldstrafe von mehr als 180 Tagessätzen verurteilt worden ist und die Straftat unter Verletzung von Pflichten begangen wurde, die mit der Erfüllung von Liefer-, Bau- oder Dienstleistungsaufträgen verbunden sind. Bei dieser Regelung stellen sich im Wesentlichen drei Fragen: Ist eine solche Regelung in einem Verbandsstrafgesetzbuch erforderlich oder sind andere Alternativen, wie z.B. die Errichtung eines Korruptionsregisters, zu bevorzugen? In welchem Verhältnis steht § 10 VerbStrG-E zu anderen Vorschriften, die den Ausschluss von der Vergabe öffentlicher Aufträge vorsehen? Handelt es sich bei der Norm in der vorgeschlagenen Fassung tatsächlich um eine Maßregel?

6.1 Notwendigkeit der Regelung

Zunächst stellt sich, ähnlich wie bei der Maßregel des Ausschlusses von Subventionen, bei der Maßregel des Ausschlusses von der Vergabe öffentlicher Aufträge die Frage nach der Notwendigkeit einer solchen Regelung. In der Literatur wird eine Notwendigkeit einer solchen Maßregel verneint.[1143] Zur Begründung wird angeführt, dass es im Wirtschaftsverwaltungsrecht und Gesellschaftsrecht bereits Regelungen gibt, mit denen das Fehlverhalten effektiv genug geahndet werden kann.[1144] Zu nennen sind hierbei insbesondere §§ 98 c AufenthG, 21 AEntG und 9 Abs. 3 brandenburgisches Vergabegesetz. Auch besteht die Möglichkeit, Verbänden erteilte Genehmigungen zu entziehen und die Ausübung bestimmter Tätigkeiten zu untersagen, wie es z.B. §§ 20 BImSchG und 35 GewO vorsehen.[1145] Darüber hinaus ist aufgrund der „Ultima Ratio-Funktion des Strafrechts“[1146] eine Maßregel

1143 *Hoven/Wimmer/Schwarz/Schumann*, NZWiSt 2014, 241, 244; *Rübenstahl*, ZRFC 2014, 26, 33; *Schünemann*, ZIS 2014, 1, 16; *ders.* in: Stiftung Familienunternehmen: Verfassungswidrigkeit Unternehmensstrafrecht, S. 28; Stellungnahme BDI/BDA, a.a.O., S. 11.

1144 *Rübenstahl*, ZRFC 2014, 26, 33; *Schünemann*, ZIS 2014, 1, 16; *ders.* in: Stiftung Familienunternehmen: Verfassungswidrigkeit Unternehmensstrafrecht, S. 28.

1145 Stellungnahme DAV Nr. 54/2013, S. 13.

1146 *Wessels/Beulke/Satzger*, Strafrecht AT Rn. 9.

nur dann erforderlich, wenn diese einem wirksamen Rechtsgüterschutz dient. Dieser kann aber auch durch wirtschaftsverwaltungsrechtliche Vorschriften erreicht werden, was durch die bereits existierenden Vorschriften statuiert wird. Zudem wird in der älteren Literatur, die sich mit der Frage beschäftigt, ob der Ausschluss von der Vergabe öffentlicher Aufträge als Maßregel ausgestaltet werden sollte, eine ablehnende Haltung eingenommen.[1147] Argumentativ wird dies zum einen mit dem im Wirtschaftsverwaltungsrecht existierenden differenzierten Instrumentarium[1148], zum anderen mit der Europarechtswidrigkeit einer generellen Regelung über den Ausschluss von der Vergabe öffentlicher Aufträge belegt[1149]. Letzteres Argument ist darauf zurückzuführen, dass die europäische Koordinierungsrichtlinie[1150] nur für das jeweilige konkrete Vergabeverfahren eine Ausschlussmöglichkeit vorsieht.[1151] Hintergrund ist, dass in jedem Vergabeverfahren erneut die Zuverlässigkeit des Verbandes überprüft werden können soll, weshalb ein gänzlicher Ausschluss von der Vergabe öffentlicher Aufträge als unverhältnismäßig betrachtet wird. Teilweise wird diese Vorgehensweise auch kritisiert.[1152] Angeführt wird, dass durch Ausschlüsse bei nur einzelnen Vergabeverfahren erhebliche Kosten und eine gewisse Rechtsunsicherheit bei Mitbewerbern entstehen. Ökonomischer erscheint daher eine Regelung, die den Ausschluss von der Vergabe öffentlicher Aufträge für einen bestimmten Zeitraum vorsieht, wie es der Entwurf vorsieht. Allerdings sollten zugleich Möglichkeiten geschaffen werden, mithilfe derer die Verbände eine vorzeitige Aufhebung des Ausschlusses beantragen können. Festzuhalten bleibt, dass eine solche Regelung bevorzugt im Vergaberecht zu verorten ist, da auch die Vergabe im öffentlichen Verwaltungsrecht geregelt ist. Nur so können auch gewisse Kompetenzschwierigkeiten vermieden werden.[1153] Um einen ausreichenden Austausch zwischen der öffentlichen Verwaltung und den Strafgerichten gewährleisten zu können, wird in der Literatur die Errichtung eines sog. Korruptionsregisters vorgeschlagen.[1154] Durch ein solches spezielles Register soll gewährleistet werden, dass bei der Vergabe öffentlicher Aufträge den entscheidenden Behörden ausreichend Informationen zur

1147 *Engelhart*, a.a.O., S. 701; Kirch-Heim, a.a.O., S. 204.

1148 *Engelhart*, a.a.O., S. 701.

1149 *Kirch-Heim*, a.a.O., S. 203 f.

1150 Richtlinie 2004/18/EG des Europäischen Parlaments und des Rates vom 31. März 2004 über die Koordinierung der Verfahren zur Vergabe öffentlicher Bauaufträge, Lieferaufträge und Dienstleistungsaufträge, ABl. EG 2004 Nr. L 134/114.

1151 *Kirch-Heim*, a.a.O., S. 204 m.w.N.

1152 *Pietzcker*, NZBau 2003, 242, 247.

1153 Siehe dazu bereits die Ausführungen zum Ausschluss von Subventionen in Kapitel 3, D.5.3. Im Ergebnis ebenso *Willems*, ZIS 2015, 40, 44.

1154 *Engelhart*, a.a.O., S. 701; *Kirch-Heim*, a.a.O., S. 205; *Kuhlmann*, a.a.O., S. 148; *Ruge*, DVP 2005, 96 ff.

Verfügung gestellt werden.[1155] Ein solches bundesweites Korruptionsregister[1156] ist aufgrund der im Gesetzesentwurf vorgeschlagenen Einführung des § 9 BZRG nicht notwendig, da durch dessen Absatz 3 sichergestellt wird, dass die Behörden Einsicht in das Bundeszentralregister erhalten und so ausreichende Anhaltspunkte für ihre Zuverlässigkeitsprüfung im Rahmen der Vergabe öffentlicher Aufträge nach § 97 Abs. 4 GWB erhalten. Zwar zeigen die mit in Berlin und Nordrhein-Westfalen existierenden Korruptionsregister gemachten Erfahrungen, dass die Eintragung in ein solches Register wirksamer sein kann als eine strafrechtliche Verfolgung oder die Verhängung gewerberechtlicher Sanktionen, da Verbände, die von der Vergabe öffentlicher Aufträge abhängig sind, eine Eintragung nicht riskieren wollen, um eine Bedrohung ihrer Existenz zu verhindern.[1157] Dennoch ist die Einführung einer Maßregel mit demselben Inhalt nicht erforderlich. Es könnte allenfalls angedacht werden, in den vergaberechtlichen Vorschriften einen Zusatz aufzunehmen, dass die Behörden zur Einholung eines BZRG-Auszugs bei der Prüfung der Zuverlässigkeit verpflichtet sind.[1158] Auf diese Weise könnte durch ein milderes Mittel gewährleistet werden, dass Verbände von öffentlichen Aufträgen ausgeschlossen werden, wenn gegen sie zuvor eine Verbandsgeldstrafe oder -maßregel verhängt worden ist.

6.2 Verhältnis zu anderen Vergaberegelungen

Sollte die Verbandsmaßregel des Ausschlusses von der Vergabe öffentlicher Aufträge dennoch eingeführt werden, so stellt sich die Folgefrage, in welchem Verhältnis die Maßregel zu Regelungen über den Ausschluss von der Vergabe öffentlicher Aufträge in anderen Gesetzen steht. Zu denken ist hier an die bereits erwähnten §§ 98c AufenthG, 21 AEntG, 9 Abs. 3 brandenburgisches Vergabegesetz, aber auch an die Regelungen in den Tariftreuegesetzen, wie z.B. § 13 TariftreueG Nordrhein-Westfalen. Letztere Vorschrift besagt, dass Unternehmen von der öffentlichen Auftragsvergabe von bis zu drei Jahren ausgeschlossen werden können, wenn sie oder ein von ihnen beauftragter Nachunternehmer gegen ihre Pflicht verstoßen eine Verpflichtungserklärung abzugeben, dass sie den im Tariftreuegesetz geforderten Mindestlohn

1155 Siehe hierzu bereits die Ausführungen zum Ausschluss von Subventionen in Kapitel 3, D.5.1.

1156 Zuletzt wurde der Erlass eines solchen Korruptionsregisters diskutiert, als im Jahr 2012 von der Bündnis 90/Die Grünen-Fraktion dem Bundestag ein entsprechender Gesetzesentwurf (Drucksache 17 /11415, abrufbar unter: http://dip21.bundestag.de/dip21/btd/17/114/1711415.pdf; zuletzt abgerufen am 19.11.2014) vorgelegt worden ist. Die Bundesregierung äußerte sich auf eine Kleine Anfrage von Bündnis 90/Die Grünen (a.a.O.), dass die Einführung eines bundesweiten Registers geprüft werden soll.

1157 *Lantermann*, ZRP 2013, 107, 108; Zu den in Hamburg und Schleswig-Holstein im Dezember 2013 eingeführten Korruptionsregistern lässt sich noch keine zuverlässige Aussage über deren Wirkung treffen.

1158 *Engelhart*, a.a.O., S. 701.

zahlen. Ein solcher Verstoß kann z.B. darin bestehen, dass ein Unternehmen eine solche Erklärung fälschlicherweise abgibt, obwohl es seinen Arbeitnehmern keinen Mindestlohn zahlt, ein solches Dokument dennoch vorlegt und den Zuschlag für einen Auftrag erhält. Durch die Vorlage eines solchen unrichtigen Dokuments ist der Straftatbestand des (versuchten) Betruges zum Nachteil des sonst aussichtsreichsten Mitbewerbers erfüllt.[1159] In einem solchen Fall kommt daher in einem etwaigen Strafverfahren gegen den Verband sowohl die Maßregel des § 10 VerbStrG-E in Betracht als auch – unterstellt der Fall ist vom Anwendungsbereich des nordrhein-westfälischen Tariftreuegesetzes erfasst – ein Ausschluss von der Teilnahme am Wettbewerb nach § 13 TariftreueG Nordrhein-Westfalen. Da beide Vorschriften dieselbe Rechtsfolge anordnen, ist deren Verhältnis zueinander maßgeblich.[1160] Da das Strafrecht aufgrund des Über-Unterordnungsverhältnisses zwischen Bürger und Staat ein Teilgebiet des öffentlichen Rechts darstellt[1161], könnte man der Auffassung sein, dass § 10 VerbStrG-E gegenüber vergleichbaren Vorschriften im Wirtschaftsverwaltungsrecht als speziellerer Norm Vorrang einzuräumen ist. Allerdings lässt sich dies weder dem Wortlaut der Norm noch dem Sinn des § 10 VerbStrG-E entnehmen. Allein die Tatsache, dass das Strafrecht Teil des öffentlichen Rechts ist, kann eine Spezialität nicht begründen, da die beiden Rechtsgebiete letztlich gemein haben, dass sie das Verhältnis zwischen Bürger und Staat regeln. Eine Spezialität könnte sich allerdings mit der bereits erwähnten „Ultima Ratio-Funktion des Strafrechts“ begründen lassen. Sollte der Gesetzgeber die so vorgeschlagene Maßregel erlassen, um den Rechtsgüterschutz zu gewährleisten, dann wird der strafrechtlichen Regelung Vorrang vor den verwaltungsrechtlichen Vorschriften zukommen, um diesem Zweck gerecht werden zu können. Jedoch kann es auch nicht Sinn und Zweck der Vorschrift sein, dass das Gericht die Maßregel verhängen kann, wenn ein behördlicher Ausschluss bereits ausgesprochen worden ist. Eine solch doppelte Verhängung wäre unangemessen und würde zudem aus ökonomischer Sicht der Staatskasse wenig Sinn machen. Es müsste daher aus Gründen der Rechtssicherheit in § 10 Abs. 1 VerbStrG-E folgende Ergänzung aufgenommen werden:

> Die Anordnung nach Satz 1 kann das Gericht nur aussprechen, sofern ein Ausschluss von der Vergabe öffentlicher Aufträge nicht bereits nach Maßgabe der öffentlich-rechtlichen Vorschriften durch die Behörden ausgesprochen worden ist. Bei parallel eingeleiteten Ausschlussverfahren ist das behördliche Verfahren einzustellen.

1159 Beispiel angelehnt an BGH NJW 1962, 973.

1160 Die Problematik eines Doppelbestrafungsverbots wird durch den vorliegenden Gesetzesentwurf umgangen, da der Ausschluss von der Vergabe öffentlicher Aufträge als Maßregel ausgestaltet ist und es sich dabei nicht um eine Strafe im Sinne des Art. 103 Abs. 3 GG handelt.

1161 *Joecks* in: MüKo, StGB, Einleitung Rn. 7; *Wessels/Beulke/Satzger*, Strafrecht AT Rn. 4.

6.3 Charakterisierung als Maßregel oder als Strafe?

Zuletzt ist zu erörtern, ob es sich bei der Möglichkeit des Gerichts, den Ausschluss von der Vergabe öffentlicher Aufträge anzuordnen, tatsächlich um eine Maßregel handelt. Maßgeblich hierfür ist die präventive Wirkung der Vorschrift und die damit verbundene Notwendigkeit die Allgemeinheit aufgrund der Gefährlichkeit des Täters vor diesem zu schützen. Nach der Ansicht der Entwurfsverfasser komme die Verhängung einer Maßregel nur in schwerwiegenden Fällen in Betracht, was dadurch zum Ausdruck käme, dass die Verhängung nur bei Verbandsstraftaten nach § 2 Abs. 1 VerbStrG-E möglich sei.[1162] Dies vermag so nicht zu überzeugen, da auch im Rahmen des § 2 Abs. 2 VerbStrG-E die in einem Verband herrschenden kriminellen Strukturen gleichermaßen zum Ausdruck kommen können.[1163] In der Literatur wird die Vorschrift des § 10 VerbStrG-E stark kritisiert.[1164] Zur Begründung wird vor allem der pönalisierende Charakter der Vorschrift angeführt. Durch die derzeitige Fassung der Vorschrift kann für Verbände, die hauptsächlich im öffentlichen Bau- und Dienstleistungssektor tätig sind, die Anordnung des Ausschlusses von der Vergabe öffentlicher Aufträge das wirtschaftliche Aus bedeuten. Hierdurch kommt der Maßregel des § 10 VerbStrG-E ebenfalls die Funktion der Vermögenseinbuße zu, welche allein der Verbandsgeldstrafe zuzuschreiben ist. Darin ist ein unzulässiger Formenmissbrauch zu sehen.[1165] Zusätzlich kann diese Ansicht darauf gestützt werden, dass § 10 VerbStrG-E, ebenfalls wie § 11 VerbStrG-E, nicht darauf abstellt, dass eine Gefahr der Begehung weiterer Straftaten vom Verband ausgeht. Es fehlt daher an einer präventiven Ausrichtung der Regelung.[1166] Die im Individualstrafrecht an Maßregeln gestellten Anforderungen werden durch den derzeitigen Vorschlag nicht annähernd eingehalten, weshalb hierin auch ein Verstoß gegen den Gleichbehandlungsgrundsatz zu sehen ist. Zwar kann, wie bereits mehrfach erläutert, aufgrund der Wesensverschiedenheit von Individuum und Verband kein vollständiger Gleichlauf bei der strafrechtlichen Verantwortlichkeit erreicht werden, dennoch sollte eine möglichst genaue Annäherung das Ziel sein. Allein die Angabe der Mindestanzahl der Tagessätze der gegen den Verband verhängten Geldstrafe reicht für die Prognose der Gefährlichkeit nicht aus. Auch wird aus der Gesetzesbegründung nicht ersichtlich, warum bei § 10 VerbStrG-E im Gegensatz zur Maßregel des § 11 VerbStrG-E die fahrlässige Begehung der verbandsbezogenen Zuwiderhandlung ausreichen soll. Dies erscheint insoweit inkonsequent, als dass beide Maßregeln die gleichen Konsequenzen nach sich ziehen können, nämlich die Existenz des

1162 Gesetzesentwurf, S. 62 f.

1163 Siehe dazu bereits die Darstellung in Kapitel 3, D.5.2.

1164 *Hoven/Wimmer/Schwarz/Schumann*, NZWiSt 2014, 241, 244; *Römermann*, GmbHR 2014, 1, 10; *Schünemann*, ZIS 2014, 1, 16; *ders.* in: Stiftung Familienunternehmen: Verfassungswidrigkeit Unternehmensstrafrecht, S. 28.

1165 Siehe hierzu die Ausführungen in Kapitel 3, D.5.2.

1166 *Schünemann*, ZIS 2014, 1, 16; *ders.* in: Stiftung Familienunternehmen: Verfassungswidrigkeit Unternehmensstrafrecht, S. 28; Stellungnahme DAV, Nr. 54/2013, S. 25.

Verbandes auf jeden Fall zu gefährden. Es sollten daher auch die gleichen Anforderungen an die beiden Normen gestellt werden. Unter Berücksichtigung der vorherigen Ausführungen und angelehnt an den Änderungsvorschlag zu § 11 VerbStrG-E sollte § 10 Abs. 1 S. 1 VerbStrG-E wie folgt gefasst werden:

> Wird der Verband wegen einer Verbandsstraftat zu einer Geldstrafe von mehr als 180 Tagessätzen verurteilt, so kann das Gericht unter Berücksichtigung der Gesamtumstände der Verbandsstraftat und der Würdigung der im Verband herrschenden Strukturen und Gewohnheiten, sofern diese die Begehung weiterer Straftaten vermuten lassen, anordnen, dass der Verband als Bewerber oder Bieter vom Wettbewerb um Liefer-, Bau- oder Dienstleistungsaufträge öffentlicher Auftraggeber nach § 98 Nummer 1 bis 3, 5 und 6 des Gesetzes gegen Wettbewerbsbeschränkungen ganz oder teilweise ausgeschlossen wird, wenn die Straftat unter Verletzung von Pflichten begangen wurde, die mit der Erfüllung von Liefer-, Bau- oder Dienstleistungsaufträgen verbunden sind.

7. Verbandsauflösung

Als dritte Maßregel soll nach § 4 Abs. 2 Nr. 3 VerbStrG-E die Verbandsauflösung angeordnet werden können. Diese bereits in anderen Vorschriften[1167] existierende Sanktion hat in der Praxis bisher wenig Bedeutung erlangt.[1168] Dennoch haben die Entwurfsverfasser in § 12 VerbStrG-E die Voraussetzungen dieser Maßregel niedergelegt. Nach der Norm kann das Gericht die Auflösung des Verbandes, soweit diese nach dem bürgerlichen Recht vorgesehen ist, anordnen, wenn eine Straftat im Sinne des § 2 Abs. 1 VerbStrG-E beharrlich wiederholt worden ist und die Gesamtwürdigung der Tatumstände und der Organisation des Verbandes die Gefahr erkennen lässt, dass bei Fortbestand des Verbandes dessen Entscheidungsträger weiter erhebliche rechtswidrige Zuwiderhandlungen der bezeichneten Art begehen werden. Bei Lektüre dieser Norm stellen sich bei näherer Betrachtung sechs folgende Fragen: Warum ist die Verbandsauflösung als Maßregel ausgestaltet? Warum sind vom Anwendungsbereich der Norm nur zivilrechtliche Verbände erfasst? Wann ist das Merkmal der Beharrlichkeit erfüllt? Welche Folgen hat eine Verbandsauflösung in der Praxis?[1169] Steht § 12 VerbStrG-E im Einklang mit der in Art. 9 GG verankerten Vereinigungsfreiheit? Ist eine Vereinbarkeit mit der in Art. 14 GG niedergelegten Eigentumsfreiheit gegeben?

1167 §§ 62 GmbHG, 396 AktG, 81 GenG.

1168 *Engelhart*, a.a.O., S. 427; *Witte/Wagner*, BB 2014, 643, 645.

1169 Zu der Tatsache, dass auch von § 12 VerbStrG-E nur die Verbandsstraftat nach § 2 Abs. 1 VerbStrG-E erfasst sein soll, wird auf die Ausführungen in Kapitel 3, D.5.2 Bezug genommen.

7.1 *Ausgestaltung als Maßregel*

Zunächst ist zu untersuchen, ob die Ausgestaltung der Auflösung des Verbandes als Maßregel überzeugt oder ob es sich hierbei nicht eigentlich um eine Strafe im eigentlichen Sinne handelt. Maßgeblich ist daher, wie diese Sanktion ausgerichtet ist, ob sie (spezial-) präventiv oder repressiv ausgestaltet ist. Um hierzu konkrete Aussagen treffen zu können, ist der Wortlaut der Vorschrift zu untersuchen. Nach diesem ist erforderlich, dass ein Verband eine Verbandsstraftat beharrlich wiederholt hat und die Gesamtwürdigung der Tatumstände und der Organisation des Verbandes die Gefahr erkennen lässt, dass bei Fortbestand des Verbandes dessen Entscheidungsträger weitere erhebliche rechtswidrige Zuwiderhandlungen begehen werden. Hierdurch wird das bei den Vorschriften §§ 10 und 11 VerbStrG-E bemängelte Abstellen auf eine bestehende Gefahr der Begehung zukünftiger Straftaten deutlich zum Ausdruck gebracht. Es wird daher jedenfalls versucht, den Charakter als Maßregel in den Vordergrund zu stellen. Dennoch bestehen Bedenken die Verbandsauflösung als Maßregel auszugestalten, da sie aufgrund ihres „ultima ratio-Charakters" die schwerste den Verband treffende Sanktion darstellt, quasi eine Art „Todesstrafe".[1170] In Frankreich ist die Verbandsauflösung daher in Art. 131–39 Nr. 1 code penal als Strafe, also repressiv, ausgestaltet. Voraussetzung nach dieser Vorschrift ist jedoch, dass für die Straftat eine Freiheitsstrafe gegen natürliche Personen von mehr als fünf Jahren vorgesehen ist und die juristische Person sich von dem eigentlichen Zweck des Unternehmens abgewendet hat, um solche Straftaten zu begehen.[1171] Die Vorschrift des § 12 VerbStrG-E lässt vermuten, dass eine Verbandsauflösung ebenfalls nur in solchen Fällen angeordnet werden soll, in denen der einzige Zweck des Verbandes darin besteht Straftaten zu begehen.[1172] Aufgrund dieses Regelungszwecks steht jedoch der repressive Gedanke im Vordergrund und die für eine Maßregel kennzeichnende spezialpräventive Komponente entfällt gänzlich.[1173] Durch die Auflösung wird es den Entscheidungsträgern nicht ermöglicht, positiv auf die im Verband herrschenden Strukturen und die Mitarbeiter, die in die verbandsbezogene Zuwiderhandlung verwickelt waren oder diese sogar begangen haben, einzuwirken.[1174] Dem kann auch nicht entgegengehalten werden, dass es ausreicht, dass der Sinn der Vorschrift darin besteht, die Allgemeinheit vor

---

1170 *Ehrhardt*, a.a.O., S. 253; *Görtz*, WiJ 2014, 8, 13; *Haubner*, DB 2014, 1358, 1360; *Kirch-Heim*, a.a.O., S. 209; *Kuhlmann*, a.a.O., S. 151; *Rübenstahl*, ZRFC 2014, 26, 32; *Rübenstahl/Tsambikakis*, ZHW 2014, 8, 11; *Schwinge*, Strafrechtliche Sanktionen gegenüber Unternehmen im Bereich des Umweltstrafrechts, S. 157; *Wohlers* in: Kempf, Unternehmensstrafrecht, S. 240.

1171 *Dannecker*, GA 2001, 101, 126; ebenfalls in Betracht ziehen *Ehrhardt*, a.a.O., S. 253, *Engelhart*, a.a.O., S. 696 und *Kindler*, a.a.O., S. 305 f. eine Ausgestaltung als repressive Sanktion; a.A.: *Kirch-Heim*, a.a.O., S. 210.

1172 *Görtz*, WiJ 2014, 8, 13; *Rübenstahl*, ZRFC 2014, 26, 32.

1173 *Dannecker*, GA 2001, 101, 126; Stellungnahme DAV, Nr. 54/2013, S. 25.

1174 *Schwinge*, a.a.O., S. 156.

der Begehung weiterer Straftaten ausgehend von dem Verband zu schützen, da Maßregeln immer eine Einwirkung auf den Täter für eine positive Entwicklung in der Zukunft bezwecken. Dies kann durch eine Verbandsauflösung gerade nicht erfolgen. Auch hier ist wieder ein Blick in das Individualstrafrecht zu erwägen, um nicht den möglichst weitgehenden Gleichlauf der Bestrafung von Verbänden mit der Bestrafung von Individuen aus dem Auge zu verlieren. Im Individualstrafrecht ist es innerhalb des Maßregelrechts, selbst bei den freiheitsentziehenden Maßnahmen wie z.B. der Unterbringung in einem psychiatrischen Krankenhaus, maßgeblich, ob die Voraussetzungen während der Höchstdauer der Unterbringung von zwei Jahren tatsächlich dauerhaft vorliegen. Geht von dem Täter keine Gefahr mehr aus, so kann die Unterbringung vom Gericht für erledigt erklärt oder zur Bewährung ausgesetzt werden (§ 67 e StGB). Dies hat zur Folge, dass es dem Täter selbst bei den schwerwiegenden Maßnahmen ermöglicht wird, nach positiver Einwirkung, seine Lebensziele weiter zu verfolgen. Dies wird dem Verband durch die Auflösung versagt.[1175] Eine Einwirkung und somit Verbesserung ist schlechthin ausgeschlossen, weshalb eine Regelung der Verbandsauflösung allein als Strafe in Betracht zu ziehen wäre. Unter Anknüpfung an enge Voraussetzungen, wie sie der Gesetzesentwurf teilweise vorsieht, ist eine solche Regelung durchaus zu befürworten, da sie dazu dient die Allgemeinheit zu schützen, insbesondere dann, wenn dieser Schutz durch das Ergreifen anderer Maßnahmen nicht erreicht werden kann.[1176]

7.2 Sanktionsadressat des § 12 VerbStrG-E

Die Maßregel der Auflösung kann das Gericht nur gegen Verbände verhängen, bei denen eine Auflösung in den Vorschriften des bürgerlichen Rechts vorgesehen ist. Eine Auflösung von juristischen Personen des öffentlichen Rechts, die grundsätzlich vom Anwendungsbereich des Verbandsstrafgesetzbuches nach § 1 Abs. 1 VerbStrG-E erfasst sind, scheidet dem Wortlaut des § 12 VerbStrG-E nach aus.[1177] Mit dieser Herausnahme der juristischen Personen des öffentlichen Rechts als Adressat der Maßregel entsteht eine Ungleichbehandlung gegenüber juristischen Personen des Privatrechts. Fraglich ist, ob sich diese Ungleichbehandlung durch einen sachlichen Grund rechtfertigen lässt und daher willkürfrei ist.[1178] Die Gesetzesbegründung führt zu dieser Thematik an, dass die Zuständigkeit der Auflösung von Vereinen bei den Landesministerien bzw. bei länderübergreifenden Vereinen beim

---

1175 Zu der Frage der Umgehungsmöglichkeit durch Gründung eines neuen Verbandes siehe sogleich in Kapitel 3, D.7.2.

1176 *Dannecker*, GA 2001, 101, 126; a.A.: Stellungnahme BDI/BDA, a.a.O., S. 12, die eine Verbandsauflösung gänzlich ablehnen, aufgrund der damit verbundenen Bestrafung aller Arbeitnehmer. Auf dieses Argument wird sogleich in Kapitel 3, D.7.3. eingegangen.

1177 *Römermann*, GmbHR 2014, 1, 10.

1178 Siehe zum Meinungsstand in Bezug auf die Rechtfertigungsanforderungen an Art. 3 GG *Kischel* in: BeckOK, GG, Art. 3 Rn. 24–64.

Bundesministerium des Inneren liege, weshalb aus Gründen der Einheitlichkeit und der Vermeidung von Abgrenzungsschwierigkeiten der Anwendungsbereich des § 12 VerbStrG-E auf Fälle der Verbandsauflösung nach bürgerlichem Recht beschränkt sei.[1179] Zu hinterfragen ist, ob es sich bei diesem Argument – der befürchteten, sich überschneidenden Zuständigkeiten – um einen sachlichen Grund handeln kann, welcher eine Ungleichbehandlung zu rechtfertigen vermag. Dies erscheint zweifelhaft, da es sich bei dem Verbot nach § 3 VereinsG um eine Regelung handelt, um bei der fortgesetzten Begehung von Ordnungswidrigkeiten durch die jeweils zuständige Stelle das Verbot durch Erlass eines Verwaltungsakts mit Wirkung gegenüber allen festzustellen.[1180] Wenn die Auflösung des Verbandes hingegen auf die Begehung einer Straftat zurückzuführen ist, so sind die geeigneten Sanktionsstellen ohnehin die Behörden der Strafverfolgung.[1181] Die Argumentationslinie, dass es bei einer Erweiterung des Anwendungsbereichs auf juristische Personen des öffentlichen Rechts in der Praxis zu erheblichen Problemen im Rahmen der Zuständigkeiten käme, stellt deshalb keinen sachlichen Grund dar, der eine Ungleichbehandlung zu rechtfertigen vermag. Darüber hinaus wird durch die Möglichkeit der Auflösung der Schutz der Allgemeinheit erhöht, da bei der Erstreckung des Anwendungsbereichs auch auf juristische Personen des öffentlichen Rechts eine Auflösung in zweifacher Hinsicht ausgesprochen werden kann.[1182] Ein weiterer sachlicher Grund, der für eine Rechtfertigung in Betracht kommt, ist nicht ersichtlich. Die in § 12 VerbStrG-E vorgeschlagene Einschränkung sollte daher nicht erfolgen und Sanktionsadressaten der Maßregel der Auflösung sollten auch juristische Personen des öffentlichen Rechts sein.[1183]

7.3 Merkmal der Beharrlichkeit

In § 12 VerbStrG-E wird zur Voraussetzung gemacht, dass eine Verbandsstraftat beharrlich wiederholt worden ist. In der Literatur wird vereinzelt diskutiert, ob durch die Verwendung dieser Begrifflichkeit nicht ein Verstoß gegen den in Art. 103 Abs. 2 GG verankerten Grundsatz der Gesetzesbestimmtheit verstoßen wird.[1184] Wird die Verbandsauflösung wie von den Entwurfsverfassern vorgeschlagen als Maßregel ausgestaltet, so scheint diese Kritik aufgrund der Tatsache, dass Maßregeln der Besserung und Sicherung nicht unter den Begriff der Strafe i.S.d. Art. 103 Abs. 2 GG fallen[1185], unberechtigt. Sollte eine Einführung der Verbandsauflösung als Strafe angedacht werden, so stellt sich durchaus die Frage der Einhaltung

1179 Gesetzesentwurf, S. 64.
1180 *Engelhart*, a.a.O., S. 696.
1181 *Engelhart*, a.a.O., S. 697.
1182 *Engelhart*, a.a.O., S. 697.
1183 Ein abschließender Regelungsvorschlag des § 12 VerbStrG-E findet sich in Kapitel 3, D.7.7.
1184 Stellungnahme BDI/BDA, a.a.O., S. 12.
1185 *Radtke/Hagemeier* in: BeckOK, GG, Art. 103 Rn. 20.

des Bestimmtheitsgrundsatzes. Maßgeblich ist daher, ob dem Rechtsanwender durch Auslegung des Begriffs, auch unter Zuhilfenahme von entwickelter Rechtsprechung zu dem gleichen Begriff aus anderen Gesetzen, ersichtlich ist, wann er mit der Rechtsfolge der Verbandsauflösung zu rechnen hat. Nach der Gesetzesbegründung kann zur Auslegung des Begriffs auf die zu § 148 GewO existierende Rechtsprechung zurückgegriffen werden.[1186] Danach ist ein beharrliches Wiederholen dann gegeben, wenn sich im Verhalten des Täters eine rechtsfeindliche Hartnäckigkeit widerspiegelt und er gegen ein Verbot mindestens einmal vorsätzlich verstoßen hat.[1187] Der Begriff ist durch die Rechtsprechung dahingehend konkretisiert, dass ein Verhalten des Täters erforderlich ist, welches zum Ausdruck bringt, dass dieser trotz einer etwaigen Ahndung oder Abmahnung einen erneuten Verstoß begeht und an seiner eigenen rechtsfeindlichen Gesinnung festhält. Die Judikatur zu § 148 GewO kann zur Bestimmung des Begriffs der beharrlichen Wiederholung herangezogen werden, um ausreichend Rechtssicherheit gewährleisten zu können. Darüber hinaus kann auch die zu § 238 StGB entwickelte Rechtsprechung zur näheren Bestimmung des Begriffs der Beharrlichkeit herangezogen werden. Danach liegt ein beharrliches Verhalten des Täters vor, wenn in diesem zum Ausdruck kommt, dass der Täter aus Missachtung des entgegenstehenden Willens oder aus Gleichgültigkeit gegenüber den Wünschen des Opfers in der Absicht handelt, sich auch in Zukunft entsprechend zu verhalten.[1188] Übertragen werden kann diese Rechtsprechung vom Sinn und Zweck her ebenfalls auf ein etwaiges Verbandsstrafrecht. Anders ausgedrückt: Werden in einem Verband z.B. trotz vorheriger Verhängung einer Verbandsverwarnung mit Strafvorbehalt oder einer Verbandsgeldstrafe weiterhin Verbandsstraftaten begangen, da es den Entscheidungsträgern gleichgültig ist, dass dadurch andere Schaden erleiden und ihre rechtsfeindliche Gesinnung weiterhin verfolgen, ergibt sich hieraus die besondere Missachtung der Rechtsordnung und der Interessen der Opfer. Da sich der Begriff der Beharrlichkeit demnach unter Zuhilfenahme der dazu entwickelten Rechtsprechung ausreichend bestimmen lässt und dem Rechtsanwender damit eindeutig ersichtlich ist, dass er mit einer Verbandsauflösung nur zu rechnen hat, wenn der Verband als Tarnung dient, um Straftaten zu begehen. Die Bedenken gegen die Einhaltung des Grundsatzes der Gesetzesbestimmtheit können daher nicht bestätigt werden.

7.4 Folgen der Verbandsauflösung in der Praxis

Des Weiteren sind die mit einer Verbandsauflösung verbundenen Folgen in der Praxis aufzuzeigen und zu diskutieren. Die Verbandsauflösung zieht in der Praxis vor allem die Konsequenz mit sich, dass die beim Verband angestellten Arbeitnehmer ihren Arbeitsplatz verlieren.[1189] In der Literatur wird deshalb vielfach kritisiert, dass

1186 Gesetzesentwurf, S. 65.
1187 OLG Frankfurt GewA 1981, 296; *Weyand* in: MüKo, StGB, § 148 GewO Rn. 5.
1188 BGH NStZ 2010, 277.
1189 *Dannecker*, GA 2001, 101, 126.

es sich bei der Sanktion der Verbandsauflösung um eine kollektive Strafe handele, die dem deutschen Strafrecht fremd sei.[1190] Die Verbandsauflösung bewirke daher die Gefahr der Mitbestrafung Unschuldiger.[1191] Es lässt sich nicht leugnen, dass die Mitglieder eines Verbandes bei der Auflösung desselben durch diese Maßnahme betroffen sind. Fraglich ist, ob diese „Mitbetroffenheit" der Arbeitnehmer gerechtfertigt werden kann. Argumentativ könnte die Mitbetroffenheit damit untermauert werden, dass im Individualstrafrecht bei der Bestrafung des Familienvaters die übrigen Familienmitglieder ebenfalls mit betroffen sind, wodurch die Legitimation der Strafe als solche nicht in Frage gestellt wird.[1192] Die Kritik *von Freiers*[1193], dass es sich gerade nicht um vergleichbare Situationen handelt, vermag nur teilweise zu überzeugen. Zwar soll der Familienvater nicht deshalb bestraft werden, um in der Folge seine Familie, die mit den Nebenfolgen konfrontiert wird, dazu zu motivieren, ihn von der Begehung von Straftaten abzuhalten. Jedoch kann dies von der Auflösung durch die Ausgestaltung der Norm des § 12 VerbStrG-E von den Entwurfsverfassern ebenfalls nicht intendiert sein. Die Mitglieder des Verbandes sollen durch die Auflösung des Verbandes keinesfalls dazu angehalten werden, solche Straftaten im Verband zu verhindern. Ein solches Verhalten ist schlichtweg durch die Vernichtung der Existenz des Verbandes nicht möglich. Die Kritik kann daher im Hinblick auf § 12 VerbStrG-E nicht überzeugen.[1194] Allerdings scheint fraglich, ob bei der Auflösung des Verbandes von einer bloßen Mitbetroffenheit wie bei der Verhängung einer Geldstrafe gegenüber dem Verband gesprochen werden kann. Maßgeblich hierfür ist die hinter dem Begriff stehende Bedeutung. Nach dem allgemeinen Sprachgebrauch wird der Begriff des Betroffenen mit unterschiedlichen Synonyme, wie Leidtragender und Benachteiligter, umschrieben.[1195] Dem Wortsinn nach ist jemand also von einer Maßnahme mit betroffen, wenn er die Nachteile von dieser ebenfalls zu tragen hat. Durch die Auflösung des Verbandes

---

1190 Stellungnahme BDI/BDA, a.a.O., S. 12.

1191 *Haubner*, DB 2014, 1358, 1364; *Leipold*, NJW-Spezial 2013, 696; *Peglau*, JA 2001, 606, 609 f.; *Schmitt*, a.a.O., S. 197 ff.; *von Freier*, a.a.O., S. 230 ff.

1192 Siehe dazu bereits Ausführungen in Kapitel 2, C.

1193 *Von Freier*, a.a.O., S. 243 f.

1194 Anders hingegen bei den Maßregeln, die spezialpräventive Wirkung entfalten sollen, wie grundsätzlich der Ausschluss von der Vergabe öffentlicher Aufträge oder der Ausschluss von Subventionen. Dort kann eine Mitbetroffenheit der Mitglieder des Verbandes nicht mit der Situation der Bestrafung eines Familienvaters verglichen werden. Dies ist vor allem darauf zurückzuführen, dass diese Maßregeln dazu dienen sollen, dass das Verhalten der Mitglieder des Verbandes, auf welches es allein für die strafrechtliche Verantwortlichkeit des Verbandes ankommt, in der Form gelenkt werden soll, dass sie auf das zukünftige Verhalten von sich selbst und der anderen Mitglieder in der Gestalt einwirken sollen, dass eine strafrechtliche Verantwortlichkeit des Verbandes in Zukunft vermieden wird.

1195 http://www.duden.de/rechtschreibung/Betroffene (zuletzt abgerufen am 26.11. 2014).

wird jedes Verbandsmitglied aufgrund seiner Zugehörigkeit zum Kollektiv tangiert. Dies ist jedoch allein dem Umstand geschuldet, dass es sich bei Verbänden um Zusammenschlüsse vieler natürlicher Personen handelt, die nur durch diese fähig sind, im Rechtsverkehr aufzutreten. Die stärkste Form der Mitbetroffenheit bei der Auflösung, nämlich der Verlust des eigenen Arbeitsplatzes, könnte zum einen mit genau dieser Besonderheit und zum anderen damit zu rechtfertigen sein, dass die Mitglieder eines Verbandes, dessen Zweck allein darin besteht Straftaten zu begehen, nicht schutzwürdig sind. Der Besonderheit des Kollektivs ist es geschuldet, dass Mitglieder, die verbandsbezogene Zuwiderhandlungen begehen, nicht darauf vertrauen können, dass bei Aufdeckung der Straftaten nicht zumindest eine mittelbare Wirkung für sie selbst die Folge ist. Diese Mitbetroffenheit führt jedoch nach teilweise vertretener Ansicht dann zu einem unbilligen Ergebnis, wenn es um Mitarbeiter unterhalb der Ebene der Entscheidungsträger geht. Diese seien dem Verband in der Regel nicht freiwillig beigetreten, sondern erbrächten für den Verband in Abhängigkeit ihre Arbeitsleistung, um sich eine Lebensgrundlage zu schaffen und zu erhalten.[1196] Auch das mit der Zugehörigkeit zu einem Verband verbundene wirtschaftliche Risiko würde überhaupt erst durch die Einführung der strafrechtlichen Verantwortlichkeit von Verbänden geschaffen werden und könne daher nicht als taugliche Argumentationsgrundlage herangezogen werden. Dem kann so pauschal nicht zugestimmt werden, da es jedem Arbeitnehmer selbst obliegt sich einen Arbeitgeber auszusuchen und er deshalb mit seiner Wahl auch ein gewisses wirtschaftliches Risiko eingeht.[1197] Das wirtschaftliche Risiko, wie z.B. der Verlust des Arbeitsplatzes, wird nicht allein durch die Einführung einer strafrechtlichen Verantwortlichkeit von Verbänden hervorgerufen, sondern besteht bereits durch andere existierende unternehmerische Risiken, wie z.B. die Insolvenz. Beim Eintritt in einen Verband sind sich auch Arbeitnehmer darüber bewusst, dass sie sowohl positive als auch negative Entwicklungen mitzutragen haben.[1198] Durch die Einführung eines Verbandsstrafgesetzbuches würde das wirtschaftliche Risiko des Arbeitnehmers lediglich erhöht. Gegen diese Erhöhung des Risikos auf Seiten des Arbeitnehmers bestehen keine Bedenken, da dieser durch sein individuelles Verhalten ebenfalls zu der Verhinderung einer mangelhaften Organisationsstruktur und einer kriminellen Verbandsattitüde entgegenwirken und damit das wirtschaftliche Risiko, jedenfalls um seinen Anteil, verringern kann. Dies kann jedoch nur gelten, wenn der Anwendungsbereich der Verbandsauflösung an strenge Voraussetzungen, wie der unter Kapitel 3.D.7.7 präsentierte Formulierungsvorschlag, geknüpft wird.

Des Weiteren stellt sich in der Konsequenz die Frage, welche weiteren Folgen die Auflösung des Verbandes hat. In der Literatur wird hier vor allem kritisiert, dass eine Verbandsauflösung sinnentleert sei, da durch sie nicht sichergestellt werden

1196 *Schmitt-Leonardy*, ZIS 2015, 11, 21.
1197 *Böse* in: FS Günther, 15, 24.
1198 *Engelhart*, a.a.O., S. 678.

könne, dass die (ehemaligen) Mitglieder einen neuen Verband gründen.[1199] Auch diese Gefahr erscheint zunächst durch den Regelungsvorschlag des § 12 VerbStrG-E zu bestehen, da die Vorschrift selbst die Verbandsmitglieder nicht daran hindert, einen neuen Verband mit derselben Attitüde zu gründen.[1200] Aufgrund dessen wird in der Literatur gerügt, dass es sich bei der Verbandsauflösung um keine taugliche Sanktion handelt, um die Wirtschaftskriminalität dauerhaft zu bekämpfen. Um einen effektiven Rechtsgüterschutz gewährleisten zu können, wird daher als Alternative vorgeschlagen, dem Verband durch andere, mildere Maßregeln die Rückkehr zu einer rechtmäßigen Organisationsstruktur zu ermöglichen. Diese Kritik ist berechtigt, da sich aus dem Verbandsstrafgesetzbuch nicht ergibt, dass eine solche Neugründung ausgeschlossen ist. Etwas anderes ergibt sich auch nicht durch Auslegung der Norm. Man könnte in Erwägung ziehen, dass aufgrund des Verweises in § 12 VerbStrG-E auf die zivilrechtlichen Vorschriften, die eine Auflösung vorsehen, eine solche Umgehungsmöglichkeit ausgeschlossen ist. Dies ist jedoch zu verneinen, unabhängig davon, ob es nach den zivilrechtlichen Vorschriften möglich wäre, da die Voraussetzungen dieser Vorschriften aufgrund des Wortlauts der Vorschrift gerade nicht vorliegen müssen. Entscheidend ist vielmehr, dass nach den zivilrechtlichen Vorschriften lediglich die Möglichkeit einer Auflösung bestehen muss. Die Verbandsmitglieder sind daher nicht gehindert, einen neuen Verband mit demselben Zweck zu gründen. Durch die Regelung des § 22 Abs. 3 S. 3 VerbStrG-E, wonach für das weitere Verfahren der Abwicklung, also während der Liquidation, die zivilrechtlichen Vorschriften entsprechende Anwendung finden, würde dem Verband die Möglichkeit eröffnet, angenommen es handelt sich um eine GmbH während der Liquidationsphase, die Fortsetzung der Gesellschaft zu beschließen.[1201] Im Aktienrecht ist die Möglichkeit der Fortsetzung der Gesellschaft in § 274 AktG in bestimmten Fällen sogar gesetzlich verankert. Es bestünde daher noch die weitgehendere Möglichkeit der Fortsetzung des Verbandes, was mit dem Sinn und Zweck der Vorschrift des § 12 VerbStrG-E nicht vereinbar ist und eine Umgehungsmöglichkeit für Verbände darstellt.[1202] Darüber hinaus ist aus der Existenz zivilrechtlicher Vorschriften über die Auflösung, die viel weiter gefasst sind und Gesetzesverstöße schuldunabhängig sanktionieren, die Schlussfolgerung zu ziehen, dass eine Notwendigkeit einer solchen strafrechtlichen Norm nicht erforderlich ist. Sollte der Gesetzgeber zu einem anderen Ergebnis gelangen, so könnte eine Umgehungsmöglichkeit nur dann ausgeschlossen werden, wenn in der Norm selbst vorgesehen ist, dass eine Neugründung ausscheidet. Um in verfassungsrechtlicher Hinsicht die Verbandsmitglieder nicht in ihrer Berufsfreiheit nach Art. 12 Abs. 1 GG bzw. in ihrer Vereinigungsfreiheit

1199 *Bock*, Criminal Compliance, S. 430; *Schmitt*, a.a.O., S. S. 168.

1200 *Haubner*, DB 2014, 1358, 1364; *Leipold*, ZRP 2013, 34, 37; *Schünemann*, ZIS 2014, 1, 16 f.; *ders.* in: Stiftung Familienunternehmen, Verfassungswidrigkeit Unternehmensstrafrecht, S. 28.

1201 *Limpert* in: MüKo, GmbHG, Band 3, § 61 Rn. 62.

1202 Zustimmend: *Kirch-Heim*, a.a.O., S. 209.

nach Art. 9 GG einzuschränken, müsste eine solche Norm einen sehr engen Anwendungsbereich formulieren. Nicht ausreichen würde allein der Zusatz, dass eine Neugründung durch dieselben Verbandsmitglieder ausgeschlossen ist. Um dennoch sicherzustellen, dass eine Umgehungsmöglichkeit durch Neugründung oder Fortsetzung nicht gegeben ist, sollte zum einen in § 12 VerbStrG-E ein ergänzender Satz 2 aufgenommen werden, der wie folgt lauten könnte:

> Die Neugründung oder Nutzung eines bestehenden Verbandes, die denselben Zweck wie der aufgelöste Verband verfolgt, kann von den denselben Verbandsmitgliedern nicht erfolgen.

Zum anderen sollte der Verweis auf die entsprechende Anwendung der zivilrechtlichen Vorschriften in § 22 Abs. 3 S. 3 VerbStrG-E wie folgt ergänzt werden:

> Für das weitere Verfahren gelten die Vorschriften des bürgerlichen Rechts entsprechend, mit Ausnahme derjenigen Vorschriften oder ungeschriebenen Grundsätze, die § 12 S. 2 dieses Gesetzes zuwiderlaufen. Bei der Anordnung der Auflösung einer juristischen Person des öffentlichen Rechts gelten die jeweils maßgeblichen Vorschriften oder die des bürgerlichen Rechts entsprechend.

7.5 Vereinbarkeit mit Art. 9 GG

Zu diskutieren ist, ob die Maßregel der Auflösung verfassungskonform ist. Bedenken bestehen in der Literatur diesbezüglich an der Einhaltung der Anforderungen der in Art. 9 GG verankerten Vereinigungsfreiheit.[1203] Grundsätzlich haben danach alle Deutschen das Recht, Vereine und Gesellschaften zu gründen. Ein Verbot besteht nur dann, wenn der Zweck oder die Tätigkeit der Vereinigung den Strafgesetzen zuwiderlaufen oder sich gegen die verfassungsgemäße Ordnung oder den Gedanken der Völkerverständigung richten. Fraglich ist daher, ob der mit § 12 VerbStrG-E verbundene Eingriff in die Vereinigungsfreiheit gerechtfertigt werden kann. Maßgeblich hierfür ist die Einhaltung des im Rechtsstaatsprinzip verankerten Verhältnismäßigkeitsgrundsatzes.[1204] Bei der Maßregel der Auflösung handelt es sich prinzipiell um einen legitimen Zweck, die Allgemeinheit vor Eingriffen in ihre Rechtsgüter durch einen Verband, der nur auf den Zweck ausgerichtet ist, Straftaten zu begehen, zu schützen. Auch ist die Auflösung geeignet, um diesen Zweck zu erreichen. Fraglich ist jedoch, ob die Anordnung der Auflösung auch erforderlich ist, um die Allgemeinheit ausreichend schützen zu können. Erforderlich ist eine Maßnahme dann, wenn es kein milderes, gleich geeignetes Mittel gibt, um das Ziel zu erreichen.[1205] Als milderes Mittel im Gegensatz zur Auflösung käme die in der Literatur vielfach

1203 *Löffelmann*, JR 2014, 185, 195; *Schünemann*, ZIS 2014, 1, 16; *ders.* in: Stiftung Familienunternehmen: Verfassungswidrigkeit Unternehmensstrafrecht, S. 28.

1204 *Scholz* in: Maunz/Düring, GG, Art. 9 Rn. 114.

1205 *Grzeszick* in: Maunz/Düring, GG, Art. 20 Rn. 113.

diskutierte Unternehmenskuratel[1206] in Betracht.[1207] Bei dieser Sanktionsart soll dem Verband durch die Überwachung eines Sachverständigen, des sog. Kurators, die Möglichkeit gegeben werden, eine Organisationsstruktur zu finden, die keine Lücken aufweist und die Begehung von Straftaten in der Folge vermieden wird. Der Eingriff, der mit dieser Sanktion verbunden ist, ist deutlich geringer als derjenige bei der Auflösung. Dennoch ist zu hinterfragen, ob es sich hierbei um ein gleich effektives Mittel handelt. Dies ist nur dann der Fall, wenn durch die Kontrollmöglichkeit der Verbandsstruktur durch einen Kurator die Allgemeinheit in gleicher Weise geschützt werden kann wie bei die Auflösung des Verbandes. Dies erscheint äußerst zweifelhaft, da Verbände, deren Tätigkeit darauf ausgerichtet ist Straftaten zu begehen, immer wieder Lücken im System finden werden. Darüber hinaus müssten für eine derartige Sanktionsart feste Systeme für Unternehmen existieren, auf die zurückgegriffen werden könnte. Da es hierzu keine einheitlichen Regelungen gibt, wäre der Kurator mit einer quasi unlösbaren Aufgabe konfrontiert, da er nicht absehen kann, ob die vom Unternehmen in der Folge eingeführten oder erweiterten Maßnahmen ausreichen, um in der Zukunft die Begehung von Straftaten zu verhindern.[1208] Darüber hinaus würde sich das Auswahl eines Sachverständigen, der aufgrund der Komplexität der Thematik vertiefte Sachkenntnis besitzt, in der Praxis äußerst schwierig gestalten. Die mit der Sanktion der Unternehmenskuratel verbundenen Unsicherheiten garantieren nicht den gleichen Schutz der Allgemeinheit vor der Begehung weiterer Straftaten, weshalb die Maßregel der Auflösung auch erforderlich ist, um diesen Zweck zu erreichen.[1209] Im Übrigen ist die Maßregel der Auflösung auch angemessen im engeren Sinne, da diese als staatliche Maßnahme nicht außer Verhältnis zum Zweck, dem Schutz der Allgemeinheit vor der Begehung weiterer Straftaten, steht. Wenn ein Verband nur deshalb gegründet wird, um seine wirtschaftliche Betätigung durch die Begehung von Straftaten vorzunehmen, ist diesem und seinen Mitgliedern mangels schutzwürdigem Vertrauen eine Auflösung zumutbar. Nur so kann ein ausreichender Rechtsgüterschutz gewährleistet werden. Die in der Literatur bestehenden Bedenken gegen die Einhaltung des Grundsatzes der Verhältnismäßigkeit können so nicht bestätigt werden.

7.6 Vereinbarkeit mit Art. 14 GG

Des Weiteren wird kritisiert, dass die Verbandsauflösung gegen die in Art. 14 GG verankerte Eigentumsfreiheit verstößt.[1210] Art. 14 Abs. 1 GG legt fest, dass das Recht

1206 Siehe Darstellung in Kapitel 3, B.3.4.

1207 *Löffelmann*, JR 2014, 185, 195; *Schünemann*, ZIS 2014, 1, 16; *ders.* in: Stiftung Familienunternehmen: Verfassungswidrigkeit Unternehmensstrafrecht, S. 28.

1208 Im Ergebnis ebenso *Kirch-Heim*, a.a.O., S. 209, der die Restrukturierung eines solchen Verbandes für ein naives Vorhaben hält.

1209 A.A.: *Löffelmann*, JR 2014, 185, 195; *Schünemann*, ZIS 2014, 1, 16; *ders.* in: Stiftung Familienunternehmen: Verfassungswidrigkeit Unternehmensstrafrecht, S. 28.

1210 Positionspapier Deutsches Aktieninstitut, a.a.O., S. 15.

auf Eigentum gewährleistet wird, wobei sich Inhalt und Schranken aus den Gesetzen ergeben. Nach Art. 14 Abs. 2 GG verpflichtet Eigentum zugleich und sein Gebrauch soll dem Wohle der Allgemeinheit dienen. Angezweifelt wird vom Deutschen Aktieninstitut, dass diese Sozialpflichtigkeit so weit geht, dass die Auflösung des Verbandes dringender öffentlicher Interessen dienen könne. Eine solche Inhalts- und Schrankenbestimmung in Form einer Enteignung, wie sie § 12 VerbStrG-E darstellen würde, wäre jedoch verhältnismäßig, da Gründe des Allgemeinwohls durchaus tangiert sein können, die eine Auflösung des Verbandes rechtfertigen. Das Allgemeinwohl ist dann betroffen, wenn ein besonders gewichtiges, dringendes öffentliches Interesse vorliegt, welches die Enteignung erforderlich macht.[1211] Maßgeblich hierfür ist, ob von der vom Verband ausgehenden Verletzung, der ihm obliegenden Pflichten, ein breiter Kreis der Öffentlichkeit oder die Öffentlichkeit insgesamt beeinträchtigt wird.[1212] Eine solche nachhaltige Beeinträchtigung der Öffentlichkeit kann entweder durch einen besonders schweren Einzelfall oder durch mehrmalige Wiederholung vorliegen. Als Beispiele werden im Rahmen der Auflösung nach § 62 GmbHG Schwindelunternehmen oder die Gefährdung von Staatsschutzinteressen genannt.[1213] Dieser Gedanke kann auch auf die vorliegende Vorschrift des § 12 VerbStrG-E übertragen werden, da auch durch diese Norm Gefahren, die im öffentlichen Interesse liegen, abgewehrt werden sollen. Verbände, deren Zweck darin besteht Gewinne durch die Begehung von Straftaten zu erwirtschaften, können die Öffentlichkeit, also einen weiten Kreis von Personen und nicht nur einzelne Geschäftspartner beeinträchtigen. Vor allem beeinträchtigt sein können Interessen von Verbänden, die in der gleichen Branche tätig sind, ohne jedoch in einer Vertragsbeziehung zueinander zu stehen, da diese durch das gesetzeswidrige Verhalten in ihrer unternehmerischen Freiheit und dem damit verbundenen Handeln eingeschränkt werden können. Ein milderes, gleich effektives Mittel ist auch hier nicht in der Unternehmenskuratel zu sehen, da mit dieser erhebliche Unsicherheiten bei der konkreten Ausgestaltung verbunden sind.[1214] Auch ist eine Verbandsauflösung angemessen, wenn der Zweck des Verbandes in der Begehung von Straftaten besteht, da dessen Mitglieder bei vorsätzlichem verbotswidrigem Verhalten mangels Schutzwürdigkeit zugunsten des Rechtsgüterschutzes der Allgemeinheit eine Auflösung zumutbar ist.

7.7 Stellungnahme zur Vorschrift in der derzeitigen Fassung

Unter Einbeziehung der obigen Ausführungen sollte die Möglichkeit der Anordnung der Auflösung des Verbandes aufgrund ihrer stark repressiven Wirkung als Strafe

1211 *Papier* in: Maunz/Düring, GG, Art. 14 Rn. 585.

1212 Vgl. zu § 62 GmbHG *Limpert* in: MüKo, GmbHG, Band 3, § 62 Rn. 33; *Nerlich* in: Michalski, GmbHG, § 62 Rn. 12.

1213 Vgl. zu § 62 GmbHG *Casper* in: Ulmer, GmbHG, § 62 Rn. 17; *Haas* in: Baumbach/Hueck, GmbHG, § 62 Rn. 9 m.w.N; *Nerlich* in: Michalski, GmbHG, § 62 Rn. 13.

1214 Siehe hierzu Ausführungen in Kapitel 3, D.7.5.

ausgestaltet werden. Auch sollte in der Regelung selbst noch deutlicher zum Ausdruck kommen, dass Sinn und Zweck der Sanktion darin bestehen soll, dass allein Verbände, deren Zweck und Tätigkeit darauf gerichtet ist, Straftaten zu begehen, taugliche Normadressaten sind. Nur so kann bei der Anwendung der Norm genügend Rechtssicherheit gewährleistet werden. Es könnte sich an dem Formulierungsvorschlag von *Engelhart* orientiert werden, der wie folgt lautet: „Ein Unternehmen kann aufgelöst werden, wenn dessen Zweck oder Tätigkeit darauf gerichtet ist, Straftaten zu begehen.“[1215] Dies ist zu befürworten, da durch diesen eindeutigen Wortlaut manifestiert wird, dass die Auflösung dazu dient, die Allgemeinheit vor der Begehung weiterer Straftaten zu schützen und nur Verbände betroffen sind, die darauf ausgerichtet sind, ihrer wirtschaftlichen Betätigung durch die Begehung von Straftaten nachzukommen. Zu berücksichtigen ist hierbei aber auch, dass es sich bei der Auflösung aufgrund ihrer verfassungsrelevanten Bedeutung und dem Ultima-Ratio Grundsatz um eine Strafe handeln müsste, die nicht neben einer anderen Strafe in Betracht kommt.[1216] Nur so kann sichergestellt werden, dass keine Gefahr der „Überbestrafung“ des Verbandes besteht. Um dies klar und deutlich zum Ausdruck zu bringen, könnte eine Vorschrift unter Einbeziehung aller vorherigen Überlegungen folgendermaßen formuliert werden:

> (1) Ist ein Verband seinem Zweck oder seiner Tätigkeit nach dazu gegründet worden, um Straftaten zu begehen, kann das Gericht die Auflösung des Verbandes anordnen, wenn eine Straftat im Sinne dieses Gesetzes begangen worden ist. Die Neugründung oder Nutzung eines bestehenden Verbandes, die denselben Zweck wie der aufgelöste Verband verfolgt, kann von den denselben Verbandsmitgliedern nicht erfolgen.
>
> (2) Eine andere Verbandsstrafe kann neben der Auflösung nach Absatz 1 nicht verhängt werden.

E. Absehen von Sanktionen, § 5 VerbStrG-E

Im Folgenden werden die mit § 5 VerbStrG-E verbundenen Probleme erörtert.

1. Gegenstand der Regelung – Unterschied zu § 46 a StGB

In § 5 VerbStrG-E sind in den Absätzen 1 und 2 Regelungen getroffen, bei denen das Gericht die Möglichkeit hat von der Bestrafung des Verbandes abzusehen, wobei in den beiden Absätzen unterschiedliche Anforderungen gestellt werden. Nach § 5 Abs. 1 VerbStrG-E kann das Gericht von einer Verbandssanktion absehen, wenn der Verband ausreichende organisatorische und personelle Maßnahmen getroffen hat, um vergleichbare Verbandsstraftaten in Zukunft zu vermeiden und wenn ein bedeutender Schaden nicht entstanden oder dieser zum überwiegenden Teil wieder

1215 *Engelhart*, a.a.O., S. 725.
1216 *Engelhart*, a.a.O., S. 723.

gut gemacht worden ist. § 5 Abs. 2 VerbStrG-E räumt dem Gericht das Ermessen ein von der Strafe abzusehen, wenn der Verband ausreichende organisatorische und personelle Maßnahmen getroffen hat, vergleichbare Verbandsstraftaten in Zukunft zu vermeiden und durch freiwilliges Offenbaren wesentlich dazu beigetragen hat, dass eine Verbandsstraftat aufgedeckt werden konnte und den Ermittlungsbehörden Beweismittel zur Verfügung stellt, die geeignet sind die Tat nachzuweisen. In § 5 Abs. 3 VerbStrG-E wird festgelegt, dass der Verband die Voraussetzung „organisatorische und personelle Maßnahmen" nach den Absätzen 1 und 2 auf Verlangen darzulegen und glaubhaft zu machen hat. § 5 Abs. 4 VerbStrG-E schreibt vor, dass ein Absehen von Strafe nach Absatz 2 ausgeschlossen ist, wenn der Verband die zum Tatnachweis geeigneten Beweismittel erst nach Beschluss der Eröffnung des Hauptverfahrens offenbart.

Zunächst ist der Regelungsumfang des § 5 VerbStrG-E als speziellere Vorschrift unter Berücksichtigung der im Individualstrafrecht an das Absehen von Strafe gestellten Anforderungen nach § 46 a StGB zu erläutern, bevor auf die einzelnen Absätze näher eingegangen werden kann.[1217] Nach der im Individualstrafrecht vorgesehenen Regelung kann das Gericht dann von einer Strafe absehen, wenn der Täter sich um einen Täter-Opfer-Ausgleich bemüht oder den Schaden gegenüber dem Opfer wieder gut gemacht hat. Dies gilt allerdings nicht, wenn der Täter für die Tat eine Freiheitsstrafe von bis zu einem Jahr oder eine Geldstrafe bis zu 360 Tagessätzen verwirkt hat. Ein entscheidender Unterschied der beiden Normen ist, dass § 5 VerbStrG-E eine solche Verwirkungsgrenze nicht vorsieht. Eine Begründung hierfür findet sich in der Gesetzesbegründung nicht. Durch die Verwirkungsgrenze wird der Anwendungsbereich des § 46 a StGB eingeschränkt, wodurch verdeutlicht wird, dass die Norm einen gewissen Ausnahmecharakter besitzt. Dieser Sinn findet sich ebenfalls in § 60 StGB wieder, der ebenfalls ein Absehen von Strafe in besonderen Ausnahmefällen vorsieht. In der zu § 60 StGB existierenden Literatur wird die Verwirkungsgrenze von einem Jahr aufgrund ihrer Starrheit und der damit verbundenen Gefahr unbefriedigender Differenzierungen in Grenzbereichen, kritisiert.[1218] Diese Kritik kann auch auf § 46 a StGB übertragen werden, da die beiden Vorschriften im Hinblick auf die Verwirkungsgrenze nahezu die gleichen Voraussetzungen enthalten. Durch das Fehlen einer Verwirkungsgrenze in § 5 VerbStrG-E wird der Verband beim Absehen von Strafe gegenüber dem Individualtäter besser gestellt, woraus sich eine Ungleichbehandlung nach Art. 3 GG ergibt. Für diese ist auch kein sachlicher Grund ersichtlich, da das Fehlen der Verwirkungsgrenze kaum

1217 *Hoven/Wimmer/Schwarz/Schumann*, NZWiSt 2014, 201, 211 sehen § 5 VerbStrG-E wohl als zu § 60 StGB parallel ausgestaltete Norm an. Dies ist jedoch insbesondere unter den Aspekten der tatbestandlichen Voraussetzungen und der Ausgestaltung des § 5 VerbStrG-E als Ermessensvorschrift nicht überzeugend. Mit § 46 a StGB sind mehr Parallelen erkennbar. Da sich aber im Wesentlichen ähnliche Probleme ergeben, kommt es im Ergebnis für die weitere Bearbeitung auf diese Differenzierung nicht erheblich an.

1218 *Hubrach* in: Leipziger Kommentar, StGB, § 60 Rn. 8.

dem Umstand der Eigenart des Verbandes im Vergleich zum Individuum geschuldet sein wird. Möglicherweise soll durch das Fehlen der Verwirkungsgrenze von den Entwurfsverfassern das Ziel verfolgt werden, die im Individualstrafrecht vorgetragenen Bedenken nicht in das Verbandsstrafgesetzbuch zu transferieren. Eine andere Intention ist nicht ersichtlich. In der Begründung könnte man das Fehlen der Grenze damit rechtfertigen, dass in § 5 VerbStrG-E zur Verdeutlichung des Ausnahmecharakters der Norm die Grenzen durch die Voraussetzungen der Entstehung eines nicht bedeutenden Schadens und der überwiegenden Wiedergutmachung zum Teil hinreichend gezogen worden sind. Dies erscheint jedoch unter dem Aspekt der Bestimmtheit dieser Begrifflichkeiten bedenklich (dazu sogleich). Darüber hinaus kann nur durch die Festlegung einer konkreten Verwirkungsgrenze der Gefahr vorgebeugt werden, dass diese Vorschrift durch die Gerichte zu extensiv ausgelegt wird. Etwaige unbefriedigende Differenzierungen sind in diesem Fall aufgrund der besonderen Anwendbarkeit der Norm hinzunehmen. Fraglich ist, wie eine äquivalente Verwirkungsgrenze im Verbandsstrafrecht zu bilden ist. Zum einen könnte man überlegen, ob man die Verwirkungsgrenze von 360 Tagessätzen aus § 46 a StGB auf § 5 Abs. 1 VerbStrG-E überträgt. Dem steht jedoch entgegen, dass es sich im Verbandsstrafrecht bei der Verhängung einer Geldstrafe von 360 Tagessätzen um die höchste zu verhängende Strafe handelt. Im Individualstrafrecht gilt zwar bei der Geldstrafe ebenfalls ein Höchstmaß von 360 Tagessätzen, allerdings kann gegen Personen die deutlich stigmatisierendere Freiheitsstrafe bis zu 15 Jahren verhängt werden. Würde man diesen Maßstab übertragen, würden Verbände deutlich besser gestellt als Individualtäter, da auch bei der Verhängung der Höchststrafe ein Absehen von Strafe in Betracht käme.[1219] Des Weiteren könnte als Anknüpfungspunkt die Verwirkungsgrenze von einem Jahr dienen, der ein bestimmter Umrechnungsmaßstab zugrunde zu legen wäre. Zu denken ist hier an den in § 43 StGB festgelegten Umrechnungsmaßstab, dass einem Tagessatz ein Tag Freiheitsstrafe entspricht.[1220] Gerade an dieser Stelle zeigt sich jedoch die Schwäche dieser Umrechnung, da dann die Verwirkungsgrenze bei 365 Tagessätzen liegen würde, die Höchststrafe nach § 6 Abs. 1 VerbStrG-E jedoch nur 360 Tagessätze beträgt, also geringer ist. Um dieses mangelhafte Ergebnis zu vermeiden und den Ausnahmecharakter der Vorschrift weiter zu stärken, sollte eine prozentuale Umrechnung unter dem Aspekt stattfinden, dass das Höchstmaß der zeitigen Freiheitsstrafe von 15 Jahren als Maßstab herangezogen wird, wovon die Verwirkungsgrenze 1/15 darstellt. Dieses Verhältnis der Verwirkungsgrenze zum Höchstmaß der Freiheitsstrafe im Individualstrafrecht

---

1219 Selbst wenn die Verbandsauflösung als Verbandsstrafe ausgestaltet werden sollte, dann würde eine Verwirkungsgrenze von 360 Tagessätzen, als Höchstmaß der Verbandsgeldstrafe, zu weit führen. Dies lässt sich vor allem darauf stützen, dass die Vergleichbarkeit zum Individualstrafrecht ebenfalls nicht gegeben ist, da gegen Verbände keine Strafe verhängt werden kann, die einer Freiheitsstrafe von 15 Jahren und dem damit verbundenen Stigmatisierungseffekt entspricht.

1220 Zu der Frage eines äquivalenten Umrechnungsmaßstabes siehe Ausführungen in Kapitel 3, D.2.2.1.

ist nun auf das Verbandsstrafrecht zu übertragen, um eine möglichst an das Individualstrafrecht angenäherte Lösung zu erreichen. Die Anwendung des Verhältnisses des Individualstrafrechts hätte dann zur Folge, dass beim Höchstmaß der Verbandsgeldstrafe von 360 Tagessätzen die Verwirkungsgrenze bei 24 Tagessätzen liegen würde. Dieser Ansatz erscheint am sachgerechtesten, da wie bereits oben gezeigt eine Verwirkungsgrenze von 360 Tagessätzen aufgrund der Besonderheit, dass im Verbandsstrafrecht eine Freiheitsstrafe nicht verhängt werden kann, ausscheidet. § 5 Abs. 1 S. 1 VerbStrG-E sollte daher wie folgt ergänzt werden:

> ...gut gemacht ist, sofern eine Geldstrafe von 24 Tagessätzen nicht verwirkt ist.

2. Absehen nach § 5 Abs. 1 VerbStrG-E

Im Folgenden werden die Tatbestandsvoraussetzungen des ersten Absatzes der Regelung näher beleuchtet, wobei insbesondere auf die Einhaltung des Bestimmtheitsgrundsatzes und die an die von den Verbänden geforderte Mitwirkung einzugehen ist.

2.1 Ausreichende organisatorische oder personelle Maßnahme

Zunächst drängt sich die Frage auf, wann die von einem Verband getroffenen Vorkehrungen in organisatorischer oder personeller Hinsicht als ausreichend anzusehen sind. Klarstellend sei erwähnt, dass die Vorschrift vor allem darauf abzielt, dass Verbände Compliance-Management-Systeme einführen.[1221] Daher ist an dieser Stelle eine nähere Betrachtung der Anforderungen an ein Compliance-Management-System vorzunehmen, welches als ausreichend[1222] im Sinne des § 5 VerbStrG-E erachtet werden kann. Eine Antwort hierauf zu finden erscheint nicht so ohne weiteres möglich, was sich auch in der Fülle der zu dieser Thematik vorhandenen

---

1221 In der Gesetzesbegründung wird die Schaffung von Anreizstrukturen für die Einführung von Compliance-Systemen betont, S. 53. Dies ist grundsätzlich zu begrüßen: *Görtz*, WiJ 2014, 8, 12 f.; *Heuking/von Coelln*, BB 2014, 3015, 3019; *Süße/ Püschel*, Newsdienst Compliance 2014, 11002; Kritische Darstellung bei *Hein*, CCZ 2014, 75, 77; *Rübenstahl*, ZRFC 2014, 26, 31 f.; *Schünemann*, ZIS 2014, 1, 9, 17 sieht hierin einen berufspolitisch motivierten Zwang zur Errichtung von Compliance-Management-Systemen. Dieser Kritik ist jedoch wie folgt zu begegnen: Die positive Berücksichtigung von Nachtatverhalten ist ebenfalls im Individualstrafrecht in den Vorschriften der §§ 46, 46a StGB normiert. Darüber hinaus muss für eine wirksame Kriminalprävention auf die innere Organisation des Verbandes abgestellt werden, um so die strafrechtlichen Zielvorgaben im Verband etablieren zu können. Ausführlicher hierzu *Fischer/Hoven*, ZIS 2015, 32, 36 f.

1222 Nicht als ausreichend zu erachten wäre es jedenfalls, wenn sich die Verbände mit kostenintensiven Maßnahmen auf die neue Situation einstellen und anschließend hoffen, dass sich alles positiv entwickeln wird. Siehe hierzu *Schmitt-Leonardy*, ZIS 2015, 11, 20.

Abhandlungen widerspiegelt.[1223] Wie bereits in Kapitel 3, B.7.3 ausgeführt, gibt es verschiedene Ansätze, um Anforderungen an ein „wirksames" Compliance-Management-System zu formulieren. Vielfach wird der in der Praxis verbreitete Prüfungsstandard IDW PS 980 zur Entwicklung von Compliance-Management-Systemen herangezogen. Es wird ebenfalls dafür plädiert, zur Angemessenheit von Compliance-Maßnahmen die U.S.-amerikanischen Guidelines oder die sog. adequate procedures des UK Bribery Acts als Orientierungshilfe heranzuziehen.[1224] Allerdings sind in diesen vorgeschlagenen Leitlinien ebenfalls unterschiedliche Anforderungen festgelegt, weshalb bereits an diesem Punkt die Schwierigkeiten der „Wirksamkeit" eines Compliance-Management-Systems beginnen. Konsequenz ist, dass aufgrund der mangelnden Sicherheit, ob es sich bei einem in einem Verband eingeführten Compliance-Management-System um ein Wirksames handelt oder nicht, auch ungewiss ist, ob dies als ausreichend im Sinne des § 5 VerbStrG-E angesehen werden kann. Damit ein Compliance-Management-System die Anforderungen der Norm erfüllen kann, müssen für dessen Wirksamkeit bestimmte Voraussetzungen existieren, die es zu erfüllen gilt. Denn bereits von der Bedeutung des Wortes selbst kann ausreichend nur das sein, was den Erfordernissen entspricht.[1225] Solche Erfordernisse festzulegen, ist nur möglich, wenn die Vorgaben an ein wirksames Compliance-Management-System hinreichend einzelfallbezogen[1226] sind. Denn offensichtlich sind nicht an alle Verbände dieselben Anforderungen zu stellen: Ein Verband mit nur einem Betrieb von 20 Arbeitnehmern hat ein deutlich überschaubareres Risiko als ein Verband mit mehreren Betrieben und 2.000 Mitarbeitenden. Anhand dieses Beispiels ist zu erkennen, dass das Compliance-Management-System eines Verbandes mit mehr Mitarbeitern aufgrund eines höheren Gefährdungspotentials anders ausgelegt sein muss als das bei einem Verband mit deutlich weniger Mitarbeitern und es einer differenzierteren Risikoanalyse bedarf. Aufgrund des unterschiedlichen rechtlichen Rahmens ist bei der Risikoanalyse eine Vielzahl von Rechtsnormen, die für den jeweiligen Verband von Bedeutung sein können, zu identifizieren.[1227] Der Umfang der einschlägigen Regelungen ist auch bei jedem Verband individuell zu bestimmen,[1228] was damit zusammenhängt, in welchem wirtschaftlichen Bereich sich dieser betätigt. Um eine gesetzlich flexible, aber dennoch konkretere Ausgestaltung

1223 *Bay/Hastenrath*, CMS, insbesondere Kapitel 4, 5 und 8; Behringer, Compliance für KMU; Engelhart, a.a.O., Kapitel 5, § 28; *Moosmayer*, Compliance: Praxisleitfaden für Unternehmen, insbesondere Kapitel D und E; Petermann, a.a.O., Kapitel 3; *Withus*, a.a.O., unter besonderer Berücksichtigung der betriebswirtschaftlichen Grundsätze.

1224 *Görtz*, WiJ 2014, 8, 13 m.w.N.; *Petermann*, a.a.O., S. 215 m.w.N.

1225 http://www.duden.de/rechtschreibung/ausreichend (zuletzt abgerufen am 11.12.2014).

1226 *Petermann*, a.a.O., S. 214; Stellungnahme BDI/BDA, a.a.O., S. 13; im Ergebnis ebenso: *Kölbel* in: Rotsch, Criminal Compliance, § 37 Rn. 18.

1227 *Uhlig* in: Behringer, Compliance KMU, 27, 31.

1228 *Ulrich* in: Behringer, Compliance KMU, 215, 216.

zu erreichen, könnte man sich für die Festlegung von ausreichenden Maßnahmen an dem Vorschlag des BUJ zur Änderung der §§ 30, 130 OWiG[1229] orientieren. In diesem Entwurf werden in § 130 Abs. 1 S. 3 Nr. 1 bis 5 OwiG (vorgeschlagene Neufassung) beispielhaft geeignete Maßnahmen aufgezählt. Durch die Aufnahme solcher Kriterien in einem § 2 Abs. 2b VerbStrG-E wird durch Verweis in § 5 VerbStrG-E auf diese Vorschrift eine hinreichende Rechtssicherheit und zugleich Flexibilität gewährleistet werden, um dem unterschiedlichen Ausmaß vom Compliance-Management-System Rechnung zu tragen. Sollte der Gesetzesentwurf in der vorliegenden Form verabschiedet werden, ist im Endeffekt nichts gewonnen, sondern in der Praxis treten neue Auslegungsschwierigkeiten hinzu. Diesen kann auch nicht durch zu § 130 OWiG entwickelte Rechtsprechung abgeholfen werden, da es keine Entscheidungen gibt, die besagen, dass ein „ausreichendes" bzw. „wirksames" Compliance-Management-System dazu führt, dass von der Verhängung der Geldbuße abgesehen wird. Zwar wird in der einschlägigen Literatur einstimmig darauf hingewiesen, dass es in der Praxis bei Verfahren nach §§ 130, 30 OWiG nicht unüblich ist, die Errichtung oder Verbesserung von Compliance-Management-Systemen im Rahmen der Verfahrenseinstellung nach §§ 153 ff. StPO zu berücksichtigen.[1230] Jedoch handelt es sich bei der Vorschrift des § 5 VerbStrG-E nicht um eine prozessuale, sondern um eine materiell-rechtliche Vorschrift, die lediglich im Zusammenspiel mit § 153 b StPO zum Tragen kommt, weshalb dieser Gedanke hier nicht übertragen werden kann. Darüber hinaus existieren zu der Einstellung nach § 153 b StPO im derzeit geltenden Ordnungswidrigkeitenrecht keine klaren Richtlinien für die Berücksichtigung von Compliance-Management-Systemen[1231], weshalb ein Rückgriff auch deshalb nicht ausreichend ist. Ebenfalls können aus dieser Aussage keine Informationen gezogen werden, die Aufschluss über das Merkmal geben, welches Compliance-Management-System ausreichend bzw. wirksam ist. Um diese Auslegungsschwierigkeiten zu vermeiden, sollte eine Konkretisierung der Anforderungen an ein ausreichendes Compliance-Management-System mit in die Vorschrift aufgenommen werden. Die vom BUJ vorgeschlagenen Kriterien, die als geeignete Aufsichtsmaßnahmen angesehen werden, erfüllen auch die in der Praxis als wichtig erachtete Funktionen eines Compliance-Management-Systems, die auf Prävention, Dokumentation, Korrektur, Information und Kommunikation gerichtet sind.[1232] Zudem setzen sie die bisher in der Literatur abgegebenen Empfehlungen

---

1229 Siehe hierzu Kapitel 2, D.

1230 *Bock*, Criminal Compliance, S. 266; *Krause*, StraFo 2011, 437, 446; *Petermann*, a.a.O., S. 219; *Theile* in: Rotsch, Criminal Compliance, § 38 Rn. 24; kritisch hierzu: *Palzer*, ZRP 2013, 122, 123.

1231 *Krems*, ZIS 2015, 5, 9.

1232 *Ulrich* in: Behringer, Compliance KMU, 215, 223, 229, der sich auf eine Umfrage des Deloitte Mittelstandsinstituts an der Otto-Friedrich-Universität Bamberg bezieht, bei der mittelständische Unternehmen befragt wurden.

zur Errichtung von Compliance-Management-Systemen um.[1233] Auch in der Praxis wird sich bei der Errichtung an diesen Merkmalen orientiert, was sich bei dem vom Verein Pro Honorare e.V. eingeführten Hamburger Compliance-Zertifikat zeigt.[1234] Diese aus der Praxis gewonnenen Kenntnisse sollten bei einer Überarbeitung des § 5 Abs. 1 VerbStrG-E in die Überlegungen mit einbezogen werden.

Des Weiteren ist der Umfang des § 5 Abs. 1 VerbStrG-E fraglich: Erstreckt sich die Regelung nur auf zukünftig errichtete Compliance-Management-Systeme? Oder können auch bereits bestehende Compliance-Management-Systeme berücksichtigt werden? Nach dem Wortlaut der Norm kann das Gericht dann von der Verhängung der Strafe absehen, wenn der Verband organisatorische oder personelle Maßnahmen getroffen hat, um vergleichbare Verbandsstraftaten in Zukunft zu vermeiden. Daraus lässt sich schließen, dass mit der Vorschrift bezweckt werden soll, dass nur die nachträgliche Einführung von Compliance-Management-Systemen vom Anwendungsbereich des § 5 Abs. 1 VerbStrG-E erfasst sein soll. Dies ist auch der Gesetzesbegründung zu entnehmen, in der betont wird, dass durch diese Vorschrift ein präventiver Akzent gesetzt wird, da hierdurch in der Praxis die Möglichkeit eröffnet wird, zukunftsbezogene Investitionen in Compliance zu honorieren.[1235] Widersprüchlich erscheint diese Äußerung im Hinblick darauf, dass in der Gesetzesbegründung ebenfalls Bezug auf Sect. 7 Para. 2 UK Bribery Act 2010 genommen wird[1236], der auch bereits vor der Verbandsstraftat eingerichtete Compliance-Programme positiv würdigt.[1237] Deshalb ist zu hinterfragen, ob nicht möglicherweise beabsichtigt ist, dass sowohl bereits in der Vergangenheit als auch neu errichtete Compliance-Management-Systeme von der Norm erfasst sein sollen. Darauf hindeuten könnte die Verwendung des Wortes „auch" in der Gesetzesbegründung, dass zum Ausdruck bringt, dass durch die Einbeziehung der zukunftsbezogenen Maßnahmen der Anwendungsbereich erweitert werden soll. Ob sich dies dem Wortlaut der Norm so entnehmen lässt, erscheint bedenklich. Allein die Tatsache, dass für die Formulierung die Vergangenheitsform gewählt worden ist, reicht zur Begründung nicht aus. Darüber hinaus spricht dafür, dass nur Compliance-Management-Systeme nach der Begehung der Verbandsstraftat vom Anwendungsbereich erfasst sind, der Umstand, dass Maßnahmen getroffen worden sein müssen, die die Vermeidung vergleichbarer Verbandsstraftaten für die Zukunft beinhalten. Um diese Voraussetzung zu erfüllen, ist zwingend notwendig, dass eine Verbandsstraftat, mit der ein Vergleich angestellt werden kann, vorausgegangen ist. Die derzeitige Fassung lässt auch dem Sinn und Zweck nach keine andere Auslegung zu, weshalb zu empfehlen ist, die allein präventive

1233 Siehe ausführliche Darstellung bei *Bock*, Criminal Compliance, 4. Teil; *Bock* in: Rotsch, Criminal Compliance, § 8, III. 3.

1234 vgl. ausführliche Darstellung bei *Passarge/Graf*, CCZ 2014, 119, 120; kritisch hierzu: *Withus*, CCZ 2014, 234 ff.

1235 Gesetzesentwurf, S. 54.

1236 Gesetzesentwurf, S. 53.

1237 *Grützner*, CCZ 2015, 56, 60 bezeichnet diesen Verweis als eine leere Hülle.

Ausrichtung der Norm zu überdenken. Es sollten ebenfalls bereits bestehende Compliance-Management-Systeme berücksichtigt werden, da auch Situationen denkbar sind, in denen ein solches auch mal versagt, da nicht sämtliche Verstöße in der Praxis verhindert werden können.[1238] Es kann nämlich nach der allgemeinen Lebenserfahrung nicht verhindert werden, dass sich Mitarbeiter einmalig pflichtwidrig verhalten.[1239] Dies ist auch dem Umstand geschuldet, dass der Mensch zwar grundsätzlich zu Teilen rational handelt[1240], er jedoch sowohl durch bewusste als auch unbewusste psychologische Aspekte geprägt ist, die ihn bei seiner Entscheidung zum Handeln beeinflussen. Hierzu zählen die persönliche Werteinstellung, Motivationsfaktoren und die Wahrnehmung vorhandener oder nur vermeintlich vorhandener Faktoren der Umgebung.[1241] Im Unternehmenskontext können z.B. auch das organisationsexterne Umfeld, wie die Marktlage oder die Regulierungssituation, und die organisationsinternen Gegebenheiten, wie die Unternehmenslage, das Unternehmensklima und unternehmensinterne Kontrollen maßgeblich sein.[1242] Konsequenz ist, dass die individualstrafrechtliche Steuerungseffizienz geringer ist als in anderen Lebensbereichen.[1243] Es wäre daher nicht sachgerecht, Verbände, bei denen bereits ein Compliance-Management-System besteht, nicht mit in den Anwendungsbereich der Norm mit einzubeziehen, da diese dann ohne einen triftigen Grund schlechter gestellt werden würden. Dies gilt vor allem unter dem Aspekt, dass sich diese Verbände bereits mit möglichen Risiken auseinandergesetzt und versucht haben, diese möglichst effektiv zu vermeiden. Sie haben in der Folge Anstrengungen angestellt, um vorbeugend Rechts- und Regelverstöße und die damit verbundenen nachteiligen Folgen für das Unternehmen, seine Mitarbeiter und die Unternehmensleitung zu verhindern.[1244]

2.2 Bestimmung des Begriffs eines bedeutenden Schadens

Bevor es um die konkrete Bestimmung des Begriffs eines bedeutenden Schadens geht, bedarf es der Erörterung, ob dieses Merkmal überhaupt erforderlich ist.

1238 *Petermann*, a.a.O., S. 211 m.w.N.; im Ergebnis ebenso *Willems*, ZIS 2015, 40, 45.

1239 *Moosmayer* in: Rotsch, Criminal Compliance, § 34, Teil B, Rn. 84; *Rogall*, ZStW 1986, 573, 597 f.

1240 Zum Rational Choice-Modell siehe *Engelhart*, a.a.O., S. 648; *Kölbel*, ZIS 2014, 552, 555 m.w.N.; *Tschierschke*, a.a.O., S. 108 m.w.N.

1241 *Engelhart*, a.a.O., S. 648.

1242 *Kölbel*, ZIS 2014, 552, 555.

1243 *Kölbel*, ZIS 2014, 552, 557 unter Bezugnahme darauf, dass der Grund dafür empirisch nicht belegt werden könne. Zu weiteren soziologischen Theorien hinsichtlich der Steuerung vgl. *Engelhart*, a.a.O., 645 ff.; *Kölbel*, ZIS 2014, 552, 555 ff.

1244 *Uhlig* in: Behringer, Compliance KMU, 29.

2.2.1 *Erforderlichkeit des Merkmals*

Teilweise wird vertreten, dass das Merkmal, dass ein bedeutender Schaden nicht entstanden sein darf, nicht erforderlich sei.[1245] Dem kann so nicht zugestimmt werden. Die in der von dieser Auffassung angeführte Begründung fußt darauf, dass die dem Verband gemachten Vorwürfe zum einen aus einer mangelhaften Personalauswahl oder im unzureichenden Aufgabenzuschnitt auf Leistungsebene, zum anderen aus einem Organisationsmangel unterhalb der Auswahl der Entscheidungsträger bestehen. Wenn sich also ein Verband vorbildlich verhalte, in dem er sein Führungspersonal sorgfältig auswähle und ausreichende organisatorische und personelle Maßnahmen treffe, könne eine Strafbarkeit nicht begründet werden. Diese Vorbildlichkeit sei unabhängig von dem im Einzelfall eintretenden Schaden zu betrachten. Diese Auffassung übersieht, dass das Kriterium, dass ein bedeutender Schaden nicht entstanden sein darf, gerade dazu dient den Ausnahmecharakter der Norm hervorzuheben und diese an den im Individualstrafrecht geltenden § 46 a StGB anzunähern. Ein Verzicht auf diesen Zusatz würde zu einer extensiven Auslegung der Vorschrift führen und in der Konsequenz ihrem Charakter als Ausnahmeregelung nicht gerecht werden.

2.2.2 *Wertgrenze*

Darüber hinaus stellt sich die Frage, wann ein bedeutender Schaden im Sinne des § 5 Abs. 1 VerbStrG vorliegt. Eine Konkretisierung des Begriffs durch die Angabe einer bestimmten Schadensgrenze findet sich nicht im Gesetzestext. Der Gesetzesbegründung ist zu entnehmen, dass durch das Merkmal, dass ein bedeutender Schaden nicht entstanden ist, ein Bezug auf das öffentliche Interesse der Strafverfolgung gegeben werden soll.[1246] Es erfolgt ein weiterer Hinweis darauf, dass die Schadensgrenze bewusst großzügiger als in § 153 StPO gewählt worden sei und die Entwicklung von Wertgrenzen bewusst der Rechtsprechung überlassen werden soll. Diese Argumentation im Hinblick auf den Verzicht einer näheren Konkretisierung des Begriffs eines bedeutenden Schadens vermag nicht zu überzeugen. Dem Rechtsanwender wird auf diese Weise nicht eindeutig verständlich, in welchem Fall er von diesem Ausnahmetatbestand profitieren kann. Möglicherweise kann auf eine vergleichbare, von der Rechtsprechung entwickelte Wertgrenze zurückgegriffen werden. Hierbei ist im Gegensatz zu einem „nicht bedeutenden Schaden" an das Regelbeispiel beim Betrug gem. § 263 Abs. 3 S. 2 Nr. 2 StGB zu denken, wonach ein besonders schwerer Fall vorliegt, wenn der Täter einen Schaden großen Ausmaßes herbeigeführt hat. Ein Schaden großen Ausmaßes liegt nach ständiger Rechtsprechung dann vor, wenn der Betrag von 50.000 € überschritten ist.[1247] Diese Grenze wird in der Literatur vielfach kritisiert und als willkürlich bezeichnet[1248], weshalb eine Heranziehung dieser für die

---

1245 *Grützner*, CCZ 2015, 56, 60; Stellungnahme BDI/BDA, a.a.O., S. 13.
1246 Gesetzesentwurf, S. 54.
1247 BGHSt 48, 360; BGHSt 53, 71; BGH, wistra 2007, 111; BGH, wistra 2009, 236.
1248 *Fischer*, StGB, § 263 Rn. 215a m.w.N.

Bestimmung der Grenze eines nicht bedeutenden Schadens im Verbandsstrafrecht nicht herangezogen werden sollte. Darüber hinaus fehlt es an einer Vergleichbarkeit der Wertgrenzen, denn für Verbände kann ein Schaden von 50.000,00 € gering sein, wenn sie einen Jahresumsatz im Milliardenbereich verzeichnen. In der Folge bleibt es für den Rechtsanwender unklar, ab welcher Grenze ihm die Ausnahmeregelung des § 5 Abs. 1 VerbStrG-E zugutekommt. Des Weiteren ist denkbar, dass es bei der in der Vorschrift gewählten Begrifflichkeit nicht allein um finanzielle Schäden geht. Ein nicht bedeutender Schaden kann auch immaterieller Art sein und bei dem Rechtsgut, welches durch die verbandsbezogenen Zuwiderhandlung betroffen ist, eintreten, sofern es sich um eine natürliche Person handelt. Möglich ist aber auch, dass z.B. bei Korruption oder der Verletzung von Insider-Vorschriften kein direktes Opfer vorhanden ist und sich ein finanzieller Schaden daher nicht messen lässt.[1249] Fraglich ist, ob eine solche Betrachtungsweise von dem Formulierungsvorschlag des § 5 Abs. 1 VerbStrG-E mit umfasst ist. Der Anwendungsbereich der Norm ist durch Auslegung zu ermitteln. Nach dem Wortlaut der Vorschrift ist unter einem Schaden etwas zu verstehen, was die bestehende Situation nachteilig in einer nicht wünschenswerten Weise verändert.[1250] In der Rechtswissenschaft definiert man einen Schaden als jeden Verlust, den ein Rechtssubjekt an seinen Rechtsgütern erleidet und der im Rechtsverkehr allgemein als ersatzfähige Einbuße angesehen wird.[1251] Nach beiden Definitionen sind von dem Begriff des Schadens per se nicht nur finanzielle Einbußen erfasst. Dies hat zur Folge, dass auch alle anderen mit der Verbandsstraftat verbundenen negativen Folgen als ein nicht bedeutender Schaden im Sinne der Regelung anzusehen sein können. Bei der Lektüre der Gesetzesbegründung wird der Eindruck erweckt, dass aber gerade nur finanzielle Einbußen vom Regelungszweck erfasst sein sollen. Um herauszustellen, dass nicht nur finanzielle Folgeschäden vom Normzweck erfasst sind und dem Rechtsanwender dies vor Augen zu führen, schlägt *Hein* vor, die Formulierung in § 5 Abs. 1 VerbStrG-E wie folgt zu ergänzen: „...bedeutender Schaden für das durch die Zuwiderhandlung betroffene Rechtsgut nicht entstanden ist".[1252] Grundsätzlich ist diesem Ansatz zuzustimmen, da insoweit verdeutlicht wird, dass nicht nur der finanzielle Schaden unbedeutend sein kann. Allerdings bedarf dieser Formulierungsvorschlag der folgenden Ergänzung „...bedeutender Schaden für das durch die verbandsbezogene Zuwiderhandlung betroffene Rechtsgut nicht entstanden ist". Diese Vervollständigung gebietet der Grundsatz, dass in einem Gesetz einheitliche Begrifflichkeiten verwendet werden sollen, um den Grundsatz der Rechtssicherheit einzuhalten. Die von *Hein* vorgeschlagene Formulierung hätte zur Folge, dass jegliche Zuwiderhandlungen unter den Ausnahmetatbestand fallen würden und nicht nur diejenigen, die dem Verband

1249 *Hein*, CCZ 2014, 75, 78.
1250 http://www.duden.de/rechtschreibung/Schaden (zuletzt abgerufen am 17.12.2104).
1251 Palandt/*Grüneberg*, Vorb. v. § 249 Rn. 9.
1252 *Hein*, CCZ 2014, 75, 78.

obliegende Pflichten verletzen oder durch die der Verband bereichert worden ist oder bereichert werden sollte.

Zusätzlich sollte in § 5 Abs. 1 VerbStrG-E eine Grenze für finanzielle Schäden eingefügt werden, um ausreichend Rechtssicherheit gewährleisten zu können.

Fraglich ist jedoch, welcher Maßstab hierfür gewählt werden sollte. Ein Kriterium für die Schadensgrenze sollte die nach § 5 VerbStrG-E mögliche Höchstzahl von Tagessätzen (s.o.) darstellen. Diese Überlegung folgt daraus, dass dieses Höchstmaß eine die Norm begrenzende Wirkung entfaltet, die dadurch verstärkt zum Ausdruck kommen kann. Als weitere Faktoren für die Festlegung einer Höchstgrenze kommen der im vorangegangenen Jahr erzielte Jahresumsatz und der Jahresgewinn eines Verbandes in Betracht.

Bei Zugrundelegung des Jahresumsatzes ist dieser zunächst durch die Anzahl der Tage im Jahr zu teilen, um einen durchschnittlichen Tagesumsatz zu erhalten. Dieses Ergebnis wird dann mit dem Faktor 24, der höchsten zu verhängenden Zahl von Tagessätzen im Falle des § 5 Abs. 1 VerbStrG-E multipliziert, um einen Grenzbetrag zu erhalten. Auf diese Weise wird gewährleistet, dass sich die Wertgrenze an den jeweiligen wirtschaftlichen Verhältnissen des Verbandes orientiert und so eine gewisse Einzelfallgerechtigkeit ermöglicht werden kann. Verdeutlicht werden soll dies anhand eines Beispiels, bei dem zwei Unternehmen mit unterschiedlichen Jahresumsätzen gegenübergestellt werden: Zum einen soll der Berechnungsformel Volkswagen mit einem Umsatz von ca. 197 Milliarden Euro im Jahr 2013[1253], zum anderen BMW mit einem Umsatz von ca. 76 Milliarden Euro im Jahr 2013[1254] zugrunde gelegt werden. Bei Volkswagen ergäbe sich nach der Formel eine Schadensgrenze von knapp 13 Milliarden Euro, bei BMW von knapp 5 Milliarden Euro. Dieses Beispiel verdeutlicht, dass sich im Einzelfall erhebliche Differenzierungen ergeben können. Auch kann hierdurch veranschaulicht werden, dass sich ein nicht bedeutender Schaden bei Verbänden mit großem Umsatz im Milliardenbereich bewegt, und somit quasi ein extensiver Anwendungsbereich des § 5 Abs. 1 VerbStrG-E eröffnet werden würde.

Deshalb ist zu untersuchen, ob ein angemesseneres Ergebnis auf Basis des tatsächlichen Gewinns des vorangegangenen Jahres des Verbandes gefunden werden kann. Bei den beiden oben genannten Beispielsfällen würde der Maßstab des Gewinns nach Steuerabzug zu folgendem Ergebnis führen: VW hat im Jahr 2013 einen Gewinn von ca. 9 Milliarden Euro[1255] gemacht, was eine Schadensgrenze von 591 Millionen Euro ergäbe. BMW verzeichnete im Jahr 2013 einen Gewinn von

---

1253 http://de.statista.com/statistik/daten/studie/30743/umfrage/umsatz-der-volkswagen-ag/ (zuletzt abgerufen am 18.12.2014).

1254 http://de.statista.com/statistik/daten/studie/30727/umfrage/umsatz-der-bmw-group/ (zuletzt abgerufen am 18.12.2014).

1255 http://www.volkswagenag.com/content/vwcorp/content/de/the_group/key_figures.html (zuletzt abgerufen am 19.12.2014).

ca. 5 Milliarden Euro[1256], was eine Schadensgrenze von 328 Millionen Euro zur Folge hätte. Auch wenn sich diese beiden Schadensgrenzen bereits in einer deutlich geringeren Geldspanne bewegen, wird offensichtlich, dass immer noch ein weiter Anwendungsbereich der Norm verbleiben würde, was dem Ausnahmecharakter der Norm nicht gerecht werden würde. Zudem würde sich bei dieser Berechnungsmethode die Problematik stellen, wie eine Schadensgrenze bei Verbänden berechnet werden würde, die im der Verbandsstraftat vorangegangenen Jahr keinen Gewinn verzeichnet haben oder sogar bereits Insolvenz angemeldet haben. Um diese Schwierigkeiten bei der Berechnung zu vermeiden und dem Gericht unter Beachtung des Bestimmtheitsgrundsatzes dennoch einen gewissen Ermessensspielraum einzuräumen, könnte daran gedacht werden, als Schadensgrenze den absoluten Höchstsatz der 24 möglichen zu verhängenden Tagessätze festzusetzen. Wie bereits oben erörtert[1257], sollte aufgrund der Einhaltung des Bestimmt-heitsgrundsatzes für die Höhe eines Tagessatzes ebenfalls eine Höchstgrenze angegeben werden. Legt man diese Überlegungen und die vorgeschlagene Höchstgrenze von 1 Mio. Euro zugrunde, würde sich eine Schadensgrenze von 24 Mio. Euro ergeben. Eine Angabe dieser absoluten Höchstgrenze erscheint angemessen, da die Opferinteressen ausreichend beachtet werden können, und ermöglicht dem Gericht innerhalb der Schadensgrenze von seinem Ermessen weiterhin Gebrauch machen zu können. Ebenfalls kann bis zu dieser Schadensgrenze eine nach dem Einzelfall angemessene Lösung gefunden werden, sowohl für kleine als auch für große Unternehmen. Die besonderen wirtschaftlichen Verhältnisse eines jeden Verbandes finden bei der Bestimmung eines Tagessatzes bereits hinreichend Berücksichtigung, weshalb dahingehend eine flexible Gestaltung gewährleistet werden kann. Eine Aufnahme in § 5 Abs. 1 VerbStrG-E könnte durch einen wie folgt formulierten S. 2 erfolgen:

> Bei Eintritt eines finanziellen Schadens ist ein bedeutender Schaden nicht eingetreten, sofern dieser den Wert nicht übersteigt, der sich aus der Multiplikation der Verwirkungsgrenze und dem nach § 6 Abs. 4 S. 3 dieses Gesetzes[1258] zu verhängenden höchsten Tagessatzes ergibt.

2.3 Wiedergutmachung des Schadens zum überwiegenden Teil

Des Weiteren stellt sich innerhalb des § 5 Abs. 1 VerbStrG-E die Frage, wann der Schaden zum überwiegenden Teil wiedergutgemacht ist. Im Hinblick auf die Verwendung dieses Merkmals könnten ebenfalls Bedenken in Bezug auf die Einhaltung des in Art. 103 Abs. 2 GG verankerten Grundsatzes der Gesetzesbestimmtheit bestehen. Aus dem Gesetzeswortlaut selbst ergeben sich keine Anforderungen, wann

---

1256 http://www.bmwgroup.com/bmwgroup_prod/d/0_0_www_bmwgroup_com/investor_relations/fakten_zum_unternehmen/kennzahlen.html (zuletzt abgerufen am 19.12.2014).

1257 Siehe Ausführungen in Kapitel 3, D.2.2.3.1.

1258 Zur Änderung des § 6 Abs. 4 VerbStrG-E siehe Kapitel 3, D.2.2.3.1.

ein Verband den Schaden zum überwiegenden Teil wiedergutgemacht hat. Nach der Gesetzesbegründung soll daher auf die zu § 46 a StGB entwickelte Rechtsprechung zurückgegriffen werden.[1259] Nach dieser ist erforderlich, dass der Täter durch sein Verhalten im Wege eines kommunikativen Prozesses zum Ausdruck bringt, dass er Verantwortung für seine begangene Tat übernimmt.[1260] Grundsätzlich ist diesem Ansatz zuzustimmen, da der Begriff der Wiedergutmachung des Schadens zum überwiegenden Teil dem in § 46 a StGB ähnlich und auch dem Sinn und Zweck nach dazu geeignet ist dem Opferschutz zu dienen. Allerdings ist fraglich, ob der im Individualstrafrecht geltende Maßstab ohne Änderungen übernommen werden kann. Dies ist aufgrund der Tatsache, dass der Verband keine Person ist und durch § 46 a StGB ein personalisierter Ausgleich erstrebt werden soll, worauf die Gesetzesbegründung auch hinweist[1261], nicht möglich. Deshalb sei nach der Ansicht der Entwurfsverfasser ebenfalls ausgeschlossen, dass ein ernsthaftes Erstreben einer Wiedergutmachung das Absehen von Strafe rechtfertige.[1262] Von der Sanktionierung könne das Gericht daher nur absehen, wenn die Entschädigung erfolgt ist, sei es aufgrund der Zahlung des gesamten finanziellen Schadens oder eines Teilbetrages. Aufgrund des fehlenden kommunikativen Prozesses, vergleichbar dem Individualstrafrecht, bestehen trotz bereits bestehender Rechtsprechung zu dem in § 5 Abs. 1 VerbStrG-E verwendeten Begriff Unsicherheiten bei der Rechtsanwendung. Wann liegt z.B. im Fall, dass es kein unmittelbares Opfer gibt, eine Wiedergutmachung zum überwiegenden Teil vor? Wem gegenüber muss der Verband zeigen, dass er Verantwortung für die mit der Verbandsstraftat begangenen Folgen übernimmt? Und welche Anforderungen sind im Einzelnen zu stellen? Eine Konkretisierung, welches Verhalten des Verbandes in einer solchen Konstellation erforderlich ist, erscheint aufgrund der vielen Einzelfallgestaltungen nur schwer möglich. Aufgrund der Tatsache, dass Verbände nicht wie natürliche Personen im Rechtsverkehr auftreten, ist es geschuldet, dass die Sinnhaftigkeit dieses Merkmals nur im Hinblick auf finanzielle Schäden sinnvoll erscheint. Im Übrigen lässt sich keine Konkretisierung finden, die hinreichend bestimmt wäre. Auch die Aufnahme des Merkmals der Übernahme von Verantwortung in die Vorschrift würde zu keinem befriedigenden Ergebnis führen, da bei Verbandsstraftaten, bei denen es kein unmittelbares Opfer gibt, eine solche vom Verband nicht übernommen werden kann. Zu denken ist daher an die Variante, dass die Wiedergutmachung zum überwiegenden Teil auf finanzielle Schäden begrenzt werden könnte. Dies sollte in der Norm durch Streichung des Teils „oder dieser zum überwiegenden Teil wiedergutgemacht ist" und durch Aufnahme eines dritten Satzes zum Ausdruck gebracht werden:

1259 Gesetzesentwurf, S. 54 f.

1260 BGHSt 48, 134, 139; BGH, NStZ 2008, 452; BGH, NStZ-RR 2003, 363; BGH, wistra 2009, 309.

1261 Gesetzesentwurf, S. 54.

1262 Im Individualstrafrecht ist dies nach der Rechtsprechung durchaus anerkannt: BGH, NJW 2001, 2557 m.w.N.

Bei Eintritt eines finanziellen Schadens kann dieser auch durch die teilweise Begleichung wiedergutgemacht werden.

3. Abschließender Formulierungsvorschlag

Unter Berücksichtigung der vorangegangenen Darstellung könnte § 5 Abs. 1 VerbStrG-E wie folgt gefasst werden:

> Das Gericht kann von einer Verbandssanktion absehen, wenn der Verband bereits zuvor geeignete organisatorische oder personelle Maßnahmen getroffen hat, um Verbandsstraftaten zu vermeiden oder er diese nach Begehung der Verbandsstraftat trifft, um vergleichbare Verbandsstrafteten in Zukunft zu vermeiden und wenn ein bedeutender Schaden nicht entstanden ist, sofern eine Geldstrafe von 24 Tagessätzen nicht verwirkt ist. Bei Eintritt eines finanziellen Schadens ist ein bedeutender Schaden nicht eingetreten, sofern dieser den Wert nicht übersteigt, der sich aus Multiplikation der Verwirkungsgrenze und dem nach § 6 Abs. 4 S. 3 dieses Gesetzes[1263] zu verhängenden höchsten Tagessatzes ergibt. Bei Eintritt eines finanziellen Schadens kann dieser durch die teilweise Begleichung wiedergutgemacht werden.

Zudem sollte in § 5 VerbStrG-E in einem einzufügenden Abs. 2 a[1264] ein Verweis auf den obigen Regelungsvorschlag eines in § 2 VerbStrG-E einzufügenden Abs. 2 a vorgenommen werden:

> Geeignete Maßnahmen im Sinne des Absatzes 1 und 2 sind insbesondere solche des § 2 Abs. 2 b dieses Gesetzes.

4. Absehen nach § 5 Abs. 2 VerbStrG-E

Nach § 5 Abs. 2 VerbStrG-E kann das Gericht von Strafe absehen, wenn der Verband durch freiwilliges Offenbaren wesentlich dazu beigetragen hat, dass eine Verbandsstraftat aufgedeckt werden konnte und den Ermittlungsbehörden Beweismittel zur Verfügung gestellt hat, die geeignet sind die Tat nachzuweisen, sofern der Verband ausreichende organisatorische und personelle Maßnahmen getroffen hat, vergleichbare Verbandsstraftaten in Zukunft zu vermeiden. In Bezug auf die Kritik zu der Verwendung der Terminologie „ausreichende organisatorische und personelle Maßnahmen" kann auf die Ausführungen zu § 5 Abs. 1 VerbStrG-E verwiesen werden.[1265] Das Gleiche gilt in Bezug auf die Tatsache, dass lediglich nachträglich errichtete Compliance-Management-Systeme Beachtung finden sollen. Es gilt hier ebenfalls, dass auch bereits bestehende Compliance-Management-Systeme berücksichtigt

1263 Zur Änderung des § 6 Abs. 4 VerbStrG-E siehe Kapitel 3, D.2.2.3.1.

1264 Die systematische Anordnung folgt konsequenterweise daraus, dass in § 5 Abs. 2 VerbStrG-E ebenfalls der Begriff der organisatorischen und personellen Maßnahmen verwendet wird.

1265 Vgl. Kapitel 3, E.2.1.

werden sollten. Es stellt sich daher im Wesentlichen die Frage, welche Anforderungen an das freiwillige Offenbaren des Verbandes zu stellen sind und auf welche Tat sich der Offenbarungsakt konkret zu beziehen hat. Darüber hinaus ist zu diskutieren, ob die Eignung der Beweismittel mit den verfassungsrechtlichen Vorschriften im Einklang steht.[1266]

4.1 Beitrag des Verbandes an der Aufdeckung der Verbandsstraftat

Zuerst ist zu erörtern, wann der Beitrag des Verbandes als freiwillig offenbart angesehen werden kann. Es drängt sich hierbei vor allem folgende Frage auf: Welche für den Verband handelnde natürliche Person muss freiwillig gehandelt haben? In Betracht kommen hier zum einen die den Verband repräsentierenden Entscheidungsträger oder zum anderen derjenige, der die verbandsbezogene Zuwiderhandlung begangen hat. Dafür ist zunächst maßgeblich, welche Anforderungen an das Merkmal der Freiwilligkeit zu stellen sind. Da sich diese nicht aus dem Gesetz ergeben, ist an § 46 b StGB, der eine solche Aufklärungshilfe für schwere Straftaten im Individualstrafrecht vorsieht, anzuknüpfen. In dieser Regelung ist ebenfalls erforderlich, dass der Täter freiwillig mitgewirkt hat. Im Rahmen dieser Vorschrift wird auf die zu § 31 BtMG entwickelte Rechtsprechung zurückgegriffen[1267], die ebenfalls bei § 5 Abs. 2 VerbStrG-E zur Konkretisierung herangezogen werden kann. Danach handelt der Täter freiwillig, wenn er sich frei von Zwang entscheiden kann, wobei nicht von Bedeutung ist, ob er leugnen für zwecklos hält oder einem anderen mitwirkungswilligen Beteiligten zuvorkommen möchte.[1268] Legt man diesen Ansatz auch der Norm des § 5 Abs. 2 VerbStrG-E zugrunde, ist also allein maßgeblich, ob der Entschluss des Täters auf autonome Gründe zurückzuführen ist.[1269] Die sich in der Praxis stellende Frage, ob das Merkmal der Freiwilligkeit ebenfalls vorliegt, wenn der Anstoß zum freiwilligen Offenbaren auf einem Hinweis durch die Ermittlungsbehörden beruht, könnte über die zu § 24 StGB entwickelten Grundsätze gelöst werden. Nach diesen handelt der Täter auch dann freiwillig, wenn der Anstoß von außen kommt[1270], solange er immer noch „Herr seiner Entschlüsse" ist.[1271] Es scheint also grundsätzlich nicht ausgeschlossen, dass der Anstoß zur Offenbarung und Mitwirkung auch von Seiten der Ermittlungsbehörden kommen kann. Fraglich

---

1266 Zu den allgemeinen Kritikpunkten einer sog. Kronzeugenregelung in Bezug auf die konkrete Ausgestaltung des § 46 b StGB siehe: *Kinzig* in: Schönke/Schröder, StGB, § 46 b Rn. 2; *Maier* in: MüKo, StGB, § 46 b Rn. 7 ff.; *Sahan/Berndt*, BB 2010, 647, 648 f.; *Titz*, ZRP 2009, 137 ff.

1267 *Fischer*, StGB, § 46 b Rn. 12; *Kinzig* in: Schönke/Schröder, StGB, § 46 b Rn. 11; *Oglakcioglu*, StraFo 2012, 89, 93.

1268 *Maier* in: MüKo, StGB, § 46 b Rn. 25; BGH, StV 1990, 456, 457.

1269 *Kinzig* in: Schönke/Schröder, StGB, § 46 b Rn. 11.

1270 BGHSt 7, 299; BGH StV 1982, 259 f.

1271 *Eser/Bosch* in: Schönke/Schröder, StGB, § 24 Rn. 44; *Fischer*, StGB, § 24 Rn. 19; *Herzberg/Hoffmann-Holland* in: MüKo, StGB, § 24 Rn. 103.

ist jedoch, ob dies allgemeingültige Wirksamkeit für den Verband beanspruchen kann. Entscheidend hierfür ist daher, auf wessen Freiwilligkeit innerhalb des Verbandes abzustellen ist. In Betracht kommen hierfür zum einen die für den jeweiligen Verband vertretungsberechtigten handelnden Organe, zum anderen derjenige, der die verbandsbezogene Zuwiderhandlung begangen hat. Dafür, dass die Entscheidungsfreiheit der den Verband repräsentierenden Organe maßgeblich ist, spricht, dass diese im Rechtsverkehr für den Verband handeln und nach außen wirksam auftreten können. Nur wenn die Organe in ihrer Entscheidung an der Mitwirkung nach § 5 Abs. 2 VerbStrG-E frei waren, erscheint eine Fiktion der Freiwilligkeit des Verbandes möglich. Es kann lediglich über diese Zurechnungskonstruktion eine Freiwilligkeit des Verbandes begründet werden, da dieser selbst nicht dazu in der Lage ist, einen Willen zu bilden bzw. einen Entschluss zu fassen. Stellt man allerdings allein auf den Entschluss der Organe ab, kann es zu folgender Situation kommen: Derjenige Mitarbeiter, der die verbandsbezogene Zuwiderhandlung begangen hat, wird in einem Personalgespräch über die Situation und den damit einhergehenden Verdacht aufgeklärt und teilt dem Verband aufgrund seiner arbeitsrechtlichen Verpflichtung[1272] alle notwendigen Informationen mit. Maßgeblich für die Freiheit in der Entschließung des Mitarbeiters über die Preisgabe von Informationen ist daher, ob ihm überlassen wird sich überhaupt zu äußern und ihm dadurch ebenfalls die Freiheit gelassen wird, über den Umfang seiner Angaben zu entscheiden.[1273] Die vom Mitarbeiter erlangte Auskunft basiert in der Praxis in der Regel nicht auf einer freiwilligen Äußerung, sondern vielmehr darauf, dass er im Falle des Schweigens mit arbeitsrechtlichen Maßnahmen rechnen muss, die wiederum finanzielle Einbußen zur Folge haben.[1274] Durch diese innere Zwangslage des Mitarbeiters kann quasi eine neutrale Abwägung seiner Interessen nicht stattfinden[1275], weshalb das Offenbaren der Informationen nicht freiwillig i.S.d § 5 Abs. 2 VerbStrG-E sein kann. Allein die Tatsache, dass der Betroffene das Arbeitsverhältnis freiwillig eingegangen ist, begründet im Fall von internen Ermittlungen nicht den Verzicht auf rechtsstaatliche Grundätze wie den *nemo-tenetur-Grundsatz* in einem etwaigen parallel laufenden Strafverfahren.[1276] Fraglich ist daher, ob in diesen Fällen ein freiwilliges Offenbaren

1272 Eine vertragliche Hauptpflicht zur Auskunft dürfte indes nur für Führungskräfte oder Mitarbeiter gelten, die in sensiblen Bereichen tätig sind. Im Übrigen ergibt sich die Auskunftspflicht aus dem Weisungsrecht gem. §§ 666, 675 BGB. Ausführliche Darstellung bei *Eidam*, Unternehmen und Strafe, S. 931; *Kruse*, Compliance und Rechtsstaat, Zur Freiheit von Selbstbelastung bei Internal Investigations, S. 143, 145 ff.; *Momsen* in: Rotsch, Criminal Compliance, § 34 B Rn. 30 f.; *Wimmer* in: FS Roxin, 537, 540; *Zapfe*, a.a.O., S. 122 ff.

1273 *Kruse*, a.a.O., S. 175.

1274 *Kruse*, a.a.O., S. 176.

1275 *Kruse*, a.a.O., S. 176 m.w.N; *Momsen*, ZIS 2011, 508, 514.

1276 *Roxin*, StV 2012, 116, 120; *Sidhu/v.Saucken/Ruhmannseder*, NJW 2011, 881, 883; a.A.: LG Hamburg, NJW 2011, 942, 944; dem sich anschließend: *Wimmer* in: FS Roxin, 537, 549 f.

des Verbandes dennoch vorliegen kann. Dies ist zu verneinen, da das Offenbaren durch die Entscheidungsträger ebenfalls auf den vom Mitarbeiter getätigten Angaben basiert. Durch diese Mittelbarkeit kann die Entschlussfreiheit des Verbandes nicht gewahrt werden, da nicht alle für ihn handelnden natürlichen Personen ohne Zwang gehandelt haben. Folgerichtig muss daher für das Kriterium der Freiwilligkeit sowohl auf die Entschlussfreiheit der Organvertreter als auch auf die des Individualtäters der verbandsbezogenen Zuwiderhandlung abgestellt werden. Werden andere Mitarbeiter als Zeugen zu verbandsbezogenen Zuwiderhandlungen durch den Arbeitgeber befragt und erteilen aufgrund ihrer arbeitsrechtlichen Verpflichtung ebenfalls Auskunft über die ihnen bekannten Tatsachen, so muss das zuvor Gesagte ebenfalls gelten. Anders würde sich dies jedoch darstellen, wenn für die Mitarbeiter des Verbandes bereits bei internen Befragungen das in § 136 StPO verankerte Schweigerecht ebenfalls Wirkung entfalten würde.[1277] Bei der Geltung des aus dem allgemeinen Persönlichkeitsgrundsatz und dem Rechtsstaatsprinzip abgeleiteten und in Art. 6 EMRK garantierten *nemo-tenetur-Grundsatzes*[1278] bei internen Ermittlungen in Verbänden könnte gewährleistet werden, dass der Entschluss des Mitarbeiters sich zu der Sache zu äußern, freiwillig ist, sofern er Angaben macht. Denn in diesem Fall wäre er vorab über seine Freiheit zur Entscheidung von einer Auskunft und über die damit verbundenen Folgen aufgeklärt worden. Der Entschluss über die Mitwirkung läge daher allein beim Mitarbeiter und würde auf autonomen Motiven beruhen. In der Folge müsste jedoch auch § 136 a Abs. 1 StPO gelten, um gewährleisten zu können, dass der Mitarbeiter nicht durch Drohungen oder die Anwendung von Gewalt zu Angaben gezwungen wird.[1279] Hierbei handelt es sich um eine Frage, die zuvorderst im prozessualen Teil geregelt werden sollte. Der Gesetzesentwurf sieht eine solche Norm nicht vor. Inhalt einer solchen Vorschrift wäre vor allem, ob von durch Mitarbeiter-Interviews erhaltene Auskünfte in einem nachfolgenden Strafprozess verwertet werden können.[1280] Mangels einer solchen Norm sollte in § 5 Abs. 2 VerbStrG-E ein Zusatz aufgenommen werden,

---

1277 Zum Spannungsverhältnis des Schweigerechts und interner Befragungen von Mitarbeitern und der Beweisverwertung im Strafprozess siehe *Eidam*, Unternehmen und Strafe, S. 935 ff.; *Engelhart*, a.a.O., S. 705; *Gottwald*, Das Amnestieprogramm, Ein Instrument der Internal Investigations zur Aufklärung von Compliance-Verstößen, § 15 I; *Kruse*, a.a.O., S. 152.; *Momsen*, ZIS 2011, 508, 512; *Momsen* in: Rotsch, Criminal Compliance, § 34 B Rn. 32 ff.; *Rödiger*, a.a.O., Kapitel 3 C; *Siebler*, Criminal-Compliance im interdisziplinären Kontext, Die Legitimierung von Compliance-Tätigkeiten und Maßnahmen sowie deren Verwertbarkeit im deutschen Strafverfahren, S. 48 ff.; *Wewerka*, a.a.O., S. 253 ff.; *Zapfe*, a.a.O., S. 153 ff.

1278 BVerfGE 56, 37, 43; BGHSt 38, 214, 220; BGH, NJW 2007, 3138, 3139 f.; *Beulke* Strafprozessrecht, Rn. 125 m.w.N.

1279 Kommt der Anstoß seitens der Ermittlungsbehörden muss dies aufgrund der Verhinderung einer Flucht ins Privatrecht allemal gelten. Vgl. *Kruse*, a.a.O., S. 180; *Wewerka*, Internal Investigations, a.a.O., S. 246.

1280 *Hoven/Wimmer/Schwarz/Schumann*, NZWiSt 2014, 241, 245.

aus dem ersichtlich wird, auf wessen Entschlussfreiheit es für das Merkmal der Freiwilligkeit tatsächlich ankommt. Dies könnte durch Ergänzung eines Satzes 2, der wie folgt formuliert werden könnte, geschehen:

> Der Verband handelt freiwillig im Sinne des Satzes 1, sofern der Entschluss zur Offenbarung durch den vertretungsberechtigten Entscheidungsträger und der Entschluss von der durch den Verband zur verbandsbezogenen Zuwiderhandlung befragten Person frei von Zwang getroffen worden sind.

Erfolgt das Offenbaren daher nicht freiwillig, so kann dem Verband die Privilegierung des § 5 Abs. 2 VerbStrG-E nicht zugutekommen. Um im Rahmen der Strafzumessung nach § 6 Abs. 3 VerbStrG-E positiv zu berücksichtigende Aspekte für eine mildere Strafe zu schaffen, besteht für den Verband ebenfalls die Möglichkeit, den Ermittlungsbehörden Unterlagen zur Verfügung zu stellen, in denen z.B. entsprechende Namen von betroffenen Personen geschwärzt werden.[1281]

Zudem ist nach § 5 Abs. 2 VerbStrG-E erforderlich, dass sich der Beitrag des Verbandes darauf bezieht, dass die Verbandsstraftat aufgedeckt werden konnte. Es ist also notwendig, dass der Verband alle Informationen zur Verfügung stellt, die an eine Verbandsstraftat zu stellen sind. Nach der Ansicht *Heins* ist dafür erforderlich, dass Gegenstand des Offenbarens allein das Unterlassen derjenigen Aufsichtsmaßnahmen sei, die sich nachträglich als erforderlich herausgestellt haben.[1282] Nach dieser Auffassung ist es gerade nicht notwendig, dass der Verband den Ermittlungsbehörden auch Hinweise in Bezug auf die verbandsbezogene Zuwiderhandlung gibt. Auch der Gesetzesbegründung lässt sich diese restriktive Auslegung der Vorschrift nicht entnehmen, da nach dieser gerade für ein freiwilliges Offenbaren erforderlich ist, dass der Verband nicht allein die Zuwiderhandlung aufdeckt.[1283] Nach dem Verständnis der Entwurfsverfasser ist daher sowohl eine Mitwirkung bezüglich der verbandsbezogenen Zuwiderhandlung als auch bezüglich der unterlassenen Aufsichtsmaßnahmen notwendig. Dem kann so pauschal nicht zugestimmt werden, da die in § 2 Abs. 1 und 2 VerbStrG-E festgelegten Verbandsstraftaten und deren jeweilige Tatbestandsvoraussetzungen zugrunde zu legen sind. Da es nach der derzeitigen Fassung des Gesetzesentwurfs in § 2 Abs. 1 VerbStrG-E nicht notwendig ist, dass zumutbare Aufsichtsmaßnahmen unterlassen worden sind, kommt man innerhalb der beiden Straftatbestände zu unterschiedlichen Ergebnissen. Bei einer Verbandsstraftat nach § 2 Abs. 1 VerbStrG-E müsste der Verband demnach, um einen wesentlichen Beitrag i.S.d. § 5 Abs. 2 VerbStrG-E zu leisten, maßgeblich durch das Offenbaren die Aufdeckung der verbandsbezogenen Zuwiderhandlung ermöglichen. Entgegen der von der in der Gesetzesbegründung angegebenen Auffassung der Entwurfsverfasser[1284] wird in diesem Fall also der Entscheidungsträger maßgeblich

1281 *Kruse*, a.a.O., S. 211.
1282 *Hein*, CCZ 2014, 75, 78.
1283 Gesetzesentwurf, S. 55 f.
1284 Gesetzesentwurf, S. 56.

in den Mittelpunkt der Ermittlungen durch die Strafverfolgungsbehörden gestellt, womit eine große Wahrscheinlichkeit gegeben ist, dass er zum Bauernopfer wird. Handelt es sich hingegen um eine Verbandsstraftat nach § 2 Abs. 2 VerbStrG-E sind die Anforderungen an den Beitrag zur Aufdeckung seitens des Verbandes i.S.d. § 5 Abs. 2 VerbStrG-E sowohl auf die verbandsbezogene Zuwiderhandlung als auch auf die unterlassenen Aufsichtsmaßnahmen bezogen. Wird eine andere Ausgestaltung des § 2 Abs. 1 VerbStrG-E erwogen[1285], in der zum Ausdruck kommt, dass bei der Auswahl und Überwachung des Entscheidungsträgers nicht die im Verkehr erforderliche Sorgfalt beachtet worden ist, so hat der Verband seinen Beitrag auch bei dieser Verbandsstraftat auf die verbandsbezogene Zuwiderhandlung und die unterlassene Organisation im Verband zu beziehen.

Des Weiteren ist der Vorschrift des § 5 Abs. 2 VerbStrG-E immanent, dass sich Verbände in der Praxis vermehrt interner Ermittler bedienen, um den von der Norm geforderten Beitrag erfüllen zu können.[1286] Damit geht jedoch die Problematik der Beweisverwertungsverbote von mit Mitarbeitern geführten Interviews im Rahmen dieser privaten Ermittlungsverfahren in einem parallel laufenden oder späteren Strafverfahren einher. Die damit verbundene Rechtsunsicherheit und die damit einhergehende Gefahr der Verletzung rechtsstaatlicher Grundsätze, namentlich dem *nemo-tenetur-Grunsatz*, kann nur durch eine gesonderte Vorschrift ausgeräumt werden. Diese wäre im prozessualen Teil zu verorten und könnte wie folgt lauten:

> Angaben einer Person, die im Rahmen interner Ermittlungen durch den Verband unter Verstoß gegen §§ 136, 136 a StPO erlangt wurden, dürfen in einem Strafverfahren nicht verwertet werden.

4.2 Eignung der Beweismittel

In § 5 Abs. 2 VerbStrG-E wird gefordert, dass die vom Verband zur Verfügung gestellten Unterlagen dazu geeignet sein müssen, die Tat nachzuweisen. Die Eignung der Beweismittel ist ein zusätzliches, im Individualstrafrecht[1287] nicht erforderliches Tatbestandsmerkmal, mit dem eine Ungleichbehandlung verbunden ist. Im Individualstrafrecht reicht eine Verbesserung der Aufdeckung der Straftat durch die Offenbarung aus.[1288] Eine Rechtfertigung dieser Ungleichbehandlung kann darin gesehen werden, dass auf diese Weise ein „Wettrennen“ um die Vorteile der Bonusregelung vermieden wird, wenn es sich um ein Strafverfahren gegen mehrere Verbände handelt.[1289]

1285 Vorschlag siehe Kapitel 3, B.4.2.

1286 Stellungnahme BRAK, Nr. 15/2014, a.a.O., S. 4; *Witte/Wagner*, BB 2014, 643, 646.

1287 Auch nach der kartellrechtlichen Bonusregelung, auf die sich die Entwurfsverfasser in ihrer Begründung (S. 55) beziehen, ist die Erbringung eines vollständigen Tatnachweises nicht erforderlich. Ausführlicher hierzu: *Fischer/Hoven*, ZIS 2015, 32, 37.

1288 *Maier* in: MüKo, StGB, § 46 b Rn. 49 ff.

1289 Gesetzesentwurf, S. 56.

Fraglich ist jedoch, ob diese Regelung mit dem im Strafverfahren geltenden rechtsstaatlichen Grundsätzen zu vereinbaren ist. Durch diese vorgelagerte Darlegungslast für den Verband könnten der im Strafverfahren geltende Grundsatz *„in dubio pro reo"* und die einhergehende Unschuldsvermutung unterlaufen werden. Nach diesem Zweifelsgrundsatz gilt, dass nur der schuldige Angeklagte bestraft werden soll, was ihm in einem prozessordnungsgemäßen Verfahren nachgewiesen werden soll.[1290] Der Grundsatz *„in dubio pro reo"* ist auch auf Verbände anwendbar, da die objektive Beweislast nicht dem Beschuldigten auferlegt werden kann.[1291] Der Zweifelsgrundsatz wird durch die nach § 5 Abs. 2 VerbStrG-E erforderliche Eignung der Beweismittel faktisch durchbrochen,[1292] da für das Absehen der Strafe nur solche Beweismittel ausreichen, die auch im Hauptverfahren geeignet sind, bestimmte Tatsachen zu beweisen. Diese Anforderung führt sozusagen zu einer Vorabentscheidung, die es nicht zwingend erforderlich machen würde, die Schuld des Verbandes in einem prozessordnungsgemäßen Verfahren nachzuweisen.[1293] Ebenfalls wird mit diesem Erfordernis das bis zur Eröffnung des Hauptverfahrens geltende Freibeweisverfahren faktisch ausgehebelt. Dieses gilt sowohl für die Schuld- als auch für die Rechtsfolgenfrage und ist weder auf die im Hauptverfahren zugelassenen Beweismittel beschränkt noch gelten die Vorschriften über die Art der Beweiserlangung nach §§ 239 ff. StPO.[1294] Im Gegensatz zu dem in der Hauptverhandlung geltenden Grundsatz, dass die zu beweisende Tatsache zur vollen Überzeugung des Gerichts feststehen muss, wird im Freibeweisverfahren ein geringerer Grad an Überzeugung seitens des Gerichts für ausreichend erachtet. In der Regel wird eine Glaubhaftmachung in der Gestalt, dass die zu beweisenden Tatsachen als wahrscheinlich dargelegt werden, als hinreichend angesehen.[1295] Da sich § 5 Abs. 3 VerbStrG-E nur auf die Glaubhaftmachung der vom Verband für die Zukunft getroffenen personellen Maßnahmen im Sinne des § 5 Abs. 1 und 2 VerbStrG-E bezieht, werden an die Beweismittel erhöhte, dem Strengbeweisverfahren vergleichbare Anforderungen gestellt. Durch das Erfordernis der Eignung der Beweismittel wird der Anschein geschaffen, dass Mitteilungen gegenüber den Strafverfolgungsbehörden, die nicht den Anforderungen der im Hauptverfahren zugelassenen Beweismittel entsprechen, nicht zur Entlastung beitragen können. Diese erhöhten Anforderungen stimmen mit der gesetzgeberischen Entscheidung, dass das Strengbeweisverfahren nur für die Sachverhaltsaufklärung in der Hauptverhandlung gelten soll, nicht überein. In der Folge wird der Verband daher schlechter gestellt als der Individualstraftäter, da

---

1290 *Beulke*, Strafprozessrecht, Rn. 25.

1291 *Drope*, a.a.O., S. 336 f.; *Schmitt-Leonardy*, ZIS 2015, 11, 20 geht von einer verfassungskonformen Beweislastumkehr aus ohne hierzu näher Stellung zu beziehen.

1292 *Rübenstahl*, ZRFC 2014, 26, 32.

1293 Unterstellt, dass die Schuld des Verbandes überhaupt erforderlich ist. Nach der derzeitigen Fassung ist dies mangels eines eigenständigen Anknüpfungspunktes sehr fragwürdig. Siehe dazu Ausführungen in Kapitel 3, B.3.5.

1294 *Beulke*, Strafprozessrecht, Rn. 180.

1295 *Beulke*, Strafprozessrecht, Rn. 180.

für diesen die strafprozessualen Grundsätze gelten. Um dieser im Strafverfahren geltenden Differenzierung gerecht werden zu können und zugleich ein Wettrennen um die Vergünstigung in einem Verfahren gegen mehrere Verbände zu vermeiden, sollte in § 5 Abs. 2 VerbStrG-E folgender S. 3 eingefügt werden, sofern an dem Erfordernis der Beweiseignung festgehalten werden soll[1296]:

> Der Eignung der Beweismittel steht nicht entgegen, dass es sich nicht um ein von der in der Strafprozessordnung für die Hauptverhandlung zugelassenes Beweismittel handelt.

5. Maßstab für Glaubhaftmachung des § 5 Abs. 3 VerbStrG

Nach § 5 Abs. 3 VerbStrG-E hat der Verband die organisatorischen und personellen Maßnahmen im Sinne der Absätze 1 und 2 auf Verlangen darzulegen und glaubhaft zu machen. Weder in der Vorschrift selbst noch in der Gesetzesbegründung finden sich Anhaltspunkte, welcher Maßstab bei der Beurteilung gelten soll. Da sich in § 26 Abs. 2 StPO der Begriff der Glaubhaftmachung befindet, kann auf die zu dieser Norm entwickelte Rechtsprechung zurückgegriffen werden. Danach wird es als ausreichend erachtet, wenn die Tatsache durch die beigebrachten Beweismittel in einem hinreichenden Maße die Wahrscheinlichkeit ihrer Richtigkeit dargetan wird.[1297] Als Beweismittel kommen hier schriftliche Erklärung, die Vorlage von Unterlagen und die Aussagen von Zeugen in Betracht. In der Praxis würde der Verband dafür eine Auflistung mit allen bereits vorgenommenen organisatorisch wie personellen Maßnahmen einreichen. Dies allein dürfte jedoch nicht genügen, da eine Überprüfung einer solchen Auflistung nur schwerlich möglich sein dürfte. Deshalb wäre es wohl ebenso notwendig betroffene Mitarbeiter als Zeugen anzubieten. Dennoch stellt sich die Frage, in welchem Verfahrensabschnitt die Glaubhaftmachung vom Verband verlangt werden kann. Da sich dem Wortlaut der Norm diesbezüglich keine Vorgaben entnehmen lassen, liegt die Vermutung nahe, dass sowohl das Gericht als auch die Staatsanwaltschaft die Kompetenz im Sinne des § 5 Abs. 3 VerbStrG-E besitzen. Dies steht mit der Präklusionsregelung des § 5 Abs. 4 VerbStrG-E in Einklang, da nach dieser ein Absehen von Strafe nur dann ausgeschlossen ist, wenn der Verband die zum Tatnachweis geeigneten Beweismittel erst offenbart, nachdem die Eröffnung des Hauptverfahrens beschlossen worden ist. Fraglich ist jedoch, ob diese Auslegung auch vom Sinn und Zweck der Norm erfasst ist. Dieser ist nach der Auffassung der Entwurfsverfasser nicht nur in der Aufklärungshilfe, sondern auch in einem präventiven Zweck zu sehen, dass der Verband für die laufende Überprüfung und Verbesserung von Compliance-Strukturen angehalten wird.[1298] Um diesen Zweck in jedem Verfahrensstadium zu fördern, müssen sowohl die Staatsanwaltschaft als

1296 Die Bedenken gegen die Einhaltung des Zweifelsgrundsatzes lassen sich jedoch hierdurch nicht ausräumen.

1297 BGH, NJW 1968, 710; BGH, NStZ 1991, 144.

1298 Gesetzesentwurf, S. 56.

auch das Gericht die Glaubhaftmachung der organisatorischen und personellen Maßnahmen verlangen können.

6. Verhältnis zu § 7 VerbStrG-E

Des Weiteren ist die Ausgestaltung des Verhältnisses von § 5 VerbStrG-E zu § 7 VerbStrG-E zu hinterfragen. In beiden Normen soll die Errichtung eines Compliance-Management-Systems zugunsten des Verbandes berücksichtigt werden. Allerdings kann im Rahmen des § 5 VerbStrG-E die nachträgliche Errichtung eines Compliance-Management-Systems zum Absehen von Strafe führen, wohingegen bei § 7 VerbStrG-E ein vor der Verbandsstraftat eingeführtes Compliance-Management-System nur zum Vorbehalt der Strafe führen kann. § 5 VerbStrG-E und § 7 VerbStrG-E enthalten daher zwei voneinander zu differenzierende Lebenssachverhalte mit unterschiedlichen Rechtsfolgen. Diese Ausgestaltung kann in der Weise nicht überzeugen und läuft dem von den Entwurfsverfassern immer wieder in den Vordergrund gestellten präventiven Zweck des Gesetzes zuwider. Verbände, die sich bereits im Vorfeld mit der Frage einer effektiven Ausgestaltung eines Compliance-Management-Systems auseinandergesetzt haben, werden schlechter behandelt als Verbände, die sich erst nach der Begehung einer Verbandsstraftat zu der Einführung eines Compliance-Management-Systems entschlossen haben.[1299] Des Weiteren werden Verbände, die nach der Verbandsstraftat ein punktuelles Compliance-Management-System eingeführt haben, besser gestellt, da gegen sie nicht wie bei § 7 VerbStrG-E der Verfall angeordnet werden kann. Auch erfolgt beim Absehen von Strafe keine Eintragung ins Bundeszentralregister, wohingegen bei § 7 VerbStrG-E der Verband auch mit diesem Makel belegt wird. Eine solche Besserstellung von Verbänden, die ein Compliance-Management-System erst nach Begehung einer Verbandsstraftat errichtet haben, kann durch keinen sachlichen Grund gerechtfertigt werden und widerspricht der (angeblich) präventiven Ausrichtung des Gesetzes. Aufgrund dessen sollten vom Anwendungsbereich ebenfalls, wie bereits unter Kapitel 3.E.2.1 ausgeführt, Verbände erfasst sein, die bereits vor Begehung der Verbandsstraftat ein Compliance-Management-System eingeführt hatten. Nur so kann die zuvor dargestellte Ungleichbehandlung ausgeräumt werden.

7. Verhältnis zu §§ 30, 130 OWiG

Darüber hinaus ist zu hinterfragen in welchem Verhältnis § 5 VerbStrG-E zu §§ 30, 130 OWiG steht. Da nach dem vorliegenden Gesetzesentwurf keine Änderungen an §§ 30, 130 OWiG vorgenommen werden sollen[1300], könnte trotz Absehen von Strafe nach § 5 VerbStrG-E eine Geldbuße gegen den Verband verhängt werden. Würde also die Verhängung einer Geldbuße trotz Absehens von Strafe weiterhin möglich sein, so scheint es doch für den Verband in der Praxis einen geringen Anreiz

---

1299 *Hein*, CCZ 2014, 75,78 f.

1300 Siehe Ausführungen in Kapitel 3, D.2.4.

zu haben, freiwillig an der Aufdeckung der Verbandsstraftat mitzuwirken und Beweismittel zur Verfügung zu stellen.[1301] Nach dieser Auffassung soll § 21 Abs. 2 OWiG in den Fällen des § 5 VerbStrG-E nicht zur Anwendung gelangen. Fraglich ist, ob diese Aussage pauschal zutrifft. Dem könnte entgegenstehen, dass dann eine Besserstellung der Verbände im Vergleich zum Individualstraftäter vorliegen würde. Wenn im Individualstrafrecht von der Strafe nach §§ 46 a, 60 StGB abgesehen wird, dann kann gegen den Täter dennoch wegen derselben Tat eine Ordnungswidrigkeit verhängt werden.[1302] Fraglich ist jedoch, ob hier überhaupt vergleichbare Sachverhalte zugrunde liegen. Im Rahmen des § 46 a StGB werden vom Täter die Wiedergutmachung bzw. zumindest Wiedergutmachungsbemühungen gefordert, wobei ihm nicht abverlangt wird, an der Aufdeckung seiner Straftat mitzuwirken und Beweismittel hierfür zur Verfügung zu stellen. Es ist daher zwischen § 5 Abs. 1 und Abs. 2 VerbStrG-E zu differenzieren. Im Rahmen des § 5 Abs. 1 VerbStrG-E werden dem § 46 a StGB vergleichbare Anforderungen gestellt, weshalb auch bei diesem die Verhängung einer Ordnungswidrigkeit durchaus in Betracht kommt. Etwas anderes könnte sich für § 5 Abs. 2 VerbStrG-E ergeben, da für dessen Erfüllung deutlich strengere Voraussetzungen, wie z.B. die Beweiseignung, vorliegen müssen. Die Mitwirkungshandlung des Verbandes ist nicht vergleichbar mit der des § 5 Abs. 1 VerbStrG-E und damit auch nicht mit der eines Individualstraftäters nach § 46 a StGB.[1303] Von diesem wird nicht ausdrücklich verlangt, dass er Beweismittel zur Aufklärung zur Verfügung stellen muss. Fraglich ist allerdings, ob es sich dabei um eine hinzunehmende Ungleichbehandlung aufgrund der Besonderheiten der im Verband herrschenden Strukturen handelt. Auch wenn von dem Erfordernis einer Beweiseignung abgesehen werden sollte[1304], so werden dennoch höhere Anforderungen an das Absehen von Strafe in Form eines freiwilligen Offenbarens gestellt. Eine vergleichbare Norm gibt es im Individualstrafrecht nicht. Dies ist dem Umstand geschuldet, dass § 5 Abs. 2 VerbStrG-E auch den Zweck verfolgt, dass die für den Verband handelnden natürlichen Personen nicht maßgeblich in den Mittelpunkt der Ermittlungen der Strafverfolgungsbehörden gestellt werden sollen. Die erhöhten Anforderungen sind also den Besonderheiten des Verbandes geschuldet, weshalb in der Folge eine Besserstellung hinsichtlich dieser speziellen Variante des Absehens von Strafe der Verbände im Hinblick auf die Unanwendbarkeit des § 21 Abs. 2 OWiG hinzunehmen wäre. Dies hat zur Folge, dass es einer zusätzlichen Regelung bedürfte, die im Falle des § 5 Abs. 2 VerbStrG-E die Anwendbarkeit des § 21 Abs. 2 OWiG ausschließen würde. Es sollte in § 5 Abs. 2 VerbStrG-E S. 4 mit folgender Formulierung eingefügt werden:

> Im Falle des Satzes 1 ist die Anwendung des § 21 Abs. 2 OWiG ausgeschlossen.

1301 *Grützner*, CCZ 2015, 56, 60; Stellungnahme BDI/BDA, a.a.O., S. 13.

1302 *Gürtler* in: Göhler, OWiG, § 21 Rn. 27; Mitsch in: KK, OWiG, § 21 Rn. 25.

1303 Bei den vergleichbaren Anforderungen in § 46 b StGB handelt es sich jedoch nur um solche, die zur Strafmilderung führen können.

1304 Siehe Ausführungen Kapitel 3, E.4.2.

Kapitel 4: Fazit

Sollte der Gesetzgeber sich dazu entschließen ein Verbandsstrafgesetzbuch zu erlassen, so sollte er sich mit der Vorlage des vorliegend untersuchten Gesetzesentwurfs dezidiert auseinandersetzen und die vorgeschlagenen Normen des materiell-rechtlichen Teils in strafrechtsdogmatischer und verfassungsrechtlicher Hinsicht überarbeiten.

Die gegen die Einführung einer strafrechtlichen Verantwortlichkeit von Verbänden vorgetragenen Argumente, wie z. B. der Verstoß gegen das Doppelbestrafungsverbot, die Bestrafung Unschuldiger und die fehlende Straffähigkeit, lassen sich, wie gezeigt, entkräften und stehen dem Erlass eines Verbandsstrafgesetzbuchs grundsätzlich nicht entgegen. Die Einführung der Strafbarkeit von Verbänden ist daher eine rechtspolitische Entscheidung, die allein in das Ermessen des Gesetzgebers gestellt ist.[1305]

Vor Erlass eines Verbandsstrafgesetzbuches sollte klar Position bezogen werden, ob die Rechtsträger der Verbände im Mittelpunkt der strafrechtlichen Verantwortlichkeit stehen sollen oder ob auf das Unternehmen selbst abzustellen ist. Da der Gesetzgebungsvorschlag mit der Gesetzesbegründung nicht in Einklang steht, ist sich für eine Variante zu entscheiden und diese dann entsprechend transparent zu regeln. Wenn nicht der Rechtsträger für die Verbandsstraftat verantwortlich sein soll, wäre in einem etwaigen Gesetz der Begriff des Unternehmens zu definieren, um hinreichend Rechtssicherheit zu gewährleisten. Aus dogmatischer Sicht sollte der jeweilige Rechtsträger Sanktionsadressat sein, da allein durch diesen lediglich ein Auftreten im Rechtsverkehr möglich ist.

Im Einzelnen sollte der Gesetzgeber über die folgenden Punkte erneut bzw. erstmals Überlegungen anstellen und diese zur Überarbeitung des vorliegenden Gesetzesentwurfs heranziehen. Zunächst ist die Herausnahme des nicht rechtsfähigen Vereins aus dem Anwendungsbereich eines Verbandsstrafgesetzbuches zu befürworten. Dies ergibt sich zum einen aus dem des nicht rechtsfähigen Vereins zugrundeliegenden ideellen Zwecks und zum anderen angesichts der im Gesetzesentwurf vorgesehenen detaillierten Strafen aus der bereits ausreichenden Sanktionsmöglichkeit nach §§ 30, 130 OWiG.

Ebenso ist der Begriff der verbandsbezogenen Zuwiderhandlung zu konkretisieren. Zu beachten ist vor allem, dass bei der Definition der Verbandsbezogenheit deutlich werden muss, ob sowohl Straftaten zugunsten als auch solche zulasten des Verbandes das Merkmal erfüllen. Berücksichtigt werden sollte auch, dass die Anforderungen an den Begriff der Zuwiderhandlung transparent formuliert werden. Aus dogmatischen Gesichtspunkten sollte eine Zuwiderhandlung als tatbestandsmäßige und rechtmäßige Verwirklichung eines Straftatbestandes definiert werden.

1305 Stellungnahme des Deutschen Richterbundes, Nr. 16/14, a.a.O., S. 2, 7 f.

Des Weiteren hat sich der Gesetzgeber mit der Frage auseinanderzusetzen, ob Verbände sich auch aller im Strafgesetzbuch befindlichen Taten strafbar machen können oder eine Beschränkung durch die Aufnahme eines Deliktkataloges erfolgen soll. Der derzeitige Gesetzesentwurf sieht keine Beschränkung auf bestimmte Straftatbestände vor. Dennoch sollte die Diskussion über einen Deliktskatalog in der gesetzgeberischen Debatte Eingang finden, um auch Gegenargumente, wie z. B. die bessere Ausgestaltung eines Compliance-Management-Systems anhand von Deliktskatalogen, in die Überlegungen mit einbeziehen zu können. Im Rahmen dieses Prozesses ist auch die Herausnahme eigenhändiger Delikte aus den vom Verband möglichen Straftaten aufgrund der Zurechnungskonstruktion zu diskutieren.

Darüber hinaus ist für den Fall des Erlasses eines Verbandsstrafgesetzbuches eine Festlegung auf ein Modell zur Begründung der Schuld erforderlich. Die Begründung der Schuld ist nur durch Zurechnung des Handelns der für den Verband handelnden natürlichen Personen konstruierbar. Es ist allerdings darauf zu achten, dass die Schuld des Individualtäters mit der Schuld des Verbandes nicht identisch ist. Nur dann ist eine Bestrafung der beiden Täter nebeneinander möglich. Bei der Ausgestaltung der Tatbestände der Verbandsstraftat ist darauf zu achten, dass in diesen auch zum Ausdruck gelangt, dass für die Schuld des Verbandes nicht die Schuld des Individualtäters maßgeblich ist, sondern ein weiterer Anknüpfungspunkt, nämlich die mangelnde Organisation, für die Schuld des Verbandes notwendig ist.

Die konkrete Ausgestaltung der Straftatbestände in § 2 VerbStrG-E sollte ebenfalls nicht in der derzeitigen Fassung erfolgen. Hierbei ist zu beachten, dass die Anforderungen an die verbandsbezogene Zuwiderhandlung einheitlich in beiden Straftatbeständen geregelt sind. Insbesondere ist sich mit der Ausgestaltung der verbandsbezogenen Zuwiderhandlung als objektive Bedingung der Strafbarkeit auseinanderzusetzen. Entscheidend ist, dass durch geringere Anforderungen im Bereich des materiellen Strafrechts nicht die prozessualen Beweisprobleme beseitigt werden können. Ebenfalls ist in einem gesonderten § 2 Abs. 2 a VerbStrG-E zur Klarstellung einzufügen, dass „eine" verbandsbezogene Zuwiderhandlung vorliegt, wenn alle Handlungen des Entscheidungsträgers oder Mitarbeiters auf demselben Organisationsdefizit des Verbandes beruhen.

Sofern trotz der dogmatischen Bedenken hinsichtlich § 29 StGB an der Bestrafung der Rechtsnachfolger des strafrechtlich verantwortlichen Verbandes festgehalten werden soll, bedürfen die dazu vorgeschlagenen Regelungen der Konkretisierung. Daher sollte aus einer Regelung in einem etwaigen Verbandsstrafgesetzbuch eindeutig hervorgehen, ob nur der unmittelbare oder auch der mittelbare Rechtsnachfolger des Rechtsvorgängers vom Anwendungsbereich erfasst sein soll. Darüber hinaus ist konsequenterweise auch zu regeln, auf wessen Kenntnis in Bezug auf die verbandsbezogene Zuwiderhandlung beim Rechtsnachfolger abzustellen ist.

Für die vom Verband vorzunehmenden personellen und organisatorischen Maßnahmen, die an verschiedenen Stellen des Gesetzes von Bedeutung sind, ist ebenfalls eine Konkretisierung zur Wahrung der Rechtssicherheit vorzunehmen. Hierbei kann auf die im Gesetzgebungsvorschlag des BUJ zu §§ 30, 130 OWiG entwickelten Kriterien zur Konkretisierung in Form einer bespielhaften Aufzählung zurückgegriffen werden. Durch eine solche wird es Verbänden in der Praxis auch ermöglicht, sich bei der Errichtung von Compliance-Management-Systemen an diesen Kriterien zu orientieren.

Zwar ist in § 2 Abs. 2 VerbStrG-E grundsätzlich zu begrüßen, dass durch die Verwendung der Formulierung „dieses Verbandes" verdeutlicht werden soll, dass ein Konzerndurchgriff grundsätzlich nicht möglich sein soll. Allerdings wird dies nicht konsequent durchgesetzt, da durch die Regelung über die Bemessung der Verbandsgeldstrafe gem. § 6 Abs. 5 VerbStrG-E mittelbar ein Konzerndurchgriff begründet wird. Nach dieser soll bei der Ermittlung der weltweite Umsatz aller natürlichen und juristischen Personen der letzten drei Geschäftsjahre, die der Entscheidung vorausgegangen sind, zugrunde gelegt werden, soweit sie als wirtschaftliche Einheit operieren. Durch diese Regelung ist in einem Konzern z. B. bei der Bemessung der Geldstrafe der Muttergesellschaft zwingend die Tochtergesellschaft mit betroffen. Wenn beide Gesellschaften in einem Konzern wegen eines Lebenssachverhaltes, aber wegen zweier verschiedener verbandsbezogener Zuwiderhandlungen bestraft werden sollen, bestehen erhebliche Bedenken gegen die Einhaltung des Doppelbestrafungsverbots, da der Umsatz jeweils bei der Bemessung der beiden Geldstrafen berücksichtigt wird. Auf den Begriff der wirtschaftlichen Einheit sollte ebenfalls unter dem Aspekt der Rechtssicherheit verzichtet werden.

Hinsichtlich der Erstreckung des Anwendungsbereichs des Verbandsstrafgesetzbuches auf Auslandstaten nach § 2 Abs. 3 VerbStrG-E sollte der Gesetzgeber die Einhaltung des in Art. 103 Abs. 3 GG geregelten Doppelbestrafungsverbots beachten und deshalb in Erwägung ziehen, eine konkretere als die in § 14 Abs. 3 VerbStrG-E vorgesehene Ermessensregelung zu treffen. Es sollte daher eine Ausschlussregelung hinsichtlich des räumlichen Geltungsbereichs für den Fall getroffen werden, dass der Verband wegen derselben Verbandsstraftat bereits in einem anderen Land bestraft wird.

Der in § 3 Abs. 1 VerbStrG-E vorgesehene Generalverweis auf den Allgemeinen Teil des Strafgesetzbuches bedarf zwingender Überarbeitung, um Rechtsunsicherheit bei der Anwendung zu vermeiden. Die entsprechende Anwendbarkeit der Vorschriften des Allgemeinen Teils in Fällen, in denen die Normen nicht ausschließlich auf natürliche Personen anwendbar sind, überzeugt nicht. Dem Strafgesetzbuch ist immanent, dass es nur auf natürliche Personen anwendbar ist. Soll der Verweis lediglich dazu dienen, dass die Vorschriften über den Verfall und die Einziehung anwendbar sind, dann sollte dies in der Norm auch zum Ausdruck kommen. Andernfalls ergeben sich erhebliche Schwierigkeiten bezüglich der Anwendbarkeit der Regelungen über die Täterschaft und Teilnahme, der Rechtfertigung, der Schuldausschließung und der Irrtumsregelungen.

Das von den Entwurfsverfassern vorgeschlagene Sanktionensystem bedarf ebenfalls einer Überarbeitung. Grundsätzlich soll die Verbandsgeldstrafe anhand des Tagessatzsystems berechnet werden, was zu begrüßen ist. Allerdings weist die derzeitige Ausgestaltung eine erhebliche Rechtsunsicherheit auf, weshalb insbesondere die

Bemessung eines Tagessatzes zu konkretisieren ist. Dazu sollte, um weiterhin eine flexible Gestaltung zu ermöglichen, der Tagessatz an der Ertragslage des Verbandes gemessen werden, wobei zudem ein Rahmen, innerhalb dessen der Mindest- und Höchsttagessatz festgelegt werden, anzugeben ist. Darüber hinaus sollte das Verhältnis der Verbandsgeldstrafe zur Geldbuße nach §§ 30, 130 OWiG in einer gesonderten Norm geregelt werden. Bei Verhängung einer Verbandsgeldstrafe sollte daher die Verhängung einer Geldbuße ausgeschlossen werden. Des Weiteren ist zu empfehlen, dass eine Regelung mit in ein etwaiges Verbandsstrafgesetzbuch aufgenommen wird, aus der hervorgeht, dass im Falle der Verhängung einer Verbandsgeldstrafe gegen den Verband der Rückgriff auf einen Entscheidungsträger hinsichtlich der Zahlung dieser Strafe ausgeschlossen ist.

Hinsichtlich der Verbandsverwarnung mit Strafvorbehalt sollte insbesondere der Strafcharakter der Norm von den Entwurfsverfassern unter dem Aspekt der Einheitlichkeit der Rechtsordnung überdacht werden. Bei dem Ziel einer Bewährungsstrafe, sollte dies sowohl in der Überschrift der Vorschrift als auch in ihrem Regelungsgehalt zum Ausdruck kommen. Zudem sollte die im Gesetzesentwurf vorgesehene Regelung zu Auflagen und Weisungen nachgebessert werden, um den beabsichtigten Zweck der Warnfunktion tatsächlich erreichen zu können. Aufgrund des schweren Eingriffs in die unternehmerische Freiheit durch die Kontrolle und Überwachung durch einen Sachverständigen sollte die Einführung einer solchen Maßnahme grundsätzlich diskutiert und überdacht werden. Bei einem Festhalten an dieser Regelung ist jedoch notwendig, die Kostentragungspflicht hinsichtlich des Sachverständigen zu regeln. Ebenso ist festzulegen, in welchem Verhältnis zivilrechtliche Maßnahmen zu der Weisung des Gerichts nach § 8 Abs. 2 Nr. 3 VerbStrG-E stehen, dass der Verband personelle Maßnahmen ergreifen soll.

Entschließt sich der Gesetzgeber, die öffentliche Bekanntmachung der Verurteilung als Strafe in ein Verbandsstrafgesetzbuch aufzunehmen, so sollte sich in der Vorschrift der Opferschutzgedanke widerspiegeln. Dies könnte durch die Anknüpfung an das Informationsbedürfnis des Opfers zum Ausdruck gebracht werden. Darüber hinaus sollte erwogen werden die Vorschrift so auszugestalten, dass eine Korrelation zwischen der Straftat und dem Bedürfnis der Veröffentlichung besteht.

Ein Ausschluss von Subventionen als Maßregel sollte in ein Verbandsstrafgesetzbuch keinen Eingang finden, da es an einem Regelungserfordernis für eine solche Norm fehlt. In den vergaberechtlichen Vorschriften sind solche Ausschlüsse bereits hinreichend geregelt und innerhalb des Vergabeverfahrens kann durch die Einfügung des vorgeschlagenen § 9 Abs. 3 BZRG für den subventionsersuchenden Verband hinsichtlich etwaiger Verbandsstraftaten Auskunft eingeholt werden, die dann Rückschlüsse auf die Zuverlässigkeit des Verbandes ermöglicht. Sollte sich der Gesetzgeber dennoch für den Erlass einer solchen Vorschrift entscheiden, sollte das Verhältnis der gerichtlichen Anordnung eines Ausschlusses von Subventionen zur behördlichen Zuständigkeit geregelt werden. Außerdem sollte in der Norm darauf verzichtet werden, nur die Verbandsstraftat nach § 2 Abs. 1 VerbStrG-E in den Anwendungsbereich mit einzubeziehen, da § 2 Abs. 2 VerbStrG-E gleichfalls der Gedanke der mangelnden Organisation zugrunde liegt. Zudem ist eine Vorschrift notwendig, die klarstellt, dass in laufende Subventionsverfahren durch diese Maßregel nicht eingegriffen werden darf. Auch sollten die Entwurfsverfasser bei Aufnahme einer solchen Maßregel einen möglichst weiten Anwendungsbereich schaffen und deshalb auf die Ausnahmeregelung „es sei denn, dass auf die beantragte Subvention ein Rechtsanspruch besteht" verzichten.

Auch für eine Maßregel über den Ausschluss von der Vergabe öffentlicher Aufträge besteht keine Notwendigkeit, da hierzu bereits ausreichende öffentlich-rechtliche Vorschriften existieren. Darüber hinaus kann auch in einem Vergabeverfahren die Zuverlässigkeit des Verbandes über Einsicht der zuständigen Behörden nach dem neu einzufügenden § 9 Abs. 3 BZRG überprüft werden. Im Übrigen wären bei der Einfügung einer solchen Maßregel dieselben Überlegungen wie bei der Maßregel des Ausschlusses von Subventionen anzustellen.

Von einer Verbandsauflösung als Maßregel sollte abgesehen werden. Aufgrund des repressiven Charakters einer solchen Regelung wäre höchstens an eine Ausgestaltung als Strafe zu denken. Um hervorzuheben, dass eine solche Norm dazu dient Verbände aufzulösen, die allein dem Zwecke der Begehung von Straftaten dienen, ist eine transparentere Formulierung zu wählen. Ebenso sollte in die Vorschrift mit aufgenommen werden, dass die Neugründung eines Verbandes zu denselben Zwecken durch dieselben Mitglieder ausgeschlossen ist.

Auch bei der Vorschrift des Absehens von Sanktionen zeigen sich in der derzeitigen Fassung Unstimmigkeiten bei der Ausgestaltung, die vor Erlass eines Verbandsstrafgesetzbuches diskutiert und beseitigt werden sollten. Dabei ist vor allem eine Verwirkungsgrenze für § 5 Abs. 1 VerbStrG-E in Erwägung zu ziehen, um eine Annäherung des Verbandsstrafrechts an das Individualstrafrecht zu erreichen. Der Anwendungsbereich des § 5 VerbStrG-E sollte sich außerdem nicht nur auf nachträglich eingerichtete Compliance-Management-Systeme beschränken, sondern die Privilegierung der Norm sollte auch Verbänden, die bereits ein Compliance-Management-System vor der Begehung der Verbandsstraftat errichtet haben, zugutekommen. Darüber hinaus sollte der Begriff des bedeutenden Schadens durch Festlegung einer Wertgrenze konkretisiert werden. Des Weiteren sind die Anforderungen an den Verband im Rahmen seines zu leistenden Mitwirkungsbeitrags bei der Aufklärung der Verbandsstraftat i.S.d. § 5 Abs. 2 VerbStrG-E dahingehend zu lockern, dass für die Beweiseignung nicht erforderlich ist, dass es sich um Beweise des Strengbeweisverfahrens handelt.

Insgesamt zeigt sich, dass durch den Erlass des vorliegenden Gesetzesentwurfs für den Rechtsanwender im Bereich der materiell-rechtlichen Vorschriften erhebliche Schwierigkeiten bei der Rechtsanwendung entstehen würden und eine Verbesserung des bisher geltenden Rechts durch den internationalen politischen Druck äußerst zweifelhaft erscheint. Auch der prozessuale Teil des Gesetzesentwurfs bedarf in vielerlei Hinsicht einer grundlegenden Überarbeitung, wobei auf entscheidende Kritikpunkte nachfolgend überblicksartig eingegangen wird. Besondere Beachtung ist dem

Generalverweis in § 13 StPO auf die Vorschriften der Strafprozessordnung geschuldet.[1306] Bei dieser Norm drängt sich dem Rechtsanwender nicht nur die Frage auf, was eine sinngemäße Anwendung bedeutet,[1307] sondern unklar bleibt auch die Möglichkeit der Übertragung verfahrensrechtlicher Grundsätze, die auf das Individuum zugeschnitten sind, auf Verbände. Besondere Bedeutung wird hierbei der Anwendbarkeit der verfahrenseinstellenden Vorschriften der Strafprozessordnung zukommen.[1308] Darüber hinaus sollte die Aufhebung des in der Strafprozessordnung geltenden Verbots der Mehrfachverteidigung in § 18 Abs. 2 VerbStrG-E erneut überdacht werden. Zwar ist eine gemeinschaftliche Verteidigung von Verband und Individualtäter nicht zwingend ausgeschlossen, da gerade am Anfang eines Strafverfolgungsverfahrens ein gemeinschaftliches Ziel darin bestehen kann, die Beschuldigung als Ganzes abzuwehren.[1309] Allerdings kann sich diese Interessenlage gerade im weiteren Verlauf des Verfahrens derart verändern, dass Konflikte entstehen. Beispielhaft sei hier nur erwähnt, dass die Zuwiderhandlung nicht die Folge struktureller Fehlorganisation, sondern individueller Kriminalität sein kann. Gerade in einem solchen Fall stellt sich in der Konsequenz die Frage eines möglichen Regresses des Verbandes beim Individualtäter.[1310] Im Ergebnis sollte daher eine gemeinschaftliche Verteidigung von Verband und Individuum in einem möglichen Verbandsstrafgesetzbuch nicht vorgesehen sein. Zudem sollte die Geltung des *nemo-tenetur-Grundsatzes* für Verbände ohne weitere Änderungen im Vergleich zum Individualstrafrecht überdacht werden. Da die Selbstbelastungsfreiheit Resultat des allgemeinen Persönlichkeitsrechts ist, scheidet eine einfache Übertragung aus.[1311] Die ausgewählten Kritikpunkte zeigen, dass auch der prozessuale Teil des Entwurfs zum Verbandsstrafgesetzbuch einige Schwächen aufweist und vor allem bei der Rechtsanwendung erhebliche Schwierigkeiten bereiten wird. Um den Bedenken zu entgegnen, dass ein mögliches Verbandsstrafgesetzbuch einen Fremdkörper im Rechtssystem darstellt, sollten im Gesetzgebungsverfahren, die in dieser Arbeit erörterten kritischen Punkte des vorliegenden Entwurfs überarbeitet werden. Der Erlass einer entsprechend überarbeiteten Gesetzesfassung ist schließlich im Grundsatz – jedenfalls im Hinblick auf den materiell-rechtlichen Teil – zu begrüßen, wenn Verbänden insbesondere bei der Ausrichtung ihrer Kriminalprävention durch konkret formulierte Compliance-Maßnahmen eine Orientierungshilfe gegeben wird und die verschiedenen Sanktionen mit einer geringeren drakonischen Wirkung, vergleichbar der in dieser Arbeit ausgearbeiteten Formulierungsvorschläge, ausgestaltet werden.

1306 *Fischer/Hoven*, ZIS 2015, 32.

1307 Vgl. hierzu bereits die Ausführungen in Kapitel 3, C.1 hinsichtlich des Generalverweises auf den Allgemeinen Teil des Strafgesetzbuches.

1308 Ausführliche Darstellung bei *Fischer/Hoven*, ZIS 2015, 32, 38; *Hoven/Wimmer/Schwarz/Schumann*, NZWiSt 2014, 201, 210 ff.

1309 *Fischer/Hoven*, ZIS 2015, 32, 34.

1310 *Fischer/Hoven*, ZIS 2015, 32, 34; weitere Beispiele bei: *Hoven/Wimmer/Schwarz/Schumann*, NZWiSt 2014, 201, 208.

1311 *Fischer/Hoven*, ZIS 2015, 32. 34; *Fink*, wistra 2014, 457, 460.

Anhang

Entwurf eines Gesetzes zur Einführung der strafrechtlichen Verantwortlichkeit von Unternehmen und sonstigen Verbänden

Verbandsstrafgesetzbuch (VerbStrG)

I. Erster Teil Verbandsstraftaten

§ 1 Persönlicher und sachlicher Anwendungsbereich

(1) Verbände im Sinne dieses Gesetzes sind juristische Personen, nicht rechtsfähige Vereine und rechtsfähige Personengesellschaften des privaten und öffentlichen Rechts.

(2) Zuwiderhandlungen im Sinne dieses Gesetzes sind Zuwiderhandlungen gegen ein Strafgesetz, soweit sie nicht in Ausübung hoheitlicher Befugnisse vorgenommen werden. Zuwiderhandlungen sind verbandsbezogen, wenn durch sie Pflichten verletzt worden sind, die den Verband treffen, oder wenn durch sie der Verband bereichert worden ist oder bereichert werden sollte.

(3) Entscheidungsträger im Sinne dieses Gesetzes sind
  a) vertretungsberechtigte Organe einer juristischen Person oder Mitglieder solcher Organe,
  b) der Vorstand eines nicht rechtsfähigen Vereins oder Mitglieder eines solchen Vorstandes,
  c) vertretungsberechtigte Gesellschafter einer rechtsfähigen Personengesellschaft oder
  d) Personen, die in einem Betrieb oder einem Unternehmen einer juristischen Person oder Personenvereinigung eine Leitungsfunktion verantwortlich wahrnehmen, wozu auch die Überwachung der Geschäftsführung oder die Ausübung von Kontrollbefugnissen in leitender Stellung gehört.

(4) Rechtsnachfolger im Sinne dieses Gesetzes ist ein Verband, der im Wege der Gesamtrechtsnachfolge oder der partiellen Gesamtrechtsnachfolge durch Aufspaltung (§ 123 Umwandlungsgesetz) an die Stelle eines anderen Verbandes getreten ist. Der Gesamtrechtsnachfolge sind andere Arten der Umwandlung sowie die Einzelrechtsnachfolge gleichgestellt, wenn der Erwerber alle wesentlichen Wirtschaftsgüter des Rechtsvorgängers übernimmt und die übernommenen Wirtschaftsgüter in im Wesentlichen gleicher Weise einsetzt.

§ 2 Verbandsstraftaten

(1) Ist durch einen Entscheidungsträger in Wahrnehmung der Angelegenheiten eines Verbandes vorsätzlich oder fahrlässig eine verbandsbezogene Zuwiderhandlung begangen worden, so wird gegen den Verband eine Verbandssanktion verhängt.

(2) Ist in Wahrnehmung der Angelegenheiten eines Verbandes eine verbandsbezogene Zuwiderhandlung begangen worden, so wird gegen den Verband eine Verbandssanktion verhängt, wenn durch einen Entscheidungsträger dieses Verbandes vorsätzlich oder fahrlässig zumutbare Aufsichtsmaßnahmen, insbesondere technischer, organisatorischer oder personeller Art, unterlassen worden sind, durch die die Zuwiderhandlung verhindert oder wesentlich erschwert worden wäre.

(3) Ist im Falle des Absatz 2 die Zuwiderhandlung im Ausland begangen worden, so wird eine Verbandssanktion nur verhängt, wenn sie auf einen Verband bezogen ist, der seinen Sitz im Anwendungsbereich dieses Gesetzes hat. Die §§ 3 bis 7 des Strafgesetzbuches bleiben unberührt.

(4) Die Verbandssanktion wird gegen den Rechtsnachfolger verhängt, wenn diesem im Zeitpunkt des Rechtsübergangs die Zuwiderhandlung ganz oder zum Teil bekannt oder aus Leichtfertigkeit nicht bekannt war. Gegen den Rechtsvorgänger verhängte Sanktionen wirken auch gegen den Rechtsnachfolger.

§ 3 Allgemeine Bestimmungen

(1) Für Straftaten im Sinne des § 2 Absatz 1 und 2 (Verbandsstraftaten) gelten die Vorschriften des Allgemeinen Teils des Strafgesetzbuchs sinngemäß, soweit sie nicht ausschließlich auf natürliche Personen anwendbar sind und dieses Gesetz nichts anderes bestimmt.

(2) Die Verjährung der Verbandsstraftat richtet sich nach der Strafdrohung des Gesetzes, dessen Tatbestand die verbandsbezogene Zuwiderhandlung verwirklicht, ohne Rücksicht auf Schärfungen oder Milderungen, die nach den Vorschriften des Allgemeinen Teils oder für besonders schwere oder minder schwere Fälle vorgesehen sind. Sie beginnt, sobald die Zuwiderhandlung beendet ist. Tritt ein zum Tatbestand der Zuwiderhandlung gehörender Erfolg erst später ein, so beginnt die Verjährung mit diesem Zeitpunkt. Sie wird unterbrochen durch die in § 78c Absatz 1 des Strafgesetzbuchs aufgeführten Handlungen gegenüber dem Verband.

(3) Ist die verbandsbezogene Zuwiderhandlung nur auf Antrag, mit Ermächtigung oder auf Strafverlangen verfolgbar, so können die entsprechenden Rechte gegenüber dem Verband nicht gesondert ausgeübt werden.

§ 4 Verbandsanktionen

(1) Verbandstrafen sind

1. die Verbandsgeldstrafe,
2. die Verbandsverwarnung mit Strafvorbehalt,
3. die öffentliche Bekanntmachung der Verurteilung.

(2) Verbandsmaßregeln sind
1. der Ausschluss von Subventionen,
2. der Ausschluss von der Vergabe öffentlicher Aufträge,
3. die Verbandsauflösung.

§ 5 Absehen von Sanktionen

(1) Das Gericht kann von einer Verbandssanktion absehen, wenn der Verband ausreichende organisatorische oder personelle Maßnahmen getroffen hat, um vergleichbare Verbandsstraftaten in Zukunft zu vermeiden und wenn ein bedeutender Schaden nicht entstanden oder dieser zum überwiegenden Teil wieder gut gemacht ist.

(2) Hat der Verband durch freiwilliges Offenbaren wesentlich dazu beigetragen, dass eine Verbandsstraftat aufgedeckt werden konnte und den Ermittlungsbehörden Beweismittel zur Verfügung gestellt, die geeignet sind, die Tat nachzuweisen, so kann das Gericht von Strafe absehen, wenn der Verband ausreichende organisatorische und personelle Maßnahmen getroffen hat, vergleichbare Verbandsstraftaten in Zukunft zu vermeiden.

(3) Die organisatorischen und personellen Maßnahmen im Sinne der Absätze 1 und 2 hat der Verband auf Verlangen darzulegen und glaubhaft zu machen.

(4) Ein Absehen von Strafe nach Absatz 2 ist ausgeschlossen, wenn der Verband die zum Tatnachweis geeigneten Beweismittel erst offenbart, nachdem die Eröffnung des Hauptverfahrens (§ 207 der Strafprozessordnung) beschlossen worden ist.

§ 6 Verbandsgeldstrafe

(1) Die Verbandsgeldstrafe wird in Tagessätzen verhängt. Sie beträgt mindestens fünf und, wenn das Gesetz nichts anderes bestimmt, höchstens dreihundertsechzig volle Tagessätze.

(2) In der Entscheidung werden Zahl und Höhe der Tagessätze angegeben.

(3) Bei der Zumessung wägt das Gericht die Umstände, die für und gegen den Verband sprechen, gegeneinander ab. Dabei kommen namentlich in Betracht das Gewicht und die Auswirkungen der verbandsbezogenen Zuwiderhandlung, Art, Schwere und Dauer des Organisationsmangels im Verband, etwaige Vorkehrungen des Verbandes zur Vermeidung vergleichbarer Taten, die Gefahr der Wiederholung sowie sein Verhalten nach der Tat, besonders sein Bemühen, den Schaden wiedergutzumachen.

(4) Der Tagessatz ist nach der Ertragslage des Verbandes unter Berücksichtigung seiner sonstigen wirtschaftlicher Leistungsfähigkeit zu bemessen. Er ist mit einem Betrag festzusetzen, der dem 360. Teil des Jahresertrages entspricht, mindestens jedoch mit 100 Euro. Die Verbandsgeldstrafe darf insgesamt 10 von Hundert des durchschnittlichen Gesamtumsatzes des Unternehmens oder der Unternehmensvereinigung nicht übersteigen.

(5) Ertragslage und Gesamtumsatz können geschätzt werden. Bei der Ermittlung ist der weltweite Umsatz aller natürlichen und juristischen Personen der letzten drei Geschäftsjahre, die der Entscheidung vorausgegangen sind, zugrunde zu legen, soweit diese als wirtschaftliche Einheit operieren.
(6) Wird die Verbandsstrafe gegen den Rechtsnachfolger verhängt, so richtet sie sich nach der wirtschaftlichen Leistungsfähigkeit des Rechtsvorgängers zum Zeitpunkt des Übergangs der Rechte.

§7 Verbandsverwarnung mit Strafvorbehalt
(1) Das Gericht kann neben dem Schuldspruch den Verband verwarnen, eine Geldstrafe bestimmen und die Verurteilung zu dieser Strafe vorbehalten, wenn
    1. bei Gesamtwürdigung der Tat unter Berücksichtigung von Art und Ausmaß der Pflichtverletzung des Verbandes und der Verlässlichkeit der Entscheidungsträger eine Verhängung der Geldstrafe entbehrlich ist,
    2. wenn zu erwarten ist, dass durch die Verhängung von Auflagen oder Weisungen Verbandsstraftaten in Zukunft vermieden werden und
    3. die Verteidigung der Rechtsordnung die Verurteilung zu Strafe nicht gebietet.
(2) Neben der Verwarnung kann auf Verfall, Einziehung oder Unbrauchbarmachung erkannt werden. Die öffentliche Bekanntmachung der Verurteilung kann angeordnet werden.

§ 8 Bewährungszeit, Auflagen und Weisungen
(1) Das Gericht bestimmt die Dauer der Bewährungszeit. Sie darf drei Jahre nicht überschreiten und ein Jahr nicht unterschreiten.
(2) Das Gericht kann den verwarnten Verband anweisen,
    1. den aus der Tat entstandenen Schaden wiedergutzumachen,
    2. einen Geldbetrag zugunsten einer gemeinnützigen Einrichtung oder der Staatskasse zu zahlen,
    3. organisatorische oder personelle Maßnahmen zu treffen, um vergleichbare Verbandsstraftaten in Zukunft zu vermeiden und dem Gericht oder einem vom Gericht zu bestimmenden Sachverständigen in regelmäßigen Abständen über diese Maßnahmen zu berichten.
(3) Die Weisung nach Absatz 2 Nummer 3 darf nur mit Einwilligung des verurteilten Verbandes erteilt werden. Die §§ 59b und 59c des Strafgesetzbuchs geltenden entsprechend.

§ 9 Bekanntgabe der Verurteilung
(1) Ist durch eine Verbandsstraftat eine große Zahl von Personen geschädigt worden, kann das Gericht die öffentliche Bekanntmachung der Verurteilung anordnen.
(2) Die Art der Bekanntmachung ist im Urteil zu bestimmen.

§10 Ausschluss von der Vergabe öffentlicher Aufträge

(1) Wird der Verband wegen einer Straftat nach § 2 Absatz 1 dieses Gesetzes zu einer Geldstrafe von mehr als 180 Tagessätzen verurteilt, so kann das Gericht zugleich anordnen, dass der Verband als Bewerber oder Bieter vom Wettbewerb um Liefer-, Bau- oder Dienstleistungsaufträge öffentlicher Auftraggeber nach § 98 Nummer 1 bis 3, 5 und 6 des Gesetzes gegen Wettbewerbsbeschränkungen ganz oder teilweise ausgeschlossen wird, wenn die Straftat unter Verletzung von Pflichten begangen wurde, die mit der Erfüllung von Liefer-, Bau- oder Dienstleistungsaufträgen verbunden sind.

(2) Die Ausschlussfrist darf ein Jahr nicht unterschreiten. Für die Höchstfrist gilt § 46 des Bundeszentralregistergesetz entsprechend.

§ 11 Ausschluss von Subventionen

(1) Wird der Verband wegen einer Straftat nach § 2 Absatz 1 dieses Gesetzes aus Anlass einer vorsätzlichen Zuwiderhandlung zu einer Geldstrafe von mehr als 180 Tagessätzen verurteilt, so kann das Gericht zugleich anordnen, dass der Verband von Subventionen im Sinne des § 264 des Strafgesetzbuches ganz oder teilweise ausgeschlossen wird, es sei denn, dass auf die beantragte Subvention ein Rechtsanspruch besteht.

(2) Die Ausschlussfrist darf ein Jahr nicht unterschreiten. Für die Höchstfrist gilt § 46 des Bundeszentralregistergesetzes entsprechend.

§ 12 Verbandsauflösung

Ist eine Straftat im Sinne des § 2 Absatz 1 dieses Gesetzes beharrlich wiederholt worden und lässt die Gesamtwürdigung der Tatumstände und der Organisation des Verbandes die Gefahr erkennen, dass bei Fortbestand des Verbandes dessen Entscheidungsträger weiter erhebliche rechtswidrige Zuwiderhandlungen der bezeichneten Art begehen werden, kann das Gericht die Auflösung des Verbandes anordnen, soweit diese nach bürgerlichen Recht vorgesehen ist.

II. Zweiter Teil
Verfahren gegen Verbände

§ 13 Grundsätze

(1) Für das Strafverfahren gegen Verbände im Sinne dieses Gesetzes gelten die Vorschriften der allgemeinen Gesetze über das Strafverfahren, namentlich die Strafprozessordnung und das Gerichtsverfassungsgesetz, sinngemäß, es sei denn, dass sie ausschließlich auf natürliche Personen angewendet werden können oder dieses Gesetz etwas anderes bestimmt.

(2) Für die Beteiligung des Verletzten am Verfahren gelten die Vorschriften des 5. Buches der Strafprozessordnung in Ansehung der verbandsbezogenen Zuwiderhandlung entsprechend.

(3) Ist eine Maßnahme nach der Strafprozessordnung nur bei Verdacht abschließend bestimmter Straftaten zulässig, so dürfen die auf Grund einer solchen Maßnahme oder die aufgrund einer entsprechenden Maßnahme nach anderen Gesetzen erlangten personenbezogenen Daten ohne Einwilligung der von der Maßnahme betroffenen Personen zu Beweiszwecken zur Aufklärung einer Verbandsstraftat nur verwendet werden, wenn die Maßnahme nach der Strafprozessordnung zur Aufklärung der mit dieser in Zusammenhang stehenden verbandsbezogenen Zuwiderhandlung angeordnet wurde oder hätte angeordnet werden dürfen. § 100d Absatz 5 Nummer 1 und 3 der Strafprozessordnung gelten entsprechend. § 100i Absatz 2 Satz 2 und § 108 Absatz 2 und 3 der Strafprozessordnung bleiben unberührt.

§ 14 Legalitätsgrundsatz

(1) Zur Erhebung der öffentlichen Klage wegen einer Verbandsstraftat ist die Staatsanwaltschaft berufen.

(2) Sie ist, soweit nicht gesetzlich ein anderes bestimmt ist, verpflichtet, wegen aller verfolgbaren Verbandsstraftaten einzuschreiten, sofern zureichende tatsächliche Anhaltspunkte vorliegen.

(3) Die Staatsanwaltschaft kann von der Verfolgung einer Verbandsstraftat absehen, wenn die Zuwiderhandlung außerhalb des räumlichen Geltungsbereichs dieses Gesetzes begangen wurde und wenn wegen der Tat im Ausland schon eine Strafe gegen den Verband rechtskräftig verhängt worden oder zu erwarten ist, die zur Einwirkung auf den Verband und zur Verteidigung der Rechtsordnung ausreichend erscheint. Ist die öffentliche Klage bereits erhoben, so kann das Gericht auf Antrag der Staatsanwaltschaft das Verfahren in jeder Lage vorläufig einstellen. § 154 Absatz 3 bis 5 der Strafprozessordnung gelten entsprechend.

§ 15 Gerichtliche Zuständigkeit

(1) Ein Gerichtsstand ist auch bei dem Gericht begründet, in dessen Bezirk der Verband seinen Sitz oder eine Zweigniederlassung hat.

(2) Ein Zusammenhang im Sinne des § 3 der Strafprozessordnung ist auch vorhanden zwischen der Verbandsstraftat und der Tat derjenigen Person, die beschuldigt wird als Täter oder Teilnehmer in Wahrnehmung der Angelegenheiten des Verbandes die verbandsbezogene Zuwiderhandlung begangen zu haben.

(3) Die Strafkammern sind als erkennende Gerichte des ersten Rechtszuges zuständig, wenn die Verhängung einer Verbandsmaßregel zu erwarten ist oder wenn die Staatsanwaltschaft gemäß § 24 Absatz 1 Nummer 3 des Gerichtsverfassungsgesetzes Anklage beim Landgericht erhebt. § 74 Absatz 2 und die §§ 74a, 74b und 74c des Gerichtsverfassungsgesetzes gelten in Ansehung der verbandsbezogenen Zuwiderhandlung entsprechend.

(4) Die Oberlandesgerichte sind für die Verhandlung und Entscheidung im ersten Rechtszug entsprechend § 120 des Gerichtsverfassungsgesetzes zuständig bei

Verbandsstraftaten, wenn die verbandsbezogene Zuwiderhandlung zur Zuständigkeit der Oberlandesgerichte gehört.

§ 16 Ausschließung eines Richters

(1) Ein Richter ist von der Ausübung des Richteramtes kraft Gesetzes ausgeschlossen,
1. wenn er selbst, sein Ehegatte oder sein Lebenspartner zu dem Verband in dem Verhältnis eines Mitberechtigten oder Mitverpflichteten steht, auch wenn die Ehe oder Lebenspartnerschaft nicht mehr besteht;
2. wenn eine Person, mit der er in gerader Linie verwandt oder verschwägert, in der Seitenlinie bis zum dritten Grad verwandt oder bis zum zweiten Grad verschwägert ist oder war, zu dem Verband in dem Verhältnis eines Mitberechtigten oder Mitverpflichteten steht;
3. wenn er in der Sache als Prozessbevollmächtigter oder Beistand des Verbandes bestellt oder als gesetzlicher Vertreter des Verbandes aufzutreten berechtigt ist oder gewesen ist;
4. wenn er als Entscheidungsträger für den Verband tätig ist oder tätig gewesen ist.

(2) § 22 der Strafprozessordnung bleibt unberührt. § 22 Nummer 2 und 3 der Strafprozessordnung gelten entsprechend in Ansehung der Zuwiderhandlung.

§ 17 Vertretung und Zustellung

(1) Der Verband wird im Verfahren nach Maßgabe des § 51 der Zivilprozessordnung vertreten. Wer wegen einer verbandsbezogenen Zuwiderhandlung oder wegen einer

Unterlassung im Sinne des § 2 Absatz 2 beschuldigt ist oder beschuldigt gewesen ist, ist an der Vertretung des Verbandes im Strafverfahren gehindert.

(2) Entscheidungen werden dem Verband durch Verkündung gegenüber dem oder durch Zustellung an die gesetzliche Vertreter bekanntgemacht. Für das Verfahren bei Zustellungen gelten die Vorschriften der Zivilprozessordnung entsprechend.

(3) Wird die für den Verband bestimmte Zustellung an mehrere Empfangsberechtigte bewirkt, so richtet sich die Berechnung einer Frist nach der zuletzt bewirkten Zustellung.

§ 18 Beschuldigtenrechte und Verteidigung

(1) Im Verfahren gegen den Verband wegen einer Verbandsstraftat sind auch die Personen, die einer verbandsbezogenen Zuwiderhandlung oder einer Unterlassung im Sinne des § 2 Absatz 2 verdächtig sind, als Beschuldigte zu vernehmen. Sie können sich in jeder Lage des Verfahrens des Beistands eines Verteidigers bedienen. Die §§ 133 bis 136a der Strafprozessordnung gelten entsprechend.

(2) Ein Verteidiger kann gleichzeitig den Verband wegen der Verbandsstraftat und eine natürliche Person wegen der verbandsbezogenen Zuwiderhandlung oder

wegen einer Unterlassung im Sinne des § 2 Absatz 2 verteidigen, sofern dies der Aufgabe der Verteidigung nicht widerstreitet (gemeinschaftliche Verteidigung). § 146a der Strafprozessordnung gilt entsprechend.

(3) Im Falle der gemeinschaftlichen Verteidigung bedarf es bei der Zustellung von Schriftstücken in Angelegenheiten, die den betroffenen Verband und den Beschuldigten betreffen, nur einer Zustellung.

§ 19 Pflichtverteidigung

(1) Hat der Verband keinen gesetzlichen Vertreter oder sind alle gesetzlichen Vertreter des Verbandes wegen der verbandsbezogenen Zuwiderhandlung beschuldigt, so wird ihm auf Antrag der Staatsanwaltschaft oder eines Mitglieds des Verbandes zur Beseitigung des vertretungslosen Zustands ein Pflichtverteidiger als besonderer Vertreter für das Verfahren bestellt, falls mit dem vertretungslosen Zustand Gefahr verbunden ist. Für die Bestellung ist vor Erhebung der öffentlichen Klage das Amtsgericht zuständig, in dessen Bezirk der Verband seinen Sitz oder eine Zweigniederlassung hat.

(2) Der besondere Vertreter hat unverzüglich die erforderlichen Maßnahmen zu ergreifen, um eine ordnungsgemäße Vertretung des Verbandes im Verfahren sicherzustellen. Mit der Bestellung eines geeigneten Vertreters endet die Beiordnung.

(3) § 140 Absatz 1 Nummer 1 und 8 sowie § 140 Absatz 2 der Strafprozessordnung bleiben unberührt. Insoweit gilt § 141 Absatz 4 Satz 1 der Strafprozessordnung entsprechend.

§ 20 Verfahrenssichernde Maßnahmen

(1) Ist der Verband einer Verbandsstraftat dringend verdächtig und besteht auf Grund bestimmter Tatsachen bei Würdigung der Umstände des Einzelfalles der dringende Verdacht, dass Entscheidungsträger das Vermögen des Verbandes beiseiteschaffen oder die Auflösung des Verbandes in der Absicht betreiben, den Verband dem Strafverfahren zu entziehen, so kann bis zur Höhe von insgesamt 10 vom Hundert des im Durchschnitt der vorausgegangenen drei Geschäftsjahre erzielten Gesamtumsatzes des Verbandes der dingliche Arrest angeordnet werden. Der Gesamtumsatz kann geschätzt werden.

(2) Der Arrest wird durch schriftlichen Beschluss des Gerichts angeordnet. § 162 der Strafprozessordnung gilt entsprechend. In dem Beschluss sind anzuführen der Verband, die Tat, deren er dringend verdächtig ist, Zeit und Ort der verbandsbezogenen Zuwiderhandlung, die gesetzlichen Merkmale der Straftat und die anzuwendenden Strafvorschriften sowie die Tatsachen, aus denen sich der dringende Tatverdacht und der Arrestgrund ergeben, soweit nicht dadurch die Staatssicherheit gefährdet wird.

(3) Ist der Verband zur Eintragung in ein öffentliches Register anzumelden, so kann das Gericht in den Fällen des Absatz 1 anordnen, dass die Eintragung der Auflösung oder Verschmelzung des Verbandes zu versagen ist (Registersperre). Der

Beschluss ist dem zur Führung des Registers zuständigen Gericht bekannt zu machen.

(4) Die §§ 120 und 310 Absatz 1 Nummer 1 der Strafprozessordnung gelten entsprechend. Der Verband ist über das Recht der Beschwerde schriftlich zu belehren.

(5) Die §§ 923, 928, 930 bis 932 und 934 Absatz 1 der Zivilprozessordnung sowie § 111f Absatz 3 bis 5 der Strafprozessordnung gelten entsprechend.

(6) Eine Vollziehungsmaßnahme ist auf Antrag des Verbandes aufzuheben, soweit der Verband den Pfandgegenstand zur Aufbringung der Kosten seiner Verteidigung benötigt.

§ 21 Hauptverhandlung

(1) Die Hauptverhandlung kann ohne den gesetzlichen Vertreter des Verbandes durchgeführt werden, wenn er ordnungsgemäß geladen und in der Ladung darauf hingewiesen worden ist, dass in seiner Abwesenheit verhandelt werden kann. Die Niederschrift über eine richterliche Vernehmung des gesetzlichen Vertreters kann in diesem Falle in der Hauptverhandlung verlesen werden. § 235 der Strafprozessordnung gilt entsprechend.

(2) Erklärungen des gesetzlichen Vertreters des Verbandes können darüber hinaus gemäß § 254 der Strafprozessordnung verlesen werden.

(3) Dem abwesenden gesetzlichen Vertreter steht ein Anspruch auf Benachrichtigung über den Fortgang des Verfahrens nicht zu. Das Gericht ist jedoch befugt, ihm auf Antrag Benachrichtigungen zugehen zu lassen.

(4) Das Gericht kann zur Aufklärung des Sachverhalts das persönliche Erscheinen des gesetzlichen Vertreters des Verbandes anordnen. Bleibt er ohne genügende Entschuldigung aus, so kann das Gericht seine Vorführung anordnen, wenn er unter Hinweis auf diese Möglichkeit durch Zustellung geladen worden ist.

§ 22 Vollstreckung der Verbandssanktionen

(1) Für die Vollstreckung der Verbandsgeldstrafe gelten die Vorschriften der Justizbeitreibungsordnung, sofern sich aus den Vorschriften der allgemeinen Gesetze über das Strafverfahren nichts anders ergibt.

(2) Kann die Geldstrafe nicht eingebracht werden oder unterbleibt die Vollstreckung nach § 459c Absatz 2 der Strafprozessordnung, so stellt die Vollstreckungsbehörde einen Antrag nach § 14 der Insolvenzordnung.

(3) Ist eine Verbandsmaßregel nach § 12 angeordnet worden und ist der Verband zur Eintragung in ein öffentliches Register anzumelden, so teilt die Vollstreckungsbehörde nach Rechtskraft dem Registergericht die Verbandsauflösung mit. Die Vollstreckungsbehörde beantragt für die Abwicklung des Verbandes beim zuständigen Gericht die Bestellung eines Abwicklers oder Liquidators. Für das weitere Verfahren gelten die Vorschriften des bürgerlichen Rechts entsprechend.

Literaturverzeichnis

Aberle Lukas, Sanktionsdurchgriff und wirtschaftliche Einheit im deutschen und europäischen Kartellrecht, Köln 2013.

Achenbach Hans, Ausweitung des Zugriffs bei den ahndenden Sanktionen gegen die Unternehmensdelinquenz, wistra 2002, 441–445.

Achenbach Hans, Das Schicksal der Verbandsgeldbuße nach § 30 OWiG bei Erlöschen des Täter-Unternehmensträgers durch Gesamtrechtsnachfolge, wistra 2012, 413–417.

Achenbach Hans, Die 8. GWB-Novelle und das Wirtschaftsstrafrecht, wistra 2013, 369–374.

Achenbach Hans/Ransiek Andreas (Hrsg.), Handbuch Wirtschaftsstrafrecht, 3. Auflage, Heidelberg [u.a.] 2012 (zitiert: *Bearbeiter* in: Handbuch Wirtschaftsstrafrecht).

Ackermann Bruni, Die Strafbarkeit juristischer Personen im deutschen Recht und ausländischen Rechtsordnungen, Frankfurt am Main, New York 1984.

Altenburg Johannes/Peukert Matthias, Neuerung in § 30 OWiG – Haftungsrisiken und -vermeidung vor dem Hintergrund gesetzgeberischen Überschwangs, BB 2014, 649–655.

Alwart Heiner, Strafrechtliche Haftung des Unternehmens – vom Unternehmenstäter zum Täterunternehmen, ZStW 105 (1993), 752–773.

Alwart Heiner, „Über Unternehmensstrafrecht", HFR 2000, Beitrag 5, 1–8.

Alwart Heiner, Unternehmensethik durch Sanktionen? Möglichkeiten und Grenzen des deutschen Straf- und Ordnungswidrigkeitenrechts in: Alwart (Hrsg.), Verantwortung und Steuerung von Unternehmen in der Marktwirtschaft, München und Mering 1997, 75–89.

Athanassiou Chariklia, Die Strafbarkeit der juristischen Personen am Beispiel des Umweltstrafrechts, Frankfurt am Main 2002.

Bahnmüller Marc, Strafrechtliche Unternehmensverantwortlichkeit im europäischen Gemeinschafts- und Unionsrecht, Frankfurt am Main 2004.

Baumbach Adolf/Hueck Alfred (Hrsg.), Beck'sche Kurzkommentare, Band 20, GmbHG, Gesetz betreffend die Gesellschaften mit beschränkter Haftung, München 2013 (zitiert: *Bearbeiter* in: Baumbach/Hueck, GmbHG).

Bay Karl-Christian/Hastenrath Katharina, Compliance-Management-Systeme: praxiserprobte Elemente, Prozesse und Tools, München 2014 (zitiert Bearbeiter in: Bay/Hastenrath, CMS).

Bechtold Rainer, Kartellgesetz, Gesetz gegen Wettbewerbsbeschränkungen, Kommentar, 2. Auflage, München 2013 (zitiert: Bechtold, GWB).

Behringer Stefan (Hrsg.), Compliance für KMU, Berlin 2012 (zitiert: Verfasser in: Behringer, Compliance KMU).

Bergmann Jan/Dienelt Klaus (Hrsg.), Ausländerrecht – Aufenthaltsgesetz, Freizügigkeitsgesetz/EU und ARB 1/80 (Auszug), Grundrechtecharta und Art. 16 a GG, Asylverfahrensgesetz, Kommentar, 10. Auflage, München 2013 (zitiert: *Bearbeiter* in: Bergmann/Dienelt, AufenthG).

Beulke Werner, Der prozessuale Tatbegriff, Anmerkungen zu neueren Entwicklung des Verhältnisses des prozessualen zum materiell-rechtlichen Tatbegriff in: Canaris Claus-Wilhelm, Roxin Claus (Hrsg.), 50 Jahre Bundesgerichtshof, Band 4, München 2000, 781–808.

Beulke Werner, Strafprozessrecht, 12. Auflage, Heidelberg [u.a.] 2012.

Beulke Werner/Bachmann Gregor, Die „Lederspray-Entscheidung" – BGHSt 37, 106, JuS 1992, 737–744.

Beulke Werner/Moosmayer Klaus, Der Reformvorschlag des Bundesverbandes der Unternehmensjuristen zu den §§ 30, 130 OWiG – Plädoyer für ein modernes Unternehmenssanktionenrecht –, CCZ 2014, 146–152.

Bertossa Carlio Antonio, Unternehmensstrafrecht – Strafprozess und Sanktionen, Basel 2002.

Bock Dennis, Strafrechtliche Aspekte der Compliance-Diskussion – § 130 OWiG als zentrale Norm der Criminal Compliance, ZIS 2009, 68–81.

Bock Dennis, Criminal Compliance, 1. Auflage, Baden-Baden 2011.

Böse Martin, Die Strafbarkeit von Verbänden und das Schuldprinzip in: Pawlik Michael (Hrsg.), Festschrift für Günther Jakobs zum 70. Geburtstag am 26. Juli 2007, Köln, Berlin, München 2007.

Böse Martin, Strafbarkeit juristischer Personen – Selbstverständlichkeit oder Paradigmenwechsel im Strafrecht, ZStW 2014, 132–165.

Böttcher Lars, Compliance: Der IDW PS 980 – Keine Lösung für alle (Haftungs-) Fälle!, NZG 2011, 1054–1058.

Bohata Petr, Strafbarkeit juristischer Personen in der Tschechischen Republik, NZWiSt 2012, 161–171.

Bohnert Joachim, Kommentar zum Ordnungswidrigkeitengesetz, 3. Auflage, München 2010.

Bosch Fritzsche, Die 8.GWB-Novelle – Konvergenz und eigene wettbewerbspolitische Akzente, NJW 2013, 2225–2230.

Bosch Nikolaus, Organisationsverschulden im Unternehmen, Baden-Baden, 2002.

Brahm Stefan, Das „Corpus Juirs" – Legitimität, Erforderlichkeit und Machbarkeit, JZ 2000, 293–500.

Brender Markus, Die Neuregelung der Verbandstäterschaft im Ordnungswidrigkeitenrecht, Rheinfelden-Freiburg-Berlin 1989.

Buchholz Dario, Der Begriff der Zuwiderhandlung in § 130 OWiG unter Berücksichtigung aktueller Compliance-Fragen, Hamburg 2013.

Busch Richard, Grundfragen der strafrechtlichen Verantwortlichkeit der Verbände, Leipzig 1933.

Corell Christian/ von Saucken Alexander, Verteidigungsansätze bei der Unternehmensgeldbuße – unter Berücksichtigung der 8. GWB-Novelle vom 30.6.2013 –, wistra 2013, 297–302.

DACH Europäische Anwaltsvereinigung e.V., Unternehmensstrafrecht, 36. Tagung der DACH in St. Gallen vom 10. bis 12. Mai 2007, Schriftenreihe 29, Zürich 2007 (zitiert: *Bearbeiter* in: DACH, Unternehmensstrafrecht).

Dann Matthias/Dann Runhild, Vergaberegister – viel Bewegung wenig Fortschritt?, ZRP 2010, 256–258.

Dannecker Gerhard, Zur Notwendigkeit der Einführung kriminalrechtlicher Sanktionen gegen Verbände, Überlegungen zu den Anforderungen und zur Ausgestaltung eines Verbandsstrafrechts, GA 2001, 101–130.

Dannecker Gerhard, Kollektive Verantwortlichkeit als neue Aufgabe im Spiegel der aktuellen europäischen Entwicklung, GA 2001, 577–596.

Dannecker Gerhard, BGH: * Bruttoprinzip und Härteklausel bei Verfallsanordnung – Wert des Erlangten bei Handelskette, NStZ 2006, 683–684.

Dannecker Gerhard, Die Ahndbarkeit von juristischen Personen im Wandel in: Schöch (Hrsg.), Recht gestalten – dem Recht dienen, Festschrift für Einhard Böttcher zum 70. Geburtstag am 29. Juli 2007, Berlin 2007.

Diez Carlos Gómez-Jara, Grundlagen des konstruktivistischen Unternehmensschuldbegriffes, ZStW 119 (2007), 290–333.

Drope Katharina, Strafprozessuale Probleme bei der Einführung einer Verbandsstrafe, Berlin 2002.

Ehrhardt Anne, Unternehmensdelinquenz und Unternehmensstrafe – Sanktionen gegen juristische Personen nach deutschem und US-amerikanischem Recht, Berlin 1994.

Eidam Gerd, Straftäter Unternehmen, München 1997.

Eidam Gerd, Die Verbandsgeldbuße des § 30 Abs. 4 OWiG – eine Bestandsaufnahme, wistra 2003, 447–456 .

Eidam Gerd, Unternehmen und Strafe, Vorsorge- und Krisenmanagement, 4. Auflage, Köln 2014 (zitiert: *Eidam*, Unternehmen und Strafe).

Engelhart Marc, Sanktionierung von Unternehmen und Compliance, Eine rechtsvergleichende Analyse des Straf- und Ordnungswidrigkeitenrechts in Deutschland und USA, 2.Auflage, Berlin 2012.

Epping Volker/Hillgruber Christian (Hrsg.), Beck'scher Online-Kommentar, GG, Edition 22, München 2014 (zitiert: *Bearbeiter* in: BeckOK, GG).

Fink Gundrun, Gilt „nemo tenetur se ipsum accusare" auch für juristische Personen?, wistra 2014, 457–463.

Fischer Thomas, Strafgesetzbuch mit Nebengesetzen, Beck'sche Kurzkommentare, 61. Auflage, München 2014 (zitiert: *Fischer*, StGB).

Fischer Thomas/Hoven Elisabeth, Unternehmen vor Gericht?, Einige Anmerkungen zu strafprozessualen Fragen, ZIS 2015, 32–39.

Fleischer Holger, Handbuch des Vorstandsrechts, 1. Auflage, München 2006.

Fleischer Holger, Kartellrechtsverstöße und Vorstandsrecht, BB 2008, 1070–1076.

Fleischer Holger, Aktienrechtliche Compliance-Pflichten im Praxistest: Das Siemens/Neubürger-Urteil des LG München I, NZG 2014, 321–329.

Fleischer Holger/Goette Wulf (Hrsg.), Münchener Kommentar zum GmbHG, Band 3, 1. Auflage, München 2011 (zitiert: *Bearbeiter* in: MüKo, GmbHG, Band 3).

Fleischer Holger/Goette Wulf (Hrsg.), Münchener Kommentar zum GmbHG, Band 1, 2. Auflage, München 2015 (zitiert: *Bearbeiter* in: MüKo, GmbHG, Band 1).

Förschle Gerhart/Grottel Bernd/Schmidt Stefan/Schubert Wolfang J./Winkeljohann Norbert, Beck'scher Bilanz-Kommentar: Handels- und Steuerbilanz, §§ 238 bis 339, 342 bis 342e HGB mit IFRS-Abweichungen, 9. Auflage, München 2014 (zitiert: *Bearbeiter* in: BeBiKo, HGB).

Frisch Wolfgang, Strafbarkeit juristischer Personen und Zurechnung in: Zöller Mark Alexander (Hrsg.), Gesamte Strafrechtswissenschaft in internationaler Dimension, Festschrift für Jürgen Wolter zum 70. Geburtstag am 7. September 2013, Berlin 2013.

Fromm Ingo, Auf dem Weg zur strafrechtlichen Verantwortlichkeit von Unternehmen/Unternehmensvereinigungen in Europa?, Über ungeklärte Rechtsfragen des europäischen Sanktionsrechts gegen juristische Personen sowie Harmonisierungsbestrebungen der Organe der EG in Bezug auf die innerstaatlichen Rechtsordnungen, ZIS 2007, 279–291.

Geismar Anne-Gwendolin, Der Tatbestand der Aufsichtspflichtverletzung bei der Ahndung von Wirtschaftsdelikten, Eine Untersuchung zu § 130 OWiG unter Berücksichtigung des Kartellordnungswidrigkeitenrechts, Baden-Baden 2012.

Gierke Otto, Die Genossenschaftstheorie und die Deutsche Rechtsprechung, Berlin 1963.

Göhler Erich (begr.)/*Gürtler Franz* und *Seitz Helmut* (fortgef.), Gesetz über Ordnungswidrigkeiten, 16. Auflage, München 2012 (zitiert: *Bearbeiter* in: Göhler, OWiG).

Görtz Laura, Unternehmensstrafrecht: Entwurf eines Verbandsstrafgesetzbuchs, WiJ 2014, 8–14.

Gottwald Elisabeth Amelie, Das Amnestieprogramm, Ein Instrument der Internal Investigations zur Aufklärung von Compliance-Verstößen, Frankfurt am Main 2014.

Grützner Thomas, Unternehmensstrafrecht vs. Ordnungswidrigkeitenrecht, CCZ 2015, 56–62.

Haeusermann Axel, Der Verband als Straftäter und Strafprozeßsubjekt, Freiburg im Breisgau 2003.

Hafter Ernst, Lehrbuch des schweizerischen Strafrechts, Allgemeiner Teil, 2. Auflage, Bern 1946.

Hannich Rolf (Hrsg.), Karlsruher Kommentar zur Strafprozessordnung, 7. Auflage, München 2013 (zitiert: *Bearbeiter* in: KK, StPO).

Hartan Constanze, Unternehmensstrafrecht in Deutschland und Frankreich, Ein Rechtsvergleich angesichts europäischer Harmonisierungsbestrebungen, Hamburg 2006.

Hassemer Winfried, Glanz und Elend der Maßregeln im Strafrecht, in: Joecks Wolfgang [Hrsg.], Recht – Wirtschaft – Strafe, Festschrift für Erich Samson zum 70. Geburtstag, Heidelberg 2010, S. 31–42.

Haubner Nadine, Der Gesetzesentwurf Nordrhein-Westfalens zur Einführung eines Unternehmensstrafrechts, DB 2014, 1358–1364.

Hauschka Christoph E., Compliance am Beispiel der Korruptionsbekämpfung (Eine Erwiderung aus der Praxis auf Uwe H. Schneiders Vorschläge, ZIP 2003, 645), ZIP 2004, 877–883.

Hein Oliver, Verbandsstrafgesetzbuch (VerbStrG-E) – Bietet der Entwurf Anreize zur Vermeidung von Wirtschaftskriminalität in Unternehmen?, CCZ 2014, 75–81.

Heine Günter, Die strafrechtliche Verantwortlichkeit von Unternehmen, Von individuellem Fehlverhalten zu kollektiven Fehlentwicklungen, insbesondere bei Großrisiken, Baden-Baden 1995.

Heine Günter, Plädoyer für ein Verbandsstrafrecht als „zweite Spur“ in: Alwart Heiner (Hrsg.), Verantwortung und Steuerung von Unternehmen in der Marktwirtschaft, München [u.a.] 1998, 90–112.

Heine Günter, Unternehmen, Strafrecht und europäische Entwicklungen, ÖJZ 2000, 871–881.

Heine Günter, Kollektive Verantwortlichkeit als neue Aufgabe im Spiegel der aktuellen europäischen Entwicklung in: Dölling Dieter (Hrsg.), Jus humanum: Grundlagen des Rechts und Strafrecht, Festschrift für Ernst-Joachim Lampe zum 70. Geburtstag, Berlin 2003.

Heinitz Ernst, Empfiehlt es sich, die Strafbarkeit der juristischen Person gesetzlich vorzusehen? – Gutachten für den 40. Deutschen Juristentag, Ständige Disputation des Deutschen Juristentages, Verhandlungen des 40. Deutschen Juristentages 1953, Band I, Tübingen 1954, S. 65–90.

Helmrich Jan, Straftaten von Mitarbeitern zum Nachteil des „eigenen“ Unternehmens als Anknüpfungstaten für eine Verbandsgeldbuße?, wistra 2010, S. 331–335.

Hettinger Michael (Hrsg.), Reform des Sanktionenrechts, Band 3 Verbandsstrafe, Bereich der Arbeitsgruppe „Strafbarkeit juristischer Personen“ an die Kommission nebst Gutachten sowie Auszug aus dem Abschlussbericht der Kommission zur Reform des strafrechtlichen Sanktionenrechts, Baden-Baden 2002 (zitiert: Hettinger, Reform des Sanktionenrechts, Band 3).

Hetzer Wolfgang, Schuldlose Sanktionssubjekte? – Unternehmenskriminalität und Verbandsstrafe –, wistra 1999, 361–367.

Hetzer Wolfgang, Verbandsstrafe in Europa, Wettbewerbsverzerrung durch Korruption, EuZW 2007,75–80.

Hetzer Wolfgang, Korruption als Betriebsmodus? Unternehmensstrafbarkeit in der Europäischen Union, Kriminalistik 2008, 284–292.

Hetzer Wolfgang, Gesetzesvorschlag zum Unternehmensstrafrecht aus NRW, Endlich eine Unternehmensstrafbarkeit?, ZRFC 2014, 18–25.

Heuking Christian/von Coelln Sibylle, Die aktuelle Diskussion um Buße oder Strafe für Unternehmen, BB 2014, 3016–3023.

Hilf Marianne Johanna, Grundlegende Aspekte der neuen Verbandsverantwortlichkeit: Zur subsidiären Anwendung des StGB, JSt 2006, 112–119.

Hilf Marianne Johanna, Das neue Unternehmensstrafrecht in Liechtenstein im Spiegel seiner Nachbarrechtsordnungen, ZStrR 2011, 258–277.

Hilf Marianne Johanna, Die Strafbarkeit juristischer Personen im schweizerische, österreichischen und liechtensteinischen Recht, ZStW 2014, 73–104.

Hirsch Hans Joachim, Strafrechtliche Verantwortlichkeit von Unternehmen, ZStW 107 (1995), 288–323.

Hirsch Hans Joachim, Die Frage der Straffähigkeit von Personenverbänden, Opladen 1993.

Hoven Elisa, Der nordrhein-westfälische Entwurf eines Verbandsstrafgesetzbuchs – Eine kritische Betrachtung von Begründungsmodell und Voraussetzungen der Straftatbestände, ZIS 2014, 19–30.

Hoven Elisa, Die Zusammenarbeit von Strafverfolgungsbehörden mit der Wirtschaft, Tagungsbericht zur 11. Internationale Korruptionsfachtagung auf Schloss Raesfeld vom 6. bis 8. Oktober 2013, WiJ 2014, 28–31.

Hoven Elisa/Wimmer Renate/Schwarz Thomas/Schumann Stefan, Der nordrhein-westfälische Entwurf eines Verbandsstrafgesetzes – Kritische Anmerkungen aus Wissenschaft und Praxis Teil 1, NZWiSt 2014, 161–165.

Hoven Elisa/Wimmer Renate/Schwarz Thomas/Schumann Stefan, Der nordrhein-westfälische Entwurf eines Verbandsstrafgesetzes – Kritische Anmerkungen aus Wissenschaft und Praxis Teil 2, NZWiSt 2014, 201–212.

Hoven Elisa/Wimmer Renate/Schwarz Thomas/Schumann Stefan, Der nordrhein-westfälische Entwurf eines Verbandsstrafgesetzes – Kritische Anmerkungen aus Wissenschaft und Praxis Teil 3, NZWiSt 2014, 241–245.

Huber Bertold, Das Arbeitsrecht der illegal beschäftigten Drittstaatsangehörigen, Die Umsetzung der Richtlinie 2009/52/ EG (Sanktionenrichtlinie), NZA 2012, 477–481.

Hueck Götz/Windbichler Christine, Gesellschaftsrecht, Ein Studienbuch, 21. Auflage, München 2008.

Huff Elisabeth, Die Freizeichnung von strafrechtlicher Verantwortlichkeit durch Pflichtendelegation im Unternehmen – ein deutsch-französischer Vergleich, Tübingen 2008.

Huss Alphonse, Die Strafbarkeit juristischer Personen, ZStW 90 (1978), 237–260.

Immenga Ulrich/Mestmäcker Ernst-Joachim (Hrsg.), Wettbewerbsrecht, Band 2, 5.Auflage, München 2014 (zitiert: *Bearbeiter* in: Ulrich/Mestmäcker, GWB).

Inderst Cornelia/Bannenberg Britta/Poppe Sina, Compliance, Aufbau – Management – Risikobereiche, 2. Auflage, München 2013.

Jahn Matthias/Pietsch Franziska, Der NRW-Entwurf für ein Verbandsstrafgesetzbuch, Eine Einführung in das Konzept und seine Folgefragen, ZIS 2015, 1–4.

Jakobs Günther, Strafrecht Allgemeiner Teil, Die Grundlagen und die Zurechnungslehre, 2. Auflage, Berlin 1993 (Zitiert: *Jakobs*, Strafrecht AT).

Jakobs Günther, Strafbarkeit juristischer Personen?, in: Prittwitz, Cornelius (Hrsg.), Festschrift für Klaus Lüderssen zum 70. Geburtstag am 2. Mai 2002, 559–575, Baden-Baden 2002.

Jeschek Hans-Heinrich/Weigend Thomas, Lehrbuch des Strafrechts, Allgemeiner Teil, 5. Auflage, Berlin 1996 (zitiert: *Jeschek/ Weigend*, Strafrecht AT).

Joecks Wolfgang/Miebach Klaus (Hrsg.), Münchener Kommentar zum Strafgesetzbuch, Band 2, Band 4, 2. Auflage, München 2012 (zitiert: *Bearbeiter* in: MüKo, StGB).

Joecks Wolfgang/Miebach Klaus (Hrsg.), Münchener Kommentar zum Strafgesetzbuch, Band 1, 2. Auflage, München 2011 (zitiert: *Bearbeiter* in: MüKo, StGB).

Joecks Wolfgang/Miebach Klaus (Hrsg.), Münchener Kommentar zum Strafgesetzbuch, Band 6/1, 1. Auflage, München 2010 (zitiert: *Bearbeiter* in: MüKo, StGB).

Jung Heike, Was ist Strafe? Ein Essay, 1. Auflage, Baden-Baden 2002.

Kelker Brigitte, Die Strafbarkeit juristischer Personen unter europäischem Konvergenzdruck in: Amelung Knut, Günther Hans Ludwig, Kühne Hans-Heiner (Hrsg.), Festschrift für Volker Krey zum 70. Geburtstag am 9. Juli 2010, Stuttgart 2010.

Kempf Eberhard, Sanktionen gegen juristische Personen und Gesellschaften, KJ 2003, 462–471.

Kempf Eberhard/ Lüderssen Klaus/Volk Klaus (Hrsg.), Unternehmensstrafrecht, Berlin/Boston 2012 (zitiert: *Bearbeiter* in: Kempf, Unternehmensstrafrecht).

Kindhäuser Urs/Neumann Ulfrid/Paeffgen Hans-Ullrich (Hrsg.), Strafgesetzbuch, Nomoskommentar, Band 1, 4. Auflage, Baden-Baden 2013 (zitiert: *Bearbeiter* in: NK, StGB).

Kindler Steffi, Das Unternehmen als haftender Täter – Ein Beitrag zur Frage der Verbandsstrafe im deutschen Strafrechtssystem – Lösungswege und Entwicklungsperspektiven de lege lata und de lege ferenda, Baden-Baden 2008.

Kirch-Heim Claudio, Sanktionen gegen Unternehmen, Rechtsinstrumente zur Bekämpfung unternehmensbezogener Straftaten, Berlin 2007.

Koch Birgit, Die Strafbarkeit juristischer Personen nach dem neuen französischen Code Pénal, ZStW 107 (1995), 405–416.

Koch Jens, Beschränkungen des gesellschaftsrechtlichen Innenregresses bei Bußgeldzahlungen in: Hoffmann-Becking Michael/Hüffer Uwe/ Reichert Jochem (Hrsg.), Liber Amicorum für Martin Winter, Köln 2011, 327–350.

Köhler Helmut/Bornkamm Joachim (Hrsg.), Gesetz gegen den unlauteren Wettbewerb, Beck'sche Kurzkommentare, 32. Auflage, München 2014 (zitiert: *Köhler/ Bornkamm*, UWG).

Kölbel Ralf, Criminal Compliance – ein Missverständnis des Strafrechts?, ZStW 2013, 499–535.

Kölbel Ralf, Corporate Crime, Unternehmenssanktion und kriminelle Verbandsattitüde, ZIS 2014, 552–557.

KPMG AG Wirtschaftsprüfungsgesellschaft, Das wirksame Compliance-Management System, Ausgestaltung und Implementierung in Unternehmen, Herne 2014.

Krause Daniel M., Was bewirkt Compliance?, StraFo 2011, 437–446.

Krekeler Wilhelm, Brauchen wir ein Unternehmensstrafrecht? In: Udo Ebert (Hrsg.), Festschrift für Ernst-Walter Hanack zum 70. Geburtstag am 30. April 1999, Berlin 1999.

Kremnitzer Mordechai/Ghanayim Khalid, Die Strafbarkeit von Unternehmen, ZStW 113 (2001), 539–564.

Krems Karl-Heinz, Der NRW-Entwurf für ein Verbandsstrafgesetzbuch, Gesetzgeberische Intention und Konzeption, ZIS 2015, 5–10.

Krimmer Holger/Primer Jana, ZIVIZ-Survey 2012: Instrument und erste Ergebnisse, Berlin 2013.

Kröger Jens, Korruptionsschäden, Unternehmensgeldbußen und Imageschäden, Haftungs- und schadensrechtliche Fragen der Organmitgliederhaftung, Baden-Baden 2013.

Krüger Wolfgang/Rauscher Thomas (Hrsg.), Münchener Kommentar zur Zivilprozessordnung mit Gerichtsverfassungsgesetz und Nebengesetzen, Band 1, 4. Auflage, München 2013 (zitiert: *Bearbeiter* in: MüKo, ZPO).

Kruse Björn, Compliance und Rechtsstaat, Zur Freiheit von Selbstbelastung bei Internal Investigations, Frankfurt am Main 2014.

Kubiciel Michael, Verbandsstrafe – Verfassungskonformität und Systemkompabilität, ZRP 2014, 133–137.

Kubiciel Michael, Die Verbandsstrafe, Verfassungskonformität, Systemkompatibilität, Folgen, KPKp 2/2014, 1–20.

Kudlich Hans/Oglakcioglu Mustafa Temmuz, Wirtschaftsstrafrecht, Heidelberg, München [u.a.], Hamburg 2011.

Kuhlen Lothar/Kudlich Hans/Ortiz de Urbina Íñigo, Compliance und Strafrecht, Heidelberg [u.a.] 2013 (zitiert: *Bearbeiter* in: Kuhlen, Compliance und Strafrecht).

Kuhlmann Peter, Verbandssanktionierung in Italien: Das decreto legislativo 8 giugno 2011 n. 231 im Vergleich mit europäischen Vorgaben und dem deutschen Recht, München 2014.

Lackner Karl/Kühl Kristian, Strafgesetzbuch, Kommentar, 28. Auflage, München 2014 (zitiert: *Lackner/Kühl*, StGB).

Lampe Ernst-Joachim, Systemunrecht und Unrechtssysteme, ZStW 106 (1994), 683–745.

Langen Eugen/Bunte Hermann-Josef, Kartellrecht Kommentar, Band 1, 12. Auflage, Köln 2014 (zitiert: *Bearbeiter* in: Langen/Bunte, Kartellrecht).

Lantermann Christian, Einrichtung eines Korruptionsregisters auf Bundesebene, ZRP 2013, 107–110.

Laufhütte Heinrich Wilhelm/Rissing-van Saan Ruth/Tiedemann Klaus (Hrsg.), Leipziger Kommentar, Strafgesetzbuch, Großkommentar, Band 1, Band 2, Band 3, Band 9/Teil1, 12. Auflage, Berlin 2006 (zitiert: *Bearbeiter* in: Leipziger Kommentar, StGB).

Leipold Klaus, Plädoyer gegen die Einführung eines Unternehmensstrafrechts in: Recht und Politik, Festschrift für Peter Gauweiler zum 60. Geburtstag am 22. Juni 2009, Bub Wolf-Rüdiger, Mehler Volkmer, Schumann Ekkehard [Hrsg.], Köln 2009, 375–385.

Leipold Klaus, Unternehmensstrafrecht – Eine rechtspolitische Notwendigkeit?, ZRP 2013, 34–37.

Leipold Klaus, Kommt das Unternehmensstrafrecht?, NJW-Spezial 2013, 696.

Leitner Werner, Unternehmensstrafrecht in der Revision, StraFo 2012, 323–328.

Löffelmann Markus, Der Entwurf eines Gesetzes zur Einführung der strafrechtlichen Verantvon Unternehmen und sonstigen Verbänden, JR 2014, 185–199.

Loos Fritz, Zur Auslegung der „rechtswidrigen Tat“ in der zweifachen Verwendung in § 63 StGB in: Dölling Dieter (Hrsg.), Verbrechen – Strafe – Resozialisierung, Festschrift für Heinz Schöch zum 70. Geburtstag am 20. August 2010, Berlin [u.a.] 2010.

Lütolf Sandra Hilda, Strafbarkeit der juristischen Person, Zürich 1997.

Mansdörfer Marco, „Zuwiderhandlungen" der „Entscheidungsträger" und „Verletzung von Verbandspflichten", Dogmatische Inkonsistenzen im nordrhein-westfälischen Entwurf eines Verbandsstrafrechts, ZIS 2015, 23–31.

Maunz Theodor/Düring Günter (Hrsg.), Grundgesetz Kommentar, 70. Ergänzungslieferung, München 2013 (zitiert: *Bearbeiter* in: Maunz/Düring, GG, Art.).

Mayer Max-Ernst, Der allgemeine Teil des deutschen Strafrechts, Lehrbuch, Heidelberg 1915.

Metzner Richard, Gaststättengesetz, Kommentar, 6. Auflage, München 2002 (zitiert: *Metzner*, GaststättenG).

Michalski Lutz (Hrsg.), Kommentar zum Gesetz betreffend die Gesellschaften mit beschränkter Haftung (GmbHG), Band 2, 2. Auflage, München 2010 (zitiert: *Bearbeiter* in: Michalski, GmbHG).

Mitsch Wolfgang, Täterschaft und Teilnahme bei der „Verbandsstraftat", NZWiSt 2014, 1–5.

Mittelsdorf Kathleen, Unternehmensstrafrecht im Kontext, Heidelberg München [u.a.] 2007.

Modlinger Florian, Brauchen wir zur Korruptionsbekämpfung ein Unternehmensstrafrecht?, Hamburg 2010.

Momsen Carsten, Internal Investigations zwischen arbeitsrechtlicher Mitwirkungspflicht und strafprozessualer Selbstbelastungsfreiheit, ZIS 2011, 508–516.

Moosmayer Klaus, Compliance: Praxisleitfaden für Unternehmen, 2. Auflage, München 2012.

Morozinis Ioannis, Dogmatik der Organisationsdelikte, Berlin 2010.

Mühlhoff Uwe, Lieber der Spatz in der Hand ... oder: Nach der Novelle ist vor der Novelle! Zu den wesentlichen Änderungen des allgemeinen Ordnungswidrigkeitenrechts und des Kartellordnungswidrigkeitenrechts durch die 8. GWB-Novelle, NZWiSt 2013, 321–332.

Mundt Andreas, Die Bußgeldleitlinien des Bundeskartellamtes, WuW 2007, 458–470.

Napp Maren-Bettina, Unternehmensstrafbarkeit und Unternehmenskuratel, Berlin 2006.

Ogancloku Mustafa Temmuz, Höchstrichterliche Rechtsprechung zur Aufklärungshilfe – eine erste Zwischenbilanz, StraFo 2012, 89–95.

Oppenheim Robert, Die Pflicht des Vorstands zur Errichtung einer auf Dauer angelegten Compliance-Organisation, Zugleich Besprechung von LG München I, Urteil vom 10.12.2013, 5 HK 1387/10 (n.rkr.), DStR 2014, 1063–1066.

Otto Harro, Die Strafbarkeit von Unternehmen und Verbänden, Berlin 1993.

Palandt, Bürgerliches Gesetzbuch, Beck'sche Kurzkommentare, Band 7, 74. Auflage, München 2015 (zitiert: Palandt/Bearbeiter).

Palzer Christoph, Unternehmensstrafrecht – eine rechtspolitische Notwendigkeit?, ZRP 2013, 122–123.

Passarge Malte/Graf Christian, Das Hamburger Compliance-Zertifikat, CCZ 2014, 119–126.

Peglau Jens, Strafbarkeit von Personenverbänden – Problematik und Entwicklungen –, JA 2001, 606–610.

Peglau Jens, Unbeantwortete Fragen der Strafbarkeit von Personenverbänden, ZRP 2001, 406–409.

Petermann Stefan, Die Bedeutung von Compliance-Maßnahmen für die Sanktionsbegründung und -bemessung im Vertragskonzern, Baden-Baden 2013.

Pieth Mark, Braucht Deutschland ein Unternehmensstrafrecht?, KJ 2014, 276–282.

Pietzcker Jost, Vergaberechtliche Sanktionen und Grundrechte, NZBau 2003, 242–249.

Quante Andreas, Sanktionsmöglichkeiten gegen juristische Personen und Personenvereinigungen, Frankfurt am Main 2005.

Quardt Gabriele, Auftragssperre im Vergaberecht, BB 1997, 477–480.

Ransiek Andreas, Zur strafrechtlichen Verantwortung von Unternehmen, NZWiSt 2012, 45–51.

Rauscher Thomas/Wax Peter/Wenzel Joachim (Hrsg.), Münchener Kommentar zur Zivilprozessordnung mit Gerichtsverfassungsgesetz und Nebengesetzen, Band 2, 4. Auflage, München 2012 (zitiert: *Bearbeiter* in: MüKo, ZPO).

Rödiger Katja, Strafverfolgung von Unternehmen, Internal investigations und strafrechtliche Verwertbarkeit von „Mitarbeitergeständnissen“: Untersuchung am Beispiel der Siemens-Korruptionsaffäre, Frankfurt am Main [u.a.] 2012.

Römermann Volker, 2014 – ein Jahr im Zeichen der Compliance: nun auch für mittelständische GmbH, GmbHR 2014, 1–11.

Rönnau Thomas, Grundwissen – Strafrecht: Objektive Bedingungen der Strafbarkeit, JuS 2011, 697–699.

Rönnau Thomas/Wegner Kilian, Reform des Rechts der Verbandssanktionen – europäische und internationale Vorgaben, ZRP 2014, 158–163.

Rogall Klaus, Dogmatische und kriminalpolitische Probleme der Aufsichtspflichtverletzung in Betrieben und Unternehmen (§ 130 OWiG), ZStW 1986, 573–623.

Rotberg Hans Eberhard, Für Strafe gegen Verbände in: Ernst von Caemmerer/Ernst Friesenhahn/Richard Lange (Hrsg.), Festschrift zum 100jährigen Bestehen des DJT, Band II, 1960, 193–228.

Rotsch Thomas, Compliance und Strafrecht – Konsequenzen einer Neuentdeckung in: Joecks Wolfgang, Ostendorf Heribert, Rönnau Thomas, Rotsch Thomas, Schmitz Roland (Hrsg.), Recht – Wirtschaft – Strafe, Festschrift für Erich Samson zum 70. Geburtstag, Heidelberg [u.a.] 2010.

Rotsch Thomas (Hrsg.), Criminal Compliance, Handbuch, 1. Auflage, Baden-Baden 2015 (zitiert: *Bearbeiter* in: Rotsch, Criminal Compliance).

Roxin Claus, Strafrecht Allgemeiner Teil, Band II, Besondere Erscheinungsformen der Straftat, München 2003 (zitiert: *Roxin*, Strafrecht AT, II).

Roxin Claus, Strafrecht Allgemeiner Teil, Band I, Grundlagen der Aufbau der Verbrechenslehre, München 2006 (zitiert: *Roxin*, Strafrecht AT, I).

Roxin Claus, Täterschaft und Tatherrschaft, 8. Auflage, Berlin 2006.

Roxin Imme, Probleme und Strategien der Compliance-Begleitung in Unternehmen, StV 2012, 116–121.

Rübenstahl Markus, Deutschland braucht kein (solches) Unternehmensstrafrecht, Kritische Anmerkungen zum Entwurf eines Verbandsstrafgesetzbuchs, ZRFC 2014, 26–34.

Rübenstahl Markus/Tsambikakis Michael, Neues Unternehmensstrafrecht: Der NRW-Gesetzentwurf zur Einführung der strafrechtlichen Verantwortlichkeit von Verbänden, ZHW 2014, 8–12.

Ruge Kay, Schwarze und weiße Liste – Korruptionsbekämpfung im Vergaberecht, DVP 2005, 96–99.

Säcker Franz Jürgen/Rixecker Roland (Hrsg.), Münchener Kommentar zum Bürgerlichen Gesetzbuch, Band 5, 6. Auflage, München 2013 (zitiert: *Bearbeiter* in: MüKo, BGB).

Sahan Oliver/Berndt Thomas, Neue Kronzeugenregelung – aktive Beendigung von Korruptionssystemen durch effiziente Compliance-Strukturen alternativlos, BB 2010, 647–652.

Satzger Helmut, Die eigenhändigen Delikte, Jura 2011, 103–110.

Schaffmeister Dieter, Das niederländische Wirtschafsstrafgesetz, seine Handhabung und seine grundsätzliche Bedeutung für die deutsche Reform des Wirtschaftsstrafrechts, ZStW 1973, 782–835.

Schefold Christian, Compliance-Prävention belohnen, Einfache Ergänzungen des Ordnungswidrigkeitenrechts genügen – ein neues „Verbandssanktionenrecht" ist kontraproduktiv, ZRFC 2014, 276–281.

Schemmel Alexander/Minkoff Andreas, Die Bedeutung des Wirtschaftsstrafrechts für Compliance Management Systeme und Prüfungen nach dem IDW PS 980, CCZ 2012, 49–54.

Schlösser Jan, Die Bestimmung des erlangten Etwas i.S.v. § 73 I 1 StGB bei in Folge von Straftaten abgeschlossenen gegenseitigen Verträgen – Zum Streit des 5.Senats und 1.Senats des BGH über den Umfang der Verfallserklärung –, NStZ 2011, 121–131.

Schmalenbachgesellschaft, Compliance: 10 Thesen für die Unternehmenspraxis, DB 2010, 1509–1518.

Schmid Niklaus, Einige Aspekte der Strafbarkeit des Unternehmens nach dem neuen Allgemeinen Teil des Schweizerischen Strafgesetzbuchs in: Neuere Tendenzen im Gesellschaftsrecht, Festschrift für Peter Forstmoser zum 60. Geburtstag, von der Crone Hans Caspar, Weber Rolf, Zäch Roger, Zobl Dieter (Hrsg.), Zürich [u.a.] 2003, 761–781.

Schmidt Karsten, Gesellschaftsrecht, 4. Auflage, Köln [u.a.] 2002.

Schmidt Karsten, Handelsrechts, 6. Auflage, Köln 2014.

Schmitt Rudolf, Strafrechtliche Maßnahmen gegen Verbände, Stuttgart 1958.

Schmitt-Leonardy Charlotte, Unternehmenskriminalität ohne Strafrecht?, Heidelberg, München [u.a.] 2013.

Schmitt-Leonardy Charlotte, Wirtschaftskriminalität? – Verbandsstrafrecht! Eckpunkte einer erneut angestoßenen Diskussion, jM 2014, 257–262.

Schmitt-Leonardy Charlotte, Zurück in die Zukunft?, Zur neuen alten Diskussion um die Unternehmensstrafe und zu dem immer noch unzureichenden Verständnis des Problems, ZIS 2015, 11–22.

Schmoller Kurt, Strafe ohne Schuld? – Überlegungen zum neuen österreichischen Verbandsverantwortlichkeitsgesetz – in: Dannecker Gerhard (Hrsg.), Festschrift für Harro Otto zum 70. Geburtstag am 1. April 2007, Köln [u.a.] 2007.

Schneider Anne, Der transnationale Geltungsbereich des deutschen Verbandsstrafrechts – de lege lata und de lege ferenda, ZIS 2013, 488–499.

Schneider Uwe H., Compliance im Konzern, NZG 2009, 1321–1326.

Schönke Adolf/Schröder Horst, Strafgesetzbuch, Kommentar, Eser Albin (Gesamtredaktion), 29. Auflage, 2014 (zitiert: *Bearbeiter* in: Schönke/Schröder, StGB).

Scholz Rupert, Strafbarkeit juristischer Personen?, ZRP 2000, 435–440.

Schroth Hans-Jürgen, Unternehmen als Normadressaten und Sanktionssubjekte, Eine Studie zum Unternehmensstrafrecht, Gießen 1993.

Schünemann Bernd, Unternehmenskriminalität und Strafrecht, Köln Berlin Bonn München 1979.

Schünemann Bernd, Die Strafbarkeit der juristischen Personen aus deutscher und europäischer Sicht in: Schünemann Bernd (Hrsg.), Bausteine des europäischen Wirtschaftsstrafrechts: Madrid-Symposium für Klaus Tiedemann, Köln 1994, S. 265–295.

Schünemann Bernd, Deutsche Wiedervereinigung, Arbeitskreis Strafrecht, Band III, Unternehmenskriminalität, Köln Berlin Bonn München 1996.

Schünemann Bernd, Unternehmenskriminalität in: Canaris Claus-Wilhelm, Roxin Claus (Hrsg.), 50 Jahre Bundesgerichtshof, Band 4, München 2000, 621–646.

Schünemann Bernd (Hrsg.), Alternativentwurf europäische Strafverfolgung, Köln Berlin München 2004.

Schünemann Bernd, Strafrechtliche Sanktionen gegen Wirtschaftsunternehmen? in: Sieber Ulrich (Hrsg.), Strafrecht und Wirtschaftsstrafrecht: Dogmatik, Rechtsvergleich, Rechtstatsachen, Festschrift für Klaus Tiedemann zum 70. Geburtstag, 429–447, Köln [u.a.] 2008.

Schünemann Bernd, Die aktuelle Forderung eines Verbandsstrafrechts – Ein kriminalpolitischer Zombie, ZIS 2014, 1–18.

Schwinge Christina, Strafrechtliche Sanktionen gegenüber Unternehmen im Bereich des Umweltstrafrechts, Pfaffenweiler 1996.

Seiler Walter, Strafrechtliche Maßnahmen als Unrechtsfolgen gegen Personenverbände, Freiburg (Schweiz) 1967.

Senge Lothar (Hrsg.), Karlsruher Kommentar, zum Gesetz über Ordnungswidrigkeiten, 3. Auflage, München 2014 (zitiert: *Bearbeiter* in: KK, OWiG).

Sidhu Karl/Von Saucken Alexander/Ruhmannseder Felix, Der Unternehmensanwalt im Strafrecht und die Lösung von Interessenkonflikten, NJW 2001, 881–884.

Siebler Björn, Criminal-Compliance im interdisziplinären Kontext, Die Legitimierung von Compliance-Tätigkeiten und Maßnahmen sowie deren Verwertbarkeit im deutschen Strafverfahren, Hamburg 2014.

Sonnenberg Sebastian, Verletzung der Aufsichtspflicht in Betrieben und Unternehmen (§ 130 OWiG) unter besonderer Berücksichtigung der Notwendigkeit und Ausgestaltung eines kriminalpräventiven Compliance-Systems, Hamburg 2014.

Ständige Disputation des Deutschen Juristentages, Verhandlungen des Vierzigsten Deutschen Juristentages, Band II (Sitzungsberichte), Tübingen 1954 (zitiert: *Bearbeiter* in: Verhandlungen des 40. Deutschen Juristentages, Band II).

Stärker Lukas, Unternehmensstrafrecht/Verbandsverantwortlichkeitsgesetz, Kommentar, Wien 2007 (zitiert: *Stärker*, VbVG).

Steininger Einhard, Verbandsverantwortlichkeitsgesetz, Kommentar, Wien 2006 (zitiert: *Steininger*, VbVG).

Stiftung Familienunternehmen (Hrsg.), Zur Frage der Verfassungswidrigkeit und der Folgen eines Strafrechts für Unternehmen, Rechtsgutachten zum Gesetzesantrag des Landes Nordrhein-Westfalen, von Bernd Schünemann, München 2013 (zitiert: *Schünemann* in: Stiftung Familienunternehmen, Verfassungswidrigkeit Unternehmensstrafrecht).

Streng Franz, Strafrechtliche Sanktionen, Die Strafzumessung und ihre Grundlagen, 3. Auflage, Stuttgart 2012.

Süße Sascha/Püschel Carolin, Die Diskussion um die Einführung eines Unternehmensstrafrechts in Deutschland – Gesetzgebungsvorschlag des Bundesverbandes für Unternehmensjuristen, Newsdienst Compliance 2014, 11002.

Süße Sascha/Schneider Frédéric, Entwurf eines Gesetzes zur Einführung der strafrechtlichen Verantwortlichkeit von Unternehmen und sonstigen Verbänden aus Nordrhein-Westfalen, Newsdienst Compliance 2014, 71002.

Taschke Jürgen, Zur Entwicklung der Verfolgung von Wirtschaftsstrafsachen in der Bundesrepublik Deutschland – Bemerkungen aus der Praxis, Teil 2: Zur strafrechtlichen Haftung des Managements , NZWiSt 2012, 41–45.

Thole Christoph, Managerhaftung für Gesetzesverstöße – Die Legalitätspflicht des Vorstan des gegenüber seiner Aktiengesellschaft, ZHR 2009, 504–535.

Tiedemann Klaus, Die „Bebußung" von Unternehmen nach dem 2.Gesetz zur Bekämpfung der Wirtschaftskriminalität, NJW 1988, 1169–1174.

Tiedemann Klaus, Wirtschaftsstrafrecht, Einführung und Allgemeiner Teil mit wichtigen Rechtstexten, 1.Auflage, Köln Berlin München 2004 (zitiert: *Tiedemann*, Wirtschaftsstrafrecht AT).

Tiedemann Klaus, Wirtschaftsstrafrecht, Besonderer Teil mit wichtigen Rechtstexten, 3. Auflage, München 2011 (zitiert: *Tiedemann*, Wirtschaftsstrafrecht BT).

Titz Frank, Die Kronzeugenregelung zwischen Legalitätsprinzip und Rechtsstaatlichkeit, ZRP 2009, 137–140.

Tricot Juliette, Unternehmensstrafbarkeit in Frankreich – Auf der verzweifelten Suche nach einem Modell, ZStW 2014, 55–72.

Trüg Gerson, Zu den Folgen der Einführung eines Unternehmensstrafrechts, wistra 2010, 241–249.

Trüg Gerson, Sozialkontrolle durch Strafrecht – Unternehmensstrafrecht, StraFo 2011, 471–485.

Trüg Gerson, Die Verbandsgeldbuße gegen Unternehmen, ZWH 2011, 6–13.

Tschierschke Anja, Die Sanktionierung des Unternehmensverbundes, Bestandsaufnahme, Perspektiven und Europäisierung, Baden-Baden 2013.

Ulmer Peter/Habersack Mathias/Winter Martin (Hrsg.), Gesetz betreffend die Gesellschaften mit beschränkter Haftung (GmbHG), Großkommentar, Band III, Tübingen 2008 (zitiert: *Bearbeiter* in: Ulmer, GmbHG).

Vogel Joachim, Unrecht und Schuld in einem Unternehmensstrafrecht, StV 2012, 427–432.

Volk Klaus, Zur Bestrafung von Unternehmen, JZ 1993, 429–435.

Von Feuerbach Paul Johann Anselm, Lehrbuch des gemeinen in Deutschland gültigen peinlichen Rechts, 2. Neudruck der 14. Auflage Giessen 1847, Scienta Verlag Aalen 1986.

Von Freier Friedrich, Kritik der Verbandsstrafe, Berlin 1998.

Von Freier Friedrich, Zurück hinter die Aufklärung: Zur Wiedereinführung von Verbandsstrafen, GA 2009, 98–116.

Von Heintschel-Heinegg Bernd (Hrsg.), Beck'scher Online-Kommentar, StGB, Edition 24, München 2014 (zitiert: *Bearbeiter* in: BeckOK, StGB).

Von Hirsch Andreas/Neumann Ulfrid/Seelmann Kurt (Hrsg.), Strafe – Warum?, Gegenwärtige Strafbegründungen im Lichte von Hegels Straftheorie, Band 2, Baden-Baden 2011 (zitiert: *Bearbeiter* in: Strafe – Warum?, Hirsch).

Von Liszt Franz, Der Zweckgedanke im Strafrecht, ZStW 1883, 1–47.

Wabnitz, Heinz-Bernd/Janovsky Thomas, Handbuch des Wirtschafts- und Steuerstrafrechts, 3. Auflage, München 2007 (zitiert: *Bearbeiter* in: Wabnitz/Janovsky).

Walter Tonio, Sanktionen im Wirtschaftsstrafrecht, JA 2011, 481–486.

Wecker Gregor/Galla Stefan, Pflichten der Geschäftsleitung & Aufbau einer Compliance Organisation in: Wecker Gregor/Ohl Bastian (Hrsg.): Compliance in der Unternehmer-praxis; Grundlagen, Organisation und Umsetzung, 3. Auflage, Wiesbaden 2013.

Wegner Carsten, Strafrecht für Verbände? Es wird kommen!, ZRP 1999, 186–189.

Weigend Ewa/ Namyslowska-Gabrysiak Barbara, Die strafrechtliche Verantwortlichkeit juristischer Personen im polnischen Recht, ZStW 116 (2004), 541–552.

Wessels Johannes/Beulke Werner/ Satzger Helmut, Strafrecht Allgemeiner Teil: die Straftat und ihr Aufbau, 44. Auflage, Heidelberg; Hamburg [u.a.] 2014 (zitiert: *Wessels/Beulke/Satzger*, Strafrecht AT).

Wessing Jürgen, Braucht Deutschland ein Unternehmensstrafrecht?, ZHW 2012, 301–305.

Wewerka Frederike, Internal Investigations, Private Ermittlungen im Spannungsfeld von strafprozessualen Grundsätzen und Anforderungen eines globalisierten Wirtschaftsstrafverfahrens, Frankfurt am Main 2012.

Wilhelm Barbara, Compliance und seine Auswirkung auf § 130 OWiG, Können sich Unternehmen durch die Einführung von Compliance-Verfahren in den *Safe-Harbor* retten?, ZRFC 2013, 133–137.

Willems Heiko, Der NRW-Entwurf für ein Verbandsstrafgesetzbuch – die Perspektive der Wirtschaft, ZIS 2015, 40–45.

Wimmer Renate, Die Verwertung unternehmensinterner Untersuchungen – Aufgabe oder Durchsetzung des Legalitätsprinzips? in: Schulz Lorenz/Reinhart Michael/ Sahan Oliver (Hrsg.), Festschrift für Imme Roxin zum 75. Geburtstag am 15. Mai 2012, Heidelberg [u.a.] 2012, 537–552.

Wimsheim Wolf, Der IDW Prüfungsstandard 980 zur ordnungsgemäßen Prüfung von Compliance Management Systemen, DStR 2011, 997–1002.

Withus Karl-Heinz, Betriebswirtschaftliche Grundsätze für Compliance-Management Systeme – Struktur, Elemente und Ausgestaltung nach IDW PS 980, Berlin 2014.

Withus Karl-Heinz, Hamburger Compliance-Zertifikat – Sicherheit oder Scheinsicherheit?, CCZ 2014, 234–237.

Witte Jürgen Johannes/Wagner Marco, Die Gesetzesinitiative Nordrhein-Westfalens zur Einführung eines Unternehmensstrafrechts, BB 2014, 643–648.

Wittig Petra, Wirtschaftsstrafrecht, 3. Auflage, München 2014.

Wohlers Wolfgang, Die Strafbarkeit des Unternehmens, SJZ 2000, 381–390.

Zapfe Henrik, Compliance und Strafverfahren, Das Spannungsverhältnis zwischen Unternehmensinteressen und Beschuldigtenrechten, Frankfurt am Main 2013.

Zieschang Frank, Das Sanktionensystem in der Reform des französischen Strafrechts im Vergleich mit dem deutschen Strafrecht, Berlin 1992.

Zieschang Frank, Das Verbandsstrafgesetzbuch, Kritische Anmerkungen zu dem Entwurf eines Gesetzes zur Einführung der strafrechtlichen Verantwortlichkeit von Unternehmen und sonstigen Verbänden, GA 2014, 91–106.